한국 한자음 연구
－자료편－

朝鮮漢字音研究 −資料篇−
著者：伊藤智ゆき
copyright © 2007 by 東京 汲古書院
All rights reserved

Korean Translation Copyright © 2011 by Youkrack Publishing Co.

한국 한자음 연구
－자료편－

이토 지유키(伊藤智ゆき) 저
이진호(李珍昊) 역

역락

▪범례

1. <漢字音表>는 운모의 순서(그 안에서는 等/類 → 開合 → 聲調 → 聲母의 순서)로 배열되어 있다.

2. 표는 왼쪽에서부터 '漢字(字), 聲母(聲), 開合(口), 等(等), 聲調(調), 韻母(韻), 악센트(ア),[1] 해당 한자의 대표적인 한자음(代表), 각 문헌의 한자음'의 순서로 되어 있다. ( ) 안은 약칭이다. 또한 『六祖法寶壇經諺解』의 上卷 · 中卷은 '六上中', 下卷은 '六下'로 줄여 썼다.

3. 舌齒音 三等의 경우 전설(前舌)의 주모음(主母音)을 포함한 음절은 A · B-류, 후설의 주모음(主母音)[2]을 포함한 음절은 C-류로 분류한다.

4. '악센트'는 그 한자의 올바르다고 생각되는 악센트를 가리킨다.

5. '해당 한자의 대표적인 한자음'은 각 문헌의 한자음을 비교, 대조하여 도출한 한자음이다. 또한 하나의 한자가 복수의 악센트로 나타나는 경우에는 '/'로 구분한다. 가령 '九 ku^{R/H}'는 '九'가 'ku^R'와 'ku^H'의 두 가지 한자음을 지님을 의미한다.

6. 각 문헌의 한자음에 있어 한자음 앞머리에 '?'가 붙어 있는 경우는 그 한자음이 중국어의 복수 한자음 중 어느 것에 해당하는지 불분명함을 가리킨다.

7. 각 문헌의 한자음에 있어 한자음의 앞머리 이외의 위치에 '?'가 붙어 있는 경우는 원칙적으로 '?' 바로 앞에 있는 음의 표기가 분명치 않음을 가리킨다. 예를 들어 'k?aL'는 'k'의 표기가 분명하지 않음을 지시한다.

8. 각 문헌의 한자음에 있어 한자음의 일부 또는 전체 표기가 불분명하여 정하기가 어려운 경우는 그 부분을 '-'로 표시한다.

9. 방점이 표기된 문헌에 있어 어떤 특정한 부분에서만 방점 표기가 없는 경우 한자음의 뒤에 '#'을 붙여서 표시한다.

10. 각 문헌의 한자음에 있어 어떤 한자음과 방점이 ( ) 속에 들어가 있는 경우 그 한자의 음은 대부분 ( ) 속 이외의 것으로 나타나며 ( ) 속에 들어 있는 한자음의 예는 매우 적음을 의미한다. 예를 들어 'ka^{R(H)}'는 이 한자의 음이 대부분 'ka^R'로 나타나며 'ka^H'는 매우 적음을 나타낸다.

11. 『訓蒙字會』의 한자음은 원칙적으로 『訓蒙E』를 기준으로 하고 『訓蒙E』와 다른 경우는 [ ]에 이본의 약칭(T, S, N, K, R)을 넣고 그 다음 줄에 한자음을 적는다. 가령 아래에 제시한 戈韻 一等의 '矬'에 대한 『訓蒙字會』의 항목은, 『訓蒙E』에서는 'coa^L', 『訓蒙T』에서는 'c^hoa^L', 『訓蒙SNKR』에서는 'c^hoa^H'로 나타남을 의미한다.

---

1) [역자주] 여기서 말하는 '악센트(ア)'는 해당 한자의 중세 한국어 성조를 가리키고 이 앞에 나오는 '聲調(調)'는 해당 한자의 중국어 성조를 가리킨다.
2) [역자주] 본문에서는 주모음이 중설인 경우도 C-류에 포함하고 있다.

$$\begin{array}{l} coa^{L} \\ [T] \\ c^{h}oa^{L} \\ [S\ N\ KR] \\ c^{h}oa^{H} \end{array}$$

12. 『訓蒙字會』의 한자음에는 속격의 'ㅅ'을 동반한 것이 있다. 이것들은 'ˢ⁺', '⁺ˢ'와 같이 표시한다.

13. 『訓蒙字會』에서 < >에 들어 있는 것은 정음(正音)이다.

14. 각 문헌의 한자음에 있어서 { }는 그 한자음이 후세의 가필(加筆)에 의한 것임을 의미한다.

15. 『蒙山法語諺解』와 『法華經諺解』에 나타나는, 동국정운식 한자음으로 보이는 것들에는 한자음 앞에 '*'를 붙였다. 또한 '*?'로 쓰인 것은 동국정운식 한자음인지 아닌지 확실하지 않은 경우이다. 어떤 한자의 음이 이들 문헌의 동국정운식 한자음으로만 드러나는 경우에는 '代表'란에도 '*'를 표시했다.

또한 이 표에서 이용한 각 한자의 『廣韻』 기재 사항은 高崎一郎 씨가 작성한 <オンライン廣韻(또는 電子廣韻)>을 기반으로 하여 저자가 일부를 수정한 것이다.

▪일러두기

이 책은 伊藤智ゆき 선생의 『朝鮮漢字音研究(本文篇)』에 딸린 『자료편』이다. 『朝鮮漢字音研究(本文篇)』에서 연구 대상으로 삼았던 개별 한자들을 모아서 여러 가지 기준에 따라 분류한 후 각 문헌에서 한자음이 어떻게 나오는지를 정리했다. 구체적인 사항은 범례의 설명을 통해 알 수 있을 것이다. 아무튼 중세국어 한자음 자료에 관한 한 매우 유용한 자료임에 틀림 없다. 그러므로 활용하기에 따라서는 『본문편』 못지 않게 많은 도움을 얻을 수 있으리라 생각한다.

원문은 범례와 한자 자료로 이루어져 있었다. 이 중 범례는 한국어로 번역을 했지만 한자 자료는 원문을 PDF-파일로 전환하여 그대로 옮겨 왔다. 방대한 분량의 한자음 자료를 일일이 한국어로 다시 입력하는 것은 그 자체로 엄청난 일일 뿐만 아니라 별다른 의의를 찾기 어려웠기 때문에 원문을 그대로 이용하게 되었다. 물론 이 때문에 일부 글자는 일본식 한자로 제시되어 불편함이 있지만 그 수가 많지 않고 어떤 한자인지 파악하기도 어렵지 않으므로 큰 문제는 없으리라 생각한다. 원문을 그대로 사용할 수 있도록 허락해 준 원저자와 일본 출판사에 감사의 말을 전한다. 한편 원문에는 없던 색인을 덧붙였다. 한자음에 따라 색인을 달았기 때문에 국내 독자들은 좀 더 편리하게 자료를 검색할 수 있으리라 생각한다.

이 『자료편』은 약 40년 정도 앞서 나온 고노 로쿠로(河野六郎) 선생의 『朝鮮漢字音研究』에 딸린 <한자 음운표>와 거의 비슷한 성격을 지닌다. 한자음 자료집으로는 이 외에 성균관대학교의 권인한 교수가 펴 낸 중세 한국 한자음 자료집도 있다. 이런 여러 자료집을 비교하여 살핀다면 한자음 공부나 연구에 많은 이로움이 있으리라고 본다.

2011년 2월

이진호

차례

- 범례
- 일러두기

1. 果攝 | 11

2. 假攝 | 17

3. 遇攝 | 25

4. 蟹攝 | 44

5. 止攝 | 65

1. 果攝

1.1. 歌韻

字	声	口	等	調	韻	ア	代表	六上中	六下	真三	訓蒙	翻小	小諺	大諺	中諺	論諺	孝諺	分門	誠初A	四法	蒙山	法華	誠初B	簡易	長寿
歌	見	開	1	平	歌	L	kaᴸ	kaᴸ			kaᴸ	kaᴸ	kaᴸ			kaᴸ						kaᴸ	ka		ka
柯	見	開	1	平	歌	L	kaᴸ				kaᴸ				kaᴸ										
哥	見	開	1	平	歌	L	kaᴸ				kaᴸ [N] k?aᴸ														
珂	渓	開	1	平	歌	L	kaᴸ				kaᴸ														
莪	疑	開	1	平	歌	L	ʼaᴸ					ʼaᴸ	ʼaᴸ												
蛾	疑	開	1	平	歌	L	ʼaᴸ				ʼaᴸ														
鵞	疑	開	1	平	歌	L	ʼaᴸ				ʼaᴸ														
峨	疑	開	1	平	歌	?	ʼa												ʼaᴸ				ʼa		
阿	影	開	1	平	歌	L	ʼaᴸ	ʼaᴸ	ʼaᴸ	ʼaᴸ	ʼaᴸ					ʼaᴸ					ʼaᴸ	ʼaᴸ	ʼa	ʼa	ʼa
呵	暁	開	1	平	歌	?	ha																		ha
訶	暁	開	1	平	歌	L	haᴸ	haᴸ	haᴸ	haᴸ												haᴸ			ha
何	匣	開	1	平	歌	L	haᴸ			haᴸ		haᴸ	haᴸ	haᴸ		haᴸ	haᴸ				haᴸ	haᴸ		ha	ha
河	匣	開	1	平	歌	L	haᴸ	haᴸ		haᴸ	haᴸ	haᴸ	haᴸ		haᴸ	haᴸ	haᴸ					haᴸ			ha
荷	匣	開	1	平	歌	L	haᴸ				haᴸ														
舸	匣	開	1	平	歌	L	haᴸ				haᴸ														
多	端	開	1	平	歌	L	taᴸ	taᴸ	taᴸ	taᴸ		taᴸ	taᴸ		taᴸ	taᴸ			taᴸ	taᴸ	taᴸ	taᴸ	ta		ta
他	透	開	1	平	歌	L	tʰaᴸ	tʰaᴸ	tʰaᴸ	tʰaᴸ	tʰaᴸ	tʰaᴸ	tʰaᴸ	tʰaᴸ	tʰaᴸ	tʰaᴸ			tʰaᴸ	tʰaᴸ	tʰaᴸ			tʰa	tʰa
陀	定	開	1	平	歌	L	taᴸ tʰaᴸ	tʰaᴸ		taᴸ tʰaᴸ									tʰaᴸ			taᴸ tʰaᴸ	tʰa		ta tʰa
鮀	定	開	1	平	歌	L	tʰaᴸ									tʰaᴸ									
馱	定	開	1	平	歌	L	tʰaᴸ		tʰaᴸ		tʰaᴸ														
駝	定	開	1	平	歌	L	tʰaᴸ				tʰaᴸ														
跎	定	開	1	平	歌	L	tʰaᴸ				tʰaᴸ														
酡	定	開	1	平	歌	L	tʰaᴸ			tʰaᴸ															
鼉	定	開	1	平	歌	L	tʰaᴸ									tʰaᴸ									
儺	泥	開	1	平	歌	L	naᴸ									naᴸ									
那	泥	開	1	平	歌	L	naᴸ	naᴸ	naᴸ	naᴸ									naᴸ	naᴸ	naᴸ	naᴸ	na		na
挪	泥	開	1	平	歌	L	naᴸ				naᴸ														

字	声	口	等	調	韻	ア	代表	六上中	六下	真三	訓蒙	翻小	小諺	大諺	中諺	論諺	孝諺	分門	誠初A	四法	蒙山	法華	誠初B	簡易	長寿
羅	来	開	1	平	歌	L	ra^{L}	ra^{L}	ra^{L}	ra^{L}	ra^{L}	ra^{L}	ra^{L}						ra^{L}	ra^{L}		ra^{L}	ra		ra na
蘿	来	開	1	平	歌	L	ra^{L}				ra^{L}								ra^{L}				ra		ra
鑼	来	開	1	平	歌	L	ra^{L}				ra^{L}														
籮	来	開	1	平	歌	L	ra^{L}				ra^{L}														
蹉	清	開	1	平	歌	?	c^{h}a																c^{h}a^{L}		
磋	清	開	1	平	歌	L	c^{h}a^{L}							c^{h}a^{L}		c^{h}a^{L}								
搓	清	開	1	平	歌	L	c^{h}a^{L}				c^{h}a^{L}														
嵯	従	開	1	平	歌	L	ca^{L} sa^{L}				ca^{L} [TSNKR] sa^{L}														
咱	従	開	1	平	歌	LR	ca^{L} cam^{R}				ca^{L} cam^{R}														
娑	心	開	1	平	歌	L	sa^{L}			sa^{L}												sa^{L}			
可	渓	開	1	上	歌	R	ka^{R}	ka^{R}	ka^{R}	ka^{R}		ka^{R}(H)	ka^{R}(H/L)	ka^{R}	ka^{R}(L)	ka^{R}(L)	ka^{R}		ka^{H}(R)	ka^{H}(R)	ka^{H}(L) (*k^{h}a^{H})	ka^{R} (*k^{h}a^{R})	ka		ka
坷	渓	開	1	上	歌	R	ka^{R}					?ka^{R}	?ka^{R}												
我	疑	開	1	上	歌	R	’a^{R} ’ai^{R}	’a^{R}	’a^{R}	’a^{R}	’a^{R}	’a^{R}(L/H) ’ai^{R}	’a^{R}	’a^{R}	’a^{R}	’a^{R}			’a^{R}(L/H)	’a$^{R/H}$	’a^{H}	’a^{R} (*ŋa^{R})	’a		’a^{H} ’a
荷	匣	開	1	上	歌	RL	ha$^{R/L}$					ha^{L}	ha^{R}			ha^{R}						ha^{H}			
爹	定	開	1	上	歌	L	ta^{L}				ta^{L}														
舵	定	開	1	上	歌	R	t^{h}a^{R}				t^{h}a^{R} [KR] t^{h}a^{L}														
左	精	開	1	上	歌	R	ca^{R} coa^{R}	coa^{R}	coa^{R}		coa^{R}	coa^{R}	coa^{R}	ca^{R}	ca^{R}	ca^{R}						ca^{R}		coa	
箇	見	開	1	去	歌	H	kai^{H}					kai^{H}	kai^{H}						kai#		kai^{H}(L) *ka^{H}(L)		kai		
珂	渓	開	1	去	歌	R	ka^{R}					?ka^{R}	?ka^{R}												
餓	疑	開	1	去	歌	R	’a^{R}		’a^{R}	’a^{R}		’a^{R}	’a^{R}			’a^{R}			’a$^{R/H}$		’a$^{H/R}$ *ŋa^{L}	’a			’a
蔄	暁	開	1	去	歌	R	ha^{R}				ha^{R}														
賀	匣	開	1	去	歌	?	ha															ha^{H}			
拖	透	開	1	去	歌	R	t^{h}a^{R}									t^{h}a^{R}									

字	声	口	等	調	韻	ア	代表	六上中	六下	真三	訓蒙	翻小	小諺	大諺	中諺	論諺	孝諺	分門	誠初A	四法	蒙山	法華	誠初B	簡易	長寿
佐	精	開	1	去	歌	R	ca coa^{R}					coa^{R}	$coa^{R/H}$									ca^{H}			
抄	心	開	1	去	歌	L	sa^{L}				sa^{L}														

1.2. 戈韻 一等

字	声	口	等	調	韻	ア	代表	六上中	六下	真三	訓蒙	翻小	小諺	大諺	中諺	論諺	孝諺	分門	誠初A	四法	蒙山	法華	誠初B	簡易	長寿
波	帮	中	1	平	戈	L	pa^{L} $p^{h}a^{L}$	pa^{L} $p^{h}a^{L}$	pa^{L}	pa^{L} $p^{h}a^{L}$	$p^{h}a^{L}$	$p^{h}a^{L}$	$p^{h}a^{L}$								$p^{h}a^{L}$	pa^{L}			$p^{h}a$
菠	帮	中	1	平	戈	L	$p^{h}a^{L}$				$p^{h}a^{L}$														
玻	滂	中	1	平	戈	?	$p^{h}a$															$p^{h}a^{L}$			
頗	滂	中	1	平	戈	L	$p^{h}a^{L}$					$p^{h}a^{L}$	$p^{h}a^{L}$									$p^{h}a^{L}$			
坡	滂	中	1	平	戈	L	$p^{h}a^{L}$				$p^{h}a^{L}$														
婆	並	中	1	平	戈	L	pa^{L} $p^{h}a^{L}$		pa^{L}	pa^{L}	$p^{h}a^{L}$											pa^{L} $(p^{h}a^{L})$			$p^{h}a$
摩	明	中	1	平	戈	L	ma^{L}	ma^{L}	ma^{L}	ma^{L}		ma^{L}	ma^{L}						ma^{R}			ma^{L}			ma
蘑	明	中	1	平	戈	L	ma^{L}				ma^{L}														
魔	明	中	1	平	戈	L	ma^{L} mai	ma^{L}	ma^{L}	ma^{L}	ma^{L}								$ma^{L(H)}$	$ma^{L/R}$ $mai^{L/R}$	ma^{H}	ma^{L}	ma		ma
磨	明	中	1	平	戈	LR	$ma^{L/R}$	ma^{L}	ma^{L}			ma^{R}	ma^{L}	ma^{L}		ma^{L}			ma^{L}	ma^{L}	$ma^{L/H}$	ma^{L}	ma		ma
劚	明	中	1	平	戈	L	ma^{L}					ma^{L}	ma^{H}												
頗	滂	中	1	上	戈	R	$p^{h}a^{R}$					$p^{h}a^{R/H}$	$p^{h}a^{R}$						$p^{h}a^{R}$				$p^{h}a$		
麼	明	中	1	上	戈	?	ma												$ma^{L(H)}$	$ma^{H/L}$					
簸	帮	中	1	去	戈	R	$p^{h}a^{R}$				$p^{h}a^{R}$														
播	帮	中	1	去	戈	RH L	$p^{h}a^{R/H/L}$					$p^{h}a^{L}$	$p^{h}a^{R}$			$p^{h}a^{H}$									
破	滂	中	1	去	戈	R	$p^{h}a^{R}$		$p^{h}a^{R}$		$p^{h}a^{R}$	$p^{h}a^{R}$		$p^{h}a^{R}$					$p^{h}a^{R/H}$	$p^{h}a^{R}$	$p^{h}a^{H}$		$p^{h}a$		$p^{h}a$
蔢	並	中	1	去	戈	R	$p^{h}a^{R}$			$p^{h}a^{R}$															
磨	明	中	1	去	戈	R	ma^{R}			ma^{R} [N] $m?a?^{R}$															
戈	見	合	1	平	戈	L	koa^{L}				koa^{L}					koa^{L}									
堝	見	合	1	平	戈	L	koa^{L}				koa^{L}														
腡	見	合	1	平	戈	L	koa^{L}				koa^{L}														

字	声	口	等	調	韻	ア	代表	六上中	六下	真三	訓蒙	翻小	小諺	大諺	中諺	論諺	孝諺	分門	誠初A	四法	蒙山	法華	誠初B	簡易	長寿
鍋	見	合	1	平	戈	L	koa^L $'oa^L$				koa^L	$'oa^L$	$'oa^L$								$'oa^R$					
科	渓	合	1	平	戈	L	koa^L		koa^L		koa^L	koa^L	koa^L			koa^L						koa^L			
蝌	渓	合	1	平	戈	L	koa^L				koa^L														
窠	渓	合	1	平	戈	L	koa^L				koa^L														
渦	影	合	1	平	戈	L	$'oa^L$				$'oa^L$														
倭	影	合	1	平	戈	L	$'oa^L$				$'oa^L$														
窩	影	合	1	平	戈	L	$'oa^L$				$'oa^L$														
萵	影	合	1	平	戈	L	$'oa^L$				$'oa^L$														
和	匣	合	1	平	戈	L	hoa^L	hoa^L	hoa^L	hoa^L		hoa^L	hoa^L		hoa^L	hoa^L	hoa^L		hoa^L	hoa^L	hoa^L	hoa^L	hoa		hoa
禾	匣	合	1	平	戈	L	hoa^L				hoa^L [T] hoi^L														
捼	泥	合	1	平	戈	L	na^L				na^L														
螺	来	合	1	平	戈	L	ra^L				ra^L											ra^L $*roa^L$			
騾	来	合	1	平	戈	L	ro^L				ro^L														
穤	来	合	1	平	戈	L	ra^L				ra^L														
銼	従	合	1	平	戈	L	c^ha^L				c^ha^L														
矬	従	合	1	平	戈	L	coa^L c^hoa^L				coa^L [T] c^hoa^L [SNKR] c^hoa^H														
梭	心	合	1	平	戈	L	sa^L				sa^L														
蓑	心	合	1	平	戈	L	sa^L				sa^L														
菓	見	合	1	上	戈	R	koa^R		koa^R	koa^R									koa^H				koa		koa
裹	見	合	1	上	戈	R	koa^R					koa^R	koa^R												
果	見	合	1	上	戈	R	koa^R	koa^R	koa^R	koa^R		$koa^{R(H)}$	koa^R		koa^R	$koa^{R/H}$			koa^H		koa^H	$koa^{R(H/L)}$	koa		
火	暁	合	1	上	戈	R	hoa^R	hoa^R	hoa^R?	hoa^R	hoa^R	hoa^R	hoa^R			hoa^R		$hoa^{R(L)}$	hoa^R		hoa^R	hoa^R	hoa (pil)	hoa	hoa
禍	匣	合	1	上	戈	R	hoa^R	hoa^R				hoa^R	hoa^R		hoa^R		hoa^R		hoa^R				hoa		
朵	端	合	1	上	戈	H	t^ha^H			t^ha^H															

字	声	口	等	調	韻	ア	代表	六上中	六下	真三	訓蒙	翻小	小諺	大諺	中諺	論諺	孝諺	分門	誠初A	四法	蒙山	法華	誠初B	簡易	長寿
睡	端	合	1	上	戈	R	$t^h a^R$				$t^h a^R$ [KR] $t^h a^L$														
惰	定	合	1	上	戈	R	$t^h a^R$				$t^h a^R$	?$t^h a^{R/H}$	?$t^h a^R$	?$t^h a^R$		?$t^h a^R$									
墮	定	合	1	上	戈	R	$t^h a^R$			$t^h a^R$		$t^h a^{R/H}$	$t^h a^R$						$t^h a^{R/H/L}$		$t^h a^H$	$*toa^L$	$t^h a$		$t^h a$
裸	来	合	1	上	戈	RH	ra^H na^R				ra^H	na^R	na^R												
蓏	来	合	1	上	戈	R	ra^R				ra^R														
瘰	来	合	1	上	戈	L	ra^L				ra^L														
坐	従	合	1	上	戈	R	coa^R ca	coa^R	coa^R	coa^R	coa^R? [TSNKR] coa^R	$coa^{R(H)}$	$coa^{R(H/L)}$			coa^R	coa^R		$coa^{R(L)}$	$coa^{H(R)}$	$coa^{H(R/L)}$ ca^H		coa (ca)		ca (coa)
鎖	心	合	1	上	戈	R	soa^R sa				soa^R								sa^L				sa		
過	見	合	1	去	戈	RH	$koa^{R/H}$	koa^R	koa^H	koa^R		$koa^{R/H}$	$koa^{R/H}$	koa^R	$koa^{R/H}$	$koa^{R/H}$	$koa^{R/H}$		koa^H	$koa^{R/H}$	koa^H	koa^H	koa		koa
課	渓	合	1	去	戈	R	koa^R	koa^R	koa^R		koa^R	$koa^{R/H}$	koa^R												
騍	渓	合	1	去	戈	R	koa^R				koa^R														
臥	疑	合	1	去	戈	R	$\text{'}oa^R$	$\text{'}oa^R$	$\text{'}oa^R$		$\text{'}oa^R$	$\text{'}oa^R$	$\text{'}oa^R$						$\text{'}oa^{R/H}$	$\text{'}oa^R$		$\text{'}oa^H$	$\text{'}oa$		$\text{'}oa$
貨	暁	合	1	去	戈	RH	$hoa^{R/H}$				hoa^R	$hoa^{R/H}$	$hoa^{R(H)}$	hoa^R	hoa^R	hoa^R			hoa^R				hoa		hoa
和	匣	合	1	去	戈	RH	$hoa^{R/H}$					hoa^H	hoa^R			hoa^R									
団	匣	合	1	去	戈	?	hoa														$hoa^{H(L)}$				
唾	透	合	1	去	戈	?	$t^h a$												$t^h a^R$				$t^h a$		
涶	透	合	1	去	戈	R	$t^h a^R$				$t^h a^H$ [TSNKR] $t^h a^R$														
惰	定	合	1	去	戈	R	$t^h a^R$					?$t^h a^{R/H}$	?$t^h a^R$	?$t^h a^R$		?$t^h a^R$									
稞	定	合	1	去	戈	RH	$t^h a^{R/H}$				$t^h a^H$ [TSNKR] $t^h a^R$														
懦	泥	合	1	去	戈	R	na^R				na^R	na^R	na^R												
糯	泥	合	1	去	戈	R	na^R				na^R														
剉	清	合	1	去	戈	RH	$c^h oa^R$ $c^h oal$					$c^h oal^H$	$c^h oa^R$												
座	従	合	1	去	戈	R	coa^R ca	coa^R	coa^R	coa^R		coa^R	coa^R						coa^R	coa^R	coa^H	$coa^{H(L)}$	coa (ca)		ca

字	声	口	等	調	韻	ア	代表	六上中	六下	真三	訓蒙	翻小	小諺	大諺	中諺	論諺	孝諺	分門	誠初A	四法	蒙山	法華	誠初B	簡易	長寿
坐	從	合	1	去	戈	R	coa^R				coa^R? [TSNKR] coa^R											coa$^{H/L}$			

1.3. 戈韻 三等

字	声	口	等	調	韻	ア	代表	六上中	六下	真三	訓蒙	翻小	小諺	大諺	中諺	論諺	孝諺	分門	誠初A	四法	蒙山	法華	誠初B	簡易	長寿
迦	見	開	C	平	戈	L	ka^L	ka^L	ka^L	ka^L											ka$^{L/H}$	ka^L			ka
伽	群	開	C	平	戈	L	ka^L	ka^L	ka^L	ka^L											ka^L	ka^L			ka
瘸	群	合	C	平	戈	L	ka^L				ka^L [SN] ki^L														
靴	暁	合	C	平	戈	L	hoa^L				hoa^L														

2. 假攝

2.1. 麻韻 二等

字	声	口	等	調	韻	ア	代表	六上中	六下	真三	訓蒙	翻小	小諺	大諺	中諺	論諺	孝諺	分門	誠初A	四法	蒙山	法華	誠初B	簡易	長寿
跒	見	開	2	平	麻	?	ka															ka^{L}			
家	見	開	2	平	麻	L	ka^{L} kia	ka^{L}	ka^{L}	ka^{L}	ka^{L}	ka$^{L(H)}$	ka^{L}	ka^{L}	ka^{L}	ka^{L}	ka^{L}	ka^{L}	ka^{L} kia^{L}	ka^{L}	ka^{L}	ka$^{L(H)}$	ka		ka
嘉	見	開	2	平	麻	L	ka^{L}	ka^{L}				ka^{L}	ka^{L}		ka^{L}	ka^{L}								ka	
加	見	開	2	平	麻	L	ka^{L}		ka^{L}	ka^{L}		ka^{L}	ka^{L}			ka$^{L(R)}$	ka^{L}		ka^{L}	ka^{L}	ka^{L}		ka		ka
袈	見	開	2	平	麻	L	ka^{L}	ka^{L}	ka^{L}		ka^{L}														
茄	見	開	2	平	麻	L	ka^{L}				ka^{L}														
枷	見	開	2	平	麻	L	ka^{L}				ka^{L}														
痂	見	開	2	平	麻	L	ka^{L}				ka^{L}														
笳	見	開	2	平	麻	L	ka^{L}				ka^{L}														
葭	見	開	2	平	麻	L	ka^{L}				ka^{L}														
耞	見	開	2	平	麻	L	ka^{L}				ka^{L}														
牙	疑	開	2	平	麻	L	'a^{L}			'a^{L}	'a^{L}														
芽	疑	開	2	平	麻	L	'a^{L}			'a^{L}	'a^{L}														
衙	疑	開	2	平	麻	L	'a^{L}				'a^{L}														
鴉	影	開	2	平	麻	L	'a^{L}				'a^{L}														'a
遐	匣	開	2	平	麻	L	ha^{L}				ha^{L}						ha^{L}		ha^{L}				ha		
瑕	匣	開	2	平	麻	L	ha^{L}			ha^{L}	ha^{L}														
蝦	匣	開	2	平	麻	L	ha^{L}				ha^{L}														
霞	匣	開	2	平	麻	L	ha^{L}				ha^{L}														
鰕	匣	開	2	平	麻	L	ha^{L}				ha^{L}														
搽	澄	開	2	平	麻	L	c^{h}a^{L}				c^{h}a^{L}														
茶	澄	開	2	平	麻	L	ta^{L}			ta^{L}	ta^{L}	ta^{L}	ta^{L}									ta^{L}			
拿	娘	開	2	平	麻	L	na^{L}		na^{L}																
艣	荘	開	2	平	麻	L	c^{h}a^{L}				c^{h}a^{L}														
渣	荘	開	2	平	麻	L	ca^{L} sa^{L}				sa^{L} [TSNKR] ca^{L}														

字	声	口	等	調	韻	ア	代表	六上中	六下	真三	訓蒙	翻小	小諺	大諺	中諺	論諺	孝諺	分門	誠初A	四法	蒙山	法華	誠初B	簡易	長寿
樝	荘	開	2	平	麻	LR	cia^L/R				cia^R [TNKR] cia^L [S] ca^L														
皻	荘	開	2	平	麻	L	ca^L				ca^L														
攎	荘	開	2	平	麻	L	cʰa^L				cʰa^L														
差	初	開	2	平	麻	L	cʰa^L	cʰa^L				cʰa^L	cʰa^L									cʰa^L			cʰa
靫	初	開	2	平	麻	L	cʰa^L				cʰa^L														
杈	初	開	2	平	麻	L	cʰa^L				cʰa^L [S] cʰi?^L														
叉	初	開	2	平	麻	L	cʰa^L cʰal				cʰa^L											cʰa^L			cʰal
槎	崇	開	2	平	麻	L	sa^L				sa^L [N] s?a^L														
沙	生	開	2	平	麻	L	sa^L	sa^L	sa^L	sa^L	sa^L										sa^L	sa^L	sa		sa
砂	生	開	2	平	麻	L	sa^L								sa^L									sa	
裟	生	開	2	平	麻	L	sa^L	sa^L	sa^L		sa^L														
紗	生	開	2	平	麻	L	sa^L				sa^L														
鯊	生	開	2	平	麻	L	sa^L				sa^L														
斝	見	開	2	上	麻	R	ka^R				ka^R														
椵	見	開	2	上	麻	R	ka^R tan^R				ka^R [TSNKR] tan^R														
假	見	開	2	上	麻	R	ka^R	ka^R	ka^R			ka^R	ka^R			ka^R?									
雅	疑	開	2	上	麻	R	'a^R					'a^R	'a^R			'a^R									
瘂	影	開	2	上	麻	R	'a^R				'a^R [K] 'a^H? [R] 'a^L														'a
夏	匣	開	2	上	麻	R	ha^R					ha^R	ha^R		ha^R	ha^R(H)						ha^R?			

字	声	口	等	調	韻	ア	代表	六上中	六下	真三	訓蒙	翻小	小諺	大諺	中諺	論諺	孝諺	分門	誠初A	四法	蒙山	法華	誠初B	簡易	長寿
下	匣	開	2	上	麻	R	ha^R	ha^R(H)	ha^R	ha^R	ha^R/H [TS] ha^R [NKR] ha^R/L	ha^R/H(L)	ha^R(H/L)	ha^R	ha^R	ha^R(H)	ha^R		ha^R/H	ha^H(L)	ha^H		ha		ha
廈	匣	開	2	上	麻	R	ha^R				ha^R														
打	知	開	2	上	麻	R	t^h a^R				t^h a^R									t^h a^H(R)	t^h a^H/L				t^h a
鮓	荘	開	2	上	麻	R	ca^R				ca^R [T] ci^R	ca^R	ca^R												
蚱	荘	開	2	上	麻	R	ca^R				ca^R														
駕	見	開	2	去	麻	R	ka^R	ka^R		ka^R	ka^R	ka^R	ka^R			ka^R				ka^L					
賈	見	開	2	去	麻	R	ka^R					ka^R	ka^R			ka^R									
嫁	見	開	2	去	麻	R	ka^R				ka^R	ka^R(H)	ka^R	ka^R											
架	見	開	2	去	麻	R	ka^R				ka^R														
稼	見	開	2	去	麻	RH	ka^R/H				ka^H [TSNKR] ka^R					ka^H									
假	見	開	2	去	麻	R	ka^R				ka^R														
價	見	開	2	去	麻	?	ka																	ka
研	疑	開	2	去	麻	R	'a^R				'a^R														
亞	影	開	2	去	麻	R	'a^R	'a^R				'a^H	'a^R			'a^R									
罅	暁	開	2	去	麻	L	ha^L				ha^L														
暇	匣	開	2	去	麻	R	ka^R		ka^R			ka^R	ka^R/H			ka^R									
夏	匣	開	2	去	麻	R	ha^R		ha^H?		ha^L [TSN] ha^R	ha^R	ha^R												ha
下	匣	開	2	去	麻	R	ha^R sia					ha^R/H(L)	ha^R								ha^H(L) sia^H	ha^H			ha
吒	知	開	2	去	麻	?	t^h a															t^h a^H			t^h a
炸	荘	開	2	去	麻	R	ca^R				ca^R														
榨	荘	開	2	去	麻	R	ca^R				ca^R														
詐	荘	開	2	去	麻	R	sa^R sai				sa^R					sa^R									sai
岔	初	開	2	去	麻	L	c^h a^L				c^h a^L														

字	声	口	等	調	韻	ア	代表	六上中	六下	真三	訓蒙	翻小	小諺	大諺	中諺	論諺	孝諺	分門	誠初A	四法	蒙山	法華	誠初B	簡易	長寿
汊	初	開	2	去	麻	L	$c^h a^L$				$c^h a^L$														
乍	崇	開	2	去	麻	R	sa^R sai					sa^R	sa^R												sai
巴	幇	中	2	平	麻	?	pa														*?pa^L				
芭	幇	中	2	平	麻	L	$p^h a^L$				$p^h a^L$														
笆	幇	中	2	平	麻	L	$p^h a^L$				$p^h a^L$														
疤	幇	中	2	平	麻	L	$p^h a^L$				$p^h a^L$														
蚆	滂	中	2	平	麻	R	$p^h a^R$				$p^h a^R$														
蔢	滂	中	2	平	麻	L	$p^h a^L$				$p^h a^L$														
舥	滂	中	2	平	麻	L	$p^h a^L$				$p^h a^L$														
琶	並	中	2	平	麻	L	pa^L $p^h a^L$			pa^L	$p^h a^L$											$p^h a^L$			
杷	並	中	2	平	麻	L	$p^h a^L$				$p^h a^L$														
爬	並	中	2	平	麻	L	$p^h a^L$				$p^h a^L$														
麻	明	中	2	平	麻	L	ma^L				ma^L [N] $ma?^L$	ma^L	ma^L			ma^L		ma^L						ma	
蟆	明	中	2	平	麻	L	ma^L				ma^L														
把	幇	中	2	上	麻	R	$p^h a^R$												$p^h a^R$				$p^h a$		
瑪	明	中	2	上	麻	R	ma^R				ma^R [T] mi^R [SN] ta^R											$ma^{R/L}$			ma
螞	明	中	2	上	麻	R	ma^R				ma^R														
馬	明	中	2	上	麻	R	ma^R	ma^R	ma^R		ma^H [TSN] ma^R [KR] ma^L	$ma^{R(H/L)}$	$ma^{R(L)}$	ma^R		ma^R		ma^L			ma^H	ma^R		ma	ma
弝	幇	中	2	去	麻	R	$p^h a^R$				$p^h a^R$														
欛	幇	中	2	去	麻	R	$p^h a^R$				$p^h a^R$ [S] $p^h a^H$														

字	声	口	等	調	韻	ア	代表	六上中	六下	真三	訓蒙	翻小	小諺	大諺	中諺	論諺	孝諺	分門	誠初A	四法	蒙山	法華	誠初B	簡易	長寿
靶	幫	中	2	去	麻	R	pʰaR				pʰaR [KR] pʰiR														
壩	幫	中	2	去	麻	R	pʰaiR				pʰaiR														
霸	幫	中	2	去	麻	R	pʰaiR									pʰaiR									
帕	滂	中	2	去	麻	R	pʰaR				pʰaR														
怕	滂	中	2	去	麻	R	pʰaR					pʰaR/H	pʰaR												
罵	明	中	2	去	麻	R	maR maiR				maR [R] maiR														
瓜	見	合	2	平	麻	L	koaL				koaL [N] koi?L					koaL									
蝸	見	合	2	平	麻	L	koaL				koaL														
騧	見	合	2	平	麻	L	'oaL									'oaL									
蛙	影	合	2	平	麻	L	'oaL				'oaL [N] 'o?aL														
窪	影	合	2	平	麻	L	'oaL				'oaL														
擓	影	合	2	平	麻	L	'oaL				'oaL														
譁	曉	合	2	平	麻	?	hoa																hoa		
花	曉	合	2	平	麻	L	hoaL	hoaL		hoaL	hoaL	hoaL	hoaL								hoaL		hoa		hoa
華	匣	合	2	平	麻	L	hoaL	hoaL(R)		hoaL	hoaL	hoaL	hoaL			hoaL					hoaL	hoaL(H)	hoa		hoa
鏵	匣	合	2	平	麻	L	hoaL				hoaL														
橊	知	合	2	平	麻	L	coaL				coaL														
撾	知	合	2	平	麻	LR	koaL/R					koaR	koaL												
寡	見	合	2	上	麻	R	koaR				koaH? [TSNKR] koaR	koaR(H)	koaR	koaR	koaR	koaR	koaR		koaL				koa		
銙	渓	合	2	上	麻	R	koaR				koaR														
瓦	疑	合	2	上	麻	R	'oaR	'oaR			'oaR														
踝	匣	合	2	上	麻	R	koaR				koaR														
耍	生	合	2	上	麻	R	soaR				soaR														

字	声	口	等	調	韻	ア	代表	六上中	六下	真三	訓蒙	翻小	小諺	大諺	中諺	論諺	孝諺	分門	誠初A	四法	蒙山	法華	誠初B	簡易	長寿
胯	渓	合	2	去	麻	R	koa^R				koa^R [SNKR] koa^H														
袴	渓	合	2	去	麻	R	koa^R				koa^R														
瓦	疑	合	2	去	麻	R	'oa^R				'oa^R														
化	暁	合	2	去	麻	R	hoa^R	hoa^R	hoa^R	hoa^R	hoa^R	hoa$^{R(H)}$	hoa$^{R(H)}$		hoa^R			hoa^H			hoa^H	hoa$^{H(L)}$	hoa		hoa
華	匣	合	2	去	麻	R	hoa^R								hoa^R										
攪	匣	合	2	去	麻	R	hoa^R								hoa^R										
樺	匣	合	2	去	麻	R	hoa^R				hoa^R														

2.2. 麻韻 三等

字	声	口	等	調	韻	ア	代表	六上中	六下	真三	訓蒙	翻小	小諺	大諺	中諺	論諺	孝諺	分門	誠初A	四法	蒙山	法華	誠初B	簡易	長寿
嗟	精	開	AB	平	麻	L	c^{h}a^L	c^{h}a^L				c^{h}a^L	c^{h}a^L												
置	精	開	AB	平	麻	L	ciə^L				ciə^L														
些	心	開	AB	平	麻	?	sia														sia$^{L/H}$				
邪	邪	開	AB	平	麻	L	sia^L	sia^L (zia^L)	sia^L	sia^L		sia^L	sia^L			sia^L		sia^L	sia^L		sia^L	sia$^{L(H)}$	sia	sia	sia
斜	邪	開	AB	平	麻	L	sia^L				sia^L	–a^L	sia^L												
遮	章	開	AB	平	麻	L	c^{h}ia^L		c^{h}ia^L	c^{h}ia^L									c^{h}ia$^{L/H(R)}$				c^{h}ia		c^{h}ia
碑	昌	開	AB	平	麻	?	c^{h}ia cia															c^{h}ia^L			cia
車	昌	開	AB	平	麻	L	c^{h}ia^L				c^{h}ia^L	c^{h}ia^L	c^{h}ia^L												
蛇	船	開	AB	平	麻	L	sia^L	sia^L			sia^L	sia^L	sia^L						sia$^{L(H)}$			sia^L	sia		sia
奢	書	開	AB	平	麻	L	sia^L		sia^L			sia^L	sia^L (sa^L)			sia^L									
賒	書	開	AB	平	麻	L	sia^L				sia^L [TN] sa^L [S] sia^L sa^L														
闍	常	開	AB	平	麻	L	sia^L cia		sia^L													sia^L			cia ({tia})

字	声	口	等	調	韻	ア	代表	六上中	六下	真三	訓蒙	翻小	小諺	大諺	中諺	論諺	孝諺	分門	誠初A	四法	蒙山	法華	誠初B	簡易	長寿
耶	羊	開	AB	平	麻	L	'ia^L		'ia^L	'ia^L		'ia$^{L(R)}$	'ia^L								'ia$^{H(R)}$	'ia^L			'ia
邪	羊	開	AB	平	麻	L	'ia^L					'ia^L	'ia^L												
爺	羊	開	AB	平	麻	L	'ia^L				'ia^L														
姐	精	開	AB	上	麻	R	ciə^R				ciə^R														
且	清	開	AB	上	麻	RH	c^{h}ia$^{R/H}$					c^{h}ia$^{R/H}$	c^{h}ia$^{R(H)}$		c^{h}ia^R	c^{h}ia^R				t^{h}ia$^{R/H}$	c^{h}ia^H				c^{h}ia
鎬	心	開	AB	上	麻	R	sia^R				sia^H [TSNKR] sia^R														
寫	心	開	AB	上	麻	R	sia^R				s+sia^R														sia
者	章	開	AB	上	麻	H	cia^H	cia^H	cia^H	cia^H		cia$^{H(R/L)}$	cia$^{H(R/L)}$	cia$^{H(R)}$	cia^H	cia^H	cia^H		cia$^{H(L)}$	cia^H	cia^H	cia$^{R(L)}$ (*ciaŋ^R)	cia		cia
赭	章	開	AB	上	麻	R	cia^R				cia^R [SN] ca^R														
捨	書	開	AB	上	麻	R	sia^R	sia^R	sia^R	sia^R		sia^R	sia^R						sia$^{R(H)}$	sia^R	sia^H		sia		sia
社	常	開	AB	上	麻	R	sia^R					sia^R	sia^R		sia^R	sia^R	sia^R	sia^R	sia#				sia	sa?	
若	日	開	AB	上	麻	R	zia^R	zia^R	zia^R	zia^R									'ia^H			zia^R			
野	羊	開	AB	上	麻	R	'ia^R				'ia^R	'ia^R	'ia^R		'ia^R				'ia^H		'ia^H	'ia$^{R(H)}$	'ia	'ia	'ia
冶	羊	開	AB	上	麻	R	'ia^R				'ia^R				'ia^R										
也	羊	開	AB	上	麻	R	'ia^R			'ia^R		'ia$^{R(H/L)}$	'ia$^{R(H/L)}$	'ia^R	'ia^R	'ia$^{R(L)}$	'ia^R		'ia$^{R(H/L)}$	'ia^H?	'ia$^{H(L)}$		'ia		'ia
借	精	開	AB	去	麻	R	c^{h}ia^R	c^{h}ia^R	c^{h}ia^R		c^{h}ia^R	c^{h}ia^R	c^{h}ia^R			c^{h}ia^R									
藉	從	開	AB	去	麻	R	cia^R			cia^R		cia^R													
襌	從	開	AB	去	麻	R	cia^R c^{h}ia^R				cia^R [TSNKR] c^{h}ia^R														
瀉	心	開	AB	去	麻	R	sia^R				sia^R														
卸	心	開	AB	去	麻	R	sia^R				sia^H [T] sia^R														
謝	邪	開	AB	去	麻	R	sia^R	sia^R	sia^R			sia^R	sia^R												
蔗	章	開	AB	去	麻	?	cia	cia																	cia
這	章	開	AB	去	麻	R	cia ciə^R					ciə^H	ciə^R									cia$^{H/L}$			
柘	章	開	AB	去	麻	R	cia^R				cia^R														

字	声	口	等	調	韻	ア	代表	六上中	六下	真三	訓蒙	翻小	小諺	大諺	中諺	論諺	孝諺	分門	誠初A	四法	蒙山	法華	誠初B	簡易	長寿
炙	章	開	AB	去	麻	RH	cia$^{R/H}$				cia^R [T] ca^R	cia^H	cia^H												
射	船	開	AB	去	麻	R	sia^R				s+sia^R? [T] s+sa^R [SNKR] s+sia^R	sia^R			sia^R	sia^R									
麝	船	開	AB	去	麻	R	sia^R			sia^R	sia^R [S] sia^H														
赦	書	開	AB	去	麻	R	sia^R		sia^R			sia^R	sia^R			sia^R									
舍	書	開	AB	去	麻	R	sia^R	sia^R	sia^R	sia^R	sia^R [T] s^{-R}	sia^R	sia^R			sia^R						sia$^{H(R/L)}$ (*siaŋ^H)			sia
射	羊	開	AB	去	麻	R	'ia^R					'ia$^{R(H/L)}$	'ia^R												
夜	羊	開	AB	去	麻	RH	'ia$^{R/H}$		'ia^H	'ia^R	'ia^R	'ia$^{R(H)}$	'ia^R		'ia^R	'ia^R			'ia^H	'ia^H		'ia$^{H(L)}$	'ia	'ia	'ia
唹	羊	開	AB	去	麻	R	'ia^R				'ia^R														

3. 遇攝

3.1. 模韻

字	声	口	等	調	韻	ア	代表	六上中	六下	真三	訓蒙	翻小	小諺	大諺	中諺	論諺	孝諺	分門	誠初A	四法	蒙山	法華	誠初B	簡易	長寿
孤	見	中	1	平	模	L	ko^{L}			ko^{L}	ko^{L}	ko^{L}	ko^{L}	ko^{L}		ko^{L}									
沽	見	中	1	平	模	L	ko^{L}				ko^{L}	ko^{L}	ko^{L}			ko^{L}									
觚	見	中	1	平	模	L	ko^{L}									ko^{L}									
辜	見	中	1	平	模	L	ko^{L}				ko^{L}														ko
姑	見	中	1	平	模	L	ko^{L}				ko^{L}	$ko^{L(R/H)}$	ko^{L}												
箍	見	中	1	平	模	L	ko^{L}				ko^{L}														
蛄	見	中	1	平	模	L	ko^{L}				ko^{L}														
菇	見	中	1	平	模	L	ko^{L}				ko^{L}														
枯	渓	中	1	平	模	LH	$ko^{L/H}$				ko^{L}	$ko^{L/H}$	ko^{L}						ko^{H}					ko	ko
吾	疑	中	1	平	模	L	$'o^{L}$			$'o^{L}$	$'o^{L}$ [S] $'o^{H}$	$'o^{L(H)}$	$'o^{L(H)}$	$'o^{L}$	$'o^{L}$	$'o^{L}$	$'o^{L}$		$'o^{L}$			$'o^{H}$	$'o$		
呉	疑	中	1	平	模	L	$'o^{L}$	$'o^{L}$				$'o^{L}$	$'o^{L}$			$'o^{L}$									
蜈	疑	中	1	平	模	L	$'o^{L}$				$'o^{L}$											$*\eta o^{L}$			
鼯	疑	中	1	平	模	L	$'o^{L}$				$'o^{L}$														
梧	疑	中	1	平	模	L H?	$'o^{L}$ $'io^{H}$				$'io^{H}$ [TSNKR] $'o^{L}$														
鳴	影	中	1	平	模	L	$'o^{L}$									$'o^{L}$			$'o^{L}$				$'o$		
枵	影	中	1	平	模	L	$'o^{L}$				$'o^{L}$					$'o^{L}$									
烏	影	中	1	平	模	L	$'o^{L}$				$'o^{L}$							$'o^{L}$	$'o^{L}$				$'o^{L}$	$'o$	$'o$
於	影	中	1	平	模	L	$'o^{L}$							$'o^{L}$	$'o^{L}$									
洿	影	中	1	平	模	L	$'o^{L}$				$'o^{L}$													
蔦	影	中	1	平	模	L	$'o^{L}$				$'o^{L}$													
呼	暁	中	1	平	模	L	ho^{L}				ho^{L} [N] $ho?^{L}$	ho^{L}	ho^{L}			ho^{L}			ho^{L}			ho^{L}	ho		
戯	暁	中	1	平	模	L	ho^{L}							ho^{L}										
乎	匣	中	1	平	模	L	ho^{L}					$ho^{L(R)}$	ho^{L}	ho^{L}	ho^{L}	ho^{L}	ho^{L}		ho^{R}			ho^{H}	ho		
狐	匣	中	1	平	模	L	ho^{L}				ho^{L}					ho^{L}							ho^{L}		
瑚	匣	中	1	平	模	L	ho^{L}				ho^{L}					ho^{L}							ho^{L}		

字	声	口	等	調	韻	ア	代表	六上中	六下	真三	訓蒙	翻小	小諺	大諺	中諺	論諺	孝諺	分門	誠初A	四法	蒙山	法華	誠初B	簡易	長寿
壺	匣	中	1	平	模	L	ho^{L}				ho^{L}														ho
胡	匣	中	1	平	模	L	ho^{L}	ho^{L}		ho^{L}		ho^{L}	ho^{L}					ho^{L}		ho^{L}					
湖	匣	中	1	平	模	L	ho^{L}				ho^{L}	ho^{L}	ho^{L}												
醐	匣	中	1	平	模	L	ho^{L}			ho^{L}															
弧	匣	中	1	平	模	L	ho^{L}				ho^{L}														
糊	匣	中	1	平	模	L	ho^{L}				ho^{L}														
瓠	匣	中	1	平	模	L	ho^{L}				ho^{L}														
猢	匣	中	1	平	模	L	ho^{L}				ho^{L}														
箶	匣	中	1	平	模	L	ho^{L}				ho^{L}														
衚	匣	中	1	平	模	L	ho^{L}				ho^{L}														
鬍	匣	中	1	平	模	L	ho^{L}				ho^{L}														
鶘	匣	中	1	平	模	L	ho^{L}				ho^{L}														
都	端	中	1	平	模	L	to^{L}				to^{L}	to^{L}	to^{L}							to^{L}	$to^{L/H}$				to	to
塗	定	中	1	平	模	L	to^{L}			to^{L}		to^{L}	to^{L}		to^{L}	to^{L}										to
屠	定	中	1	平	模	L	to^{L}				to^{L}	to^{L}	to^{L}					to^{L}							to	
徒	定	中	1	平	模	L	to^{L}	to^{L}	to^{L}		to^{L}	to^{L}	to^{L}		to^{L}	to^{L}			$to^{L/H}$					to		
途	定	中	1	平	模	L	to^{L}			to^{L}	to^{L} [SNKR] to^{H}								to^{L}					to		
圖	定	中	1	平	模	L	to^{L}	to^{L}			to^{L}					to^{L}		to^{L}								
奴	泥	中	1	平	模	L	no^{L}				no^{L}	no^{L}	no^{L}		no^{L}							no^{H}	no^{L}			
拏	泥	中	1	平	模	L	no^{L}								no^{L}										
盧	来	中	1	平	模	L	ro^{L}	ro^{L}		ro^{L}		$ro^{L(H)}$	ro^{L}		ro^{L}										
艫	来	中	1	平	模	L	ro^{L}				ro^{L}														
蘆	来	中	1	平	模	L	ro^{L}				ro^{L}														
轤	来	中	1	平	模	L	ro^{L}				ro^{L}														
顱	来	中	1	平	模	L	ro^{L}				ro^{L}														
鱸	来	中	1	平	模	L	ro^{L}				ro^{L}														
纑	来	中	1	平	模	L	ro^{L}				ro^{L}														
鸕	来	中	1	平	模	L	ro^{L}				ro^{L}														
攎	来	中	1	平	模	L	ro^{L}				ro^{L}														
爐	来	中	1	平	模	L	ro^{L}	ro^{L}		ro^{L}	ro^{L}											ro^{L}				
甗	来	中	1	平	模	L	ro^{L}				ro^{L}														
租	精	中	1	平	模	LR/H	$co^{L/R/H}$				co^{L}	$co^{R/H}$	$co^{R/L}$												

字	声	口	等	調	韻	ア	代表	六上中	六下	真三	訓蒙	翻小	小諺	大諺	中諺	論諺	孝諺	分門	誠初A	四法	蒙山	法華	誠初B	簡易	長寿
麤	清	中	1	平	模	?	c^hu												c^hu^L		c^hu^L $*c^ho^L$		c^hu		
粗	清	中	1	平	模	L	co^L					co^L													
甦	心	中	1	平	模	?	so														so^L				so
蘇	心	中	1	平	模	L	so^L	so^L			so^L	so^L	so^L					so^L					so	so
酥	心	中	1	平	模	L	so^L			so^L	so^L													
櫯	心	中	1	平	模	L	so^L				so^L [K] –													
逋	幫	中	1	平	模	L	p^ho^L					p^ho^L	p^ho^L												
晡	幫	中	1	平	模	L	p^ho^L				p^ho^L													
鋪	滂	中	1	平	模	L	p^hu^L				p^hu^L													
菩	並	中	1	平	模	L	po^L	po^L	po^L	po^L									po^L			po^L	po		po
蒲	並	中	1	平	模	L	p^ho^L				p^ho^L				p^ho^L			p^ho^L		p^ho^L				p^ho	p^ho
葡	並	中	1	平	模	L	p^ho^L				p^ho^L [N] $p^h?o?^L$													
蒱	並	中	1	平	模	L	p^ho^L				p^ho^L	p^ho^L	p^ho^L											
模	明	中	1	平	模	L	mo^L	mo^L			mo^L	mo^L	mo^L											
摸	明	中	1	平	模	L	mo^L				mo^L													
估	見	中	1	上	模	?	ko														ko^R				
鼓	見	中	1	上	模	H	ko^H	ko^H		ko^H	ko^H	ko^H	ko^H		ko^H	ko^H					ko^R		ko^R		
瞽	見	中	1	上	模	H	ko^H				ko^H	ko^H	ko^H			ko^H								
古	見	中	1	上	模	R	ko^R	ko^R	ko^R	ko^R	ko^R [KR] ko^H	$ko^{R(H)}$	$ko^{R(L)}$		ko^R	ko^R			$ko^{R/H}$	ko^H	ko^H			ko	
賈	見	中	1	上	模	R	ko^R				ko^R [KR] ko^L										ko^L				
羖	見	中	1	上	模	R	ko^R				ko^R												ko	
牯	見	中	1	上	模	R	ko^R				ko^R													

字	声	口	等	調	韻	ア	代表	六上中	六下	真三	訓蒙	翻小	小諺	大諺	中諺	論諺	孝諺	分門	誠初A	四法	蒙山	法華	誠初B	簡易	長寿
蠱	見	中	1	上	模	RH	$ko^{R/H}$				$ko^{R/H}$ [T] ko^R [KR] $ko^{R/L}$	ko^H	ko^H												
罟	見	中	1	上	模	RH	$ko^{R/H}$				ko^R				ko^H										
股	見	中	1	上	模	RH	$ko^{R/H}$				ko^R	ko^R	ko^H												
粘	見	中	1	上	模	R	ko^R				ko^R														
苦	渓	中	1	上	模	H	ko^H	ko^H	ko^H	ko^H	ko^L	$ko^{H(R)}$	ko^H					ko^H	$ko^{H/R(L)}$	$ko^{H/R}$	$*k^ho^H$	$ko^{R(H/L)}$ $(*k^ho^R)$	ko		$ko^{H/R}$ ko
五	疑	中	1	上	模	R	$'o^R$	$'o^R$	$'o^R$	$'o^R$	$'o^R$ [T] $'_R$	$'o^{R(H/L)}$	$'o^{R(L)}$	$'o^R$	$'o^R$	$'o^R$	$'o^R$	$'o^R$	$'o^{R/H}$	$'o^{R/L}$	$'o^H$	$'o^{R(H/L)}$	$'o$	$'o$	$'o$
午	疑	中	1	上	模	R	$'o^R$	$'o^R$																	
伍	疑	中	1	上	模	R	$'o^R$				$'o^R$														
琥	暁	中	1	上	模	R	ho^R				ho^R														
屝	暁	中	1	上	模	R	ho^R				ho^R											ho^R			
虎	暁	中	1	上	模	R	ho^R			ho^R	ho^R	ho^R	ho^R			ho^R		$ho^{R/L}$	$ho^{R/H}$				ho	ho	
戸	匣	中	1	上	模	R	ho^R				ho^R	ho^R	ho^R			ho^R									
帍	匣	中	1	上	模	R	ho^R				ho^R														
簷	匣	中	1	上	模	R	ho^R				ho^R														
睹	端	中	1	上	模	R	to^R									to^R									
賭	端	中	1	上	模	RL	$to^{R/L}$				to^R	to^R	to^L	to^R											
覩	端	中	1	上	模	RL	$to^{R/L}$			to^L	to^R									to^H					to
土	透	中	1	上	模	H	t^ho^H	t^ho^H	t^ho^H	t^ho^H	t^ho^H	t^ho^H	t^ho^H	t^ho^H	t^ho^H	t^ho^H				t^ho^R		$t^ho^{R(L)}$ $(*to^R)$	t^ho		t^ho
肚	定	中	1	上	模	H	tu^H				tu^H														
杜	定	中	1	上	模	RH	$tu^{R/H}$	tu^R					tu^H	tu^H								$tu^{H(L)}$				
努	泥	中	1	上	模	?	no															no^L				
弩	泥	中	1	上	模	R	no^R				no^R														
怒	泥	中	1	上	模	R	no^R ro^R			ro^R		ro^R	$no^{R(H)}$ (ro^R)		no^R	no^R						$no^{R/L}$			ro
艪	来	中	1	上	模	H	no^H				no^H														

字	声	口	等	調	韻	ア	代表	六上中	六下	真三	訓蒙	翻小	小諺	大諺	中諺	論諺	孝諺	分門	誠初A	四法	蒙山	法華	誠初B	簡易	長寿
櫓	来	中	1	上	模	H	ro^{H}				ro^{R} [TSNKR] ro^{H}														
魯	来	中	1	上	模	H	ro^{H}					ro^{H}	ro^{H}			ro^{H}									
虜	来	中	1	上	模	H	ro^{H}				ro^{H}	ro^{H}	ro^{H}												
鹵	来	中	1	上	模	H	ro^{H}					ro^{H}	ro^{H}												
滷	来	中	1	上	模	H	ro^{H}				ro^{H}														
祖	精	中	1	上	模	H	co^{H}	co^{H}	co^{H}	co^{H}	co^{H}	co^{H}	co^{H}		co^{H}				co$^{R/H}$	co$^{R(H/L)}$	co$^{H(R/L)}$		co		
粗	従	中	1	上	模	R	co^{R}						co^{R}	co^{R}											
補	幫	中	1	上	模	R	po^{R}					po^{R}	po^{R}	po^{R}			po^{R}								
圃	幫	中	1	上	模	RH	po^{R} p^{h}o^{H}				po^{H} [TSNKR] po^{R}					?p^{h}o^{H}									
浦	滂	中	1	上	模	R	po^{R}				po^{R}														
普	滂	中	1	上	模	R	po^{R}	po^{R}	po^{R}	po^{R}		po^{R}	po^{R}						po^{H}	po^{L}		po$^{R/H/L}$ *p^{h}o^{R}	po		po^{H} po
溥	滂	中	1	上	模	R	po^{R}								po^{R}										
簿	並	中	1	上	模	R	pu^{R}				pu^{H} [TSNKR] pu^{R}	pu$^{R(H/L)}$	pu$^{R(H)}$											pu	
媽	明	中	1	上	模	R	ma^{R}				ma^{R}														
莽	明	中	1	上	模	H	mo^{H}						?mo^{H}												
姥	明	中	1	上	模	R	mo^{R} ki				mo^{R}														ki
顧	見	中	1	去	模	R	ko^{R}				ko^{R}	ko^{R}	ko^{R}	ko^{R}	ko^{R}	ko^{R}			ko^{L}		ko^{H}		ko		
雇	見	中	1	去	模	R	ko^{R}				ko^{R}														
錮	見	中	1	去	模	R	ko^{R}				ko^{R}														
故	見	中	1	去	模	RH	ko$^{R/H}$			ko$^{R/H}$		ko$^{R/H(L)}$	ko$^{R/H}$	ko^{H}	ko$^{R/H}$	ko$^{R/H}$	ko^{H}		ko$^{R/H}$		ko^{H}		ko		ko^{H} ko
固	見	中	1	去	模	RH	ko$^{R/H}$						ko^{R}	ko$^{R(H)}$	ko^{H}	ko$^{R(H)}$									ko^{H} ko
庫	渓	中	1	去	模	H	ko^{H}				ko^{L} [T] ko^{H}?	ko^{H}	ko^{H}	ko^{H}					ko^{L}		ko^{H}	ko$^{H(L)}$	ko		ko

字	声	口	等	調	韻	ア	代表	六上中	六下	真三	訓蒙	翻小	小諺	大諺	中諺	論諺	孝諺	分門	誠初A	四法	蒙山	法華	誠初B	簡易	長寿
袴	渓	中	1	去	模	R	ko^{R}				ko^{R} [KR] ko^{H}	ko^{R}	ko^{R}												
痦	疑	中	1	去	模	R	$'o^{R}$				$'o^{H}$ [TSNKR] $'o^{R}$										$'o^{L}$				
悟	疑	中	1	去	模	R	$'o^{R}$	$'o^{R}$	$'o^{R}$	$'o^{R}$		$'o^{R}$	$'o^{R}$						$'o^{R}$		$'o^{H(L)}$		$'o$		$'o$
忤	疑	中	1	去	模	R	$'o^{R}$					$'o^{R}$	$'o^{R}$												$'o$
誤	疑	中	1	去	模	R	$'o^{R}$					$'o^{H}$	$'o^{R}$						$'o\#$	$'o^{R}$			$'o$		
捂	疑	中	1	去	模	L	$'o^{L}$				$'o^{L}$														
晤	疑	中	1	去	模	R	$'o^{R}$ / $'ə^{R}$				$'o^{R}$ [T] $'ə?^{R}$ [SNKR] $'ə^{R}$														
汚	影	中	1	去	模	R	$'o^{R}$					$'o^{R}$	$'o^{R}$												
惡	影	中	1	去	模	R	$'o^{R}$					$'o^{R}$	$'o^{R}$	$'o^{R}$	$'o^{R}$	$'o^{R}$	$'o^{R}$				$'o^{R}$				$'o$
互	匣	中	1	去	模	R	ho^{R}			ho^{R}		ho^{R}	ho^{R}			ho^{R}			$ho^{H}?$		$ho?^{H}$			ho	
護	匣	中	1	去	模	R	ho^{R}	ho^{R}	ho^{R}	ho^{R}		ho^{R}	ho^{R}								ho^{R}	ho^{H}	$ho^{H(L)}$	ho	ho
栢	匣	中	1	去	模	R	ho^{R}				ho^{R}														
蠹	端	中	1	去	模	H	tu^{H}				tu^{H} [N] $tu?^{H}$														
妬	端	中	1	去	模	RL	$t^{h}u^{R/L}$	$t^{h}u^{L}$				$t^{h}u^{R}$	$t^{h}u^{R}$												$t^{h}u$
吐	透	中	1	去	模	H	$t^{h}o^{H}$				$t^{h}o^{H}$					$t^{h}o^{H}$					$t^{h}o^{H}$		$t^{h}o$	$t^{h}o$
菟	透	中	1	去	模	H	$t^{h}o^{H}$				$t^{h}o^{R}?$ [TSNKR] $t^{h}o^{H}$														
兔	透	中	1	去	模	H	$t^{h}o^{H}$				$t^{h}o^{H}$								$t^{h}o\#$				$t^{h}o$		
渡	定	中	1	去	模	R	to^{R}			to^{R}						to^{R}									to
鍍	定	中	1	去	模	R	to^{R}				to^{R}														
度	定	中	1	去	模	RH	$to^{R/H}$	$to^{R(H)}$	to^{R}	to^{R}	to^{L} [TSNKR] to^{R}	$to^{R(H)}$	$to^{R(H)}$		to^{R}	to^{H}	to^{R}		$to^{H(R)}$	$to^{R/H}$		$to^{H(R)}$	to		to
輅	来	中	1	去	模	H	ro^{H}				ro^{H}					ro^{H}									

字	声	口	等	調	韻	ア	代表	六上中	六下	真三	訓蒙	翻小	小諺	大諺	中諺	論諺	孝諺	分門	誠初A	四法	蒙山	法華	誠初B	簡易	長寿
鷺	来	中	1	去	模	R	ro^R				ro^R														
路	来	中	1	去	模	RH	$ro^{R/H}$	ro^R		ro^R	ro^R [N] ri^R	$ro^{R(H)}$	ro^R		ro^H	$ro^{R(H)}$			$ro^{H(R)}$		ro^H		ro		ro
露	来	中	1	去	模	RH	$ro^{R/H}$	ro^R		ro^R	ro^R	ro^R	ro^R		ro^H				ro^H		ro^H	ro^H	ro		
賂	来	中	1	去	模	R	roi^R				roi^R														
做	精	中	1	去	模	R	cu^R					$cu^{R/H}$	$cu^{R/H}$							$cu^{R(H)}$	$cu^{R/H}$				
醋	清	中	1	去	模	R	c^ho^R co				c^ho^R											co^L			
錯	清	中	1	去	模	R	co^R									co^R									
措	清	中	1	去	模	RL	$co^{R/L}$	$co^L?$							co^R	co^R									
厝	清	中	1	去	模	L	co^L										co^L								
阼	従	中	1	去	模	R	co^R									co^R									
祚	従	中	1	去	模	R	co^R				co^R														
愬	心	中	1	去	模	R	so^R									so^R									
訴	心	中	1	去	模	R	so^R				so^R	so^R	so^R												
嗉	心	中	1	去	模	R	so^R				so^R														
素	心	中	1	去	模	R	so^R				$so^H?$ [TSN] so^H [KR] so^L	so^R (co^R)	$so^{R(H)}$		so^R	so^R									
塑	心	中	1	去	模	RH	$so^{R/H}$	so^H	so^H		so^R	so^R	so^R												
布	幫	中	1	去	模	R	po^R p^ho^R	po^R p^ho^R	p^ho^R	p^ho^R	p^ho^H [TSNKR] p^ho^R	p^ho^R	p^ho^R		p^ho^R	p^ho^R			po^R			$po^{H(R)}$	p^ho	p^ho	p^ho
圃	幫	中	1	去	模	H	p^ho^H									$?p^ho^H$									
怖	滂	中	1	去	模	R	p^ho^R			p^ho^R									p^ho^R				p^ho		p^ho
鋪	滂	中	1	去	模	H	p^hu^H				p^hu^H														
捕	並	中	1	去	模	H	po^H				po^H									po^R					
步	並	中	1	去	模	R	po^R	po^R			po^R	po^R	po^R						po^H		$po^{H(R)}$		po		
輔	並	中	1	去	模	R	po^R				po^R														
哺	並	中	1	去	模	R	po^R p^ho^R				p^ho^R	po^R	po^R												
埠	並	中	1	去	模	R	pu^R				pu^R														

字	声	口	等	調	韻	ア	代表	六上中	六下	真三	訓蒙	翻小	小諺	大諺	中諺	論諺	孝諺	分門	誠初A	四法	蒙山	法華	誠初B	簡易	長寿
酺	並	中	1	去	模	R	pʰo^R				pʰo^R														
墓	明	中	1	去	模	R	mio^R	mio^R			mio^R	mio^R	mio^R					mio^R						mio	
莫	明	中	1	去	模	R	mo^R					mo^R	mo^R				mo^R									
暮	明	中	1	去	模	R	mo^R				mo^R	mo^R	mo^R							mo^R				mo		
慕	明	中	1	去	模	R	mo^R					mo^R	mo^R													

3.2. 魚韻

字	声	口	等	調	韻	ア	代表	六上中	六下	真三	訓蒙	翻小	小諺	大諺	中諺	論諺	孝諺	分門	誠初A	四法	蒙山	法華	誠初B	簡易	長寿
車	見	中	C	平	魚	L	kə^L	kə^L			kə^L	kə^L	kə^L		kə^L	kə^L			kə^L			kə^L	kə		kə
裾	見	中	C	平	魚	L	kə^L				kə^L	kə^L	kə^L												
居	見	中	C	平	魚	LR	kə$^{L/R}$	kə$^{L/R}$	kə^L	kə^L	kə^L	kə^L	kə^L	kə^L	kə^L	kə^L	kə^L		kə^L		kə^L	kə^L	kə		kə
佉	渓	中	C	平	魚	?	*																*kʰə^L			
袪	渓	中	C	平	魚	L	kə^L				kə^L [SNKR] kə^R														
磲	群	中	C	平	魚	?	kə																kə^L			kə
璩	群	中	C	平	魚	R	kə^R	kə^R															kə^L			
蘧	群	中	C	平	魚	L	kə^L						kə^L			kə^L									
渠	群	中	C	平	魚	L	kə^L				kə^L	kə^L	kə^L												
籧	群	中	C	平	魚	L	kə^L					kə^L													
蕖	群	中	C	平	魚	L	kə^L				kə^L														
鶏	群	中	C	平	魚	L	kə^L				kə^L														
魚	疑	中	C	平	魚	L	'ə^L	'ə^L			'ə^L	'ə^L	'ə^L		'ə^L	'ə^L		'ə^L					'ə		
漁	疑	中	C	平	魚	L	'ə^L				'ə^L	'ə^L	'ə^L												
於	影	中	C	平	魚	L	'ə^L			'ə^L	'ə^L(H)	'ə^L	'ə^L	'ə^L	'ə^L	'ə^L	'ə^L		'ə^L	'ə^L	'ə^L ('iə^L)		'ə		'ə
嘘	暁	中	C	平	魚	?	hə																		hə
虚	暁	中	C	平	魚	L	hə^L	hə^L	hə^L	hə^L		hə^L	hə^L			hə^L			hə^L	hə^L	hə^L	hə^L	hə		hə
潴	知	中	C	平	魚	L	tiə^L				tiə^L														
猪	知	中	C	平	魚	L	tiəi^L				tiəi^L	tiəi^L	tiə^L						tiəi^L						tiəi
樗	徹	中	C	平	魚	L	tiə^L				tiə^L	tiə^L	tiə^L												'u

字	声	口	等	調	韻	ア	代表	六上中	六下	真三	訓蒙	翻小	小諺	大諺	中諺	論諺	孝諺	分門	誠初A	四法	蒙山	法華	誠初B	簡易	長寿
摴	徹	中	C	平	魚	L	tiə^L				tiə^L [SN] tə^L														
儲	澄	中	C	平	魚	L	tiə^L				tiə^L	tiə^L	tiə^L												
除	澄	中	C	平	魚	L	tiə^L tiəi^L			tiəi^L		tiəi^L (tiə^L)	tiə^L tiəi^L				tiə^L		ti?əi^L tiə^L ciəi^L	tiəi^L		tiə^L	tiəi	tiəi	tiəi
篨	澄	中	C	平	魚	L	tiəi^L					tiəi^L	tiəi^L												
閭	来	中	C	平	魚	L	riə^L				riə^L	riə^L	riə^L												
廬	来	中	C	平	魚	L	riə^L				riə^L	riə^L (rə^L)	riə^L (niə^L)												
驢	来	中	C	平	魚	L	riə^L ro				riə^L										riə^L				ro
蛆	精	中	C	平	魚	L	ciə^L				ciə^L														
疽	清	中	C	平	魚	L	ciə^L				ciə^L [SNKR] ciə^H											*c^{h}iə^L			
沮	清	中	C	平	魚	L	ciə^L				ciə^L					ciə^L								
雎	清	中	C	平	魚	L	ciə^L					ciə^L	ciə^L			ciə^L								
鶋	清	中	C	平	魚	L	ciə^L				ciə^L													
屟	従	中	C	平	魚	H	ciu^H				ciu^H [N] ciu^H?													
徐	邪	中	C	平	魚	L	siə^L					siə^L	siə^L											
菹	荘	中	C	平	魚	L	co^L				co^L													
初	初	中	C	平	魚	L	c^{h}o^L	c^{h}o^L	c^{h}o^L	c^{h}o^L		c^{h}o^L	c^{h}o^L						c^{h}o^L		c^{h}o^L	c^{h}o^L	c^{h}o		c^{h}o
鋤	崇	中	C	平	魚	L	sə^L				sə^L													
疎	生	中	C	平	魚	L	so^L					so^L	so^L			so^L			so^L				so	
蔬	生	中	C	平	魚	L	so^L				so^L	so^L	so^L						so^L				so	
疏	生	中	C	平	魚	L	so^L			so^L		so^L	so^L									so#		
梳	生	中	C	平	魚	L	so^L				so^L													
諸	章	中	C	平	魚	L	ciə^L ciəi^L	ciəi^L	ciəi^L	ciəi^L		ciəi$^{L(H)}$	ciəi^L (ciə^L)	ciə^L	ciə^L	ciə^L	ciə^L		ciəi^L (tiəi^L)	tiəi^L	ciəi^L (ciə^L)	ciə^L ciəi^L	ciəi		ciəi
書	書	中	C	平	魚	L	siə^L	siə^L	siə^L		siə^L	siə$^{L(H)}$	siə^L	siə^L	siə^L	siə^L					siə^L			siə	siə
舒	書	中	C	平	魚	L	siə^L			siə^L		siə^L	siə^L	siə^L										

字	声	口	等	調	韻	ア	代表	六上中	六下	真三	訓蒙	翻小	小諺	大諺	中諺	論諺	孝諺	分門	誠初A	四法	蒙山	法華	誠初B	簡易	長寿
鴙	書	中	C	平	魚	L	siə^L				siə^L														
泇	日	中	C	平	魚	L	ziə^L				ziə^L														
如	日	中	C	平	魚	L	ziə^L	ziə^L	ziə^L	ziə^L ('iə^L)	'iə^L	'iə^L (ziə^L)	'iə$^{L(H)}$	ziə^L 'iə^L	ziə^L	ziə^L	ziə^L		'iə^L	'iə^L	ziə^L ('iə^L) (zə^L)	ziə^L 'iə^L	'iə		'iə
歟	羊	中	C	平	魚	?	'iə												'iə$^{R/L}$				'iə		
餘	羊	中	C	平	魚	L	'iə^L	'iə^L	'iə^L		'iə^L					'iə^L	'iə^L					'iə^L	'iə^L		
予	羊	中	C	平	魚	L	'iə^L				'iə^L					'iə^L	'iə^L								
余	羊	中	C	平	魚	L	'iə^L					'iə^L	'iə^L												
蜍	羊	中	C	平	魚	L	'iə^L				'iə^L														
鸒	羊	中	C	平	魚	L	'iə^L				'iə^L														
舁	羊	中	C	平	魚	L	'iə^L 'iəi^L		'iəi^L		'iə^L	'iə^L	'iə^L				'iə^L					'iə^H			
輿	羊	中	C	平	魚	L	'iə^L									'iə^L	'iə^L	'iə^L							'iə
礜	羊	中	C	平	魚	L	'iə^L									'iə^L									
莒	見	中	C	上	魚	R	kə^R									kə$^{R/L}$									
筥	見	中	C	上	魚	R	kəi^R				kəi^R														
舉	見	中	C	上	魚	R	kə^R			kə^R		kə$^{R(H)}$	kə$^{R(H)}$	kə^R	kə^R	kə^R	kə^R			kə^R	kə$^{H(L)}$			kə	kə
拒	群	中	C	上	魚	R	kə^R									kə^R									
巨	群	中	C	上	魚	R	kə^R					kə^R	kə^R						kə^R						kə	kə
炬	群	中	C	上	魚	R	kə^R				kə^R									kə^L					kə	
苣	群	中	C	上	魚	R	kə^R				kə^R														
距	群	中	C	上	魚	R	kə^R				kə^R [T] ki^R		kə^L	kə^R											
蒙	群	中	C	上	魚	R	kə^R				kə^R														
語	疑	中	C	上	魚	R	'ə^R	'ə^R	'ə^R	'ə^R	'ə^R [N] 'i^R	'ə^R	'ə$^{R(L)}$		'ə^R	'ə^R	'ə^R		'ə$^{R/H}$	'ə^R	'ə$^{H(L)}$ ('iə^H)		'ə		'ə
禦	疑	中	C	上	魚	R	'ə^R								'ə^R				'ə^L						
圉	疑	中	C	上	魚	R	'ə^R								'ə^R										
圄	疑	中	C	上	魚	R	'ə^R				'ə^R														
許	曉	中	C	上	魚	H	hə^H	hə^H				hə$^{H(R)}$	hə^H						hə^L	hə^H	hə^H	hə$^{R/H}$	hə		hə
楮	徹	中	C	上	魚	R	tiə^R				tiə^R														
苧	澄	中	C	上	魚	R	tiə^R				tiə^R														

字	声	口	等	調	韻	ア	代表	六上中	六下	真三	訓蒙	翻小	小諺	大諺	中諺	論諺	孝諺	分門	誡初A	四法	蒙山	法華	誡初B	簡易	長寿
杼	澄	中	C	上	魚	R	tiə^{R}				tiə^{R}														
女	娘	中	C	上	魚	H	niə^{H}	niə^{H}		niə^{H}	niə^{H} [KR] niə^{L}	niə^{H}	niə$^{H(R)}$			niə^{H}			niə^{H}				niə		niə^{H}/ niə
侶	来	中	C	上	魚	R	riə^{R}	riə^{R}		riə^{R}	riə^{R} [NKR] riə^{H}								niə^{R}				niə		riə niə
膂	来	中	C	上	魚	R	riə^{R}				riə^{R} [KR] riə^{L}														
呂	来	中	C	上	魚	R	riə^{R}					riə$^{R(H/L)}$ niə$^{R(H/L)}$	riə^{R} (niə^{R})												
旅	来	中	C	上	魚	RH	riə$^{R/H}$				riə^{R} [KR] riə^{L}	riə$^{R/H}$	riə$^{R/H}$		riə^{R}	riə^{R}									
沮	従	中	C	上	魚	R	ciə^{R}					ciə^{R}	ciə^{R}												ciə
緒	邪	中	C	上	魚	R	siə^{R}					siə^{R}	siə^{R}		siə^{R}										
嶼	邪	中	C	上	魚	R	siə^{R}				siə^{R}														
芧	邪	中	C	上	魚	R	siə^{R}				siə^{R}														
序	邪	中	C	上	魚	R	siə^{R}				siə^{R}	siə$^{R/L}$	siə^{R}		siə^{R}				siə^{L}			siə$^{R/L}$	siə	siə	
溆	邪	中	C	上	魚	R	siə^{R}				siə^{R}														
敍	邪	中	C	上	魚	R	siə^{R}	siə^{R}																	
阻	荘	中	C	上	魚	RH	co$^{R/H}$					co$^{R/H}$	co^{H}												
俎	荘	中	C	上	魚	RHL	co$^{R/H/L}$					co^{L}	co^{R}			co^{H}									
楚	初	中	C	上	魚	H	c^{h}o^{H}					c^{h}o^{H}	c^{h}o^{H}	c^{h}o^{H}		c^{h}o^{H}									
礎	初	中	C	上	魚	H	c^{h}o^{H}				c^{h}o^{H}														
所	生	中	C	上	魚	R	so^{R}	so^{R}	so^{R}	so^{R}	so^{H} [TSNKR] so^{R}	so$^{R(H/L)}$	so$^{R(H/L)}$	so^{R}	so^{R}	so^{R}	so^{R}		so$^{R/H}$		so^{H}	so$^{R(H)}$	so		so
煮	章	中	C	上	魚	R	cia^{R}				cia^{R} [T] c?ia^{R}	cia^{R}	cia^{R}												
渚	章	中	C	上	魚	R	ciə^{R}				ciə^{R}														
杵	昌	中	C	上	魚	R	ciə^{R}				ciə^{R}														ciə

字	声	口	等	調	韻	ア	代表	六上中	六下	真三	訓蒙	翻小	小諺	大諺	中諺	論諺	孝諺	分門	誠初A	四法	蒙山	法華	誠初B	簡易	長寿
處	昌	中	C	上	魚	R	c^{h}iə^{R}	c^{h}iə^{R}	c^{h}iə^{R}		c^{h}iə^{R}	c^{h}iə^{R}	c^{h}iə^{R}			c^{h}iə^{R}			c^{h}iə^{H}				c^{h}iə		c^{h}iə
抒	船	中	C	上	魚	R	siə^{R}				siə^{R}														
鼠	書	中	C	上	魚	R	siə^{R}				siə^{R} [KR] siə^{H}	siə^{R}	siə^{R}						siə^{L}	siə^{R}	siə^{R}	siə^{R}	siə		siə
暑	書	中	C	上	魚	R	siə^{R}				siə^{R}	siə$^{R/H}$	siə^{R}			siə^{R}									
黍	書	中	C	上	魚	R	siə^{R}				siə^{R}					siə^{R}									
蜍	書	中	C	上	魚	R	siə^{R}				siə^{R}														
墅	常	中	C	上	魚	R	siə^{R}				siə^{R}														
女	日	中	C	上	魚	R	ziə^{R} ʼiəi^{R}					ziə^{R}	ʼiə^{R}			ziə^{R} ʼiə^{R} (ziə^{H}) (ʼiəi^{R})									
汝	日	中	C	上	魚	R	ziə^{R} ʼiəi		ziə^{R}	ziə^{R}	ziə^{R}	ʼiə$^{R(H/L)}$ (ziə^{R})	ʼiə^{R}				ziə^{R}		ʼiə$^{R(H/L)}$	ʼiə^{R}	zə^{H} ʼə^{H}		ʼiə		ʼiə$^{R/H}$ ʼiə ʼiəi
予	羊	中	C	上	魚	R	ʼiə^{R}				ʼiə^{R}		ʼiə^{R}			ʼiə^{R}									
與	羊	中	C	上	魚	R	ʼiə^{R}		ʼiə^{R}			ʼiə$^{R(H/L)}$	ʼiə$^{R(L)}$	ʼiə$^{R(H)}$	ʼiə^{R}	ʼiə^{R}			ʼiə^{R}	ʼiə^{R}	ʼiə$^{R/H}$				ʼiə
鋸	見	中	C	去	魚	R	kə^{R}				kə^{R}														
踞	見	中	C	去	魚	RL	kə$^{R/L}$				kə^{R}	kə^{L}	kə^{R}												
據	見	中	C	去	魚	R	kə^{R}	kə^{R}			kə^{R}	kə^{R}	kə^{R}			kə^{R}									
去	渓	中	C	去	魚	RH	kə$^{R/H}$	kə^{R}	kə^{R}	kə^{R}	kə^{H} [SN] kə$^{H(L)}$ [RK] kə^{H} (kə-)	kə$^{R(H/L)}$	kə$^{R(L)}$			kə$^{R(H)}$			kə$^{R/H}$	kə^{H} kiə^{R}	kə$^{H(L)}$ (kiə^{H}) (*k^{h}ə^{L})	kə^{H} (*k^{h}ə^{H})	kə		kə
遽	群	中	C	去	魚	R	kə^{R}					kə^{R}	kə^{R}												
御	疑	中	C	去	魚	R	ʼə^{R}			ʼə^{R}	ʼə^{H} [TSNKR] ʼə^{R}	ʼə$^{R(H)}$	ʼə^{R}			ʼə^{R}		ŋə^{R}				ʼə^{H}			ʼə
語	疑	中	C	去	魚	R	ʼə^{R}				ʼə^{R} [N] ʼi^{R}														
馭	疑	中	C	去	魚	R	ʼə^{R}				ʼə^{R}	ʼə$^{R/H}$	ʼə^{R}												

字	声	口	等	調	韻	ア	代表	六上中	六下	真三	訓蒙	翻小	小諺	大諺	中諺	論諺	孝諺	分門	誠初A	四法	蒙山	法華	誠初B	簡易	長寿
飫	影	中	C	去	魚	R	'ə^R				'ə^R [T] 'i^R														
著	知	中	C	去	魚	R	tiə^R					tiə^R	tiə$^{R(L)}$	tiə^R	tiə^R		tiə^R								
箸	澄	中	C	去	魚	R	tiə^R					tiə^R	tiə^R												
筯	澄	中	C	去	魚	R	tiə^R				tiə^R [N] tə^R														
濾	来	中	C	去	魚	R	riə^R				riə^R														
鑢	来	中	C	去	魚	R	riə^R				riə^R? [TSNKR] riə^R														
慮	来	中	C	去	魚	RH	riə$^{R/H}$									riə$^{R/H}$									
絮	心	中	C	去	魚	R	siə^R siəi^R				siə^R	siəi^R	siə^R												
助	崇	中	C	去	魚	RH	co$^{R/H}$					co$^{R/H}$	co$^{R(H)}$			co^R	co^R		co^R					簡易 co	
疏	生	中	C	去	魚	R	so^R						so^R												
疎	生	中	C	去	魚	R	so^R				so^H? [TSNKR] so^R														
纛	章	中	C	去	魚	R	ciə^R				ciə^R														
處	昌	中	C	去	魚	R	c^{h}iə^R	c^{h}iə^R	c^{h}iə^R	c^{h}iə^R		c^{h}iə$^{R(H)}$	c^{h}iə^R						c^{h}iə$^{R/H}$ t^{h}iə^H	c^{h}iə^H t^{h}iə^H	c^{h}iə$^{H(L)}$	c^{h}iə$^{H/L}$	c^{h}iə	c^{h}iə	c^{h}iə
恕	書	中	C	去	魚	R	siə^R				siə^R	siə^R	siə^R	siə^R	siə^R	siə^R								siə
庶	書	中	C	去	魚	R	siə^R	siə^R				siə^R	siə^R	siə^R	siə^R	siə^R					siə^H			
署	常	中	C	去	魚	R	siə^R				siə$^{R/L}$ [TSN] siə^R [KR] siə^L														
曙	常	中	C	去	魚	R	siə^R				siə^R														
薯	常	中	C	去	魚	R	siə^R				siə^H? [TSNKR] siə^R														
藇	羊	中	C	去	魚	R	'iə^R				'iə^R														

字	声	口	等	調	韻	ア	代表	六上中	六下	真三	訓蒙	翻小	小諺	大諺	中諺	論諺	孝諺	分門	誠初A	四法	蒙山	法華	誠初B	簡易	長寿
豫	羊	中	C	去	魚	R	’iəi^R					’iəi^R	’iəi^R		’iəi^R							’iəi^H			
預	羊	中	C	去	魚	R	’iəi^R					’iəi^R	’iəi^R									’iəi^H			
與	羊	中	C	去	魚	R	’iə^R ’iəi^R					’iəi^R	’iəi^R		’iə^R	’iə^R									
譽	羊	中	C	去	魚	RL	’iə^R, ’iəi$^{R/L}$				’iəi^R [N] ’ii^R	’iəi^R	’iəi$^{R/L}$		’iə^R				’iəi^H				’iə		

3.3. 虞韻

字	声	口	等	調	韻	ア	代表	六上中	六下	真三	訓蒙	翻小	小諺	大諺	中諺	論諺	孝諺	分門	誠初A	四法	蒙山	法華	誠初B	簡易	長寿
俱	見	中	C	平	虞	L	ku^L			ku^L		ku^L	ku^L			ku^L				ku^L	ku^L				ku
拘	見	中	C	平	虞	L	ku^L		ku^L			ku^L	ku^L						ku^L			ku^L	ku		
駒	見	中	C	平	虞	L	ku^L				ku^L														
斜	見	中	C	平	虞	L	kiu^L				kiu^L														
躯	渓	中	C	平	虞	L	ku^L				ku^L														ku
區	渓	中	C	平	虞	L	ku^L									ku^L									
驅	渓	中	C	平	虞	L	ku^L				ku^L	ku^L	ku^L		ku^L										ku
瞿	群	中	C	平	虞	?	ku																		?ku
衢	群	中	C	平	虞	L	ku^L				ku^L	ku^L	ku^L												ku
劬	群	中	C	平	虞	L	ku^L					ku^L	ku^L												
癯	群	中	C	平	虞	L	ku^L				ku^L														
臞	群	中	C	平	虞	L	ku^L				ku^L														
蠼	群	中	C	平	虞	L	ku^L				ku^L														
娛	疑	中	C	平	虞	L	’o^L					’o^L	’o^L												
愚	疑	中	C	平	虞	L	’u^L	’u^L	’u^L		’u^L	’u^L	’u^L		’u^L	’u^L			’u^L			’u^L	’u^L	’u	’u
隅	疑	中	C	平	虞	L	’u^L					’u^L	’u^L	’u^L		’u^L									
虞	疑	中	C	平	虞	L	’u^L					’u^L	’u^L			’u^L									
迂	影	中	C	平	虞	L	’o^L									’o^L									
于	云	中	C	平	虞	L	’u^L					’u^L	’u^L	’u^L	’u^L	’u^L	’u^L		’u^L					’u	
雩	云	中	C	平	虞	L	’u^L									’u^L									
盂	云	中	C	平	虞	L	’u^L				’u^L								’u^L					’u	
芋	云	中	C	平	虞	L	’u^L			’u^L															
株	知	中	C	平	虞	L	tiu^L	tiu^L			tiu^L	tiu^L	tiu^L												

字	声	口	等	調	韻	ア	代表	六上中	六下	真三	訓蒙	翻小	小諺	大諺	中諺	論諺	孝諺	分門	誠初A	四法	蒙山	法華	誠初B	簡易	長寿
蛛	知	中	C	平	虞	L	tiu^L				tiu^L														
誅	知	中	C	平	虞	L	tiu^L					tiu^L	tiu^L			tiu^L									tiu
幬	澄	中	C	平	虞	L	tiu^L				tiu^L														
廚	澄	中	C	平	虞	L	tiu^L			tiu^L	tiu^L	tiu^L	tiu^L												
瘻	来	中	C	平	虞	?	ru																		ru
娵	精	中	C	平	虞	LR	$c^hiui^{L/R}$				c^hiui^L [TS] c^hiui^R [NKR] c^hiui^H														
趨	清	中	C	平	虞	L	c^hu^L					c^hu^L	c^hu^L			c^hu^L									
須	心	中	C	平	虞	L	siu^L	siu^L	siu^L	siu^L		$siu^{L(H)}$	siu^L		siu^L	siu^L			siu^L	siu^L	siu^L	siu^L	siu		siu
鬚	心	中	C	平	虞	L	siu^L				siu^L	siu^L	siu^L									siu^L			
芻	初	中	C	平	虞	L	c^hu^L				c^hu^L [K] $c^h?u^L$														
雛	崇	中	C	平	虞	L	c^hu^L				c^hu^L														
朱	章	中	C	平	虞	L	ciu^L				ciu^L	ciu^L	ciu^L			ciu^L		ciu^L						ciu	ciu
珠	章	中	C	平	虞	L	ciu^L				ciu^L											ciu^L			ciu
樞	昌	中	C	平	虞	L	c^hiu^L				c^hiu^L	c^hiu^L	c^hiu^L					c^hiu^L							
輸	書	中	C	平	虞	L	siu^L			siu^L	siu^L	siu^L	siu^L									siu^L			
殊	常	中	C	平	虞	L	siu^L		siu^L	siu^L		siu^L	siu^L						siu^L		siu^L	siu^L	siu		siu
銖	常	中	C	平	虞	L	siu^L						siu^L												
儒	日	中	C	平	虞	L	ziu^L	ziu^L			ziu^L	$'iu^L$	$'iu^L$			$'iu^L$			ziu^L $'iu^L$						
諛	羊	中	C	平	虞	R	$'iu^R$				$'iu^R$ [KR] $'iu^H$	$'iu^R$	$'iu^R$												
臾	羊	中	C	平	虞	L	$'iu^L$								$'iu^L$	$'iu^L$			$'iu^L$				'iu		'iu
踰	羊	中	C	平	虞	L	$'iu^L$					$'iu^L$	$'iu^L$			$'iu^L$									
愉	羊	中	C	平	虞	L	$'iu^L$									$'iu^L$									
窬	羊	中	C	平	虞	L	$'iu^L$									$'iu^L$									
瘉	羊	中	C	平	虞	L	$'iu^L$						$'iu^L$												
榆	羊	中	C	平	虞	L	$'iu^L$				$'iu^L$														

字	声	口	等	調	韻	ア	代表	六上中	六下	真三	訓蒙	翻小	小諺	大諺	中諺	論諺	孝諺	分門	誠初A	四法	蒙山	法華	誠初B	簡易	長寿
夫	非	中	C	平	虞	L	pu^L ʼu^L	pu^L	pu^L	pu^L	pu^L	pu^L ʼu$^{L(H)}$	pu^L	pu^L	pu^L	pu^L	pu^L		pu^L	pu^L	pu$^{L(H)}$	pu^L	pu	pu	pu
膚	非	中	C	平	虞	L	pu^L				pu^L					pu^L	pu^L								
柎	非	中	C	平	虞	L	pu^L				pu^L														
趺	非	中	C	平	虞	L	pu^L	pu^L														pu^L			
跗	非	中	C	平	虞	L	pu^L				pu^L														
鈇	非	中	C	平	虞	L	pu^L								pu^L										
敷	敷	中	C	平	虞	L	pu^L			pu^L															
俘	敷	中	C	平	虞	L	pu^L				pu^L														
桴	敷	中	C	平	虞	L	pu^L									pu^L									
郛	敷	中	C	平	虞	L	pu^L				pu^L [N] pu?^{L}														
麩	敷	中	C	平	虞	L	pu^L				pu^L														
稃	敷	中	C	平	虞	L	pu^L				pu^L														
莩	敷	中	C	平	虞	L	pu^L				pu^L														
筟	敷	中	C	平	虞	L	pu^L				pu^L														
扶	奉	中	C	平	虞	L	pu^L					pu^L	pu^L			pu^L		pu^L	pu#					pu	
符	奉	中	C	平	虞	L	pu^L				pu^L	pu^L	pu^L												
芙	奉	中	C	平	虞	L	pu^L				pu^L														
鳬	奉	中	C	平	虞	L	pu^L				pu^L														
無	微	中	C	平	虞	L	mu^L	mu^L	mu^L	mu^L		mu^L	mu^L	mu^L	mu^L	mu^L	mu^L	mu^L	mu$^{L(H)}$	mu^L	mu^L	mu^L	mu		mu
亡	微	中	C	平	虞	L	mu^L					mu^L	mu^L			mu^L									
巫	微	中	C	平	虞	L	mu^L				mu^L	mu^L	mu^L			mu^L									
誣	微	中	C	平	虞	L	mu^L				mu^L					mu^L									
蕪	微	中	C	平	虞	L	mu^L					mu^L	mu^L											mu	
毋	微	中	C	平	虞	L	mu^L mo^L					mo^L	mu^L	mu^L		mu^L									
矩	見	中	C	上	虞	R	ku^R					ku^R	ku$^{R(L)}$	ku^R		ku$^{R/L}$				ku^L					
羽	云	中	C	上	虞	R	ʼu^R				ʼu^H [TSNKR] ʼu^R					ʼu^R									
禹	云	中	C	上	虞	R	ʼu^R		ʼu^R			ʼu^R	ʼu^R			ʼu^R									
雨	云	中	C	上	虞	R	ʼu^R	ʼu^R			ʼu^R	ʼu^R	ʼu^R									ʼu^R			ʼu^R ʼu

字	声	口	等	調	韻	ア	代表	六上中	六下	真三	訓蒙	翻小	小諺	大諺	中諺	論諺	孝諺	分門	誠初A	四法	蒙山	法華	誠初B	簡易	長寿
宇	云	中	C	上	虞	R	'u^R	'u^R			'u^R														
栩	暁	中	C	上	虞	R	'u^R				'u^R														
拄	知	中	C	上	虞	R	tiu^R				tiu^R														
柱	澄	中	C	上	虞	R	tiu^R				tiu^R [NKR] tiu^H										tiu$^{H/L}$				tiu
縷	来	中	C	上	虞	R	ru^R				ru^L [TSNKR] ru^R														
褸	来	中	C	上	虞	R	ru^R				ru^R														
取	清	中	C	上	虞	R	c^{h}iu^R c^{h}iui^R	c^{h}iui^R	c^{h}iui^R	c^{h}iui^R		c^{h}iui^R	c^{h}iui^R	c^{h}iui^R	c^{h}iui^R	c^{h}iui^R	c^{h}iu^R		c^{h}iui^R		c^{h}iu^H c^{h}iui^H	c^{h}iui^R c^{h}iu#	c^{h}iui		c^{h}iui
聚	従	中	C	上	虞	R	c^{h}iui^R	c^{h}iui^R		c^{h}iui^R		c^{h}iui^R	c^{h}iui^R	c^{h}iui^R	c^{h}iui^R				c^{h}iui#			*?c^{h}iu#	c^{h}iui		
數	生	中	C	上	虞	R	su^R				su^R	su^R													
主	章	中	C	上	虞	H	ciu^H	ciu^H	ciu^H	ciu^H	ciu^H	ciu$^{H(L)}$	ciu^H		ciu^H				ciu$^{R/H}$		ciu^H	ciu^R	ciu	ciu	ciu
豎	常	中	C	上	虞	H	siu^H			siu^H										siu^R	siu^H				
乳	日	中	C	上	虞	R	ziu^R			ziu^R	ziu^R	ziu^R 'iu^R	'iu^R				'iu^R	'iu#					'iu		'iu
愈	羊	中	C	上	虞	R	'iu^R	'iu^R				'iu$^{R(L)}$	'iu^R			'iu^R					'iu^H				'iu
庾	羊	中	C	上	虞	R	'iu^R	'iu^R				'iu$^{R(H)}$	'iu^R			'iu^R									
瘉	羊	中	C	上	虞	R	'iu^R					'iu^R	'iu^R												
父	非	中	C	上	虞	R	po^R									po^R								
甫	非	中	C	上	虞	R	po^R					po^R	po^R			po^R								
簠	非	中	C	上	虞	R	po^R										po^R							
脯	非	中	C	上	虞	RH L	po$^{R/H}$ p^{h}o$^{R/L}$				p^{h}o^H [TSNKR] p^{h}o^R	po^H p^{h}o$^{R/L}$	po^R p^{h}o^R			p^{h}o^L									
腑	非	中	C	上	虞	?	pu												pu^H				pu		
府	非	中	C	上	虞	H	pu^H			pu^H	pu^H	pu$^{H(L)}$	pu^H	pu^H		pu^H									
俯	非	中	C	上	虞	R	pu^R				pu^R [NKR] pu^H	pu^R	pu^R												
斧	非	中	C	上	虞	R	pu^R			pu^L	pu^R														
撫	敷	中	C	上	虞	R	mu^R				mu^R	mu^R	mu^R												
拊	敷	中	C	上	虞	R	mu^R				mu^R	mu^R													

字	声	口	等	調	韻	ア	代表	六上中	六下	真三	訓蒙	翻小	小諺	大諺	中諺	論諺	孝諺	分門	誠初A	四法	蒙山	法華	誠初B	簡易	長寿
輔	奉	中	C	上	虞	R	po^R				po^R	po^R	po^R			po^R									
父	奉	中	C	上	虞	H	pu^H	pu^H		pu^H	pu^H	$pu^{H(R)}$	pu^H	pu^H	pu^H	pu^H	pu^H		$pu^{H(R)}$					pu	pu
腐	奉	中	C	上	虞	R	pu^R				pu^R					pu^R									
釜	奉	中	C	上	虞	RH	$pu^{R/H}$				pu^R	pu^H	pu^H												
侮	微	中	C	上	虞	R	mo^R									$mo^{R(H)}$	mo^R								
鵡	微	中	C	上	虞	R	mu^R				mu^R [NKR] mu^L														
武	微	中	C	上	虞	R	mu^R	mu^R			mu^R	mu^R	$mu^{R(L)}$		mu^R	mu^R	mu^R								
憮	微	中	C	上	虞	R	mu^R									mu^R									
舞	微	中	C	上	虞	RH	$mu^{R/H}$				mu^R	mu^H	mu^H			mu^R									
廡	微	中	C	上	虞	RL	$mu^{R/L}$				mu^L	mu^R	mu^R												
瞿	見	中	C	去	虞	R	ku^R					ku^R	ku^R												?ku
句	見	中	C	去	虞	RH	$ku^{R/H}$	ku^H			ku^R	ku^R	ku^R								ku^H			ku
懼	群	中	C	去	虞	R	ku^R					$ku^{R(H)}$	ku^R	ku^R	ku^R	ku^R					ku^L			ku
具	群	中	C	去	虞	R	ku^R	ku^R	ku^R	ku^R		$ku^{R/H}$	$ku^{R(H)}$	ku^R		ku^R	ku^R		ku^H		ku^H	ku^H	ku	ku^H ku
遇	疑	中	C	去	虞	R	$'u^R$			$'u^R$			$'u^R$	$'u^R$		$'u^R$			$'u^H$					$'u$	$'u$
寓	疑	中	C	去	虞	R	$'u^R$						$'u^R$	$'u^R$											
嫗	影	中	C	去	虞	R	ku^R				ku^R [S] ku^H														
芋	云	中	C	去	虞	R	$'u^R$				$'u^R$														
酗	曉	中	C	去	虞	R	hu^R				hu^H [TSNKR] hu^R	hu^R	hu^R												
住	澄	中	C	去	虞	RH	$tiu^{R/H}$	tiu^R	tiu^R	tiu^R		$tiu^{R/H}$	$tiu^{R/L}$						tiu^H (ciu^H)	tiu^H	ciu^H	tiu^H	tiu	tiu
屢	来	中	C	去	虞	R	ru^R					ru^R	ru^R			ru^R									
足	精	中	C	去	虞	R	cu^R									cu^R									
趣	清	中	C	去	虞	R	c^hiui^R	c^hiui^R		c^hiui^R		c^hiui^R	c^hiui^R						c^hiui^R (t$^hiui^R$)			c^hiui^H $*c^hiu^H$	c^hiui		c^hiui
娶	清	中	C	去	虞	R	c^hiui^R					c^hiui^R	c^hiui^R												
數	生	中	C	去	虞	R	su^R	su^R	su^R	su^R		$su^{R(L)}$	su^R			su^R					su^R	su^H			

字	声	口	等	調	韻	ア	代表	六上中	六下	真三	訓蒙	翻小	小諺	大諺	中諺	論諺	孝諺	分門	誡初A	四法	蒙山	法華	誡初B	簡易	長寿
蚛	章	中	C	去	虞	H	ciu^{H}				ciu^{H} [KR] ciu^{L}														
炷	章	中	C	去	虞	R	cu^{R}			cu^{R}	cu^{R} [T] cu^{H}														
注	章	中	C	去	虞	R	cu^{R}				cu^{R}											cu#			cu
註	章	中	C	去	虞	R	cu^{R}			cu^{R}															
鑄	章	中	C	去	虞	R	cu^{R}				cu^{R}														
戍	書	中	C	去	虞	H	siu^{H}					siu^{H}	siu^{H}												
樹	常	中	C	去	虞	H	siu^{H}	siu^{H}	siu^{H}	siu^{H}	siu^{H}	siu^{H}	siu^{H}		siu^{H}	siu^{H}						siu^{H}			siu
孺	日	中	C	去	虞	R	ziu^{R}				ziu^{R} [S] siu^{R}					ziu^{R}									
喩	羊	中	C	去	虞	R	$\text{’}iu^{R}$	$\text{’}iu^{R}$						$\text{’}iu^{R}$		$\text{’}iu^{R}$						$\text{’}iu^{H(L)}$			
裕	羊	中	C	去	虞	R	$\text{’}iu^{R}$					$\text{’}iu^{R}$	$\text{’}iu^{R}$		$\text{’}iu^{R}$										
諭	羊	中	C	去	虞	R	$\text{’}iu^{R}$				$\text{’}iu^{R}$	$\text{’}iu^{R}$	$\text{’}iu^{R}$												
付	非	中	C	去	虞	R	pu^{R}	pu^{R}	pu^{R}	pu^{R}											pu^{R}					pu
賦	非	中	C	去	虞	R	pu^{R}				pu^{R} [KR] pu^{L}	pu^{R}	pu^{R}			pu^{R}									
傅	非	中	C	去	虞	RH	$pu^{R/H}$				pu^{H}	pu^{R}	pu^{R}												
赴	敷	中	C	去	虞	R	pu^{R}			pu^{R}		pu^{R}	pu^{R}							pu^{L}	pu^{R}			pu		
鮒	奉	中	C	去	虞	R	pu^{R}				pu^{R}														
駙	奉	中	C	去	虞	R	pu^{R}				pu^{R}														
附	奉	中	C	去	虞	R	pu^{R}					pu^{R}	pu^{R}			pu^{R}		pu^{L}			pu^{H}			pu	
務	微	中	C	去	虞	R	mu^{R}			mu^{R}	mu^{L} [TSNKR] mu^{R}	mu^{R}	mu^{R}	mu^{R}		mu^{R}									
霧	微	中	C	去	虞	R	mu^{R}	mu^{R}			mu^{R}														mu

4. 蟹攝

4.1. 咍韻

字	声	口	等	調	韻	ア	代表	六上中	六下	真三	訓蒙	翻小	小諺	大諺	中諺	論諺	孝諺	分門	誠初A	四法	蒙山	法華	誠初B	簡易	長寿
荄	見	開	1	平	咍	L	hʌi^{L}				hʌi^{L}														
開	溪	開	1	平	咍	L	kʌi^{L}	kʌi^{L}	kʌi^{L}	kʌi^{L}	kʌi^{L}	kʌi^{L}	kʌi^{L}			kʌi^{L}			kʌi^{L}	kʌi^{L}	kʌi^{L}		kʌi		
哀	影	開	1	平	咍	L	ʼʌi^{L}		ʼʌi^{L}	ʼʌi^{L}		ʼʌi^{L}	ʼʌi^{L}	ʼʌi^{L}	ʼʌi^{L}	ʼʌi^{L}	ʼʌi^{L}		ʼʌi^{L}				ʼʌi		ʼʌi
埃	影	開	1	平	咍	L	ʼʌi^{L} ʼai^{L}				ʼai^{L} <ʼʌi^{L}> 正音 TS NKR ナシ														
孩	匣	開	1	平	咍	L	hʌi^{L}				hʌi^{L} [SNKR] hʌi^{H}	hʌi^{L}	hʌi^{L}												
頦	匣	開	1	平	咍	L	hʌi^{L}				hʌi^{L}														
胎	透	開	1	平	咍	L	tʰʌi^{L}			tʰʌi^{L}												tʰʌi^{L}	tʰʌi		tʰʌi
台	透	開	1	平	咍	L	tʰʌi^{L}	tʰʌi^{L}				tʰʌi^{L}	tʰʌi^{L}												
擡	定	開	1	平	咍	L	tʌi^{L}				tʌi^{L}										tʌi^{H}				
臺	定	開	1	平	咍	L	tʌi^{L}	tʌi^{L}		tʌi^{L}	tʌi^{L}					tʌi^{L}			tʌi^{L}				tʌi		
苔	定	開	1	平	咍	L	tʰʌi^{L}				tʰʌi^{L}														
炱	定	開	1	平	咍	L	tʰʌi^{L}				tʰʌi^{L}														
麳	来	開	1	平	咍	L	rʌi^{L}				rʌi^{L}														
來	来	開	1	平	咍	L	rʌi^{L}	rʌi^{L}	rʌi^{L}	rʌi^{L}		rʌi^{L}(nʌi^{L})	rʌi^{L}(H)		rʌi^{L}	rʌi^{L}	rʌi^{L}		rʌi^{L}(nʌi^{L})	rʌi^{L}(nʌi^{L})	rʌi^{L}(nʌi^{L})	rʌi^{L}	rʌi(nʌi)		rʌi
災	精	開	1	平	咍	L	cʌi^{L}			cʌi^{L}		cʌi^{L}	cʌi^{L}			cʌi^{L}			cʌi^{L}			cʌi^{L}	cʌi	cʌi	cʌi
裁	精	開	1	平	咍	L	cʌi^{L}			cʌi^{L}	cʌi^{L}					cʌi^{L}									
菑	精	開	1	平	咍	L	cʌi^{L}							cʌi^{L}											
哉	精	開	1	平	咍	LR	cʌi$^{L/R}$ cʌ					cʌi^{L}(H)	cʌi^{L}	cʌi^{R}	cʌi^{L}	cʌi^{L}	cʌi^{L}		cʌi^{L}(R/H)		cʌ#	cʌi^{L}	cʌi		cʌi
猜	清	開	1	平	咍	L	sii^{L}							sii^{L}	sii^{L}										
纔	從	開	1	平	咍	L	cʌ^{L}		cʌ^{L}			cʌ^{L}	cʌ^{L}								cʌ^{L}				
材	從	開	1	平	咍	L	cʌi^{L}					cʌi^{L}	cʌi^{L}			cʌi^{L}	cʌi^{L}					cʌi^{L}	cʌi^{H}		
裁	從	開	1	平	咍	L	cʌi^{L}				cʌi^{L} [T] ci^{L}	cʌi^{L}	cʌi^{L}			cʌi^{L}									

字	声	口	等	調	韻	ア	代表	六上中	六下	真三	訓蒙	翻小	小諺	大諺	中諺	論諺	孝諺	分門	誠初A	四法	蒙山	法華	誠初B	簡易	長寿
財	従	開	1	平	咍	L	cʌi^{L}	cʌi^{L}		cʌi^{L}	cʌi^{L}	cʌi^{L}	cʌi^{L}	cʌi^{L}	cʌi^{L}				cʌi^{L}			cʌi^{L}	cʌi		cʌi
才	従	開	1	平	咍	L	cʌi^{L} cʌ				cʌi^{L}	cʌi$^{L(Ħ)}$	cʌi^{L}			cʌi^{L}			cʌi^{L}	cʌi^{L} cʌ^{L}		cʌi^{L}	cʌi		cʌi
顋	心	開	1	平	咍	L	sii^{L}				sii^{L} [S] sii?^{L}															
改	見	開	1	上	咍	R	kʌi^{R}			kʌi^{R}		kʌi^{R}	kʌi^{R}		kʌi^{R}	kʌi^{R}			kʌi$^{R/Ħ}$	kʌi^{R}			kʌi		
愷	渓	開	1	上	咍	R	kai^{R}										kai^{R}								
鎧	渓	開	1	上	咍	R	kai^{R}				kai^{R}														
海	暁	開	1	上	咍	R	hʌi^{R}	hʌi^{R}	hʌi^{R}	hʌi^{R}	hʌi^{R}	hʌi$^{R(Ħ)}$	hʌi^{R}		hʌi^{R}	hʌi^{R}	hʌi^{R}	hʌi$^{Ħ(R/L)}$	hʌi$^{R/Ħ}$	hʌi^{R}	hʌi^{Ħ}		hʌi	hʌi	hʌi
醢	暁	開	1	上	咍	R	hʌi^{R}				hʌi^{R}	hʌi^{R} h?ʌi^{Ħ}	hʌi^{R}												
歹	端	開	1	上	咍	R	tai^{R}				tai^{R}														
待	定	開	1	上	咍	R	tʌi^{R}	tʌi^{R}				tʌi$^{R(Ħ)}$	tʌi^{R}		tʌi^{R}	tʌi^{R}						tʌi$^{R/Ħ}$			tʌi
怠	定	開	1	上	咍	RL	tʰʌi$^{R/L}$			tʰʌi^{L}	tʰʌi^{Ħ} [T] tʰʌi^{L}	tʰʌi^{R}	tʰʌi^{R}						tʰʌi$^{R/L}$ tʰ?ʌi^{R}				tʰʌi		
殆	定	開	1	上	咍	RL	tʰʌi$^{R/L}$					tʰʌi^{L}	tʰʌi^{L}	tʰʌi^{L}		tʰʌi^{R}									
乃	泥	開	1	上	咍	R	nai^{R}			nai^{R}		nai$^{R(Ħ)}$	nai$^{R(Ħ)}$			nai^{R}			nai^{R}				nai		nai
窗	泥	開	1	上	咍	R	nai^{R}				nai^{R}														
宰	精	開	1	上	咍	R	cʌi^{R}			cʌi^{R}	cʌi^{R}	cʌi$^{R(Ħ)}$	cʌi^{R}			cʌi^{R}			cʌi^{R}						
載	精	開	1	上	咍	R	cʌi^{R}					cʌi^{R}	cʌi^{R}												
毂	精	開	1	上	咍	R	cʌi^{R}				cʌi^{R} [KR] cʌi^{Ħ}														
彩	清	開	1	上	咍	?	cʰʌi												cʰʌi^{L}	cʰʌi$^{Ħ/L}$	cʰʌi^{R}				
綵	清	開	1	上	咍	R	cʰʌi^{R}				cʰʌi^{R}														
採	清	開	1	上	咍	R	cʰʌi^{R}			cʰ?ʌi^{R}		cʰʌi^{Ħ}	cʰʌi^{R}												
在	従	開	1	上	咍	R	cʌi^{R}	cʌi^{R}	cʌi^{R}	cʌi^{R}		cʌi$^{R(Ħ)}$	cʌi^{R}	cʌi^{R}	cʌi^{R}	cʌi^{R}	cʌi^{R}		cʌi^{R}	cʌi$^{R(Ħ)}$	cʌi^{Ħ}	cʌi$^{R(Ħ/L)}$	cʌi		cʌi^{H} cʌi
概	見	開	1	去	咍	R	kai^{R}				kai^{R} [N] ka?i^{R}	kai^{R}	kai^{R}												
慨	渓	開	1	去	咍	R	kai^{R}					kai^{R}	kai^{R}												
咳	渓	開	1	去	咍	R	hʌi^{R}				hʌi^{R}														

字	声	口	等	調	韻	ア	代表	六上中	六下	真三	訓蒙	翻小	小諺	大諺	中諺	論諺	孝諺	分門	誠初A	四法	蒙山	法華	誠初B	簡易	長寿
礙	疑	開	1	去	咍	R	'aiR			'aiR											'aiH	'aiH			'ai
愛	影	開	1	去	咍	R	'ʌiR	'ʌiR	'ʌiR	'ʌiR	'ʌiR	'ʌiR	'ʌiR(L)	'ʌiR	'ʌiR	'ʌiR	'ʌiR		'ʌiR	'ʌiR		'ʌiH	'ʌi		'ʌi
戴	端	開	1	去	咍	RH	tʌiR/H		tʌiH		tʌiR	tʌiR	tʌiR												tʌi
貸	透	開	1	去	咍	R	tʌiR				tʌiR	tʌiR	tʌiR												
態	透	開	1	去	咍	R	tʰʌiR				tʰʌiR														tʰʌi
袋	定	開	1	去	咍	R	tʌiR				tʌiR														
黛	定	開	1	去	咍	R	tʌiR				tʌiR														
代	定	開	1	去	咍	R	tʌiR	tʌiR	tʌiR	tʌiR	tʌiR	tʌiR(H/L)	tʌiR(L)		tʌiR	tʌiR					tʌiH				
玳	定	開	1	去	咍	R	tʌiR				tʌiR														
賽	来	開	1	去	咍	R	roiR				roiR	noiR	roiR			roiR									
再	精	開	1	去	咍	R	cʌiR			cʌiR		cʌiR	cʌiR			cʌiR				cʌiR	cʌiH				
載	精	開	1	去	咍	RL	cʌiR/L				cʌiR		cʌiL		cʌiR(L)				cʌiL				cʌi		
菜	清	開	1	去	咍	R	cʰʌiR	cʰʌiR		cʰʌiR	cʰʌiR	cʰʌiR	cʰʌiR(H)			cʰʌiR			cʰʌiR				cʰʌi		
塞	心	開	1	去	咍	H	sʌiH				[ETSN] sʌiH														
賽	心	開	1	去	咍	H	sʌiH saiH				saiH [TSNKR] saiH														

4.2. 灰韻

字	声	口	等	調	韻	ア	代表	六上中	六下	真三	訓蒙	翻小	小諺	大諺	中諺	論諺	孝諺	分門	誠初A	四法	蒙山	法華	誠初B	簡易	長寿
杯	帮	中	1	平	灰	L	pʌiL				pʌiL	pʌiL	pʌiL												
坏	滂	中	1	平	灰	L	pʌiL				pʌiL														
醅	滂	中	1	平	灰	L	pʌiL				pʌiL [T] pʌiL?														
培	並	中	1	平	灰	L	pʌiL				pʌiL				pʌiL										
陪	並	中	1	平	灰	L	pʌiL				pʌiL					pʌiL			pʌiR				pʌi		
裴	並	中	1	平	灰	L	pʌiL					pʌiL	pʌiL												
玟	明	中	1	平	灰	?	mʌi															mʌiL			
梅	明	中	1	平	灰	L	mʌiL	mʌiL			mʌiL														
媒	明	中	1	平	灰	L	mʌiL				mʌiL														
煤	明	中	1	平	灰	L	mʌiL				mʌiL														

字	声	口	等	調	韻	ア	代表	六上中	六下	真三	訓蒙	翻小	小諺	大諺	中諺	論諺	孝諺	分門	誠初A	四法	蒙山	法華	誠初B	簡易	長寿
每	明	中	1	平	灰	L	mʌiᴸ				mʌiᴸ														
苺	明	中	1	平	灰	L	mʌiᴸ				mʌiᴸ														
酶	明	中	1	平	灰	L	mʌiᴸ				mʌiᴸ														
倍	並	中	1	上	灰	R	pʰaiᴿ									pʰaiᴿ									
每	明	中	1	上	灰	R	mʌiᴿ				mʌiᴿ	mʌiᴿ	mʌiᴿ⁽ᴸ⁾			mʌiᴿ			mʌiᴿ				mʌi		
背	幫	中	1	去	灰	R	pʌiᴿ	pʌiᴿ	pʌiᴿ		pʌiᴿ	pʌiᴿ	pʌiᴿ						pʌiᴿ	pʌiᴸ	pʌiᴴ		pʌi		pʌi
輩	幫	中	1	去	灰	R	pʌiᴿ				pʌiᴿ	pʌiᴿ⁽ᴴ⁾	pʌiᴿ						pʌiᴿ		pʌiᴴ		pʌi		
配	滂	中	1	去	灰	R	pʌiᴿ	pʌiᴿ				pʌiᴿ	pʌiᴿ	pʌiᴿ	pʌiᴿ		pʌiᴿ								pʌi
焙	並	中	1	去	灰	L	pʌiᴸ				pʌiᴸ [NKR] pʌiᴴ														
倍	並	中	1	去	灰	RL	pʌiᴿ/ᴸ					pʌiᴿ	pʌiᴿ/ᴸ	pʌiᴿ	pʌiᴿ							pʌiᴿ/ᴸ	pʌi		
背	並	中	1	去	灰	R	pʰaiᴿ					pʰaiᴿ	pʰaiᴿ												
佩	並	中	1	去	灰	R	pʰaiᴿ				pʰaiᴿ	pʰaiᴿ	pʰaiᴿ			pʰaiᴿ									
悖	並	中	1	去	灰	R	pʰaiᴿ					pʰaiᴿ	pʰaiᴿ	pʰaiᴿ	pʰaiᴿ		pʰaiᴿ								
妹	明	中	1	去	灰	R	mʌiᴿ				mʌiᴿ	mʌiᴿ	mʌiᴿ												
昧	明	中	1	去	灰	RH	mʌiᴿ/ᴴ	mʌiᴴ	mʌiᴴ	mʌiᴿ/ᴴ	mʌiᴿ								mʌiᴴ	mʌiᴴ	mʌiᴴ⁽ᴸ⁾	mʌiᴴ⁽ᴸ⁾	mʌi		mʌi
苺	明	中	1	去	灰	L	mʌiᴸ				mʌiᴸ														
黴	明	中	1	去	灰	L	mʌiᴸ				mʌiᴸ														
瑁	明	中	1	去	灰	L	moᴸ				moᴸ														
魁	渓	合	1	平	灰	L	koiᴸ			koiᴸ															
恢	渓	合	1	平	灰	L	hoiᴸ											hoiᴸ						hoi	
桅	疑	合	1	平	灰	L	ʼuiᴸ				ʼuiᴸ [T] ʼuiᴴ?														
隈	影	合	1	平	灰	L	ʼoiᴸ				ʼoiᴸ														
偎	影	合	1	平	灰	L	ʼoiᴸ				ʼoiᴸ														
煨	影	合	1	平	灰	L	ʼoiᴸ				ʼoiᴸ														
灰	暁	合	1	平	灰	L	hoiᴸ				hoiᴸ							hoiᴸ						hoi	
槐	匣	合	1	平	灰	L	koiᴸ				koiᴸ														
廻	匣	合	1	平	灰	L	hoiᴸ	hoiᴸ		hoiᴸ												hoiᴴ			hoi
迴	匣	合	1	平	灰	L	hoiᴸ												hoiᴸ⁽ᴿ⁾	hoiᴸ	hoiᴸ		hoi		
茴	匣	合	1	平	灰	L	hoiᴸ				hoiᴸ														
回	匣	合	1	平	灰	L	hoiᴸ			hoiᴸ		hoiᴸ	hoiᴸ		hoiᴸ	hoiᴸ							hoi		
鎚	端	合	1	平	灰	L	tʰoiᴸ				tʰoiᴸ														

4. 蟹攝 • 47

字	声	口	等	調	韻	ア	代表	六上中	六下	真三	訓蒙	翻小	小諺	大諺	中諺	論諺	孝諺	分門	誠初A	四法	蒙山	法華	誠初B	簡易	長壽
蓷	透	合	1	平	灰	L	$t^{h}oi^{L}$				$t^{h}oi^{L}$														
煺	透	合	1	平	灰	R	$t^{h}oi^{R}$				$t^{h}oi^{R}$														
頹	定	合	1	平	灰	L	$t^{h}oi^{L}$				$t^{h}oi^{L}$	$t^{h}oi^{L}$	$t^{h}oi^{L}$												
魋	定	合	1	平	灰	L	$t^{h}oi^{L}$									$t^{h}oi^{L}$									
櫝	定	合	1	平	灰	L	$t^{h}oi^{L}$				$t^{h}oi^{L}$														
擂	来	合	1	平	灰	L	roi^{L}				roi^{L}														
礨	来	合	1	平	灰	L	roi^{L}				roi^{L} [N] $ro?i^{L}$														
雷	来	合	1	平	灰	L	roi^{L}			roi^{L}	roi^{L} [K] $roi^{H}?$					$roi^{L/H}$									roi
催	清	合	1	平	灰	?	$c^{h}oi$												$c^{h}oi\#$				$c^{h}oi$		
衰	清	合	1	平	灰	L	$c^{h}oi^{L}$					$c^{h}oi^{L}$	$c^{h}oi^{L}$			$c^{h}oi^{L}$									
崔	清	合	1	平	灰	L	$c^{h}oi^{L}$					$c^{h}oi^{L}$	$c^{h}oi^{L}$			$c^{h}oi^{L}$									
摧	従	合	1	平	灰	?	$c^{h}oi$																		$c^{h}oi$
傀	渓	合	1	上	灰	R	koi^{R}				koi^{R}														
悔	暁	合	1	上	灰	?	hoi															$?hoi^{R}$			
賄	暁	合	1	上	灰	R	hoi^{R}				hoi^{R}	hoi^{R}	hoi^{R}												
腿	透	合	1	上	灰	R	$t^{h}oi^{R}$				$t^{h}oi^{R}$														
餒	泥	合	1	上	灰	R	noi^{R} roi^{R}				noi^{R}					noi^{R} roi^{R}									
儡	来	合	1	上	灰	R	roi^{R}				roi^{R}														
罪	従	合	1	上	灰	R	coi^{R}	coi^{R}	coi^{R}	coi^{R}	coi^{R}	$coi^{R(L)}$	coi^{R}			coi^{R}	coi^{R}		coi^{R}			coi^{R}	coi	coi^{H} coi
塊	渓	合	1	去	灰	R	koi^{R}				koi^{R}	koi^{R}	koi^{R}												
磑	疑	合	1	去	灰	R	$'ii^{R}$ kai				$'ii^{R}$														kai
悔	暁	合	1	去	灰	R	hoi^{R}	hoi^{R}		hoi^{R}		$hoi^{R(H)}$	hoi^{R}		hoi^{R}				hoi^{L}			$?hoi^{R}$	hoi		hoi
晦	暁	合	1	去	灰	R	hoi^{R}				hoi^{R}								hoi^{R}		hoi^{H}		hoi		
誨	暁	合	1	去	灰	R	hoi^{R}				hoi^{R}	hoi^{R}	hoi^{R}			$hoi^{R/H}$									

字	声	口	等	調	韻	ア	代表	六上中	六下	真三	訓蒙	翻小	小諺	大諺	中諺	論諺	孝諺	分門	誠初A	四法	蒙山	法華	誠初B	簡易	長寿
碓	端	合	1	去	灰	R	tʌi^R tʰim				tʌi^R? [TSN] tʌi^R [K] tʰip^R [R] tʰip^R tʌi^L														tʰim
對	端	合	1	去	灰	R	tʌi^R	tʌi^R	tʌi^R		tʌi^R	tʌi$^{R(H)}$	tʌi^R			tʌi^R			tʌi$^{R/H}$	tʌi^R	tʌi^H	tʌi^H	tʌi		tʌi
退	透	合	1	去	灰	R	tʰoi^R		tʰoi^R	tʰoi^R	tʰoi^R	tʰoi$^{R(H)}$	tʰoi^R	tʰoi^R		tʰoi^R	tʰoi^R		tʰoi^R	tʰoi^R	tʰoi$^{R/H}$	tʰoi^H	tʰoi		tʰoi
隊	定	合	1	去	灰	?	tʌi													tʌi^L					
內	泥	合	1	去	灰	R	nʌi^R	nʌi^R	nʌi^R	nʌi^R	nʌi^H [TSNKR] nʌi^R	nʌi$^{R(L)}$	nʌi$^{R(L)}$	nʌi^R	nʌi^R	nʌi^R	nʌi^R		nʌi$^{R/H}$	nʌi^R	nʌi$^{H(R/L)}$		nʌi	nʌi	nʌi
未	來	合	1	去	灰	R	roi^R rʌi^R				rʌi^R [TSNKR] roi^R														
焠	清	合	1	去	灰	H	siu^H				siu^H [KR] siu^L														
碎	心	合	1	去	灰	?	sai																		sai

4.3. 泰韻

字	声	口	等	調	韻	ア	代表	六上中	六下	真三	訓蒙	翻小	小諺	大諺	中諺	論諺	孝諺	分門	誠初A	四法	蒙山	法華	誠初B	簡易	長寿
丙	見	開	1	去	泰	R	kai^R					kai^R	kai^R												
蓋	見	開	1	去	泰	R	kai^R			kai^R	kai$^{R/H}$ [TSNKR] kai^R	kai^R	kai^R	kai^R	kai^R	kai^R	kai^R	kai^H				kai^H			
艾	疑	開	1	去	泰	R	’ai^R				’ai^R														
害	匣	開	1	去	泰	R	hai^R	hai^R	hai^R	hai^R		hai$^{R(H)}$	hai^R	hai^R	hai^R	hai^R	hai^R		hai$^{R/H}$		hai$^{H(L)}$	hai$^{H(L)}$	hai		hai
帶	端	開	1	去	泰	R	tʌi^R			tʌi^R	tʌi^R	tʌi^R	tʌi^R			tʌi^R									
汰	透	開	1	去	泰	R	tʰai^R				tʰai^R														
泰	透	開	1	去	泰	R	tʰai^R		tʰai^R			tʰai^R	tʰai$^{R(H)}$	tʰai^R		tʰai$^{R(H)}$						tʰai^L			

字	声	口	等	調	韻	ア	代表	六上中	六下	真三	訓蒙	翻小	小諺	大諺	中諺	論諺	孝諺	分門	誠初A	四法	蒙山	法華	誠初B	簡易	長寿
太	透	開	1	去	泰	RH	t^{h}ai$^{R/H}$	t^{h}ai^R	t^{h}ai$^{R/H}$			t^{h}ai$^{R(H)}$	t^{h}ai$^{H/R}$	t^{h}ai^H		t^{h}ai^H									
大	定	開	1	去	泰	RH	tai$^{R/H}$ t^{h}ai^H	tai^R	tai^R	tai^R		tai$^{R/H}$ t^{h}ai^H	tai$^{R(H/L)}$	tai^R	tai^R t^{h}ai^H	tai$^{R/H}$ t^{h}ai^H	tai^R	tai^R	tai^H	tai^H	tai^H	tai$^{H(L)}$	tai	tai	tai
鈇	定	開	1	去	泰	R	t^{h}ai^R				t^{h}ai^R														
奈	泥	開	1	去	泰	R	nai^R			nai^R		nai^R	nai^R									nai^H			
柰	泥	開	1	去	泰	R	nai^R				nai^R														
頼	来	開	1	去	泰	R	roi^R					roi^R	roi^R												
瀬	来	開	1	去	泰	R	roi^R				roi^R [SNKR] roi^H														
癩	来	開	1	去	泰	R	roi^R roai na				roi^R											roai^H *rai^H			na
蔡	清	開	1	去	泰	R	c^{h}ai^R					c^{h}ai^R	c^{h}ai^R			c^{h}ai^R									
貝	幇	中	1	去	泰	R	p^{h}ai^R				p^{h}ai^R											p^{h}ai^H			
沛	滂	中	1	去	泰	H	p^{h}ai^H									p^{h}ai$^{H/L}$									
僧	見	合	1	去	泰	R	hoi^R				hoi^R [R] hoi^L														
膾	見	合	1	去	泰	R	hoi^R				hoi^R					hoi^R									
檜	見	合	1	去	泰	R	hoi^R				hoi^R														
外	疑	合	1	去	泰	R	’oi^R	’oi^R	’oi^R	’oi^R	’oi^R	’oi$^{R(L)}$	’oi$^{R(H)}$	’oi^R	’oi^R			’oi$^{R(H)}$	’oi^R	’oi^H	’oi^L	’oi	’oi	’oi
會	匣	合	1	去	泰	R	hoi^R	hoi^R	hoi^R	hoi^R		hoi$^{R(H)}$	hoi$^{R(H)}$			hoi^R				hoi^R	hoi$^{H(L)}$	hoi^H		hoi
繪	匣	合	1	去	泰	R	hoi^R				hoi^R [KR] hoi^H					hoi^R									
最	精	合	1	去	泰	R	c^{h}oi^R	c^{h}oi^R	c^{h}oi^H	c^{h}oi^R		c^{h}oi$^{R(H)}$	c^{h}oi^R							*coi^H	c^{h}oi^H			c^{h}oi

4.4. 皆韻

字	声	口	等	調	韻	ア	代表	六上中	六下	真三	訓蒙	翻小	小諺	大諺	中諺	論諺	孝諺	分門	誠初A	四法	蒙山	法華	誠初B	簡易	長寿
楷	見	開	2	平	皆	L	kʌi^{L}				kʌi^{H} [T] kʌi^{H}?														
皆	見	開	2	平	皆	L	kʌi^{L}			kʌi^{L}		kʌi^{L}	kʌi$^{L(H)}$	kʌi^{L}	kʌi^{L}	kʌi^{L}			kʌi^{L}	kʌi^{L}	kʌi^{L}		kʌi		kʌi
楷	見	開	2	平	皆	L	kʌi^{L} hʌi^{L} kai^{L}					kʌi^{L} kai^{L}	hʌi^{L}												
階	見	開	2	平	皆	L	kiəi^{L}	kiəi^{L}			kiəi^{L}	kiəi^{L}	kiəi^{L}			kiəi^{L}									
痎	見	開	2	平	皆	L	hʌi^{L}				hʌi^{L}														
揩	渓	開	2	平	皆	L	kʌi^{L} hʌi				kʌi^{L} [KR] ki^{L}											hʌi^{L}			
挨	影	開	2	平	皆	L	'ai^{L}				'ai^{L}														
骸	匣	開	2	平	皆	L	hʌi^{L}				hʌi^{L}	hʌi^{L}	hʌi^{L}												
膚	荘	開	2	平	皆	L	cʌi^{L}				cʌi^{L} [N] ci^{L}														
齋	荘	開	2	平	皆	L	cʌi^{L}	cʌi^{L}	cʌi^{L}	cʌi^{L}		cʌi^{L}	cʌi^{L}		cʌi^{L}	cʌi^{L}			cʌi^{L}	cʌi^{L}			cʌi		cʌi
偺	崇	開	2	平	皆	L	ciəi^{L}				ciəi^{R} [TSNKR] ciəi^{L}														
豺	崇	開	2	平	皆	L	sii^{L}				sii^{L}	sii^{L}	sii^{L}												
鍇	渓	開	2	上	皆	L	hʌi^{L}						hʌi^{L}												
騃	疑	開	2	上	皆	RL	'ʌi^{L} 'ai^{R}				'ai^{R}	'ai^{R}	'ʌi^{L}												
駭	匣	開	2	上	皆	R	hʌi^{R}				hʌi^{R}	hʌi^{R}													
疥	見	開	2	去	皆	R	kai^{R}				kai^{L} [TSNKR] kai^{R}											kai^{H}			
介	見	開	2	去	皆	R	kai^{R}				kai^{R}			kai^{R}					kai$^{R(H)}$	kai^{H}					kai
芥	見	開	2	去	皆	R	kai^{R}				kai^{R}														
戒	見	開	2	去	皆	R	kiəi^{R}	kiəi^{R}	kiəi^{R}	kiəi^{R}		kiəi$^{R(H)}$	kiəi^{R}		kiəi^{R}	kiəi$^{R(L)}$			kiəi$^{R(H)}$	kiəi$^{R(L)}$			kiəi^{H}	kiəi	kiəi

字	声	口	等	調	韻	ア	代表	六上中	六下	真三	訓蒙	翻小	小諺	大諺	中諺	論諺	孝諺	分門	誠初A	四法	蒙山	法華	誠初B	簡易	長寿
界	見	開	2	去	皆	R	kiəi^{R}	kiəi^{R}	kiəi^{R}	kiəi^{R}	kiəi^{R}								kiəi^{H}	kiəi$^{R/H}$	kiəi^{H} *kai$^{H(L)}$	kiəi$^{H(L)}$	kiəi		kiəi
誡	見	開	2	去	皆	R	kiəi^{R}					kiəi$^{R(H)}$	kiəi^{R}										kiəi		kiəi
帣	見	開	2	去	皆	R	kai^{R}				kai^{R}														
犗	見	開	2	去	皆	R	kiəi^{R}				kiəi^{R}														
噫	影	開	2	去	皆	R	'ai^{R}				'ai^{R}														
薤	匣	開	2	去	皆	R	hiəi^{R}				hiəi^{R}														
殺	生	開	2	去	皆	R	sai^{R} soai^{R}								sai^{R}	soai^{R}								
排	並	中	2	平	皆	L	pʌi^{L}				pʌi^{L}											pʌi^{L}		
埋	明	中	2	平	皆	L	mʌi^{L}					mʌi^{L}	mʌi^{L}								mʌi^{L}			
霾	明	中	2	平	皆	L	mʌi^{L}				mʌi^{L}													
拜	幫	中	2	去	皆	R	pʌi^{R}	pʌi^{R}	pʌi^{R}	pʌi^{R}	pʌi^{R}	pʌi^{R}	pʌi^{R}						pʌi^{R}		pʌi^{H}	pʌi^{H}	pʌi	pʌi
備	並	中	2	去	皆	R	pii^{R}				pii^{R} [N] pi^{R}	pii^{R}	pii^{R}											
輩	並	中	2	去	皆	R	pʰai^{R}				pʰai^{R}													
乖	見	合	2	平	皆	L	koi^{L}					koi^{L}	koi^{L}						koi#				koi	
淮	匣	合	2	平	皆	L	hoi^{L}					hoi^{L}	hoi^{L}											
懷	匣	合	2	平	皆	L	hoi^{L}	hoi^{L}				hoi^{L}	hoi^{L}		hoi^{L}	hoi^{L}				hoi^{L}	hoi^{L}		hoi	hoi
怪	見	合	2	去	皆	R	koi^{R}					koi^{R}	koi^{R}		koi^{R}								koi	
壞	見	合	2	去	皆	R	koi^{R}					koi$^{R/H}$	koi^{R}											
聵	疑	合	2	去	皆	R	koi^{R} huəi^{R}				huəi^{H} koi^{R} [T] huəi^{R} [TSNKR] koi ナシ													
壞	匣	合	2	去	皆	RL	hoi$^{R/L}$ huəi^{R}		huəi?^{H}?			hoi^{L} huəi^{R}	hoi^{R}			huəi^{R}					huəi^{H}	huəi$^{R/L}$	huəi	hoi huəi

4.5. 佳韻

字	声	口	等	調	韻	ア	代表	六上中	六下	真三	訓蒙	翻小	小諺	大諺	中諺	論諺	孝諺	分門	諴初A	四法	蒙山	法華	諴初B	簡易	長寿
佳	見	開	2	平	佳	L	ka^L					ka^L	ka^L												
街	見	開	2	平	佳	L	kai^L				kai^L									kai^R					
睚	疑	開	2	平	佳	?	'ai													'ai^L					
涯	疑	開	2	平	佳	L	'ai^L				'ai^L	'ai^L	'ai^L								'ai^L				
崖	疑	開	2	平	佳	L	'ai^L				'ai^L	'ai^L	'ai^L						'ai#				'a		
鞋	匣	開	2	平	佳	L	hʌi hiəi^L				hiəi^L [N] həi^L								hʌ?i#				hiəi		
差	初	開	2	平	佳	L	cʰa^L					cʰʌi^L	cʰʌi^L												
釵	初	開	2	平	佳	L	cʰai^L cʰa^L				cʰa^L	cʰa^L	cʰa^L cʰai^L												
柴	崇	開	2	平	佳	L	sɨi^L				sɨi^L [N] sɨa^L					sɨi^L		sɨi^L							
矮	影	開	2	上	佳	R	'ai^R				'ai^R														
解	匣	開	2	上	佳	R	hʌi^R ha^R	hʌi^R ha^R(H)	hʌi^R ha^R(H)	hʌi^R ha^R		hʌi^R	hʌi^R	hʌi^R	hʌi^R	hʌi^R	hʌi^R		hʌi^R	hʌi^H	hʌi^H(L) ha^H	hʌi^R(H) ha^R/H	hʌi		hʌi
蟹	匣	開	2	上	佳	L	hʌi^L				hʌi^L														
嬭	娘	開	2	上	佳	R	nai^R				nai^R														
跐	荘	開	2	上	佳	R	cʰai^R				cʰai^R														
灑	生	開	2	上	佳	R	sai^R soai^R			soai^R		soai^R(H)	sai^R												soai
廨	見	開	2	去	佳	R	hʌi^R				hʌi^R [KR] hʌi^L														
懈	見	開	2	去	佳	R	hʌi^R			hʌi^R	hʌi^R	hʌi^H	hʌi^R						hʌi^R				hʌi		
隘	影	開	2	去	佳	H	'ʌi^H						'ʌi^H/L												
債	荘	開	2	去	佳	H	cʰai^H				cʰai^H [KR] cʰai^L														cʰai
洒	生	開	2	去	佳	R	sai^R soai^R			soai^R						sai^R									

字	声	口	等	調	韻	ア	代表	六上中	六下	真三	訓蒙	翻小	小諺	大諺	中諺	論諺	孝諺	分門	誠初A	四法	蒙山	法華	誠初B	簡易	長寿
贖	生	開	2	去	佳	H	sai^H / c^hai^H				c^hai^H [T] sai^H [KR] c^hai^L														
牌	並	中	2	平	佳	L	p^hai^L				p^hai^L														
箄	並	中	2	平	佳	L	p^hai^L				p^hai^L														
罷	並	中	2	上	佳	R	p^ha^R					p^ha^R	p^ha^R			p^ha^R									
買	明	中	2	上	佳	R	m^Ai^R			m^Ai^R	m^Ai^R	m^Ai^R	m^Ai^R												
蕒	明	中	2	上	佳	L	m^Ai^L				m^Ai^L														
派	滂	中	2	去	佳	RH	p^hai^R/H	p^hai^H		p^hai^R	p^hai^R [KR] p^hai^L														
猀	並	中	2	去	佳	R	p^hai^R				p^hai^R														
粺	並	中	2	去	佳	R	p^hai^R				p^hai^R														
賣	明	中	2	去	佳	R	mai^R				mai^R	mai^R	mai^R												mai
歪	曉	合	2	平	佳	H	'oai^H / koi^H				koi^H [TNKR] 'oai^H														
拐	見	合	2	上	佳	H	koai^H				koai^H														
枴	見	合	2	上	佳	H	koai^H				koai^L [TSN] koai^H														
畫	匣	合	2	去	佳	R	hoa^R				hoa^R	hoa^R	hoa^R										hoa^H			

4.6. 夬韻

字	声	口	等	調	韻	ア	代表	六上中	六下	真三	訓蒙	翻小	小諺	大諺	中諺	論諺	孝諺	分門	誠初A	四法	蒙山	法華	誠初B	簡易	長寿
餲	影	開	2	去	夬	R	'ai^R				'ai^H [TSKR] 'ai^R					'ai^R									
蠆	徹	開	2	去	夬	R	tʰai^R				tʰai^H [TSNKR] tʰai^R														
寨	崇	開	2	去	夬	H	cʰai^H				cʰai^H														
唄	並	中	2	去	夬	?	pʰai												pʰai^H			*pai^H	pʰai		
敗	並	中	2	去	夬	R	pʰai^R pʰa^R pʰiəi^R				pʰai^R	pʰai^R pʰiəi^R	pʰai$^{R(L)}$			pʰai^R			pʰa^R	pʰa^H	pʰa^H		pʰai pʰa		pʰai
邁	明	中	2	去	夬	?	mai															mai^H			
快	溪	合	2	去	夬	H	kʰoai^H			kʰoai^H		kʰoai^H	kʰoai^H							kʰoai^H		kʰoai^H			kʰoai
話	匣	合	2	去	夬	R	hoa^R				hoa^R [N] hoi^R	hoa^R	hoa^R						hoa#	hoa$^{H(L)}$	hoa$^{H(R/L)}$		hoa		

4.7. 祭韻

字	声	口	等	調	韻	ア	代表	六上中	六下	真三	訓蒙	翻小	小諺	大諺	中諺	論諺	孝諺	分門	誠初A	四法	蒙山	法華	誠初B	簡易	長寿
藝	疑	開	A	去	祭	R	'iəi^R				'iəi^H [TSNKR] 'iəi^R	'iəi^R	'iəi$^{R(H)}$			'iəi^R								'iə?i	
蔽	幫	中	A	去	祭	R	pʰiəi^R					pʰiəi^R	pʰiəi^R			pʰiəi$^{R(H)}$									
弊	並	中	A	去	祭	R	pʰiəi^R					pʰiəi^R	pʰiəi^R								pʰiəi^H	pʰiəi#			
敝	並	中	A	去	祭	R	pʰiəi^R									pʰiəi^R									
袂	明	中	A	去	祭	R	miəi^R				miəi^R	miəi^R	miəi^R			miəi^R									
彘	澄	開	AB	去	祭	H	tʰiəi^H				tʰiəi^H [SNKR] tʰiəi^L														
滯	澄	開	AB	去	祭	RH	tʰiəi$^{R/H}$					tʰiəi^H	tʰiəi$^{R/H}$								*tiəi^H				

字	声	口	等	調	韻	ア	代表	六上中	六下	真三	訓蒙	翻小	小諺	大諺	中諺	論諺	孝諺	分門	誠初A	四法	蒙山	法華	誠初B	簡易	長寿
癘	来	開	AB	去	祭	R	riə^R					riə$^{R/H}$	riə^R niə^R											niə	
厲	来	開	AB	去	祭	R	riə^R					riə^R	riə^R			riə$^{R(H)}$		riə^L							
例	来	開	AB	去	祭	R	riəi^R			riəi^R	riəi^R	ri?əi^R	riəi^R											niəi		
勵	来	開	AB	去	祭	R	riə^R			riə^R		riə^R	riə^R												
礪	来	開	AB	去	祭	R	riəi^R				riəi^R [NKR] riəi^H														
蠣	来	開	AB	去	祭	R	riə^R				riə^R														
祭	精	開	AB	去	祭	R	ciəi^R				ciəi^R	ciəi$^{R(H)}$	ciəi^R		ciəi^R	ciəi$^{R(L)}$	ciəi^R								
穄	精	開	AB	去	祭	R	ciəi^R				ciəi^R														
際	精	開	AB	去	祭	R	ciəi^R	ciəi^R		ciəi^R		ciəi$^{R/L}$	ciəi^R			ciəi^R			ciəi^H	ciəi^H	ciəi^H			
制	章	開	AB	去	祭	R	ciəi^R					ciəi^R	ciəi$^{R(H)}$		ciəi^R		ciəi^R							ciəi
製	章	開	AB	去	祭	R	ciəi^R			ciəi^R		ciəi^R	ciəi^R											
世	書	開	AB	去	祭	R	siəi^R	siəi^R	siəi^R	siəi^R	siəi^R	siəi$^{R(H/L)}$	siəi$^{R(L)}$	siəi^R	siəi^R	siəi$^{R(H)}$	siəi^R		siəi$^{H(R)}$	siəi$^{R/H}$	siəi^H (səi^H)	siəi$^{H(R/L)}$	siəi	siəi	siəi
貰	書	開	AB	去	祭	R	siəi^R				siəi^R [N] sii^R	siəi^R	siəi^R											
勢	書	開	AB	去	祭	R	siəi^R siə^R	siə^R		siə^R		siə^R	siəi^R siə^R									siəi^H siə^H			siəi
噬	常	開	AB	去	祭	R	siə^R					siə^R												
筮	常	開	AB	去	祭	R	siə^R					siə^R												
逝	常	開	AB	去	祭	R	siəi siə^R									siə^R						siəi^H siə^H			siə
誓	常	開	AB	去	祭	R	siəi^R siə^R	siəi$^{R(H)}$		siəi^R	siəi^R	siəi^R	siəi^R	siə^R								siəi^H siə^H			siə
勸	羊	開	AB	去	祭	R	' iəi^R				' iəi^L [TSNKR] ' iəi^R													
裔	羊	開	AB	去	祭	R	' iəi^R					' iəi^R	' iəi^R											
曳	羊	開	AB	去	祭	R	' iəi^R					' iəi^R	' iəi^R											

字	声	口	等	調	韻	ア	代表	六上中	六下	真三	訓蒙	翻小	小諺	大諺	中諺	論諺	孝諺	分門	誠初A	四法	蒙山	法華	誠初B	簡易	長寿
鞾	羊	開	AB	去	祭	H	tʰiəi^H				tʰiəi^H [NKR] tʰiəi^L														
毳	清	合	AB	去	祭	R	cʰiuiəi^R			cʰiuiəi^R															
歲	心	合	AB	去	祭	R	siəi^R	siəi^R	siəi^R		siəi^R[N] siəi^H[KR] siəi^L	siəi$^{R(H)}$	siəi$^{R(H)}$			siəi^R		siəi$^{H(R)}$	siəi^R			siəi^H	siəi	siəi	siəi
贅	章	合	AB	去	祭	R	cʰiuiəi^R				cʰiuiəi^R[N] cʰiuiəi^H[KR] cʰiuiəi^L														
蛻	書	合	AB	去	祭	R	'iəi^R				'iəi^R														
説	書	合	AB	去	祭	R	siəi^R					siəi^R	siəi^R												
税	書	合	AB	去	祭	R	siəi^R				siəi^R														
帨	書	合	AB	去	祭	R	siəi^R				siəi^R														
睿	羊	合	AB	去	祭	R	'iəi^R									'iəi^R									
揭	渓	開	B	去	祭	R	kəi^R									kəi^R									
偈	群	開	B	去	祭	R	kəi^R	kəi^R	kəi^R	kəi^R												kəi$^{H(R/L)}$			kəi
饐	影	開	B	去	祭	R	'əi^R				'əi^R							'əi^R							
罇	云	合	B	去	祭	H	'ui^H				'ui^H														
衛	云	合	B	去	祭	H	'ui^H	'ui^H			'ui^H [NKR] 'ui^L	'ui^H	'ui^H					'ui^H				'ui^H			'ui

4.8. 廢韻

字	声	口	等	調	韻	ア	代表	六上中	六下	真三	訓蒙	翻小	小諺	大諺	中諺	論諺	孝諺	分門	誠初A	四法	蒙山	法華	誠初B	簡易	長寿
刈	疑	開	C	去	廃	R	$'ai^R$				$'ai^R$														
乂	疑	開	C	去	廃	R	$'iəi^R$				$'iəi^R$														
廢	非	中	C	去	廃	R	$p^hiəi^R$	$p^hiəi^R$				$p^hiəi^R$	$p^hiəi^R$		$p^hiəi^R$	$p^hiəi^R$									
肺	敷	中	C	去	廃	R	$p^hiəi^R$				$p^hiəi^R$			$p^hiəi^R$											
吠	奉	中	C	去	廃	R	$p^hiəi^R$				$p^hiəi^R$														
濊	影	合	C	去	廃	R	$'iəi^R$				$'iəi^R$ [R] $'iəi^L$														
穢	影	合	C	去	廃	R	$'iəi^R$			$'iəi^R$		$'iəi^R$	$'iəi^R$							$'iəi^H$				$'iəi$		$'iəi$
喙	暁	合	C	去	廃	R	$huəi^R$				$huəi^R$														

4.9. 齊韻

字	声	口	等	調	韻	ア	代表	六上中	六下	真三	訓蒙	翻小	小諺	大諺	中諺	論諺	孝諺	分門	誠初A	四法	蒙山	法華	誠初B	簡易	長寿
稽	見	開	4	平	斉	L	$kiəi^L$					$kiəi^L$	$kiəi^L$												
笄	見	開	4	平	斉	L	$kiəi^L$				$kiəi^L$	$kiəi^L$	$kiəi^L$												
鶏	見	開	4	平	斉	L	$kiəi^L$				$kiəi^L$	$kiəi^L$	$kiəi^L$	$kiəi^L$	$kiəi^L$	$kiəi^L$				$kiəi^R$					
繫	渓	開	4	平	斉	?	$kiəi$															$kiəi^L$			
鸂	渓	開	4	平	斉	L	$kiəi^L$				$kiəi^L$														
溪	渓	開	4	平	斉	L	$kiəi^L$	$kiəi^L$	$kiəi^L$		$kiəi^L$	$kiəi^L$	$kiəi^L$												
麑	疑	開	4	平	斉	L	$'iəi^L$									$'iəi^L$									
輗	疑	開	4	平	斉	L	$'iəi^L$									$'iəi^L$									
猊	疑	開	4	平	斉	L	$'iəi^L$				$'iəi^L$														
霓	疑	開	4	平	斉	L	$'iəi^L$				$'iəi^L$														
鯢	疑	開	4	平	斉	L	$'iəi^L$				$'iəi^L$ [T] $'əi^L$														
醯	暁	開	4	平	斉	L	$hiəi^L$				$hiəi^L$	$hiəi^H$	$hiəi^L$			$hiəi^L$									
鼴	匣	開	4	平	斉	?	$hiəi$															$hiəi^L$			
蹊	匣	開	4	平	斉	L	$kiəi^L$				$kiəi^L$														
奚	匣	開	4	平	斉	L	$hʌi^L$									$hʌi^L$			$hʌi^L$				$hʌi$		$hʌi$

字	声	口	等	調	韻	ア	代表	六上中	六下	真三	訓蒙	翻小	小諺	大諺	中諺	論諺	孝諺	分門	誠初A	四法	蒙山	法華	誠初B	簡易	長寿
兮	匣	開	4	平	斉	L	hiəi^L hiə					hiəi^L	hiəi^L	hiəi^L		hiəi^L			hiə^R					hiə	
堤	端	開	4	平	斉	L	tiəi^L				tiəi^L														
羝	端	開	4	平	斉	L	tiəi^L				tiəi^L														
低	端	開	4	平	斉	L	tiəi^L tiə^L					tiə^L	tiəi^L												
梯	透	開	4	平	斉	L	tiəi^L				tiəi^L								tiəi^L				tiəi		
遆	定	開	4	平	斉	H	t^{h}iəi^H			t^{h}iəi^H															
鷈	定	開	4	平	斉	L	tiəi^L				tiəi^L														
醍	定	開	4	平	斉	L	tiəi^L			tiəi^L															
題	定	開	4	平	斉	L	tiəi^L			tiəi^L											tiəi^H				
蹄	定	開	4	平	斉	L	tiəi^L				tiəi^L							ti?ə?i^L						tiəi	
啼	定	開	4	平	斉	L	tiəi^L				tiəi^L														tiəi
稊	定	開	4	平	斉	L	tiəi^L				tiəi^L														
綈	定	開	4	平	斉	L	tiəi^L				tiəi^L														
荑	定	開	4	平	斉	L	tiəi^L				tiəi^L [T] 'i^L (tiəi^L を訂正)														
踶	定	開	4	平	斉	L	tiəi^L				tiəi^L														
提	定	開	4	平	斉	L	tiəi^L ri^L	tiəi^L ri^L	tiəi^L ri^L	ri^L		tiəi^L	tiəi^L						ri^L	tiəi^L ciəi^L	tiəi^L(H)	tiəi^L (tiə^L)	ri	tiəi	tiəi ri
蕛	定	開	4	平	斉	L	tiəi^L				tiəi^L [N] t?iəi?^{L}														
泥	泥	開	4	平	斉	L	ni^L		ni^L		ni^L	ni^L	ni^L												
梨	来	開	4	平	斉	?	*															*riəi^L			
瓈	来	開	4	平	斉	?	riə															riə^L *riəi^L			
黎	来	開	4	平	斉	L	riə^L	riə^L						riə^L											
犁	来	開	4	平	斉	L	riəi^L				riəi^L														
盠	来	開	4	平	斉	L	riəi^L				riəi^L														
鸝	来	開	4	平	斉	L	riəi^L				riəi^L														

字	声	口	等	調	韻	ア	代表	六上中	六下	真三	訓蒙	翻小	小諺	大諺	中諺	論諺	孝諺	分門	誠初A	四法	蒙山	法華	誠初B	簡易	長寿
藜	来	開	4	平	齊	L	riəi^L riə^L				riəi^L							ri?ə^L						riə	
擠	精	開	4	平	齊	L	ciəi^L				ciəi^L														
齎	精	開	4	平	齊	L	ciəi^L cʌi						ciəi^L												cʌi
齏	精	開	4	平	齊	L	ciəi^L				ciəi^L [N] cəi^L														
妻	清	開	4	平	齊	L	c^hiə^L				c^hiə^L	c^hiə^L	c^hiə^L		c^hiə^L	c^hiə^L	c^hiə^L					c^hiə^L			c^hiə
臍	從	開	4	平	齊	L	ciəi^L				ciəi^L														ciəi
蠐	從	開	4	平	齊	L	ciəi^L				ciəi^L														
齊	從	開	4	平	齊	L	ciəi^L					ciəi^L	ciəi^L	ciəi^L		ciəi^L									ciəi
西	心	開	4	平	齊	L	siə^L	siə^L	siə^L	siə^L	siə^L	siə^L	siə^L			siə^L	siə^L	siə^L	siə^L		siə^L (*siəi^L)	siə^L *səi	siə	siə	siə
栖	心	開	4	平	齊	L	siə^L									siə^L									
棲	心	開	4	平	齊	L	siə^L				siə^L	siə^L	siə^L						siə^L				siə		
犀	心	開	4	平	齊	L	siə^L				siə^L														
撕	心	開	4	平	齊	L	sɨi^L														sɨi^L *siəi^L				
嘶	心	開	4	平	齊	L	sɨi^L				sɨi^L														
稽	渓	開	4	上	齊	R	kiəi^R				kiəi^R [N] kiəi^R?	kiəi^R	kiəi^R												kiəi
啓	渓	開	4	上	齊	RH	kiəi^R/H			kiəi^R	kiəi^R	kiəi^H	kiəi^R			kiəi^R									
觝	端	開	4	上	齊	R	tiə^R					tiə^R	tiə^R												
抵	端	開	4	上	齊	RH	tiəi^R/H tiə^R/H					tiə^R/H	tiəi^R/H tiə^R/H												
底	端	開	4	上	齊	R	tiəi^R tiə^R			tiə^R		tiə^R ni^R (t?i^R)	tiəi^R tiə^R							ciə^R/H	*?tiəi^H				
邸	端	開	4	上	齊	R	tiəi^R tiə^R				tiəi^R	tiə^R	tiə^R												
舓	端	開	4	上	齊	L	tiəi^L				tiəi^H [TSNKR] tiəi^L														

字	声	口	等	調	韻	ア	代表	六上中	六下	真三	訓蒙	翻小	小諺	大諺	中諺	論諺	孝諺	分門	誠初A	四法	蒙山	法華	誠初B	簡易	長寿
睦	端	開	4	上	斉	R	tiəi^{R}				tiəi^{R}														
涕	透	開	4	上	斉	RH	t^{h}iəi$^{R/H}$ tiəi^{H}				t^{h}iəi^{H} [KR] t^{h}iəi^{L}	?t^{h}iəi$^{H/R}$ (tiəi^{H})	?t^{h}iəi$^{H/R}$						?tiəi^{R}				?t^{h}iəi		
體	透	開	4	上	斉	H	t^{h}iəi^{H}	t^{h}iəi^{H}	t^{h}iəi^{H}	t^{h}iəi^{H}	t^{h}iəi^{H}	t^{h}iəi$^{H(R)}$	t^{h}iəi^{H}	t^{h}iəi^{H}	t^{h}iəi^{H}	t^{h}iəi^{H}	t^{h}iəi^{H}			t?iəi^{R}	t^{h}iəi$^{H(L)}$ (c^{h}iəi^{H})	t^{h}iəi$^{R/L}$			t^{h}iəi
弟	定	開	4	上	斉	R	tiəi^{R}	tiəi^{R}	tiəi^{R}	tiəi^{R}	tiəi^{R}	tiəi$^{R(H)}$	tiəi$^{R(H/L)}$	tiəi^{R}	tiəi^{R}	tiəi^{R}	tiəi^{R}		tiəi^{R}	tiəi$^{R/H}$	tiəi^{H}		tiəi		tiəi
娣	定	開	4	上	斉	R	tiəi^{R}				tiəi^{R}	tiəi^{R}	tiəi^{R}												
禰	泥	開	4	上	斉	R	miəi^{R} mi					miəi^{R}	miəi^{R}												mi
軆	来	開	4	上	斉	H	riəi^{H} t^{h}iəi^{H}				riəi^{H} [R] t^{h}iəi^{H} [K] t^{h}?iəi^{H}														
醴	来	開	4	上	斉	RH	riəi$^{R/H}$ riə^{R}				riəi^{H}	riə^{R}	riəi^{R}												
禮	来	開	4	上	斉	RH	riəi$^{R/H}$	riəi^{R}	riəi^{H}?	riəi^{R}	riəi^{H}	riəi$^{H(R)}$	riəi$^{H(R)}$		riəi^{H}	riəi$^{H(L)}$	riəi^{H}		niəi^{H}	riəi^{H} niəi^{L}	riəi^{H}	riəi^{R} niəi$^{H/L}$	riəi	riəi	riəi
濟	精	開	4	上	斉	R	ciəi^{R}	ciəi^{R}	ciəi^{R}	ciəi^{R}	ciəi^{R}	ciəi^{R}	ciəi^{R}			ciəi^{R}			ciəi^{R}	ciəi^{R}			ciəi		ciəi
薺	従	開	4	上	斉	R	ciəi^{R}				ciəi^{R}														
洗	心	開	4	上	斉	R	siəi^{R}			siəi^{R}	siəi^{R}	siəi^{R}	siəi^{R}						siəi^{R}				siəi		
薊	見	開	4	去	斉	H	kiəi^{H}				kiəi^{H}														
髻	見	開	4	去	斉	R	kìəi^{R}				kiəi^{H} [TSNKR] kiəi^{R}														
繫	見	開	4	去	斉	R	kiəi^{R}					kiəi^{R}	kiəi^{R}		kiəi^{R}	kiəi^{R}									
計	見	開	4	去	斉	R	kiəi^{R}			kiəi^{R}		kiəi^{R}	kiəi^{R}						kiəi^{R}				kiəi		kiəi
繼	見	開	4	去	斉	R	kiəi^{R}					kiəi$^{R/H}$	kiəi^{R}		kiəi^{R}	kiəi^{R}									
契	渓	開	4	去	斉	R	kiəi^{R}		kiəi^{R}		kiəi^{R}	kiəi^{R}	kiəi^{R}						kiəi^{R}				kiəi		
羿	疑	開	4	去	斉	R	'iəi^{R}									'iəi^{R}									
詣	疑	開	4	去	斉	R	'iəi^{R}			'iəi^{R}									'iəi^{R}				'iəi		'iəi
睨	疑	開	4	去	斉	R	'iəi^{R}								'iəi^{R}										
翳	影	開	4	去	斉	R	'iəi^{R}			'iəi^{R}															

字	声	口	等	調	韻	ア	代表	六上中	六下	真三	訓蒙	翻小	小諺	大諺	中諺	論諺	孝諺	分門	誠初A	四法	蒙山	法華	誠初B	簡易	長寿
暳	影	開	4	去	斉	R	ʼiəi^{R}				ʼiəi^{R} [S] ʼəi^{R}														
系	匣	開	4	去	斉	R	kiəi^{R}				kiəi^{R}														
帝	端	開	4	去	斉	R	tiəi^{R}	tiəi^{R}		tiəi^{R}	tiəi^{R}	tiəi$^{R(H/L)}$	tiəi^{R}	tiəi^{R}	tiəi^{R}	tiəi^{R}	tiəi^{R}					tiəi^{H}			tiəi
諦	端	開	4	去	斉	RH	tiəi^{R} / tʰiəi^{H}	tʰiəi^{H}		tiəi^{R}											tiəi^{H}	tiəi^{H}			tiəi
蒂	端	開	4	去	斉	H	tʰiəi^{H}				tʰiəi^{H}														
蝃	端	開	4	去	斉	H	tʰiəi^{H}				tʰiəi^{H}														
嚁	端	開	4	去	斉	H	tʰiəi^{H}				tʰiəi^{H} [KR] tʰiəi^{L}														
替	透	開	4	去	斉	H	tʰiəi^{H}					tʰiəi^{H}	tʰiəi^{H}							tʰiəi^{H}					
涕	透	開	4	去	斉	RH	tʰiəi$^{R/H}$ / tiəi^{H}					?tʰiəi$^{H/R}$ (tiəi^{H})	?tʰiəi$^{H/R}$						?tiəi^{R}				?tʰiəi		
弟	定	開	4	去	斉	?	tiəi															tiəi$^{H/L(R)}$			
第	定	開	4	去	斉	R	tiəi^{R}	tiəi^{R}	tiəi^{R}	tiəi^{R}	tiəi^{R}	tiəi$^{R(H/L)}$	tiəi^{R}		tiəi^{R}	tiəi^{R}			tiəi^{R}		tiəi$^{H(L)}$ / ciəi^{H}	tiəi^{H}	tiəi		tiəi
悌	定	開	4	去	斉	R	tiəi^{R}				tiəi^{R}	tiəi^{R}	tiəi^{R}			tiəi^{R}									
娣	定	開	4	去	斉	R	tiəi^{R}				tiəi^{R}														
逮	定	開	4	去	斉	H	tʰiəi^{H}					tʰiəi^{H}	tʰiəi^{H}	tʰiəi^{H}	tʰiəi^{H}	tʰiəi^{H}									
褅	定	開	4	去	斉	H	tʰiəi^{H}								tʰiəi^{H}	tʰiəi^{H}									
髢	定	開	4	去	斉	R	tʰiəi^{R}				tʰiəi^{L} [TSNKR] tʰiəi^{R}														
棣	定	開	4	去	斉	RH	tʰiəi$^{R/H}$				tʰiəi^{R}					tʰiəi^{H}									
泥	泥	開	4	去	斉	H	niəi^{H}									niəi^{H}									
戾	来	開	4	去	斉	R	riə^{R}					riə^{R}	riə^{R}	riə^{R}	riə^{R}	riə^{R}									
麗	来	開	4	去	斉	R	riə^{R}					riə^{R}	riə^{R}												riə
橃	来	開	4	去	斉	R	riəi^{R}				riəi^{R} [T] r?iəi^{R}														

字	声	口	等	調	韻	ア	代表	六上中	六下	真三	訓蒙	翻小	小諺	大諺	中諺	論諺	孝諺	分門	誠初A	四法	蒙山	法華	誠初B	簡易	長寿
儷	来	開	4	去	斉	R	riəi^R riə^R				riəi^H [TSN] riəi^R [KR] riə^R														
荔	来	開	4	去	斉	R	riəi^R riə^R			riə^R	riəi^L [TS] riəi^R [NKR] riəi^H														niə
隷	来	開	4	去	斉	R	'iəi^R				'iəi^R														
霽	精	開	4	去	斉	R	ciəi^R				ciəi^R														
泲	精	開	4	去	斉	R	cʌ^R				cʌ^R														
濟	精	開	4	去	斉	R	ciəi^R				ciəi^R											ciəi^H(L)			
妻	清	開	4	去	斉	R	c^hiə^R					c^hiə^R	c^hiə^R			c^hiə^R									
切	清	開	4	去	斉	H	c^hiəi^H	c^hiəi^H	c^hiəi^H	c^hiəi^H									c^hiəi^H	c^hiəi^R t^hiəi^H	c^hiəi^H	c^hiəi^H(L)	c^hiəi		c^hiəi (ciəi)
砌	清	開	4	去	斉	R	c^hiəi^R ciəi^R				c^hiəi^R [TSNKR] ciəi^R														
搋	清	開	4	去	斉	R	ciəi^R					ciəi^R	ciəi^R												
細	心	開	4	去	斉	R	siəi^R	siəi^R		siəi^R		siəi^R	siəi^R			siəi^R		siəi^R			siəi^H(L)	siəi^H		siəi	
壻	心	開	4	去	斉	R	siə^R				siə^H [TSNK] siə^R [R] siə^L	siə^R(H)	siə^R(H)												
篦	帮	中	4	平	斉	L	pi^L				pi^L														
蓖	帮	中	4	平	斉	L	pi^L				pi^L														
螕	帮	中	4	平	斉	L	pi^L				pi^L														
錍	帮	中	4	平	斉	L	pi^L				pi^L														
批	滂	中	4	平	斉	R	p^hi^R				p^hi^R [SNKR] p^hi^H														
鞞	並	中	4	平	斉	?	pi															pi^L			

字	声	口	等	調	韻	ア	代表	六上中	六下	真三	訓蒙	翻小	小諺	大諺	中諺	論諺	孝諺	分門	誠初A	四法	蒙山	法華	誠初B	簡易	長寿
鼙	並	中	4	平	斉	L	pi^{L}				pi^{L}														
迷	明	中	4	平	斉	L	mi^{L}	mi^{L}	mi^{L}	mi^{L}	mi^{L}	mi^{L}	mi^{L}			mi^{L}			mi^{L}	mi^{L}	mi^{L}	mi^{L}	mi		mi
謎	明	中	4	平	斉	L	mi^{L}				mi^{L}														
陛	並	中	4	上	斉	R	$p^{h}iəi^{R}$				$p^{h}iəi^{R}$	$p^{h}iəi^{R}$	$p^{h}iəi^{R}$									$*piəi^{R}$			
椑	並	中	4	上	斉	R	$p^{h}iəi^{R}$				$p^{h}iəi^{R}$ [NKR] $p^{h}iəi^{H}$														
米	明	中	4	上	斉	R	mi^{R}			mi^{R}	mi^{R}	mi^{R}	mi^{R}						mi^{R}			mi^{L}	mi		mi
閉	幫	中	4	去	斉	R	$p^{h}iəi^{R}$					$p^{h}iəi^{R}$	$p^{h}iəi^{R}$												
嬖	幫	中	4	去	斉	R	$p^{h}iəi^{R}$				$p^{h}iəi^{R}$														
圭	見	合	4	平	斉	L	kiu^{L}					kiu^{L}	kiu^{L}			kiu^{L}									
閨	見	合	4	平	斉	L	kiu^{L}				kiu^{L}	kiu^{L}	kiu^{L}				kiu^{L}								
畦	匣	合	4	平	斉	L	kiu^{L}				kiu^{L}														
桂	見	合	4	去	斉	R	$kiəi^{R}$			$kiəi^{R}$	$kiəi^{R}$							$kiəi^{R}$						$kiəi$	
慧	匣	合	4	去	斉	R	$hiəi^{R}$	$hiəi^{R(L)}$	$hiəi^{R}$	$hiəi^{R}$	$hiəi^{R}$					$hiəi^{R}$			$hiəi^{R/H/L}$	$hiəi^{R}$	$hiəi^{H}$	$hiəi^{H(L)}$ $(*hiuiəi^{L})$	hiəi		hiəi
惠	匣	合	4	去	斉	R	$hiəi^{R}$	$hiəi^{R}$	$hiəi^{R}$	$hiəi^{R}$	$hiəi^{R}$	$hiəi^{R}$	$hiəi^{R}$			$hiəi^{R}$		$hiəi^{R/H}$			$hiəi^{H}$	$hiəi^{H}$ $*hiuiəi\#$			

5. 止攝

5.1. 支韻

字	声	口	等	調	韻	ア	代表	六上中	六下	真三	訓蒙	翻小	小諺	大諺	中諺	論諺	孝諺	分門	誠初A	四法	蒙山	法華	誠初B	簡易	長寿
岐	群	開	A	平	支	L	ki^L				ki^L [N] $k?i^L$														
枳	見	開	A	上	支	RH	$ki^{R/H}$				ki^R							ki^H							
卑	幫	中	A	平	支	L	pi^L	pi^L			pi^L	pi^L	pi^L		pi^L	pi^L			pi^L				pi		
裨	幫	中	A	平	支	L	pi^L									pi^L									
尸	幫	中	A	平	支	R	pi^R				pi^R														
脾	並	中	A	平	支	L	pi^L				pi^L														
獼	明	中	A	平	支	L	mi^L				mi^L														
麛	明	中	A	平	支	L	mi^L				mi^L														
彌	明	中	A	平	支	L	mi^L	mi^L	mi^L	mi^L						mi^L			$mi\#$	mi^L	mi^L	mi^L	mi		mi
俾	幫	中	A	上	支	R	pi^R						pi^R	pi^R											
髀	幫	中	A	上	支	R	pi^R				pi^R [KR] pi^H														
箄	幫	中	A	上	支	R	pi^R				pi^R														
婢	並	中	A	上	支	R	pi^R				pi^R [KR] pi^L	pi^R	pi^R									pi^R			pi
彌	明	中	A	上	支	R	mi^R				mi^R [R] mi^L														
弭	明	中	A	上	支	R	mi^R				mi^R														
臂	幫	中	A	去	支	R	pi^R				pi^R								pi^R				pi		
辟	滂	中	A	去	支	R	pi^R								pi^R										
譬	滂	中	A	去	支	RH	$pi^{R/H}$	pi^R				pi^L	pi^H		pi^R								$*p^{h}i^{H}$ $(pi^{H/L})$		
避	並	中	A	去	支	R	$p^{h}i^R$	$p^{h}i^R$		$p^{h}i^R$		$p^{h}i^{R(H)}$	$p^{h}i^R$						$p^{h}i^R$				$p^{h}i$		
辟	並	中	A	去	支	R	$p^{h}i^R$								$p^{h}i^R$	$p^{h}i^R$	$p^{h}i^R$								
規	見	合	A	平	支	L	kiu^L	kiu^L				kiu^L	kiu^L						kiu^L						kiu
雄	見	合	A	平	支	L	kiu^L				kiu^L														

字	声	口	等	調	韻	ア	代表	六上中	六下	真三	訓蒙	翻小	小諺	大諺	中諺	論諺	孝諺	分門	誠初A	四法	蒙山	法華	誠初B	簡易	長寿
窺	渓	合	A	平	支	L	kiu^L				kiu^L	kiu^L	kiu^L			kiu^L									
闚	渓	合	A	平	支	L	kiu^L					kiu^L	kiu^L												
隳	暁	合	A	平	支	L	hiu^L				hiu^L														
跬	渓	合	A	上	支	R	kiu^R				kiu^R														
恚	影	合	A	去	支	R	'iu / 'əi^R					'əi^R	'əi^R						'iu^L			'iu^L	'iu		
知	知	開	AB	平	支	L	ti^L	ti^L	ti^L	ti^L		ti^L	ti$^{L(H)}$	ti^L	ti^L	ti^L	ti^L		ti^L / ci^L	ti^L	ci^L (ti^L)	ti^L	ti		ti
蜘	知	開	AB	平	支	L	ti^L				ti^L [R] ti^H?														
魑	徹	開	AB	平	支	?	ri															ri^L			ri
黐	徹	開	AB	平	支	L	c^{h}i^L				c^{h}i^L														
池	澄	開	AB	平	支	L	ti^L			ti^L	ti^L														ti
馳	澄	開	AB	平	支	L	t^{h}i^L	t^{h}i^L			t^{h}i^L [N] ti^L	t^{h}i^L	t^{h}i^L												t^{h}i
璃	来	開	AB	平	支	L	ri^L				ri^L											ri^L			ri
籬	来	開	AB	平	支	L	ri^L				ri^L														
離	来	開	AB	平	支	L	ri^L	ri^L		ri^L						ri^L			ri^L / ni^L			?ri^L	ri		
鸝	来	開	AB	平	支	L	ri^L				ri^L														
觜	精	開	AB	平	支	L	cʌ^L					cʌ^L	cʌ^L												
髭	精	開	AB	平	支	L	cʌ^L				cʌ^L														
雌	清	開	AB	平	支	L	cʌ^L				cʌ^L					cʌ^L	cʌ^L							cʌ	
疵	従	開	AB	平	支	L	cʌ^L				cʌ^L														
骴	従	開	AB	平	支	L	cʌ^L				cʌ^L														
斯	心	開	AB	平	支	L	sʌ^L		sʌ^L	sʌ^L		sʌ^L	sʌ^L		sʌ^L	sʌ^L			sʌ^L		sʌ^L	sʌ^L	sʌ		sʌ
撕	心	開	AB	平	支	L	sʌ^L				sʌ^L														
鵗	心	開	AB	平	支	L	sʌ^L				sʌ^L														
廝	心	開	AB	平	支	L	sʌ^L / sii^L				sii^L [KR] siʌi^L	sʌ^L	sʌ^L								sii^L				
篩	生	開	AB	平	支	L	sii^L				sii^L														
釃	生	開	AB	平	支	L	sii^L				sii^L														

字	声	口	等	調	韻	ア	代表	六上中	六下	真三	訓蒙	翻小	小諺	大諺	中諺	論諺	孝諺	分門	誡初A	四法	蒙山	法華	誡初B	簡易	長寿
戺	章	開	AB	平	支	L	$c^h i^L$				$c^h i^L$														
支	章	開	AB	平	支	L	ci^L	ci^L		ci^L	ci^L	ci^L	ci^L									ci^L			ci
肢	章	開	AB	平	支	L	ci^L				ci^L														ci
枝	章	開	AB	平	支	L	ci^L			ci^L	ci^L							ci^L					ci^L		
搘	章	開	AB	平	支	L	ci^L				ci^L														
栀	章	開	AB	平	支	L	ci^L $c^h i^L$				ci^L							$c^h i^L$							
衹	章	開	AB	平	支	LH	$ci^{L/H}$					ci^H	ci^L												
眵	昌	開	AB	平	支	L	$c^h i^L$				$c^h i^L$														
施	書	開	AB	平	支	L	si^L					si^L	si^L	si^L	si^L	si^L								
絁	書	開	AB	平	支	L	si^L				si^L														
鍉	常	開	AB	平	支	L	si^L				si^L														
匙	常	開	AB	平	支	LR	$si^{L/R}$				si^L	si^R	si^L								si^R				
兒	日	開	AB	平	支	L	$z\Lambda^L$			$z\Lambda^L$	$z\Lambda^L$	$z\Lambda^L$	$'\Lambda^L$ ($z\Lambda^L$)												$z\Lambda$
移	羊	開	AB	平	支	L	$'i^L$				$'i^L$	$'i^L$	$'i^L$			$'i^L$	$'i^L$		$'i^L$	$'i^R$				$'i$	
匜	羊	開	AB	平	支	L	$'i^L$				$'i^L$														
椸	羊	開	AB	平	支	L	$'i^L$				$'i^L$														
扅	羊	開	AB	平	支	L	$'i^L$				$'i^L$														
呰	精	開	AB	上	支	?	$c\Lambda$																		$c\Lambda$
紫	精	開	AB	上	支	RH	$c\Lambda^{R/H}$				$c\Lambda^R$						$c\Lambda^H$							$c\Lambda$	
此	清	開	AB	上	支	H	$c^h\Lambda^H$ $c^h\Lambda i^H$			$c^h\Lambda^H$		$c^h\Lambda^{H(R/L)}$ $c^h\Lambda i^H$	$c^h\Lambda^H$	$c^h\Lambda^H$	$c^h\Lambda^H$		$c^h\Lambda^H$		$c^h\Lambda^{H(R/L)}$	$c^h\Lambda^{H(R)}$	$c^h\Lambda^H$		$c^h\Lambda$		$c^h\Lambda$
徙	心	開	AB	上	支	R	$s\Lambda^R$										$s\Lambda^R$								
壐	心	開	AB	上	支	R	$s\Lambda^R$				$s\Lambda^R$														
雇	生	開	AB	上	支	R	$s\Lambda i^R$ $si\text{ə}i^R$					$?si\text{ə}i^R$	$?s\Lambda i^R$												
纚	生	開	AB	上	支	R	$soai^R$					$soai^R$	$soai^R$												
只	章	開	AB	上	支	H	ci^H					$ci^{H(R)}$	ci^H	ci^H					ci^L	ci^R ti^H	ci^H		ci		
紙	章	開	AB	上	支	H	ci^H				ci^H	ci^H	ci^H								$ci^{H/L}$				
咫	章	開	AB	上	支	R	ci^R				ci^R [R] $ci^H?$														
侈	昌	開	AB	上	支	RL	$c^h i^{R/L}$					$c^h i^L$	$c^h i^R$						$t^h i^R$				$c^h i$		

字	声	口	等	調	韻	ア	代表	六上中	六下	真三	訓蒙	翻小	小諺	大諺	中諺	論諺	孝諺	分門	誠初A	四法	蒙山	法華	誠初B	簡易	長寿
舐	船	開	AB	上	支	R	tiəi^{R}				tiəi^{R}														
弛	書	開	AB	上	支	R	'i^{R}				'i^{R}														
豕	書	開	AB	上	支	R	si^{R}				si^{R}														
氏	常	開	AB	上	支	H	si^{H}	si^{H}	si^{H}		si^{H}	si^{H}	si$^{H(L)}$			si$^{H(R)}$						si^{R}		si
諟	常	開	AB	上	支	R	si^{R}							si^{H}										
是	常	開	AB	上	支	R	si^{R}	si^{R}		si^{R}	si^{R}	si$^{R(H/L)}$	si$^{R(H)}$	si^{R}	si^{R}	si^{R}	si^{R}		si$^{R(H/L)}$	si$^{R/H}$	si$^{H(R)}$		si		si
爾	日	開	AB	上	支	R	zi^{R}				zi^{L} [T] zi^{R} [KR] 'i^{L}	'i$^{R(H/L)}$ (zi^{R})	'i^{R}	zi^{R}	zi^{R}	zi$^{R(H)}$			'i^{H}	'i^{R}			'i		'i
邇	日	開	AB	上	支	R	zi^{R}				zi^{R}				zi^{R}	zi^{R}			'i^{R}				'i		
知	知	開	AB	去	支	H	ti^{H}								ti^{H}	ti^{H}									
智	知	開	AB	去	支	H	ti^{H}	ti^{H}	ti^{H}	ti^{H}	ti^{L} [T] ti^{H}	ti^{H}	ti^{H}						ti$^{H(R/L)}$ ci$^{H(L)}$	ti^{R} ci^{H}	ti^{H} (ci^{H})	ti$^{H(R/L)}$	ti		ti
詈	来	開	AB	去	支	R	ri^{R}				ri^{R}														
離	来	開	AB	去	支	R	ri^{R}					ri^{R}	ri^{R}		ri^{R}		ri^{R}		ri$^{R(H/L)}$		ri$^{H/L}$	ri^{H}	ri		ri
刺	清	開	AB	去	支	R	cʌ^{R}	cʌ^{R}	cʌ^{R}			cʌ^{R}	cʌ$^{R(L)}$												
莿	清	開	AB	去	支	R	cʌ^{R}				cʌ^{R}														
漬	従	開	AB	去	支	R	cʌ^{R} ci^{R} c^{h}i^{R}					cʌ^{R} ci^{R}	c^{h}i^{R}												
賜	心	開	AB	去	支	RH	sʌ$^{R/H}$		sʌ^{R}	sʌ^{R}	sʌ^{R}	sʌ^{R}	sʌ^{R}				sʌ$^{R/H}$								
食	邪	開	AB	去	支	R	sʌ^{R}					sʌ^{R}	sʌ^{R}				sʌ^{R}								
屣	生	開	AB	去	支	R	sʌi^{R} siəi^{R}					ʔsiəi^{R}	ʔsʌi^{R}												
忮	章	開	AB	去	支	R	ki^{R}										ki^{R}								
啻	書	開	AB	去	支	R	si^{R}									si^{R}								
翅	書	開	AB	去	支	R	si^{R}				si^{R}														
施	書	開	AB	去	支	RH	si$^{R/H}$	si^{H}	si^{H}	si^{R}						si^{R}					si^{R}		si^{H}	si	si
豉	常	開	AB	去	支	R	si^{R}				si^{H} [TSNKR] si^{R}						si^{H}								
易	羊	開	AB	去	支	R	'i^{R}					'i$^{R(H)}$	'i$^{R(L)}$	'i^{R}	'i^{R}	'i^{R}			'i$^{H(R/L)}$	'i^{H}	'i^{H}		'i	'i	'i

字	声	口	等	調	韻	ア	代表	六上中	六下	真三	訓蒙	翻小	小諺	大諺	中諺	論諺	孝諺	分門	誠初A	四法	蒙山	法華	誠初B	簡易	長寿
施	羊	開	AB	去	支	R	'i^R					'i^R	'i^R		'i^R	'i^R									
錘	澄	合	AB	平	支	L	t^{h}iu^L	t^{h}iu^L										t^{h}iu^L						t^{h}iu	
贏	来	合	AB	平	支	L	ri^L				ri^L	ri^L	ri^L												
隋	邪	合	AB	平	支	L	siu^L	siu^L				siu^L	siu^L									*siui^L			
隨	邪	合	AB	平	支	L	siu^L			siu^L		siu$^{L(H)}$	siu^L			siu^L			siu^L	siu^L		siu^L	siu		siu
吹	昌	合	AB	平	支	L	c^{h}iu^L c^{h}iui			c^{h}iu^L	c^{h}iu^L [K] c^h?iu^L								c^{h}iui#				c^{h}iui	
炊	昌	合	AB	平	支	L	c^{h}iu^L c^{h}iui^L				c^{h}iui^L [TSNKR] c^{h}iu^L													
垂	常	合	AB	平	支	L	siu^L			siu^L		siu^L	siu^L						siu^L				siu		siu
嘴	精	合	AB	上	支	R	c^{h}iuiəi^R				c^{h}iuiəi^R													
髓	心	合	AB	上	支	RL	siu$^{R/L}$	siu^L			siu^R										siu$^{L(H)}$ (*siui^L)			
箠	章	合	AB	上	支	R	c^{h}iuiəi^R				c^{h}iuiəi^R													
捶	章	合	AB	上	支	RL	c^{h}iuiəi^R t^{h}iu^L				c^{h}iuiəi^R	t^{h}iu^L	t^{h}iu^L											
蘂	日	合	AB	上	支	R	'iəi^R			'iəi^R	'iəi^R													
錘	澄	合	AB	去	支	H	t^{h}iu^H				t^{h}iu^H													
累	来	合	AB	去	支	R	riu^R					riu^R	riu^R											
惴	章	合	AB	去	支	R	c^{h}iuiəi^R					c^{h}iuiəi^R	c^{h}iuiəi^R											
瑞	常	合	AB	去	支	R	siəi^R siə^R	siəi^R		siəi^R		siə^R	siə^R									siəi$^{H(R/L)}$ (*siuiə^L)		siə	
睡	常	合	AB	去	支	H	siu^H				siu^H [TSRN] ciu^H [K] ci?u^H								siu^H	siu$^{H/L}$	siu^H		siu		
羈	見	開	B	平	支	L	kii^L				kii^L	kii^L	kii^L											
踦	渓	開	B	平	支	L	kii^L				kii^L													
奇	群	開	B	平	支	L	kii^L	kii^L		kii^L		kii^L	kii^L								kii^L	kii^L		
琦	群	開	B	平	支	L	kii^L					kii^L	kii^L											
騎	群	開	B	平	支	L	kii^L				kii^L													
儀	疑	開	B	平	支	L	'ii^L	'ii^L			'ii^L	'ii^L	'ii^L	'ii^L	'ii^L	'ii^L			'ii^L	'ii^L	'ii^L	'ii^L	'ii		'ii

字	声	口	等	調	韻	ア	代表	六上中	六下	真三	訓蒙	翻小	小諺	大諺	中諺	論諺	孝諺	分門	誠初A	四法	蒙山	法華	誠初B	簡易	長寿
宜	疑	開	B	平	支	L	'ii^L			'ii^L		'ii^L	'ii^L	'ii^L	'ii^L	'ii^L			'ii^R		'ii^H	'ii^L	'ii		
欹	渓	開	B	平	支	L	kii^L				kii^L														
猗	影	開	B	平	支	L	'ii^L							'ii^L											
劁	見	開	B	上	支	HL	kii^H/L					kii^H	kii^L												
綺	渓	開	B	上	支	RHL	kii^R/H/L	kii^H			kii^R	kii^L	kii^H												
技	群	開	B	上	支	R	ki^R				ki^R			ki^R											
妓	群	開	B	上	支	R	ki^R				ki^R [SN] k?i^R														
伎	群	開	B	上	支	R	ki^R			ki^R		ki^H	ki^R									ki^R			
錡	群	開	B	上	支	RH	kii^R/H				kii^R [SN] k?ii^H [KR] kii^H														
蟻	疑	開	B	上	支	R	'ii^R				'ii^R [S] 'ii^H	'ii^R	'ii^R												'ii
倚	影	開	B	上	支	R	'ii^R				'ii^R				'ii^R										
椅	影	開	B	上	支	R	'ii^R				'ii^R														
寄	見	開	B	去	支	RHL	kii^R/H/L					kii^H	kii^R/H/L			kii^H									
徛	見	開	B	去	支	L	kii^L				kii^L														
芰	群	開	B	去	支	R	ki^R				ki^R														
義	疑	開	B	去	支	R	'ii^R	'ii^R	'ii^R		'ii^R [KR] 'ii^R/L	'ii^R(H/L)	'ii^R	'ii^R	'ii^R	'ii^R	'ii^R		'ii^R				'ii		'ii
議	疑	開	B	去	支	R	'ii^R		'ii^R	'ii^R		'ii^R	'ii^R		'ii^R	'ii^R					'ii^H	'ii^H			'ii
誼	疑	開	B	去	支	R	'ii^R					'ii^R	'ii^R												
戲	暁	開	B	去	支	R	hii^R		hii^R		hii^R	hii^R(H)	hii^R			hii^R			hii^R				hii		hii
碑	幇	中	B	平	支	L	pi^L	pi^L	pi^L		pi^L														
羆	幇	中	B	平	支	L	pi^L				pi^L														

字	声	口	等	調	韻	ア	代表	六上中	六下	真三	訓蒙	翻小	小諺	大諺	中諺	論諺	孝諺	分門	誠初A	四法	蒙山	法華	誠初B	簡易	長寿
陂	幇	中	B	平	支	L	$p^{h}i^{L}$				$p^{h}i^{L}$ [R] $p^{h}a?^{L}$														
披	滂	中	B	平	支	?	$p^{h}i$												$p^{h}i$#				$p^{h}i$		
鈹	滂	中	B	平	支	L	$p^{h}i^{L}$				$p^{h}i^{L}$														
疲	並	中	B	平	支	L	$p^{h}i^{L}$				$p^{h}i^{L}$														$p^{h}i$
皮	並	中	B	平	支	L	$p^{h}i^{L}$	$p^{h}i^{L}$			$p^{h}i^{L}$					$p^{h}i^{L}$			$p^{h}i^{H}$	$p^{h}i^{H}$	$p^{h}i^{H}(R)$ (*ppi'^{H})		$p^{h}i$	$p^{h}i$	
糜	明	中	B	平	支	L	mi^{L}				mi^{L}														
縻	明	中	B	平	支	L	mi^{L} ma^{L}				mi^{L} [KR] ma^{L}														
彼	幇	中	B	上	支	R	$p^{h}i^{R}$	$p^{h}i^{R}$	$p^{h}i^{H}$	$p^{h}i^{R}$	$p^{h}i^{R}$	$p^{h}i^{R}$	$p^{h}i^{R}$	$p^{h}i^{R}$	$p^{h}i^{R}$	$p^{h}i^{R}$			$p^{h}i^{R/L}$				$p^{h}i$		$p^{h}i$
被	並	中	B	上	支	R	$p^{h}i^{R}$				$p^{h}i^{R}$ [T] $p^{h}?i^{R}$	$p^{h}i^{R}$	$p^{h}i^{R}$												
靡	明	中	B	上	支	R	mi^{R}					mi^{R}	mi^{R}		mi^{H}										
被	並	中	B	去	支	R	$p^{h}i^{R}$			$p^{h}i^{R}$	$p^{h}i^{R}$	$p^{h}i^{R}$			$p^{h}i^{R}$				$p^{h}i^{R}$		$p^{h}i^{H}$		$p^{h}i$		$p^{h}i$
鞁	並	中	B	去	支	R	$p^{h}i^{R}$				$p^{h}i^{R}$														
髲	並	中	B	去	支	L	$p^{h}i^{L}$				$p^{h}i^{L}$														
危	疑	合	B	平	支	L	$'ui^{L}$					$'ui^{L}$	$'ui^{L}$		$'ui^{L}$	$'ui^{L}$	$'ui^{L}$								$'ui$
溈	云	合	B	平	支	L	$'ui^{L}$	$'ui^{L}$		$'ui^{L}$															
爲	云	合	B	平	支	L	$'ui^{L}$	$'ui^{L}$		$'ui^{L}$		$'ui^{L}$	$'ui^{L}$	$'ui^{L}$	$'ui^{L}$	$'ui^{L}$	$'ui^{L}$		$'ui^{L}$	$'ui^{L}$	$'ui^{L(H)}$	$'ui^{L}$	$'ui$		$'ui$
庋	見	合	B	上	支	R	ki^{R}				ki^{R}														
詭	見	合	B	上	支	R	$kuəi^{R}$					$kuəi^{R}$	$kuəi^{R}$												
攱	見	合	B	上	支	R	$kuəi^{R}$				$kuəi^{R}$														
鵤	見	合	B	上	支	R	$kuəi^{R}$				$kuəi^{R}$ [NKR] $kuəi^{L}$														
跪	群	合	B	上	支	R	$kuəi^{R}$	$kuəi^{R}$		$kuəi^{R}$	$kuəi^{R}$	$kuəi^{R}$	$kuəi^{R}$												
骩	影	合	B	上	支	H	$'ui^{H}$				$'ui^{H}$														$'ui$
委	影	合	B	上	支	R	$'ui^{R}$		$'ui^{R}$	$'ui^{R}$		$'ui^{R}$	$'ui^{R}$												$'ui$

字	声	口	等	調	韻	ア	代表	六上中	六下	真三	訓蒙	翻小	小諺	大諺	中諺	論諺	孝諺	分門	誠初A	四法	蒙山	法華	誠初B	簡易	長寿
毀	曉	合	B	上	支	R	huəi^R				huəi^R [KR] huəi^R hiəi^R	huəi^R	huəi^R			huəi^R	huəi^R		huəi^R				huəi		huəi
燬	曉	合	B	上	支	R	huəi^R				huəi^R														
萎	影	合	B	去	支	R	'ui^R					'ui^R	'ui^R												
爲	云	合	B	去	支	RH	'ui$^{R/H}$	'ui^R	'ui^R	'ui^R		'ui$^{R(H)}$	'ui$^{R(H)}$			'ui^H	'ui^H		'ui^H	'ui^H		'ui^H	'ui		'ui^H / 'ui
毀	曉	合	B	去	支	R	huəi^R				huəi^R [KR] huəi^R hiəi^R														

5.2. 脂韻

字	声	口	等	調	韻	ア	代表	六上中	六下	真三	訓蒙	翻小	小諺	大諺	中諺	論諺	孝諺	分門	誠初A	四法	蒙山	法華	誠初B	簡易	長寿
馨	群	開	A	平	脂	L	ki^L				ki^L														
耆	群	開	A	平	脂	LR	ki$^{L/R}$	ki^R			ki^L											ki^L			ki
蚘	影	開	A	平	脂	L	'i^L				'i^L [KR] 'i^H														
伊	影	開	A	平	脂	L	'i^L				'i^L	'i^L	'i^L			'i^L			'i^L						
棄	溪	開	A	去	脂	R	ki^R		ki^R			ki^R	ki^R			ki^R			ki^R?		ki^L	ki^H	ki		ki
琵	並	中	A	平	脂	L	pi^L			pi^L	pi^L											pi^L			
毗	並	中	A	平	脂	LRH	pi$^{L/R/H}$		pi^L	pi^L	pi^L	pi^L	pi$^{L/R/H}$									pi^L			pi
紕	並	中	A	平	脂	L	p^{h}i^L				p^{h}i^L														
膍	並	中	A	平	脂	L	pi^L				pi^L														
匕	幇	中	A	上	脂	R	pi^R				pi^R														
妣	幇	中	A	上	脂	R	pi^R				pi^R [N] p?i?^{R}														
秕	幇	中	A	上	脂	R	p^{h}i^R				p^{h}i^R														
比	幇	中	A	去	脂	RH	pi$^{R/H}$					pi$^{R/H}$	pi^R			pi^R						pi$^{H(L)}$			pi

字	声	口	等	調	韻	ア	代表	六上中	六下	真三	訓蒙	翻小	小諺	大諺	中諺	論諺	孝諺	分門	誠初A	四法	蒙山	法華	誠初B	簡易	長寿
屄	滂	中	A	去	脂	L	p^{h}i^{L}				p^{h}i^{L}														
糒	滂	中	A	去	脂	R	pi^{R}				pi^{H} [TSNKR] pi^{R}														
鼻	並	中	A	去	脂	R	pi^{R}	pi^{R}	pi^{R}	pi^{R}	pi^{R}	pi^{R}	pi^{R}									pi^{H}	pi$^{H/L}$	pi		pi
寐	明	中	A	去	脂	H	mʌi^{H}				mʌi^{H}										mʌi^{H}				
葵	群	合	A	平	脂	L	kiu^{L}				kiu^{L}														
癸	見	合	A	上	脂	R	kiəi^{R}		kiəi^{R}																
季	見	合	A	去	脂	RH	kiəi$^{R/H}$					kiəi$^{R/H}$	kiəi^{R}			kiəi^{R}	kiəi^{R}								
絺	徹	開	AB	平	脂	LR	t^{h}i$^{L/R}$				t^{h}i^{L}					t^{h}i^{R}						t^{h}i^{L}		
墀	澄	開	AB	平	脂	L	ti^{L}				ti^{L}														
遲	澄	開	AB	平	脂	L	ti^{L}						ti^{L}	ti^{L}		ti^{L}									ti
尼	娘	開	AB	平	脂	LR	ni$^{L/R}$	ni^{L}	ni^{L}	ni^{L}	ni^{L}	ni^{R}	ni^{R}		ni^{L}	ni^{L}	ni^{L}					ni^{L} (ri^{L})			ni
蜊	来	開	AB	平	脂	L	ri^{L}				ri^{L}														
梨	来	開	AB	平	脂	L	ri^{L}	ri^{L}			ri^{L}	ni^{L}	ri^{L}									ri^{L}			ri
犂	来	開	AB	平	脂	L	ri^{L}								ri^{L}										ri
諮	精	開	AB	平	脂	?	cʌ																		cʌ
咨	精	開	AB	平	脂	L	cʌ^{L}					cʌ^{L}	cʌ^{L}			cʌ^{L}									
資	精	開	AB	平	脂	L	cʌ^{L}			cʌ^{L}	cʌ^{L}	cʌ^{L}	cʌ^{L}			cʌ^{L}					cʌ^{L}			cʌ
姿	精	開	AB	平	脂	L	cʌ^{L}				cʌ^{L}													cʌ
齍	精	開	AB	平	脂	L	cʌi^{L}				cʌi^{L} [T] ci^{L}													
瓷	從	開	AB	平	脂	L	cʌ^{L}				cʌ^{L}	cʌ^{L}	cʌ^{L}											
餈	從	開	AB	平	脂	LH	cʌ$^{L/H}$ c^{h}ʌ^{H}				cʌ^{L} [SN] c^{h}ʌ^{H} [KR] cʌ^{H}													
私	心	開	AB	平	脂	L	sʌ^{L}					sʌ^{L}	sʌ^{L}			sʌ^{L}									sʌ
師	生	開	AB	平	脂	L	sʌ^{L}	sʌ^{L}	sʌ^{L}	sʌ^{L}	sʌ^{L}	sʌ^{L}	sʌ^{L}	sʌ^{L}		sʌ^{L}			sʌ^{L}	sʌ^{L}	sʌ^{L}	sʌ$^{L(H)}$	sʌ		sʌ
獅	生	開	AB	平	脂	L	sʌ^{L}				sʌ^{L}								sʌ^{L}					sʌ	
蝍	生	開	AB	平	脂	L	sʌ^{L}				sʌ^{L}														
脂	章	開	AB	平	脂	L	ci^{L}				ci^{L}														

字	声	口	等	調	韻	ア	代表	六上中	六下	真三	訓蒙	翻小	小諺	大諺	中諺	論諺	孝諺	分門	誠初A	四法	蒙山	法華	誠初B	簡易	長寿
祗	章	開	AB	平	脂	L	ci^{L} ki^{L}									ki^{L} ci^{L}				ti^{H}					
枝	章	開	AB	平	脂	L	ci^{L}				ci^{L}														
鴟	昌	開	AB	平	脂	L	$c^{h}i^{L}$ $t^{h}\Lambda i^{L}$				$c^{h}i^{L}$	$c^{h}i^{L}$ $t^{h}\Lambda i^{L}$	$c^{h}i^{L}$									$c^{h}i^{L/H}$			
尸	書	開	AB	平	脂	L	si^{L}		si^{L}	si^{L}		si^{L}	si^{L}			si^{L}						si^{L}			si
屍	書	開	AB	平	脂	L	si^{L}				si^{L}													si
蓍	書	開	AB	平	脂	L	si^{L}								si^{L}									
鳲	書	開	AB	平	脂	L	si^{L}				si^{L}													
羹	羊	開	AB	平	脂	?	$'i$																	$'i$	
夷	羊	開	AB	平	脂	L	$'i^{L}$	$'i^{L}$			$'i^{L}$	$'i^{L}$	$'i^{L}$	$'i^{L}$	$'i^{L}$	$'i^{L}$						$'i^{L}$			$'i$
姨	羊	開	AB	平	脂	L	$'i^{L}$				$'i^{L}$	$'i^{L}$	$'i^{L}$											
彝	羊	開	AB	平	脂	L	$'i^{L}$					$'i^{L}$	$'i^{L}$											
雉	澄	開	AB	上	脂	R	$t^{h}i^{R}$				$t^{h}i^{R}$ [NKR] $t^{h}i^{H}$					$t^{h}i^{R}$								
履	来	開	AB	上	脂	RH	$ri^{R/H}$				ri^{R}	ri^{R}	ri^{R}			$ri^{R/H}$			ri^{H}		ri^{H}		ri		
姉	精	開	AB	上	脂	R	$c\Lambda^{R}$				$c\Lambda^{R}$	$c\Lambda^{R(H)}$	$c\Lambda^{R(H)}$											
死	心	開	AB	上	脂	R	$s\Lambda^{R}$	$s\Lambda^{R}$	$s\Lambda^{R}$	$s\Lambda^{R}$	$s\Lambda^{R}$	$s\Lambda^{R}$	$s\Lambda^{R}$			$s\Lambda^{R}$	$s\Lambda^{R}$		$s\Lambda^{R(H)}$	$s\Lambda^{R(H/L)}$	$s\Lambda^{H}$	$s\Lambda^{R(H)}$	$s\Lambda$		$s\Lambda^{H}$ $s\Lambda$
兜	邪	開	AB	上	脂	R	si^{R}									si^{R}								
旨	章	開	AB	上	脂	H	ci^{H}	ci^{H}	ci^{H}	ci^{H}	ci^{H} [KR] ci^{L}	ci^{H}	ci^{H}			ci^{H}	ci^{H}		ci^{R}	ci^{R}			ci	ci	ci^{H}
指	章	開	AB	上	脂	H	ci^{H}	ci^{H}		ci^{H}	ci^{H}	ci^{H}	ci^{H}	ci^{H}		ci^{H}					ci^{H}				ci^{H}
砥	章	開	AB	上	脂	H	ci^{H}				ci^{H}													
底	章	開	AB	上	脂	RL	$ci^{R/L}$					ci^{L}	ci^{R}								ci^{L}				
矢	書	開	AB	上	脂	R	si^{R}				si^{R}					si^{R}								
屎	書	開	AB	上	脂	R	si^{R}				si^{H} [TSNKR] si^{R}							$si^{R/L}$						
視	常	開	AB	上	脂	R	si^{R}				si^{R}	$si^{R(H)}$	si^{R}	$si^{R(H)}$	si^{R}	si^{R}			$si^{R/H}$			si^{H}		si	
地	定	開	AB	去	脂	H	ti^{H}	ti^{H}	ti^{H}	ti^{H}	ti^{H}	ti^{H}	$ti^{H(L)}$		ti^{H}	ti^{H}	ti^{H}	ti^{H}	ti^{H}	$ti^{H/R}$ ci^{H}	ti^{H}	ti^{H}	ti	ti	ti^{H} ti
致	知	開	AB	去	脂	R	$t^{h}i^{R}$					$t^{h}i^{R(H/L)}$	$t^{h}i^{R}$	$t^{h}i^{R}$		$t^{h}i^{R}$	$t^{h}i^{R}$			$c^{h}i^{R}$			$t^{h}i$		

字	声	口	等	調	韻	ア	代表	六上中	六下	真三	訓蒙	翻小	小諺	大諺	中諺	論諺	孝諺	分門	誠初A	四法	蒙山	法華	誠初B	簡易	長寿
躓	知	開	AB	去	脂	R	t^hi^R					t^hi^R	t^hi^R												
懫	知	開	AB	去	脂	R	t^hi^R							t^hi^R											
稚	澄	開	AB	去	脂	R	t^hi^R				t^hi^R	t^hi^R	t^hi^R												t^hi
涖	来	開	AB	去	脂	R	ri^R									ri^R									
痢	来	開	AB	去	脂	R	ri^R				ri^R? [T] ri^R														ri
利	来	開	AB	去	脂	RH	$\text{ri}^{R/H}$	ri^R	ri^R	ri^R		$\text{ri}^{R(H/L)}$ $(\text{ni}^{R/H})$	ri^R	ri^R	ri^R	$\text{ri}^{R/H}$	ri^R		$\text{ri}^{R(L)}$ (ni^R)		$\text{ri}^{H(L)}$	$\text{ri}^{H(L)}$ (ni^H)	ri (ni)		ri (ni)
恣	精	開	AB	去	脂	R	cʌ^R					cʌ^R	cʌ^R												cʌ
次	清	開	AB	去	脂	H	$\text{c}^h\text{ʌ}^H$		$\text{c}^h\text{ʌ}^H$	$\text{c}^h\text{ʌ}^H$		$\text{c}^h\text{ʌ}^{H(R)}$	$\text{c}^h\text{ʌ}^H$		$\text{c}^h\text{ʌ}^H$	$\text{c}^h\text{ʌ}^H$		$\text{c}^h\text{ʌ}^H$	$\text{c}^h\text{ʌ}^H$		$\text{c}^h\text{ʌ}^H$	$\text{c}^h\text{ʌ}^H$	$\text{c}^h\text{ʌ}$	$\text{c}^h\text{ʌ}$	$\text{c}^h\text{ʌ}$
自	從	開	AB	去	脂	H	cʌ^H	cʌ^H	cʌ^H	cʌ^H	cʌ^H	$\text{cʌ}^{H(R/L)}$	$\text{cʌ}^{H(R)}$	cʌ^H	cʌ^H	cʌ^H	cʌ^H		$\text{cʌ}^{H(R/L)}$	cʌ^H	$\text{cʌ}^{H(L)}$	$\text{cʌ}^{H(R/L)}$	cʌ		cʌ^H cʌ
四	心	開	AB	去	脂	R	sʌ^R	$\text{sʌ}^{R(L)}$	sʌ^R	sʌ^R	sʌ^R [KR] sʌ^L	sʌ^R	sʌ^R	sʌ^R	sʌ^R	$\text{sʌ}^{R(L)}$	sʌ^R	sʌ^R	$\text{sʌ}^{R(H)}$	sʌ^R	sʌ^H	$\text{sʌ}^{H(R/L)}$	sʌ	sʌ	sʌ
駟	心	開	AB	去	脂	R	sʌ^R									sʌ^R									sʌ
泗	心	開	AB	去	脂	R	sʌ^R					sʌ^R	sʌ^R												
肆	心	開	AB	去	脂	RH	$\text{sʌ}^{R/H}$					sʌ^R	sʌ^R			$\text{sʌ}^{R/H}$									
至	章	開	AB	去	脂	H	ci^H	ci^H	ci^H	ci^H		$\text{ci}^{H(R/L)}$	$\text{ci}^{H(R/L)}$	ci^H	ci^H	ci^H	ci^H		$\text{ci}^{R(H/L)}$	$\text{ci}^{H/R}$ (ti^H)	ci^H	ci^H	ci	ci	ci^H ci
摯	章	開	AB	去	脂	H	ci^H									ci^H									
痓	昌	開	AB	去	脂	H	til^H				til^H														
示	船	開	AB	去	脂	R	si^R	si^R	si^R	si^R		si^R	si^R		si^R	si^R	si^R					si^H			
謚	船	開	AB	去	脂	R	si^R	si^R	si^R			si^R	si^R												
諡	船	開	AB	去	脂	R	si^R	si^R	si^R																
嗜	常	開	AB	去	脂	R	ki^R				ki^L [T] ki^R [SNKR] ki^H	ki^R	ki^R				ki^R								ki
樲	日	開	AB	去	脂	R	zi^R				zi^R														
二	日	開	AB	去	脂	R	zi^R	zi^R	zi^R	zi^R	zi^L	$\text{'i}^{R(H)}$	'i^R	zi^R	zi^R	zi^R	zi^R		'i^R	'i^R	$\text{zi}^{H(L)}$	$\text{zi}^{H(L)}$ ('i^H)	'i	'i	'i

字	声	口	等	調	韻	ア	代表	六上中	六下	真三	訓蒙	翻小	小諺	大諺	中諺	論諺	孝諺	分門	誡初A	四法	蒙山	法華	誡初B	簡易	長寿
貳	日	開	AB	去	脂	R	zi^R				zi^R	zi^R $'i^R$	$'i^R$		zi^R	zi^R									
追	知	合	AB	平	脂	L	t^hiu^L					t^hiu^L	t^hiu^L		t^hiu^L	t^hiu^L			t^hiu^L				t^hiu		t^hiu
椎	澄	合	AB	平	脂	L	t^hoi^L				t^hoi^L														
縲	来	合	AB	平	脂	RH	$riu^{R/H}$									$riu^{R/H}$									
蘽	来	合	AB	平	脂	L	riu^L				riu^L														
綏	心	合	AB	平	脂	L	$'iu^L$					$'iu^L$	$'iu^L$			$'iu^L$									
雖	心	合	AB	平	脂	L	siu^L					siu^L	siu^L	siu^L	siu^L	siu^L	siu^L		$siu^{L(H)}$		siu^L		siu		siu
荽	心	合	AB	平	脂	L	siu^L ziu^L				siu^L [KR] ziu^L														
榱	生	合	AB	平	脂	L	c^hoi^L				c^hoi^L														
衰	生	合	AB	平	脂	L	soi^L			soi^L		soi^L	soi^L			soi^L			soi^L			soi^L	soi		
佳	章	合	AB	平	脂	L	c^hio^L				c^hio^L														
崔	章	合	AB	平	脂	L	c^hiu^L				c^hiu^L														
錐	章	合	AB	平	脂	L	c^hiu^L c^hio^L				c^hio^L [R] c^hio^L c^hiu^L														
推	昌	合	AB	平	脂	L	c^hiu^L	c^hiu^L	c^hiu^L			c^hiu^L	c^hiu^L						c^hiu^L $*c^hiui\#$ $*?c^hui^L$						c^hiu
誰	常	合	AB	平	脂	L	siu^L				siu^L	siu^L	siu^L			siu^L			siu^L			siu^L	siu		siu
脽	常	合	AB	平	脂	L	siu^L				siu^L														
緌	日	合	AB	平	脂	L	ziu^L				ziu^L														
惟	羊	合	AB	平	脂	L	$'iu^L$	$'iu^L$		$'iu^L$		$'iu^L$	$'iu^L$	$'iu^L$	$'iu^L$	$'iu^L$			$'iu^L$			$'iu^L$	$'iu$		$'iu$
唯	羊	合	AB	平	脂	L	$'iu^L$			$'iu^L$		$'iu^L$	$'iu^L$	$'iu^L$	$'iu^L$	$'iu^L$			$'iu^L$			$?'iu^R$	$'iu$		$'iu$
維	羊	合	AB	平	脂	L	$'iu^L$	$'iu^L$	$'iu^L$						$'iu^L$	$'iu^L$	$'iu^L$								
遺	羊	合	AB	平	脂	L	$'iu^L$					$'iu^L$	$'iu^L$		$'iu^L$	$'iu^L$	$'iu^L$								
誄	来	合	AB	上	脂	R	roi^R									roi^R									
壘	来	合	AB	上	脂	R	riu^R				riu^R														
水	書	合	AB	上	脂	H	siu^H	siu^H	siu^H	siu^H	siu^H	siu^H	$siu^{H(R)}$		siu^H	$siu^{H(L)}$			siu^H	siu^H	siu^H	$siu^{R/L}$	siu	siu	siu
唯	羊	合	AB	上	脂	H	$'iu^H$									$'iu^H$						$?'iu^R$			

字	声	口	等	調	韻	ア	代表	六上中	六下	真三	訓蒙	翻小	小諺	大諺	中諺	論諺	孝諺	分門	誡初A	四法	蒙山	法華	誡初B	簡易	長寿
壇	羊	合	AB	上	脂	R	'iu^R				'iu^R [SNKR] 'iu^H														
墜	澄	合	AB	去	脂	R	t^{h}iu^R					t^{h}iu$^{R(L)}$	t^{h}iu$^{R(H)}$			t^{h}iu^R									
隊	澄	合	AB	去	脂	L	t^{h}iu^L								t^{h}iu^L										
類	来	合	AB	去	脂	R	riu^R	riu^R				riu$^{R(H)}$	riu^R			riu^R		riu$^{H/L}$	niu^R	riu^R		riu$^{H(L)}$ niu^H	riu niu		riu
涙	来	合	AB	去	脂	RH	riu$^{R/H}$ ru^H				riu^H [T] riu^R [R] ru^H	riu$^{R/H}$	riu^R												ru
醉	精	合	AB	去	脂	R	c^{h}iui^R				c^{h}iui^R	c^{h}iui^R	c^{h}iui$^{R(L)}$								*ciui^H				
翠	清	合	AB	去	脂	R	c^{h}iui^R				c^{h}ui^R	c^{h}iui^R	c^{h}iui^R												
悴	從	合	AB	去	脂	R	c^{h}iuiəi^R				c^{h}iuiəi^H [TKR] c^{h}iuiəi^R [S] c^{h}iuəi^R [N] c^{h}iuiə^R														
萃	從	合	AB	去	脂	R	c^{h}iuiəi^R					c^{h}iuiəi^H c^{h}iuii^R	c^{h}iuiəi^R												
繸	邪	合	AB	去	脂	H	siu^H				siu^R [TSNKR] siu^H														
遂	邪	合	AB	去	脂	H	siu^H					siu^H	siu^H			siu^H									siu^R
燧	邪	合	AB	去	脂	H	siu^H				siu^H					siu^H									
彗	邪	合	AB	去	脂	R	siu^R				siu^R														
穗	邪	合	AB	去	脂	H	siu^H				siu^L [TS] siu^H														
帥	生	合	AB	去	脂	H	siu^H					siu^H	siu^H			siu^H									
出	昌	合	AB	去	脂	H	c^{h}iu^H									c^{h}iu^H									
遺	羊	合	AB	去	脂	R	'iu^R					'iu$^{R(H)}$	'iu^R												

字	声	口	等	調	韻	ア	代表	六上中	六下	真三	訓蒙	翻小	小諺	大諺	中諺	論諺	孝諺	分門	誠初A	四法	蒙山	法華	誠初B	簡易	長寿
飢	見	開	B	平	脂	L	kɨi^L			kɨi^L									kɨi^L				kii		kii
肌	見	開	B	平	脂	L	kɨi^L				kɨi^L														
祁	群	開	B	平	脂	L	kɨi^L					kɨi^L	kɨi^L												
几	見	開	B	上	脂	R	kuəi^R					kuəi^R	kuəi^R									kuəi^R			
机	見	開	B	上	脂	R	kuəi^R				kuəi^R [S] kuiəi^R [N] kuəi^H?														
跽	群	開	B	上	脂	H	kɨi^H				kɨi^H														
驥	見	開	B	去	脂	H	kɨi^H									kɨi^H									
冀	見	開	B	去	脂	H	kɨi^H					kɨi^H	kɨi^H						kɨi^H				kii		
器	溪	開	B	去	脂	H	kɨi^H	kɨi^H		kɨi^H	kɨi^H	kɨi^H	kɨi^H		kɨi^H	kɨi^H			kɨi^R		kɨi^H	kɨi^L	kii		kii
剺	疑	開	B	去	脂	R	'ii^R				'ii^R [KR] 'ii^H														
懿	影	開	B	去	脂	R	'ii^R					'ii^R	'ii^R			'ii^R									
悲	幇	中	B	平	脂	L	pi^L	pi^L	pi^L	pi^L		pi^L	pi^L			pi^L						pi^L	pi^L	pi	pi
邳	並	中	B	平	脂	L	pi^L					pi^L	pi^L												
眉	明	中	B	平	脂	L	mi^L				mi^L											mi^L	mi^L		
麋	明	中	B	平	脂	L	mi^L				mi^L														
湄	明	中	B	平	脂	L	mi^L				mi^L [N] mi?^{L}														
鄙	幇	中	B	上	脂	R	pi^R				pi^R	pi^R	pi^R			pi^R									
圮	並	中	B	上	脂	R	pii^R				pii^R														
美	明	中	B	上	脂	R	mi^R			mi^R	mi^R	mi^R	mi^R	mi^R		mi^R	mi^R		mi^R				mi^L	mi	
轡	幇	中	B	去	脂	R	pi^R				pi^R	pi^R	pi^R												
祕	幇	中	B	去	脂	R	pi^R			pi^R												pi^L			pi^H
備	並	中	B	去	脂	R	pi^R					pi^R	pi^R			pi^R	pi^R	pi^R	pi^H		pi^H			pi	
魅	明	中	B	去	脂	?	mʌi															mʌi^H		mʌi	mʌi
媚	明	中	B	去	脂	R	mi^R									mi^R									
龜	見	合	B	平	脂	L	kui^L				kui^L				kui^L	kui^L			kui^L				kui		kui
逵	群	合	B	平	脂	L	kiu^L				kiu^L														
帷	云	合	B	平	脂	L	'iu^L				'iu^L	'iu^L	'iu^L			'iu^L									

字	声	口	等	調	韻	ア	代表	六上中	六下	真三	訓蒙	翻小	小諺	大諺	中諺	論諺	孝諺	分門	誠初A	四法	蒙山	法華	誠初B	簡易	長寿
晷	見	合	B	上	脂	R	ku^R				ku^H? [TSNKR] ku^R														
軌	見	合	B	上	脂	R	kuəi^R					kuəi^R	kuəi^R		kuəi^R							*kui^R			
簋	見	合	B	上	脂	R	kuəi^R										kuəi^R								
愧	見	合	B	去	脂	R	koi^R					koi^R(^L)	koi^R		koi^R				koi^R/^H				koi		koi
喟	渓	合	B	去	脂	H	'ui^H									'ui^H									
饋	群	合	B	去	脂	R	kuəi^R					kuəi^R	kuəi^R			kuəi^R								
簣	群	合	B	去	脂	R	kuəi^R									kuəi^R								
蕢	群	合	B	去	脂	R	kuəi^R				kuəi^R					kuəi^R								
匱	群	合	B	去	脂	R	kuəi^R					kuəi^R	kuəi^R											
櫃	群	合	B	去	脂	R	kuəi^R				kuəi^R													
位	云	合	B	去	脂	H	'ui^H	'ui^H	'ui^H	'ui^H	'ui^H [NKR] 'ui^L	'ui^H(^R)	'ui^H		'ui^H	'ui^H						'ui^H/^L			

5.3. 之韻

字	声	口	等	調	韻	ア	代表	六上中	六下	真三	訓蒙	翻小	小諺	大諺	中諺	論諺	孝諺	分門	誠初A	四法	蒙山	法華	誠初B	簡易	長寿
箕	見	開	C	平	之	L	kii^L					kii^L	kii^L			kii^L								
基	見	開	C	平	之	L	kii^L					kii^L	kii^L									kii^L		
姬	見	開	C	平	之	L	hii^L				hii^L? [TSNKR] hii^L													
欺	渓	開	C	平	之	L	kii^L	kii^L				kii^L	kii^L	kii^L		kii^L			kii^L				kii		kii
其	群	開	C	平	之	L	ki^L	ki^L		ki^L		ki^L(^H)	ki^L	ki^L	ki^L	ki^L	ki^L		ki^L	ki^L	ki^L		ki		ki
期	群	開	C	平	之	L	kii^L	kii^L				kii^L	kii^L		kii^L	kii^L			kii^L		kii^L		kii		kii
棋	群	開	C	平	之	L	kii^L				kii^L													kii
蘄	群	開	C	平	之	L	kii^L	kii^L																
旗	群	開	C	平	之	L	kii^L				kii^L													
麒	群	開	C	平	之	L	kii^L				kii^L													
錤	群	開	C	平	之	L	kii^L				kii^L													
淇	群	開	C	平	之	L	kii^L ki^L							kii^L ki^L										

字	声	口	等	調	韻	ア	代表	六上中	六下	真三	訓蒙	翻小	小諺	大諺	中諺	論諺	孝諺	分門	誠初A	四法	蒙山	法華	誠初B	簡易	長寿
疑	疑	開	C	平	之	L	$'ɨɨ^{L}$	$'ɨɨ^{L}$	$'ɨɨ^{L}$	$'ɨɨ^{L}$		$'ɨɨ^{L}$	$'ɨɨ^{L}$		$'ɨɨ^{L}$	$'ɨɨ^{L}$			$'ɨɨ^{L}$	$'ɨɨ^{L}$	$'ɨɨ^{L}?$	$'ɨɨ^{L(H)}$ $(*ŋɨɨ^{L})$	'ɨɨ		'ɨɨ
噫	影	開	C	平	之	LR	$hɨɨ^{L/R}$					$hɨɨ^{L}$ $('?ɨɨ^{L})$	$hɨɨ^{L}$			$hɨɨ^{L/R}$									
醫	影	開	C	平	之	L	$'ɨɨ^{L}$			$'ɨɨ^{L}$	$'ɨɨ^{L}$	$'ɨɨ^{L}$	$'ɨɨ^{L}$			$'ɨɨ^{L}$		$'ɨɨ^{L}$	$'ɨɨ^{L}$			$'ɨɨ^{L}?$	'ɨɨ	'ɨɨ	'ɨɨ
熙	暁	開	C	平	之	L	$hɨɨ^{L}$					$hɨɨ^{L}$	$hɨɨ^{L}$	$hɨɨ^{L}$											
嬉	暁	開	C	平	之	L	$hɨɨ^{L}$					$hɨɨ^{L}$	$hɨɨ^{L}$												
癡	徹	開	C	平	之	L	$tʰi^{L}$	$tʰi^{L}$	$tʰi^{L}$	$tʰi^{L}$	$tʰi^{L}$								$tʰi^{L(R)}$		$tʰi^{L}$	$tʰi^{L}$	$tʰi$		$tʰi$
持	澄	開	C	平	之	L	ti^{L}	ti^{L}	ti^{L}	ti^{L}		ti^{L}	ti^{L}		ti^{L}	ti^{L}			ci^{L} (ti^{L})	ci^{L}	ti^{L} (ci^{L})	ti^{L}	ti		ti
治	澄	開	C	平	之	L	$tʰi^{L}$					$tʰi^{L}$	$tʰi^{L}$	$tʰi^{L}$	$tʰi^{L}$	$tʰi^{L}$	$tʰi^{L}$								
貍	来	開	C	平	之	?	ri															ri^{L}			
犛	来	開	C	平	之	L	ri^{L}	ri^{L}																	
狸	来	開	C	平	之	L	ri^{L}				ri^{L}														
麳	来	開	C	平	之	L	ri^{L}				ri^{L}	ri^{H}	ri^{L}												
滋	精	開	C	平	之	L	$cʌ^{L}$			$cʌ^{L}$	$cʌ^{L}$	$cʌ^{L}$	$cʌ^{L}$								$cʌ^{L(H)}$				cʌ
摮	精	開	C	平	之	L	$cʌ^{L}$				$cʌ^{L}$														
籽	精	開	C	平	之	L	$cʌ^{L}$				$cʌ^{L}$														
鎡	精	開	C	平	之	L	$cʌ^{L}$				$cʌ^{L}$ [R] $cʌ^{H}?$														
薒	精	開	C	平	之	L	$cʌ^{L}$				$cʌ^{L}$														
慈	從	開	C	平	之	L	$cʌ^{L}$	$cʌ^{L}$	$cʌ^{L}$	$cʌ^{L}$	$cʌ^{L}$	$cʌ^{L}$	$cʌ^{L}$	$cʌ^{L}$		$cʌ^{L}$	$cʌ^{L}$		$cʌ^{L}$			$cʌ^{L}$	cʌ		cʌ
茲	從	開	C	平	之	L	$cʌ^{L}$		$cʌ^{L}$			$cʌ^{L}$	$cʌ^{L}$			$cʌ^{L}$									
鷀	從	開	C	平	之	L	$cʌ^{L}$				$cʌ^{L}$														
鶿	從	開	C	平	之	L	$cʌ^{L}$				$cʌ^{L}$														
思	心	開	C	平	之	L	$sʌ^{L}$	$sʌ^{L}$	$sʌ^{L}$	$sʌ^{L}$		$sʌ^{L}$	$sʌ^{L}$		$sʌ^{L}$	$sʌ^{L}$	$sʌ^{L}$		$sʌ^{L}$	$sʌ^{L}$	$sʌ^{L}$		sʌ		sʌ
司	心	開	C	平	之	L	$sʌ^{L}$			$sʌ^{L}$		$sʌ^{L}$	$sʌ^{L}$			$sʌ^{L}$									sʌ
鷥	心	開	C	平	之	L	$sʌ^{L}$			$sʌ^{L}$															
偲	心	開	C	平	之	L	$sɨɨ^{L}$									$sɨɨ^{L}$									
緦	心	開	C	平	之	L	$sɨɨ^{L}$					$sɨɨ^{L}$	$sɨɨ^{L}$												
蕬	心	開	C	平	之	L	$sʌ^{L}$			$sʌ^{L}$															
絲	心	開	C	平	之	L	$sʌ^{L}$			$sʌ^{L}$		$sʌ^{L}$	$sʌ^{L}$						$sʌ^{L}$					sʌ	
祠	邪	開	C	平	之	L	$sʌ^{L}$			$sʌ^{L}$							$sʌ^{L}$								
詞	邪	開	C	平	之	L	$sʌ^{L}$	$sʌ^{L}$		$sʌ^{L}$		$sʌ^{L}$	$sʌ^{L}$												

字	声	口	等	調	韻	ア	代表	六上中	六下	真三	訓蒙	翻小	小諺	大諺	中諺	論諺	孝諺	分門	誠初A	四法	蒙山	法華	誠初B	簡易	長寿
辭	邪	開	C	平	之	L	sʌ^L	sʌ^L	sʌ^L			sʌ^L	sʌ^L	sʌ^L	sʌ^L	sʌ^L			sʌ^L			sʌ^L	sʌ		
緇	荘	開	C	平	之	L	cʰɨi^L	cʰɨi^L	cʰɨi^L							cʰɨi^L									
輜	荘	開	C	平	之	L	cʰɨi^L				cʰɨi^L														
鯔	荘	開	C	平	之	L	cʰɨi^L				cʰɨi^L														
之	章	開	C	平	之	L	ci^L	ci^L		ci^L	ci^L	ci^L(H)	ci^L	ci^L	ci^L	ci^L	ci^L		ci^L	ci^L	ci^L	ci^L	ci		ci
芝	章	開	C	平	之	L	ci^L				ci^L	ci^L	ci^L												
嗤	昌	開	C	平	之	L	cʰi^L					cʰi^L	cʰi^L												
蚩	昌	開	C	平	之	L	cʰi^L				cʰi^H [T] cʰi^L?														
詩	書	開	C	平	之	L	si^L				si^L	si^L	si^L	si^L	si^L	si^L	si^L								
時	常	開	C	平	之	L	si^L	si^L	si^L	si^L	si^L	si^L	si^L		si^L	si^L	si^L		si^L	si^L	si^L	si^L	si	si	si
蒔	常	開	C	平	之	L	si^L				si^L														
塒	常	開	C	平	之	L	si^L				si^L														
栭	日	開	C	平	之	L	zi^L				zi^L														
而	日	開	C	平	之	L	zi^L	zi^L		zi^L		zi^L (' i^L)	' i^L(R)	zi^L	zi^L	zi^L	zi^L		' i^L (zi^L)	' i^L	zi^L		' i		zi ' i
輀	日	開	C	平	之	L	zi^L				zi^L	zi^L	' i^L												
怡	羊	開	C	平	之	L	' i^L					' i^L	' i^L				' i^L								
頤	羊	開	C	平	之	L	' i^L				' i^L	' i^L	' i^L												
飴	羊	開	C	平	之	L	' i^L				' i^L														
貽	羊	開	C	平	之	L	' i^L				' i^L														
己	見	開	C	上	之	H	kii^H	kii^H				kii^H	kii^H(L)	kii^H	kii^H	kii^H(R)			kii^H	kii^H	kii^H		kii		
紀	見	開	C	上	之	H	kii^H					kii^H	kii^H												
起	渓	開	C	上	之	H	kii^H		kii^H	kii^H	kii^H	kii^H	kii^H			kii^H			kii^H(R)	kii^H/R	kii^H/R/L		kii		kii
杞	渓	開	C	上	之	H	kii^H								kii^H	kii^H									
擬	疑	開	C	上	之	R	' ii^R					' ii^R	' ii^R									' ii^H			' ii
矣	云	開	C	上	之	R	' ii^R					' ii^R(H)	' ii^R	' ii^R	' ii^R	' ii^R	' ii^R		' ii^R/H/L			' ii^H	' ii		
嬉	暁	開	C	上	之	R	hii^R				hii^H [TSNKR] hii^R														
喜	暁	開	C	上	之	R	hii^R	hii^R	hii^R	hii^R		hii^R	hii^R(H)			hii^R			hii^R	hii^R	hii^H(R)	hii^R(H/L)	hii		hii
恥	徹	開	C	上	之	R	tʰi^R					tʰi^R(H)	tʰi^R(H)			tʰi^R	tʰi^R		tʰi^L				tʰi		

字	声	口	等	調	韻	ア	代表	六上中	六下	真三	訓蒙	翻小	小諺	大諺	中諺	論諺	孝諺	分門	誠初A	四法	蒙山	法華	誠初B	簡易	長寿
痔	澄	開	C	上	之	R	$t^{h}\text{i}^{R}$				$t^{h}\text{i}^{R}$ [S] $t^{h}\text{i?}^{R}$														
你	娘	開	C	上	之	RH	$\text{ni}^{R/H}$ ri 'i				ni^{H} [T] ni^{R} [KR] ni^{L}									$\text{ni}^{R/L}$ ri^{R} 'i^{R}	$\text{ni}^{H(L)}$				
鯉	来	開	C	上	之	R	ri^{R}				ri^{R}	ri^{R}	ri^{R}				ri^{R}								
娌	来	開	C	上	之	R	ri^{R}				ri^{R}														
理	来	開	C	上	之	R	ri^{R}	ri^{R}	ri^{H}	ri^{R}	ri^{R}	$\text{ri}^{R(H)}$ (ni^{R})	$\text{ri}^{R(L)}$	ri^{R}	ri^{R}		ri^{R}		$\text{ri}^{R(H)}$ (ni^{R})	ri^{R}	ri^{H}	ri^{L}	ri		
里	来	開	C	上	之	RH	$\text{ri}^{R/H}$	$\text{ri}^{R(L)}$			ri^{R}	$\text{ri}^{R(H)}$ (ni^{R})	$\text{ri}^{R(H)}$	ri^{H}	ri^{R}					ri^{H}					
俚	来	開	C	上	之	RH	$\text{ri}^{R/H}$					ri^{H}	ri^{R}												
裏	来	開	C	上	之	RH	$\text{ri}^{R/H}$			ri^{R}	ri^{R} [R] ri^{L}	$\text{ri}^{R/L}$	$\text{ri}^{R/H}$	ri^{R}					ri^{R}	$\text{ri}^{R(L)}$ (ni^{H})	$\text{ri}^{H(L)}$		ri		
李	来	開	C	上	之	R	ri^{R} ni^{R}	ni^{R}		ni^{R}	ni^{R}	$\text{ni}^{R(L)}$ (ri^{R})	$\text{ri}^{R(L)}$ (ni^{R})											
仔	精	開	C	上	之	?	cʌ																cʌ^{R}			
子	精	開	C	上	之	H	cʌ^{H}	cʌ^{H}	cʌ^{H}	cʌ^{H}	cʌ^{H}	$\text{cʌ}^{H(R/L)}$	$\text{cʌ}^{H(R/L)}$	cʌ^{H}	$\text{cʌ}^{H(L)}$	cʌ^{H}	cʌ^{H}	cʌ^{H}	cʌ^{H}	cʌ^{H}	$\text{cʌ}^{H(L)}$	$\text{cʌ}^{R(H/L)}$	cʌ	cʌ	cʌ
梓	精	開	C	上	之	R	cʌi^{R}				cʌi^{R}														
葈	心	開	C	上	之	R	si^{R}				si^{R}														
蒽	心	開	C	上	之	R	sii^{R}									sii^{R}									
似	邪	開	C	上	之	R	sʌ^{R}	sʌ^{R}				sʌ^{R}	sʌ^{R}		sʌ^{R}	sʌ^{R}			sʌ^{R}	$\text{sʌ}^{R(L)}$	sʌ^{H}		sʌ		
姒	邪	開	C	上	之	R	sʌ^{R}					sʌ^{R}	sʌ^{R}	sʌ^{R}										
耜	邪	開	C	上	之	R	sʌ^{R}				sʌ^{R}														
祀	邪	開	C	上	之	R	sʌ^{R}			sʌ^{R}	sʌ^{R} [SN] s^{-R}	sʌ^{R}	$\text{sʌ}^{R/H}$		sʌ^{R}		sʌ^{R}							
滓	荘	開	C	上	之	R	cʌi^{R}				cʌi^{R}														
士	崇	開	C	上	之	R	sʌ^{R}	sʌ^{R}	sʌ^{R}		sʌ^{R} [NKR] sʌ^{H}	$\text{sʌ}^{R(H)}$	$\text{sʌ}^{R(L)}$		sʌ^{R}	$\text{sʌ}^{R(L)}$	sʌ^{R}			sʌ^{H}	$\text{sʌ}^{R(L)}$			sʌ

字	声	口	等	調	韻	ア	代表	六上中	六下	真三	訓蒙	翻小	小諺	大諺	中諺	論諺	孝諺	分門	誠初A	四法	蒙山	法華	誠初B	簡易	長寿
仕	崇	開	C	上	之	R	$s\Lambda^R$					$s\Lambda^R$	$s\Lambda^R$			$s\Lambda^R$									
柿	崇	開	C	上	之	R	si^R				si^R	si^R	si^R												
史	生	開	C	上	之	R	$s\Lambda^R$	$s\Lambda^R$	$s\Lambda^R$		$s\Lambda^R$ [NKR] $s\Lambda^H$	$s\Lambda^{R(H)}$	$s\Lambda^{R(L)}$			$s\Lambda^R$									
使	生	開	C	上	之	R	$s\Lambda^R$	$s\Lambda^R$	$s\Lambda^R$	$s\Lambda^R$		$s\Lambda^{R(H)}$	$s\Lambda^{R(H)}$	$s\Lambda^R$	$s\Lambda^R$	$s\Lambda^R$									$s\Lambda^R$
俟	俟	開	C	上	之	R	$s\Lambda^R$					$s\Lambda^R$	$s\Lambda^R$		$s\Lambda^R$	$s\Lambda^R$									
止	章	開	C	上	之	H	ci^H	ci^H				$ci^{H(R)}$	ci^H	ci^H	ci^H	ci^H			ci^R			ci^H	ci		ci
址	章	開	C	上	之	H	ci^H				ci^H	ci^H	ci^H												
沚	章	開	C	上	之	H	ci^H				ci^H														
芷	章	開	C	上	之	H	ci^H											$ci^{H/L}$						ci	
趾	章	開	C	上	之	H	ci^H				ci^L	ci^H	ci^H												
齒	昌	開	C	上	之	RH	$c^hi^{R/H}$				c^hi^R	$c^hi^{R/H}$	$c^hi^{R/H}$		c^hi^H	c^hi^R							c^hi		c^hi
始	書	開	C	上	之	R	si^R		si^R	si^R	si^R	si^R	si^R	si^R	si^R	si^R	si^R		si^R	si^R	si^H	si^R	si		
市	常	開	C	上	之	R	si^R				si^R	$si^{R(H)}$	si^R			si^R									
恃	常	開	C	上	之	RH	$si^{R/H}$					si^R	si^H												si^H si
耳	日	開	C	上	之	R	zi^R	$zi^{R(L)}$	zi^R		zi^R	$zi^{R(H)}$ ($'i^{R/H}$)	$'i^{R(H)}$			zi^R			$'i^L$			$'i$			$'i^H$ $'i$
栮	日	開	C	上	之	R	zi^R				zi^R														
苡	羊	開	C	上	之	R	$'i^R$				$'i^R$ [S] $'i^R$? [NKR] $'i^{R/H}$														
以	羊	開	C	上	之	R	$'i^R$			$'i^R$		$'i^{R(H)}$	$'i^{R(L)}$	$'i^R$	$'i^R$	$'i^R$	$'i^R$		$'i^{R(H)}$	$'i^R$	$'i^H$		$'i$		$'i^R$ $'i$
巳	羊	開	C	上	之	R	$'i^R$	$'i^R$		$'i^R$		$'i^R$	$'i^R$	$'i^R$	$'i^R$	$'i^{R(L)}$	$'i^R$		$'i^{R/H}$		$'i^H$		$'i$		$'i$
記	見	開	C	去	之	H	kii^H	kii^H	kii^H			$kii^{H(R)}$	kii^H							kii^H	kii^H	$kii^{H(L)}$			
亟	溪	開	C	去	之	H	kii^H									kii^H									
忌	群	開	C	去	之	H	kii^H					kii^H	kii^H		kii^H						kii^H				

字	声	口	等	調	韻	ア	代表	六上中	六下	真三	訓蒙	翻小	小諺	大諺	中諺	論諺	孝諺	分門	誠初A	四法	蒙山	法華	誠初B	簡易	長寿
意	影	開	C	去	之	R	'ii^R	'ii^R	'ii^R	'ii^R	'ii^R [T] 'ii$^{R/H}$ [SRN] 'ii^H [K] 'ii$^{H/L}$	'ii$^{R(H/L)}$	'ii^R	'ii^R		'ii^R			'ii^R	'ii^R	'ii^H	'ii$^{H/R/L}$	'ii		'ii
蕙	影	開	C	去	之	R	'ii^R				'ii^R														
置	知	開	C	去	之	R	t^{h}i^R					t^{h}i^R	t^{h}i^R								c^{h}i^H				
値	澄	開	C	去	之	?	t^{h}i												t^{h}i^R				t^{h}i		t^{h}i
植	澄	開	C	去	之	H	t^{h}i^H									t^{h}i^H								
治	澄	開	C	去	之	R	t^{h}i^R					t^{h}i^R	t^{h}i^R	t^{h}i^R		t^{h}i$^{R/H}$	t^{h}i^R								t^{h}i
吏	来	開	C	去	之	R	ri^R				ri^R	ri$^{R(H)}$ (ni^R)	ri$^{R(H)}$					ri^H				ri^H		ri	
字	從	開	C	去	之	H	cʌ^H	cʌ^H	cʌ^H	cʌ^H	cʌ$^{H(L)}$ [TS] cʌ^H	cʌ$^{H(R)}$	cʌ$^{H(L)}$					cʌ^H	cʌ^H	cʌ#	cʌ^H	cʌ$^{H(L)}$	cʌ$^{H/L}$	cʌ	cʌ
牸	從	開	C	去	之	H	cʌ^H				cʌ^H														
伺	心	開	C	去	之	R	sʌ^R					sʌ^R	sʌ^R												sʌ
笥	心	開	C	去	之	R	sʌ^R						sʌ^R												
嗣	邪	開	C	去	之	R	sʌ^R					sʌ^R	sʌ^R												
飼	邪	開	C	去	之	R	sʌ^R						sʌ^R												
寺	邪	開	C	去	之	R	sʌ^R si^R	sʌ^R	sʌ^R		sʌ^R	si^R	si^R								sʌ^H			sʌ	si	sʌ
戴	莊	開	C	去	之	H	cʌ^H					cʌ^H	cʌ^H												
錚	莊	開	C	去	之	R	sʌ^R				sʌ^R														
廁	初	開	C	去	之	RH	c^{h}ʌ^H c^{h}i$^{R/H}$				c^{h}i^H [TSNKR] c^{h}ʌ^H		c^{h}i^R									c^{h}i^R			
事	崇	開	C	去	之	R	sʌ^R	sʌ^R	sʌ^R	sʌ^R	s+sʌ^R	sʌ$^{R(H)}$	sʌ$^{R(L)}$	sʌ^R	sʌ^R	sʌ^R	sʌ^R		sʌ$^{R(H/L)}$	sʌ$^{H(R)}$	sʌ^H	sʌ$^{H/L}$	sʌ		sʌ
使	生	開	C	去	之	R	si^R					si^R	si^R			si$^{R(H)}$						*?sʌ^H			
誌	章	開	C	去	之	H	ci^H	ci^H				ci^R	ci^H												
痣	章	開	C	去	之	H	ci^H				ci^H [KR] ci$^{H/L}$														

字	声	口	等	調	韻	ア	代表	六上中	六下	真三	訓蒙	翻小	小諺	大諺	中諺	論諺	孝諺	分門	誠初A	四法	蒙山	法華	誠初B	簡易	長寿
識	章	開	C	去	之	H	ci^H					ci^H	ci^H			ci^H									
志	章	開	C	去	之	H	ci^H	.ci^H	ci^H	ci^H	ci^H	ci$^{H(R)}$	ci^H	ci^H	ci^H	ci$^{H(L)}$			ci$^{H/R}$	ci^R	ci^H	ci^H	ci		
熾	昌	開	C	去	之	RH	c^hi$^{R/H}$					c^hi^H	c^hi^R								c^hi^H				c^hi
試	書	開	C	去	之	R	si^R	si^R		si^R		si^R	si^R		si^R	si^R									
弑	書	開	C	去	之	R	si^R					si^R	si^R			si^R									
侍	常	開	C	去	之	RH	si$^{R/H}$		si^H			si^R	si^R			si^R	si^R					si$^{H/L}$			
閟	常	開	C	去	之	R	si^R				si^R														
餌	日	開	C	去	之	R	zi^R				zi^R	zi^R	'i^R												
珥	日	開	C	去	之	R	zi^R				zi^R [KR] 'i^R?														
異	羊	開	C	去	之	R	'i^R	'i^R	'i^R	'i^R		'i$^{R(H)}$	'i$^{R(L)}$			'i^R			'i^R			'i^H	'i		

5.4. 微韻

字	声	口	等	調	韻	ア	代表	六上中	六下	真三	訓蒙	翻小	小諺	大諺	中諺	論諺	孝諺	分門	誠初A	四法	蒙山	法華	誠初B	簡易	長寿
璣	見	開	C	平	微	L	kii^L				[ET] kii^L														
幾	見	開	C	平	微	L	kii^L					kii^L	kii^L		kii^L	kii^L									
饑	見	開	C	平	微	L	kii^L					kii^L	kii^L			kii^L									
機	見	開	C	平	微	L	kii^L	kii^L	kii^L	kii^L	kii^L	kii^L	kii^L	kii^L					kii$^{L?}$	kii^L	kii^L	kii^L	kii		
譏	見	開	C	平	微	L	kii^L					kii^L	kii$^{L(H)}$						kii^L				kii		
磯	見	開	C	平	微	L	kii^L				kii^L														
畿	群	開	C	平	微	L	kii^L				kii^L			kii^L											
祈	群	開	C	平	微	L	kii^L				kii^L														
沂	疑	開	C	平	微	L	kii^L									kii^L									
依	影	開	C	平	微	L	'ii^L	'ii^L		'ii^L		'ii^L	'ii^L		'ii^L	'ii^L			'ii^L	'ii^L	'ii^L		'ii		'ii
衣	影	開	C	平	微	L	'ii^L	'ii^L	'ii^L	'ii^L	'ii^L	'ii^L	'ii^L		'ii^L	'ii^L	'ii^L		'ii^L		'ii^L	'ii	'ii	'ii
稀	暁	開	C	平	微	?	hii																	hii
希	暁	開	C	平	微	L	hii^L	hii^L				hii^L	hii^L			hii^L					hii$^{L(H)}$		hii	hii
豨	暁	開	C	平	微	L	hii^L				hii^L													
幾	見	開	C	上	微	H	kii^H					kii^H	kii^H						kii$^{H(R)}$				kii		
蟣	見	開	C	上	微	R	kii^R				kii^R														
豈	渓	開	C	上	微	H	kii^H					kii^H	kii^H			kii^H			kii^R		kii^H		kii		

字	声	口	等	調	韻	ア	代表	六上中	六下	真三	訓蒙	翻小	小諺	大諺	中諺	論諺	孝諺	分門	誠初A	四法	蒙山	法華	誠初B	簡易	長寿
辰	影	開	C	上	微	RL	'ii$^{R/L}$				'ii^{R} [KR] 'ii^{L}														
俙	影	開	C	上	微	R	'ii^{R}										'ii^{R}								
既	見	開	C	去	微	RH	kii^{H} hii^{R}					kii$^{H(R)}$	kii^{H}		kii^{H} (hii^{R})	kii^{H}			kii$^{H/R}$	kii^{R}	kii^{H}			kii	
氣	渓	開	C	去	微	H	kii^{H}	kii^{H}		kii^{H}	s+kii^{H}	kii^{H}	kii^{H}		kii^{H}	kii^{H}		kii^{H}			kii^{H} (*kʰii^{H})	kii^{H}		kii	kii
璣	群	開	C	去	微	H	kii^{H}				[SNKR] kii^{H}														
毅	疑	開	C	去	微	R	'ii^{R}					'ii^{R}	'ii^{R}		'ii^{R}	'ii^{R}									
衣	影	開	C	去	微	R	'ii^{R}					'ii^{R}	'ii^{R}		'ii^{R}	'ii^{R}									
饐	暁	開	C	去	微	R	hii^{R}									hii^{R}									
緋	非	中	C	平	微	L	pʌi^{L}				pʌi^{L}														
扉	非	中	C	平	微	L	pi^{L}				pi^{L}														
誹	非	中	C	平	微	L	pi^{L}	pi^{L}	pi^{L}													pi^{L}			pi
非	非	中	C	平	微	L	pi^{L}	pi^{L}	pi^{L}	pi^{L}	pi^{L}	pi^{L}	pi^{L}	pi^{L}	pi^{L}	pi^{L}	pi^{L}		pi$^{L(H)}$	pi^{L}	pi^{L}	pi^{L}	pi		pi
飛	非	中	C	平	微	L	pi^{L}			pi^{L}	pi^{L}	pi^{L}	pi^{L}		pi^{L}				pi^{L}	pi^{L}	pi^{L}		pi		pi
妃	敷	中	C	平	微	L	pi^{L}				pi^{L}														
菲	敷	中	C	平	微	L	pi^{L}			pi^{L}															
腓	奉	中	C	平	微	L	pi^{L}				pi^{L}														
肥	奉	中	C	平	微	L	pi^{L}				pi^{L}	pi$^{L/H}$	pi^{L}		pi^{L}										
淝	奉	中	C	平	微	L	pi^{L}					pi$^{L/H}$	pi^{L}												
微	微	中	C	平	微	L	mi^{L}	mi^{L}	mi^{L}	mi^{L}			mi^{L}	mi^{L}	mi^{L}	mi^{L}			mi^{L}	mi^{L}	mi^{L}	mi^{L}	mi		mi
薇	微	中	C	平	微	L	mi^{L}				mi^{L}														
匪	非	中	C	上	微	?	pi												pi^{R}					pi	
榧	非	中	C	上	微	R	pi^{R}				pi^{R}														
篚	非	中	C	上	微	R	pi^{R}				pi^{R} [SNKR] pi^{H}														
斐	敷	中	C	上	微	R	pi^{R}							pi^{R}		pi^{R}									
尾	微	中	C	上	微	R	mi^{R}				mi^{R}										mi^{L}		mi		
沸	非	中	C	去	微	R	pi^{R}				pi^{R}														

字	声	口	等	調	韻	ア	代表	六上中	六下	真三	訓蒙	翻小	小諺	大諺	中諺	論諺
痱	非	中	C	去	微	H	pil^H				pil^H [KR] pil^L					
費	敷	中	C	去	微	R	pi^R					pi^R	pi^R		pi^R	pi^R
俳	敷	中	C	去	微	R	pi^R									pi^R
翡	奉	中	C	去	微	R	pi^R				pi^R					
菲	奉	中	C	去	微	R	pi^R									pi^R
剕	奉	中	C	去	微	R	pi^R				pi^R					
味	微	中	C	去	微	R	mi^R	mi^R	mi^R	mi^R	mi^R	mi^{R(H/L)}	mi^{R(H)}	mi^R	mi^R	mi^R
未	微	中	C	去	微	R	mi^R			mi^R		mi^{R(H)}	mi^{R(H/L)}	mi^R	mi^R	mi^{R(L)}
歸	見	合	C	平	微	L	kui^L	kui^L		kui^L		kui^L	kui^L	kui^L	kui^L	kui^L
巍	疑	合	C	平	微	L	'oi^L	'oi^L								'oi^L
威	影	合	C	平	微	L	'ui^L	'ui^L		'ui^L	'ui^L	'ui^L	'ui^L	'ui^L	'ui^L	'ui^L
蝛	影	合	C	平	微	L	'ui^L				'ui^L					
韋	云	合	C	平	微	L	'ui^L	'ui^L			'ui^L					
幃	云	合	C	平	微	L	'ui^L				'ui^L	'ui^L	'ui^L			
闈	云	合	C	平	微	L	'ui^L				'ui^L					
違	云	合	C	平	微	LH	'ui^{L/H}			'ui^L		'ui^L	'ui^L	'ui^{L/H}	'ui^L	'ui^{L(H)}
圍	云	合	C	平	微	L	'ui^L									
揮	曉	合	C	平	微	L	hui^L									
暉	曉	合	C	平	微	L	hui^L				hui^L					
樺	曉	合	C	平	微	L	hui^L				hui^L					
鬼	見	合	C	上	微	R	kui^R	kui^R		kui^R	kui^R				kui^R	kui^R
暐	云	合	C	上	微	R	'ui^R					'ui^{R(L)}	'ui^R			
葦	云	合	C	上	微	R	'ui^R				'ui^R					
偉	云	合	C	上	微	RL	'ui^{R/L}					'ui^R	'ui^{H?/L}			
卉	曉	合	C	上	微	R	huəi^R				huəi^R					
虺	曉	合	C	上	微	R	huəi^R				huəi^R					
虫	曉	合	C	上	微	?	tʰiuŋ									
貴	見	合	C	去	微	R	kui^R	kui^R		kui^R	kui^R	kui^{R(H)}	kui^{R(H/L)}		kui^R	kui^{R(H)}
魏	疑	合	C	去	微	RH	'ui^{R/H}					'ui^{R/H}	'ui^{H(R)}			'ui^H
畏	影	合	C	去	微	R	'oi^R			'oi^R		'oi^{R(L)}	'oi^R	'oi^R	'oi^R	'oi^R
慰	影	合	C	去	微	?	'ui									

字	代表	孝諺	分門	誠初A	四法	蒙山	法華	誠初B	簡易	長寿
痱	pil^H									
費	pi^R									
俳	pi^R									
翡	pi^R									
菲	pi^R									
剕	pi^R									
味	mi^R					mi^R	mi^H	mi^H	mi	
未	mi^R	mi^R		mi^R	mi^{R/H/L}	mi^H	mi^{H(L)}	mi		mi^H mi
歸	kui^L			kui^L	kui^L	kui^L			kui	
巍	'oi^L									
威	'ui^L			'ui^L	'ui^L	'ui^L	'ui^{L(H)}	'ui		'ui
蝛	'ui^L									
韋	'ui^L						*ŋui^L			
幃	'ui^L									
闈	'ui^L									
違	'ui^{L/H}			'ui^L				'ui		
圍	'ui^L						'ui^L *ŋui^L			'ui
揮	hui^L			hui^L			hui			
暉	hui^L									
樺	hui^L									
鬼	kui^R	kui^R	kui^{R/H}				kui^{R(L)}		kui	kui
暐	'ui^R									
葦	'ui^R									
偉	'ui^{R/L}									
卉	huəi^R									
虺	huəi^R									
虫	tʰiuŋ			tʰiuŋ^L				tʰiuŋ		
貴	kui^R	kui^R		kui^R			kui^{H/L}		kui	
魏	'ui^{R/H}									
畏	'oi^R						'oi^H			
慰	'ui			'ui^R			'ui^{R/H}	'ui		

字	声	口	等	調	韻	ア	代表	六上中	六下	真三	訓蒙	翻小	小諺	大諺	中諺	論諺	孝諺	分門	誠初A	四法	蒙山	法華	誠初B	簡易	長寿
尉	影	合	C	去	微	R	$'ui^R$					$'ui^R$	$'ui^{R/L}$												
彙	云	合	C	去	微	H	hui^H				hui^H [S] $hui^H?$														
蝟	云	合	C	去	微	H	$'ui^H$				$'ui^R?$ [TSN] $'ui^H$ [KR] $'ui^L$								$'ui^L$				$'u?i$		
緯	云	合	C	去	微	H	$'ui^H$				$'ui^H$														
胃	云	合	C	去	微	H	$'ui^H$				$'ui^H$														
謂	云	合	C	去	微	RH	$'ui^{R/H}$					$'ui^{R/H}$	$'ui^{H(R)}$	$'ui^H$	$'ui^H$	$'ui^H$	$'ui^H$		$'ui\#$	$'ui^H$	$'ui^H$		$'ui$		$'ui$
諱	暁	合	C	去	微	H	hui^H					$hui^{R/H}$	hui^H												

6. 効攝

6.1. 豪韻

字	声	口	等	調	韻	ア	代表	六上中	六下	真三	訓蒙	翻小	小諺	大諺	中諺	論諺	孝諺	分門	誠初A	四法	蒙山	法華	誠初B	簡易	長寿
高	見	中	1	平	豪	L	ko^L	ko^L	ko^L	ko^L		ko^L(H)	ko^L		ko^L	ko^L	ko^L		ko^L	ko^L	ko^L		ko		ko
羔	見	中	1	平	豪	L	ko^L				ko^L					ko^L									
膏	見	中	1	平	豪	L	ko^L				ko^L														
槔	見	中	1	平	豪	L	ko^L				ko^L														
囊	見	中	1	平	豪	L	ko^L				ko^L														
篙	見	中	1	平	豪	L	ko^L				ko^L														
餻	見	中	1	平	豪	L	ko^L				ko^L														
皋	見	中	1	平	豪	L	ko^L				ko^L [R] ki^L					ko^L									
尻	渓	中	1	平	豪	L	ko^L				ko^L														
翶	疑	中	1	平	豪	L	ko^L				ko^L														
螯	疑	中	1	平	豪	L	'o^L				'o^L	'o^L	'o^L												
熬	疑	中	1	平	豪	L	'o^L				'o^L														
廒	疑	中	1	平	豪	L	'o^L				'o^L														
獒	疑	中	1	平	豪	L	'o^L				'o^L														
敖	疑	中	1	平	豪	LR	'o$^{L/R}$					'o$^{L/R}$	'o^L												
爊	影	中	1	平	豪	L	'o^L 'io^L				'o^L [KR] 'io^L														
薅	暁	中	1	平	豪	L	ho^L				ho^L														
蒿	暁	中	1	平	豪	L	ho^L ko^L				ho^L							ko^L						ko	
豪	匣	中	1	平	豪	L	ho^L		ho?^{L}		ho^L	ho^L	ho^L									ho^L			ho
毫	匣	中	1	平	豪	L	ho^L	ho^L				ho^L	ho^L								ho^L	ho^L			
壕	匣	中	1	平	豪	L	ho^L				ho^L														
嗥	匣	中	1	平	豪	L	ho^L				ho^L														
號	匣	中	1	平	豪	L	ho^L					ho^L	ho^L												ho
刀	端	中	1	平	豪	L	to^L	to^L			to^L	to^L	to^L			to^L					to^L				to
刌	端	中	1	平	豪	L	to^L			to^L	to^L														
舠	端	中	1	平	豪	L	to^L				to^L														

字	声	口	等	調	韻	ア	代表	六上中	六下	真三	訓蒙	翻小	小諺	大諺	中諺	論諺	孝諺	分門	誠初A	四法	蒙山	法華	誠初B	簡易	長寿
滔	透	中	1	平	豪	L	to^L									to^L									
韜	透	中	1	平	豪	L	to^L		to^L												$*t^ho^L$				
饕	透	中	1	平	豪	L	to^L				to^L								to^L						to
悩	透	中	1	平	豪	L	to^L					to^L?	to^L												
瑫	透	中	1	平	豪	L	to^L	to^L																	
條	透	中	1	平	豪	L	t^ho^L t^hio^L				t^hio^L [NKR] t^ho^L														
桃	定	中	1	平	豪	L	to^L			to^L	to^L			to^L				to^L			to^L				
逃	定	中	1	平	豪	L	to^L			to^L		to^L	to^L									to^L			
陶	定	中	1	平	豪	L	to^L				to^L? [T] $to?^L$ [SNKR] to^L	to^L	to^L												
萄	定	中	1	平	豪	L	to^L				to^L														
鋾	定	中	1	平	豪	L	to^L									to^L									
淘	定	中	1	平	豪	L	to^L tio^L				to^L [NKR] tio^L														
濤	定	中	1	平	豪	L	to^L				to^L								to^L						to
醪	来	中	1	平	豪	L	rio^L				rio^L														
撈	来	中	1	平	豪	L	ro^L				ro^L														
牢	来	中	1	平	豪	L	ro^L roi^L			roi^L		roi^L noi^L	roi^L			ro^L									roi
勞	来	中	1	平	豪	L	ro^L roi	ro^L		ro^L		ro^L	ro^L			ro^L			ro^L				ro		ro roi
遭	精	中	1	平	豪	L	co^L			co^L		co^L	co^L						co^L	co^L			co		co
糟	精	中	1	平	豪	L	co^L				co^L											co^L			
操	清	中	1	平	豪	L	co^L					co^L	co^L												
槽	従	中	1	平	豪	L	co^L	co^L			co^L [S] co^H														

字	声	口	等	調	韻	ア	代表	六上中	六下	真三	訓蒙	翻小	小諺	大諺	中諺	論諺	孝諺	分門	誡初A	四法	蒙山	法華	誡初B	簡易	長寿
曹	従	中	1	平	豪	L	co^L	co^L	co^L	co^L	$co^{L/L?}$ [TSNKR] co^L	$co^{L(H)}$	co^L												
艚	従	中	1	平	豪	L	co^L				co^L														
蠀	従	中	1	平	豪	L	co^L				co^L														
臊	心	中	1	平	豪	R	co^R				co^R [KR] co^L														
艘	心	中	1	平	豪	R	su^R				su^H [TSNKR] su^R														
搔	心	中	1	平	豪	L	so^L				so^L														
繰	心	中	1	平	豪	L	so^L				so^L														
袍	並	中	1	平	豪	L	p^ho^L				p^ho^L					p^ho^L									
犛	明	中	1	平	豪	?	mo															mo^L			
毛	明	中	1	平	豪	L	mo^L	mo^L			mo^L	mo^L	mo^L		mo^L				$mo\#$				mo		
杲	見	中	1	上	豪	RL	$ko^{R/L}$					ko^L	ko^R												
藁	見	中	1	上	豪	L	ko^L											ko^L							
槀	見	中	1	上	豪	R	ko^R				ko^R														
槁	渓	中	1	上	豪	RH	ko^H ho^R				ko^H [TSNKR] ho^R														
拷	渓	中	1	上	豪	RH	$ko^{R/H}$				ko^H [TSNKR] ko^R														
考	渓	中	1	上	豪	RH	$ko^{R/H}$	ko^R			ko^R [NKR] ko^H	ko^R	$ko^{R(H)}$		$ko^{R/H}$							ko^L			
燺	渓	中	1	上	豪	H	ko^H				$ko^{R?}$ [TSNKR] ko^H														
筹	渓	中	1	上	豪	R	ko^R				ko^R														
襖	影	中	1	上	豪	RH	$'o^{R/H}$				$'o^R$ [SNKR] $'o^H$														

字	声	口	等	調	韻	ア	代表	六上中	六下	真三	訓蒙	翻小	小諺	大諺	中諺	論諺	孝諺	分門	誠初A	四法	蒙山	法華	誠初B	簡易	長寿
嫗	影	中	1	上	豪	RL	$'o^R$, $on^{R/L}$				$'o^R$ [S] $'on^R$ [N] $'on?^R$ [KR] $'on^L$	$'o^R$	$'o^R$												
好	暁	中	1	上	豪	RH	$ho^{R/H}$			ho^R	ho^H	ho^R	ho^R	ho^R					ho#		ho^H	ho^R	ho		ho
顕	匣	中	1	上	豪	H	ho^H						ho^H												
浩	匣	中	1	上	豪	R	ho^R					$ho^{R(H)}$	ho^R		ho^R										
昊	匣	中	1	上	豪	R	ho^R				ho^R														
倒	端	中	1	上	豪	R	to^R		$?to^R$																
島	端	中	1	上	豪	R	to^R				to^R														
搗	端	中	1	上	豪	R	to^R				to^R														to
祷	端	中	1	上	豪	RH	$to^{R/H}$				to^H					to^R			to^L				to		
討	透	中	1	上	豪	H	$t^{h}o^H$									$t^{h}o^H$				$t^{h}o^H$	$t^{h}o^H$				$t^{h}o$
道	定	中	1	上	豪	R	to^R	to^R	to^R	to^R	$to^{R/H}$ [TSN] to^R [K] $to^{R/L}$ [R] $to^{R/L}?$	$to^{R(H/L)}$	$to^{R(H/L)}$	to^R	to^R	$to^{R(L)}$	to^R		$to^{R/H(L)}$	to^H	to^H	$to^{R(H/L)}$	to		to
稲	定	中	1	上	豪	R	to^R				to^H [TSNKR] to^R					to^R									
瑙	泥	中	1	上	豪	R	no^R				no^R												no^L *noŋ?^{R}			no
惱	泥	中	1	上	豪	R	no^R ro	no^R	no^R	no^R									$no^{R/H}$ ro^R	$no^{H/L}$ ro^H	$no^{H/L}$ ro^H	no^R	no		no (ro)
腦	泥	中	1	上	豪	R	no^R				no^R											no^L				no
潦	来	中	1	上	豪	R	rio^R				rio^R [KR] $riio^R$															
轑	来	中	1	上	豪	R	rio^R				rio^R															

字	声	口	等	調	韻	ア	代表	六上中	六下	真三	訓蒙	翻小	小諺	大諺	中諺	論諺	孝諺	分門	誠初A	四法	蒙山	法華	誠初B	簡易	長寿
老	来	中	1	上	豪	R	ro^R	ro^R	ro^R	ro^R	ro^R [K] ri^R	$ro^{R(H)}$ (no^R)	$ro^{R(H)}$ $(no^{R/H})$	ro^R		ro^R			$ro^{\#}$ $no^{R/H}$	ro^H $no^{R/H}$	ro^H	ro^R (no^R)	ro no		ro no
鵝	来	中	1	上	豪	R	ro^R				ro^R														
笔	来	中	1	上	豪	R	ro^R				ro^R? [T] ri^R [SNKR] ro^R														
藻	精	中	1	上	豪	R	co^R				co^R [KR] $co^{R/L}$					co^R									
早	精	中	1	上	豪	R	co^R				co^R	$co^{R(H)}$	co^R						co^R	co^R			co		
蚤	精	中	1	上	豪	R	co^R				co^R	$co^{R(L)}$	co^R		co^R										
澡	精	中	1	上	豪	R	co^R				co^R														
棗	精	中	1	上	豪	RH	co^R c^ho^H	c^ho^H			co^R	co^R	co^R												
草	清	中	1	上	豪	H	c^ho^H	c^ho^H		c^ho^H	c^ho^H	$c^ho^{H(L)}$	c^ho^H		c^ho^H	c^ho^H		$c^ho^{H(R/L)}$	c^ho^H			c^ho^L	c^ho	c^ho	c^ho
驊	清	中	1	上	豪	H	c^ho^H				c^ho^H														
皀	從	中	1	上	豪	R	co^R				co^R [KR] co^H													co	
造	從	中	1	上	豪	RH	$co^{R/H}$			co^R	co^R	co^R	co^R			co^R	co^H		$co^{R/H}$				co		co
燥	心	中	1	上	豪	?	co														co^L				
掃	心	中	1	上	豪	R	so^R					so^R	so^R			so^R			$so^{\#}$				so		
嫂	心	中	1	上	豪	R	su^R				su^R														
堡	幫	中	1	上	豪	R	po^R				po^R														
褓	幫	中	1	上	豪	R	po^R				po^R														
保	幫	中	1	上	豪	R	po^R		po^H			po^R	po^R	po^R	po^R	po^R	po^R		$po^{R/H}$			po^H		po	
寶	幫	中	1	上	豪	R	po^R	po^R	po^R	po^R	po^R	po^R	po^R	po^R	po^R	po^R			po^R	po^R		$po^{R(L)}$	po		po
抱	並	中	1	上	豪	R	po^R p^ho^R					po^R p^ho^R	p^ho^R						p^ho^H						p^ho

字	声	口	等	調	韻	ア	代表	六上中	六下	真三	訓蒙	翻小	小諺	大諺	中諺	論諺	孝諺	分門	誠初A	四法	蒙山	法華	誠初B	簡易	長寿
誥	見	中	1	去	豪	R	ko^R				ko^R [N] ko^H? [KR] ko^L			ko^R											
告	見	中	1	去	豪	RH	$ko^{R/H}$	ko^R	ko^R		ko^H	ko^R	ko^R			$ko^{R(H)}$			ko^R			$ko^{L(H)}$	ko		ko^H ko
靠	渓	中	1	去	豪	?	ko												ko^L				ko		
犒	渓	中	1	去	豪	R	ko^R				ko^R	ko^R	ko^R												
奡	疑	中	1	去	豪	H	$'o^H$									$'o^H$									
敖	疑	中	1	去	豪	R	$'o^R$							$'o^R$											
傲	疑	中	1	去	豪	R	$'o^R$					$'o^R$	$'o^R$												
鏊	疑	中	1	去	豪	R	$'o^R$				$'o^R$														
奧	影	中	1	去	豪	RH	$'o^{R/H}$					$'o^H$	$'o^H$			$'o^R$									
好	暁	中	1	去	豪	RH	$ho^{R/H}$				ho^H	ho^R	ho^R	$ho^{R(H)}$	ho^R	$ho^{R(H/L)}$					ho^H	ho^H		ho	
耗	暁	中	1	去	豪	?	mo																		mo
號	匣	中	1	去	豪	R	ho^R	ho^R	ho^R	ho^R	ho^R	ho^H	$ho^{R/H}$									$ho^{H(L)}$			ho
倒	端	中	1	去	豪	R	to^R	to^R	$?to^R$										to^H	to^H			to		to
到	端	中	1	去	豪	R	to^R	to^R				to^R	to^R	to^R		to^R			to^R	$to^{R/H/L}$	to^H	to^H	to		
套	透	中	1	去	豪	H	t^ho^H				t^ho^L [TSNKR] t^ho^H														
導	定	中	1	去	豪	R	to^R	to^R		to^R		to^R	to^R						to^H			$to^{H(R)}$	to		to
蹈	定	中	1	去	豪	R	to^R					to^R	to^R		to^R	to^R									
幬	定	中	1	去	豪	R	to^R								to^R										
盜	定	中	1	去	豪	R	to^R	to^R		to^R	to^R	to^R	to^R	to^R		$to^{R/H}$						to^H		to	to
臑	泥	中	1	去	豪	R	nio^R nan^R				nio^R	nan^R	nan^R												
澇	来	中	1	去	豪	H	ro^H				ro^H [KR] ro^L														
勞	来	中	1	去	豪	H	ro^H					ro^H	ro^H									ro^L no^H			
躁	精	中	1	去	豪	R	co^R					$co^{R(L)}$	co^R			co^R									

字	声	口	等	調	韻	ア	代表	六上中	六下	真三	訓蒙	翻小	小謗	大謗	中謗	論謗	孝謗	分門	誠初A	四法	蒙山	法華	誠初B	簡易	長寿
竈	精	中	1	去	豪	R	co^R				co^R? [TSNKR] co^R					co^R		co$^{R/L}$						co	co
慥	清	中	1	去	豪	R	co^R								co^R										
糙	清	中	1	去	豪	R	co^R				co^R														
譟	心	中	1	去	豪	H	co^H					co^H	co^H												
噪	心	中	1	去	豪	R	co^R				co^R														
掃	心	中	1	去	豪	?	so														so$^{H/L}$				
報	幫	中	1	去	豪	R	po^R	po^R	po^R	po^R		po$^{R(H)}$	po^R		po^R	po^R					po^H	po$^{H(R)}$			po^H po
暴	並	中	1	去	豪	R	p^{h}o^R				p^{h}o^R	p^{h}o^R	p^{h}o^R	p^{h}o^R		p^{h}o^R									
抱	並	中	1	去	豪	R	p^{h}o^R				p^{h}o^R														
冒	明	中	1	去	豪	R	mo^R					mo^R												mo	
媚	明	中	1	去	豪	R	mo^R								mo^R										
帽	明	中	1	去	豪	R	mo^R				mo^R	mo^R	mo^R												

6.2. 肴韻

字	声	口	等	調	韻	ア	代表	六上中	六下	真三	訓蒙	翻小	小謗	大謗	中謗	論謗	孝謗	分門	誠初A	四法	蒙山	法華	誠初B	簡易	長寿
咬	見	中	2	平	肴	R	kio^R				[EKR] kio^R	kio^R	kio^R												
交	見	中	2	平	肴	L	kio^L			kio^L	kio^L	kio^L	kio^L	kio^L	kio^L	kio^L			kio^L			kio^L	kio		kio
膠	見	中	2	平	肴	L	kio^L				kio^L	kio^L	kio^L									kio^L			
郊	見	中	2	平	肴	L	kio^L				kio^L				kio^L		kio^L								
蛟	見	中	2	平	肴	L	kio^L								kio^L										
磽	渓	中	2	平	肴	L	kio^L				kio^L														
骹	渓	中	2	平	肴	L	kio^L				kio^L														
坳	影	中	2	平	肴	L	'io^L				'io^L														
髇	暁	中	2	平	肴	R	ho^R				ho^R [TSNKR] ho^H														
肴	匣	中	2	平	肴	L	hio^L			hio^L	hio^L	hio^L	hio^L									hio^L			
嘲	知	中	2	平	肴	L	tio^L				tio^L														

字	声	口	等	調	韻	ア	代表	六上中	六下	真三	訓蒙	翻小	小諺	大諺	中諺	論諺	孝諺	分門	誠初A	四法	蒙山	法華	誠初B	簡易	長寿
鐃	娘	中	2	平	肴	L	nio $'io^L$				$'io^L$											nio^L			
鈔	初	中	2	平	肴	L	$c^{h}io^L$				$c^{h}io^L$														
巢	崇	中	2	平	肴	L	so^L				so^L														
梢	生	中	2	平	肴	L	$c^{h}io^L$				$c^{h}io^L$														
艄	生	中	2	平	肴	L	$c^{h}io^L$				$c^{h}io^L$														
鞘	生	中	2	平	肴	L	so^L sio^L				so^L sio^L [K] so^H														
弰	生	中	2	平	肴	L	so^L sio^L				sio^L [TSNKR] so^L														
蛸	生	中	2	平	肴	L	so^L sio^L $c^{h}io^L$				sio^L [TSN] so^L [KR] $c^{h}io^L$														
筲	生	中	2	平	肴	L	so^L sio^L $c^{h}io^L$				sio^L [TSNKR] so^L					$c^{h}io^L$									
苞	幫	中	2	平	肴	L	$p^{h}o^L$				$p^{h}o^L$														
包	幫	中	2	平	肴	LH	$p^{h}o^{L/H}$					$p^{h}o^{H/L}$	$p^{h}o^L$								$*po^H$				
泡	滂	中	2	平	肴	L	$p^{h}o^L$				$p^{h}o^L$														
脬	滂	中	2	平	肴	L	$p^{h}o^L$				$p^{h}o^L$														
庖	並	中	2	平	肴	L	$p^{h}o^L$				$p^{h}o^L$														
匏	並	中	2	平	肴	L	$p^{h}o^L$				$p^{h}o^L$	$p^{h}o^L$	$p^{h}o^L$			$p^{h}o^L$									
咆	並	中	2	平	肴	L	$p^{h}o^L$				$p^{h}o^L$														
炮	並	中	2	平	肴	L	$p^{h}o^L$				$p^{h}o^L$														
鉋	並	中	2	平	肴	L	$p^{h}o^L$				$p^{h}o^L$														
跑	並	中	2	平	肴	L	$p^{h}o^L$				$p^{h}o^L$														
麅	並	中	2	平	肴	L	$p^{h}o^L$				$p^{h}o^L$														
鮑	並	中	2	平	肴	L	$p^{h}o^L$				$p^{h}o^L$														
蝥	明	中	2	平	肴	L	mo^L				mo^L														

字	声	口	等	調	韻	ア	代表	六上中	六下	真三	訓蒙	翻小	小諺	大諺	中諺	論諺	孝諺	分門	誠初A	四法	蒙山	法華	誠初B	簡易	長寿
茅	明	中	2	平	肴	L	mo^L mio				mo^L	mo^L	mo^L						mo^L	mo^L			mio		
鉸	見	中	2	上	肴	R	kio^R				kio^H [TNKR] kio^R [S] kio^L														
絞	見	中	2	上	肴	R	kio^R									kio^R									
狡	見	中	2	上	肴	R	kio^R				kio^R														
巧	溪	中	2	上	肴	R	kio^R					kio^R	kio^R			$kio^{R(H)}$						kio^R $*k^hio^R$			kio
嚙	疑	中	2	上	肴	?	c^hi																		c^hi
黴	疑	中	2	上	肴	?	kio																		kio
咬	疑	中	2	上	肴	R	$'io^R$				[TSN] $'io^R$									$'o^L$	$'io^L$				
撓	娘	中	2	上	肴	?	$'io$																		$'io$
爪	荘	中	2	上	肴	R	co^R				co^R [SKR] co^H														
笊	荘	中	2	上	肴	R	co^R				co^R														
抓	荘	中	2	上	肴	R	coa^R koa^R				koa^R [TSNKR] coa^R														
炒	初	中	2	上	肴	H	c^hio^H				c^hio^H														
飽	幫	中	2	上	肴	R	p^ho^R			p^ho^R	p^ho^R	p^ho^R	p^ho^R			p^ho^R			p^ho^L				p^ho		
鮑	並	中	2	上	肴	H	p^hio^H					p^hio^H	$p^hio^{H/L}$												
卯	明	中	2	上	肴	R	mio^R	mio^R																	
酵	見	中	2	去	肴	R	kio^R				kio^H [TSNKR] kio^R														
校	見	中	2	去	肴	R	kio^R				kio^R	kio^R	kio^R			kio^R									
教	見	中	2	去	肴	R	kio^R	kio^R	kio^R	kio^R	kio^R	$kio^{R(H)}$ (ko^H)	kio^R	kio^R	kio^R	$kio^{R(L)}$	kio^R	kio^R	kio^H	kio^H	$kio^{H(L)}$	$kio^{H(L)}$	kio	kio	kio
窖	見	中	2	去	肴	R	kio^R				kio^R														
覺	見	中	2	去	肴	R	kio^R				kio^R														

字	声	口	等	調	韻	ア	代表	六上中	六下	真三	訓蒙	翻小	小諺	大諺	中諺	論諺	孝諺	分門	誠初A	四法	蒙山	法華	誠初B	簡易	長寿
樂	疑	中	2	去	肴	R	'io^R					'io^R	'io^R	'io^R		'io$^{R(H)}$			'io^H			'io$^{H/L}$	'io		
孝	暁	中	2	去	肴	R	hio^R		hio^R		hio^R	hio$^{R(H/L)}$	hio$^{R(H)}$	hio^R	hio^R	hio^R	hio^R								hio
哮	暁	中	2	去	肴	R	hio^R				hio^R														
效	匣	中	2	去	肴	R	hio^R					hio$^{R(H)}$	hio^R												
棹	澄	中	2	去	肴	R	to^R				to^R														
鬧	娘	中	2	去	肴	R	nio^R				nio^R														
抄	初	中	2	去	肴	H	c^{h}io^H	c^{h}io^H															c^{h}io^H		
稍	生	中	2	去	肴	R	c^{h}io^R					c^{h}io^R	c^{h}io^R												
豹	幇	中	2	去	肴	H	p^{h}io^H				p^{h}io^H					p^{h}io^H									
砲	滂	中	2	去	肴	R	p^{h}o^R				p^{h}o^R														
麭	滂	中	2	去	肴	L	p^{h}o^L				p^{h}o^L														
麭	並	中	2	去	肴	L	p^{h}o^L				p^{h}o^L														
貌	明	中	2	去	肴	RH/L	mo$^{R/H/L}$	mo^L				mo^R	mo^H	mo^R		mo$^{R/H}$									

6.3. 宵韻

字	声	口	等	調	韻	ア	代表	六上中	六下	真三	訓蒙	翻小	小諺	大諺	中諺	論諺	孝諺	分門	誠初A	四法	蒙山	法華	誠初B	簡易	長寿
蹺	渓	中	A	平	宵	L	kio^L				kio^L														
要	影	中	A	平	宵	L	'io^L					'io^L	'io^L			'io^L	'io^L	'io^L			'io^H	'io^L			
腰	影	中	A	平	宵	L	'io^L				'io^L														
漂	滂	中	A	平	宵	L	p^{h}io^L			p^{h}io^L															
飄	滂	中	A	平	宵	L	p^{h}io^L					p^{h}io^L	p^{h}io^L												
瓢	並	中	A	平	宵	L	p^{h}io^L				p^{h}io^L					p^{h}io^L									
藻	並	中	A	平	宵	L	p^{h}io^L				p^{h}io^L														
標	幇	中	A	上	宵	H	p^{h}io^H			p^{h}io^H											*piom^H				
鰾	並	中	A	上	宵	L	p^{h}io^L				p^{h}io^L														
要	影	中	A	去	宵	R	'io^R	'io^R	'io^R			'io^R	'io^R						'io$^{R(H)}$	'io$^{R/L}$	'io$^{H(R/L)}$		'io		'io
剽	滂	中	A	去	宵	H	p^{h}io^H					p^{h}io^H	p^{h}io^H												
妙	明	中	A	去	宵	R	mio^R	mio^R	mio^R	mio^R		mio^R							mio^R	mio$^{R(H)}$	mio$^{H(R/L)}$	mio$^{H(R/L)}$	mio		mio
朝	知	中	AB	平	宵	L	tio^L		tio^L		tio^L	tio^L	tio^L			tio^L			tio^L				tio		tio
超	徹	中	AB	平	宵	L	t^{h}io^L	t^{h}io^L		t^{h}io^L											t^{h}io^L				
朝	澄	中	AB	平	宵	L	tio^L	tio^L			tio^L	tio^L	tio^L		tio^L	tio^L									
潮	澄	中	AB	平	宵	L	tio^L				tio^L														

字	声	口	等	調	韻	ア	代表	六上中	六下	真三	訓蒙	翻小	小諺	大諺	中諺	論諺	孝諺	分門	誠初A	四法	蒙山	法華	誠初B	簡易	長寿
晃	澄	中	AB	平	宵	L	tio^{L}					tio$^{L/H}$	tio^{L}												
椒	精	中	AB	平	宵	L	c^{h}io^{L}				c^{h}io^{L}							c^{h}io^{L}						c^{h}io	
焦	精	中	AB	平	宵	L	c^{h}io^{L}			c^{h}io^{L}	c^{h}io^{L}	c^{h}io^{L}	c^{h}io^{L}												
礁	精	中	AB	平	宵	L	c^{h}io^{L}				c^{h}io^{L}														
蕉	精	中	AB	平	宵	L	c^{h}io^{L}				c^{h}io^{L}														
鷦	精	中	AB	平	宵	L	c^{h}io^{L}				c^{h}io^{H} [SNKR] c^{h}io^{L}								c^{h}io^{L}				c^{h}io		
鍬	清	中	AB	平	宵	L	c^{h}io^{L}				c^{h}io^{L}														
栗	清	中	AB	平	宵	L	c^{h}io^{L}				c^{h}io^{L}														
樵	從	中	AB	平	宵	L	c^{h}io^{L}				c^{h}io^{L}	c^{h}io^{L}	c^{h}io^{L}												
譙	從	中	AB	平	宵	L	c^{h}io^{L}					c^{h}io^{L}	c^{h}io^{L}												
憔	從	中	AB	平	宵	L	c^{h}io^{L}				c^{h}io^{L}														
霄	心	中	AB	平	宵	?	sio														sio^{L}				
痟	心	中	AB	平	宵	?	sio															sio^{L}			
綃	心	中	AB	平	宵	LH	c^{h}io$^{L/H}$				c^{h}io^{L} [SKR] c^{h}io^{H}														
消	心	中	AB	平	宵	L	sio^{L}			sio^{L}		sio^{L}	sio^{L}						sio^{L}		sio^{L} (*siom^{L})		sio		sio
銷	心	中	AB	平	宵	L	sio^{L}					sio^{L}	sio^{L}												
宵	心	中	AB	平	宵	L	sio^{L}			sio^{L}	sio^{L}														
焇	心	中	AB	平	宵	L	sio^{L}				sio^{L}														
昭	章	中	AB	平	宵	L	sio^{L}					sio^{L}	sio^{L}	sio^{L}	sio^{L}										
招	章	中	AB	平	宵	L	t^{h}io^{L}					t^{h}io^{L}	t^{h}io^{L}								c^{h}io^{L} *cio^{H}				
弨	昌	中	AB	平	宵	L	t^{h}io^{L}				t^{h}io^{L}														
燒	書	中	AB	平	宵	L	sio^{L}			sio^{L}	sio^{L}	sio^{L}	sio^{L}												sio
韶	常	中	AB	平	宵	L	sio^{L}	sio^{L}	sio^{L}							sio^{L}									
嬈	日	中	AB	平	宵	?	'io																		'io
蕘	日	中	AB	平	宵	L	'io^{L}				'io^{L}														
橈	日	中	AB	平	宵	L	zio^{L}				zio^{L}														
饒	日	中	AB	平	宵	L	zio^{L}	zio^{L}		zio^{L}		'io^{L}	'io^{L}									zio^{L} 'io^{L}			
陶	羊	中	AB	平	宵	L	'io^{L}									'io^{L}									

字	声	口	等	調	韻	ア	代表	六上中	六下	真三	訓蒙	翻小	小諺	大諺	中諺	論諺	孝諺	分門	誠初A	四法	蒙山	法華	誠初B	簡易	長寿
遥	羊	中	AB	平	宵	L	'io^L			'io^L		'io^L	'io^L						'io^L				'io		
窨	羊	中	AB	平	宵	L	'io^L				'io^L														
瑤	羊	中	AB	平	宵	L	'io^L				'io^L														
軺	羊	中	AB	平	宵	L	'io^L				'io^L														
搖	羊	中	AB	平	宵	L	'io^L			'io^L															
謠	羊	中	AB	平	宵	L	'io^L				'io^L														
兆	澄	中	AB	上	宵	RL	tio$^{R/L}$					tio^L	tio$^{R/L}$				tio^R								
趙	澄	中	AB	上	宵	R	tio^R tiu			tio^R						tio^R				cio$^{R(H/L)}$	tio$^{H(R/L)}$ (tiu^H)				
燎	来	中	AB	上	宵	R	rio^R				rio^R	rio^R	rio^R												
小	心	中	AB	上	宵	R	sio^R	sio^R	sio^R	sio^R		sio$^{R(H)}$	sio^R	sio^R	sio^R	sio^R	sio^R		sio$^{R/H}$			sio$^{R(H/L)}$	sio	sio	sio
沼	章	中	AB	上	宵	R	sio^R				sio^R														
麨	昌	中	AB	上	宵	RH	c^{h}io$^{R/H}$				c^{h}io^H [TSNKR] c^{h}io^R														
少	書	中	AB	上	宵	R	sio^R	sio^R				sio^R	sio^R			sio^R			sio^R			sio$^{R/H}$	sio		sio
遶	日	中	AB	上	宵	?	zio															zio^R			'io
繞	日	中	AB	上	宵	R	zio^R			zio^R												zio^R			
擾	日	中	AB	上	宵	R	zio^R			zio^R						'io^R									
舀	羊	中	AB	上	宵	R	'io^R				'io^R														
療	来	中	AB	去	宵	?	rio												rio^L			rio^L	rio		rio
誚	従	中	AB	去	宵	RH	c^{h}io$^{R/H}$				c^{h}io^H	c^{h}io^R	c^{h}io^R												
肖	心	中	AB	去	宵	RH	c^{h}io$^{R/H}$					c^{h}io^R	c^{h}io^R		c^{h}io^H										
笑	心	中	AB	去	宵	R	sio^R				sio^H [TSNK] sio^R [R] sio^L	sio^R	sio^R			sio^R			sio$^{R/L}$				sio		sio
照	章	中	AB	去	宵	R	cio^R	cio^R	cio^R	cio^R	cio^L [TSNKR] cio^R	cio^R	cio^R			cio^R					cio^H	cio^H			cio
詔	章	中	AB	去	宵	R	cio^R		cio^R		cio^R [KR] cio^L	cio^R	cio^R												
陘	章	中	AB	去	宵	R	cio^R				cio^R														

字	声	口	等	調	韻	ア	代表	六上中	六下	真三	訓蒙	翻小	小諺	大諺	中諺	論諺	孝諺	分門	誠初A	四法	蒙山	法華	誠初B	簡易	長寿
少	書	中	AB	去	宵	R	sio^R		sio^R			sio$^{R(H)}$	sio^R						sio^H				sio		
召	常	中	AB	去	宵	R	sio^R			sio^R		sio^R	sio^R			sio$^{R(L)}$									
邵	常	中	AB	去	宵	R	sio^R					sio^R	sio^R												
饒	日	中	AB	去	宵	?	zio														zio^R				
曜	羊	中	AB	去	宵	R	'io^R				'io^H [TSKR] 'io^R [N] 'o^R														
鷂	羊	中	AB	去	宵	R	'io^R				'io^R														
搖	羊	中	AB	去	宵	?	'io														'io^H				
驕	見	中	B	平	宵	L	kio^L					kio^L	kio^L	kio^L	kio^L	kio^L	kio^L								
憍	見	中	B	平	宵	L	kio^L	kio^L											kio^L			kio$^{L(R)}$	kio		
嬌	見	中	B	平	宵	LH	kio$^{L/H}$				kio^H [TS] kio^L														
鞽	渓	中	B	平	宵	L	kio^L				kio^L														
橋	群	中	B	平	宵	L	kio^L				kio^L														
蕎	群	中	B	平	宵	L	kio^L				kio^L														
夭	影	中	B	平	宵	L	'io^L							'io^L		'io^L									
妖	影	中	B	平	宵	L	'io^L					'io^L	'io^L		'io^L									'io	'io
鴞	云	中	B	平	宵	L	hio^L				hio^L														
囂	暁	中	B	平	宵	L	'in^L					'in^L	'in^L												
臕	幫	中	B	平	宵	L	p^{h}io^L				p^{h}io^L														
鑣	幫	中	B	平	宵	L	p^{h}io^L				p^{h}io^L														
穮	幫	中	B	平	宵	L	p^{h}io^L				p^{h}io^L														
苗	明	中	B	平	宵	L	mio^L				mio^L			mio^L		mio^L									
描	明	中	B	平	宵	L	mio^L				mio^L														
猫	明	中	B	平	宵	L	mio^L miu				mio^L										miu^R				
矯	見	中	B	上	宵	RL	kio$^{R/L}$					kio^L	kio^R			kio^R									kio
夭	影	中	B	上	宵	R	'io^R				'io^R	'io^R	'io^R												
表	幫	中	B	上	宵	H	p^{h}io^H	p^{h}io^H	p^{h}io^H		p^{h}io^H [KR] p^{h}io^L	p^{h}io$^{H(L)}$	p^{h}io^H	p^{h}io^H		p^{h}io^H									

字	声	口	等	調	韻	ア	代表	六上中	六下	真三	訓蒙	翻小	小諺	大諺	中諺	論諺	孝諺	分門	誠初A	四法	蒙山	法華	誠初B	簡易	長寿
轎	群	中	B	去	宵	R	kio^R				kio^R [KR] kio^H														
廟	明	中	B	去	宵	RH	mio$^{R/H}$		mio^R		mio^R	mio$^{R/H}$	mio^R		mio^R	mio^R	mio^R	mio^R			mio$^{H/L}$	mio$^{H(L)}$		mio	

6.4. 蕭韻

字	声	口	等	調	韻	ア	代表	六上中	六下	真三	訓蒙	翻小	小諺	大諺	中諺	論諺	孝諺	分門	誠初A	四法	蒙山	法華	誠初B	簡易	長寿
梟	見	中	4	平	蕭	L	hio^L				hio^L	hio^L	hio^L									hio^L			
徼	見	中	4	平	蕭	L	'io^L								'io^L	'io^L									
尭	疑	中	4	平	蕭	L	'io^L					'io^L	'io^L	'io^L	'io^L	'io^L									
鵰	端	中	4	平	蕭	L	tio^L				tio^L											tio^L			
凋	端	中	4	平	蕭	L	tio^L					tio^L	tio^L												
彫	端	中	4	平	蕭	L	tio^L									tio^L									
雕	端	中	4	平	蕭	L	tio^L									tio^L									
琱	端	中	4	平	蕭	L	tio^L				tio^L														
貂	端	中	4	平	蕭	L	t^{h}io^L				t^{h}io^L														
調	定	中	4	平	蕭	L	tio^L			tio^L									tio^L cio^L		tio^L cio^L	tio^L	tio		tio
跳	定	中	4	平	蕭	L	tio^L				tio^L														
蜩	定	中	4	平	蕭	L	tio^L				tio^L														
鰷	定	中	4	平	蕭	L	tio^L				tio^L														
齠	定	中	4	平	蕭	L	t^{h}io^L				t^{h}io^L														
條	定	中	4	平	蕭	L	tio^L			tio^L	tio^L	tio^L	tio^L												
寥	来	中	4	平	蕭	?	rio												rio^L	nio^L				rio	
僚	来	中	4	平	蕭	L	rio^L	rio^L	rio^L	rio^L	rio^L	rio^L	rio^L												
遼	来	中	4	平	蕭	L	rio^L					rio^L	rio^L												
獠	来	中	4	平	蕭	L	rio^L	rio^L																	
撩	来	中	4	平	蕭	L	rio^L			rio^L															
鷯	来	中	4	平	蕭	L	rio^L				rio^L														
寮	来	中	4	平	蕭	L	rio^L									rio^L			nio#					nio	
蕭	心	中	4	平	蕭	L	sio^L									sio^L									
簫	心	中	4	平	蕭	L	sio^L				sio^L											sio^L			
蠨	心	中	4	平	蕭	L	sio^L				sio^L														

字	声	口	等	調	韻	ア	代表	六上中	六下	真三	訓蒙	翻小	小諺	大諺	中諺	論諺	孝諺	分門	誠初A	四法	蒙山	法華	誠初B	簡易	長寿
皦	見	中	4	上	蕭	R	kio^R									kio^R									
曉	曉	中	4	上	蕭	R	hio^R				hio^R	hio$^{R(H)}$	hio^R							hio^L	hio^L		hio		
鳥	端	中	4	上	蕭	H	tio^H				tio^H			tio^H		tio^H			tio$^{H(R)}$			tio^R	tio		tio
掉	定	中	4	上	蕭	?	to												?to^R		?to^H		?to		
繚	来	中	4	上	蕭	R	rio^R									rio^R									
蓼	来	中	4	上	蕭	R	rio^R				rio^R														
了	来	中	4	上	蕭	RH	rio$^{R/H}$	rio^R	rio^R	rio^R		rio$^{R/H}$	rio^R							nio^H	rio^H				rio
徼	見	中	4	去	蕭	R	kio^R				kio^H [TSKR] kio^R [N] k?io^R														
叫	見	中	4	去	蕭	R	kio^R				kio^R														
釣	端	中	4	去	蕭	H	tio^H				tio^H					tio^H									
弔	端	中	4	去	蕭	RH	tio$^{R/H}$		tio^R							tio^H									
眺	透	中	4	去	蕭	R	tio^R				tio^R [S] tio^H														
糶	透	中	4	去	蕭	RH	tio$^{R/H}$				tio^H [TSKR] tio^R [N] to^R														
蓧	定	中	4	去	蕭	H	tio^H									tio^H									
調	定	中	4	去	蕭	R	tio^R					tio^R	tio^R												
銚	定	中	4	去	蕭	R	tio^R				tio^R														
掉	定	中	4	去	蕭	?	to												?to^R		?to^H		?to		
尿	泥	中	4	去	蕭	R	nio^R				nio^R														
鐐	来	中	4	去	蕭	R	rio^R				rio^R														
嘯	心	中	4	去	蕭	R	sio^R				sio^R														

7. 流攝

7.1. 侯韻

字	声	口	等	調	韻	ア	代表	六上中	六下	真三	訓蒙	翻小	小諺	大諺	中諺	論諺	孝諺	分門	誠初A	四法	蒙山	法華	誠初B	簡易	長寿
溝	見	中	1	平	侯	L	ku^L				ku^L					ku^L									
篝	見	中	1	平	侯	L	ku^L				ku^L														
簼	見	中	1	平	侯	L	ku^L				ku^L														
鉤	見	中	1	平	侯	L	ku^L				ku^L														
韝	見	中	1	平	侯	L	ku^L				ku^L														
彄	渓	中	1	平	侯	L	ku^L				ku^L														
摳	渓	中	1	平	侯	L	ku^L				ku^L														
甌	影	中	1	平	侯	L	ku^L			ku^L	ku^L														
鷗	影	中	1	平	侯	L	ku^L				ku^L														
謳	影	中	1	平	侯	L	ku^L				ku^L														
蓲	影	中	1	平	侯	L	ku^L				ku^L														
歐	影	中	1	平	侯	L	ku^L					ku^L	ku^L												
篌	匣	中	1	平	侯	?	hol (hil?)															hol^L (hil^L?)			
睺	匣	中	1	平	侯	?	hu															hu^L(H)			hu
侯	匣	中	1	平	侯	L	hu^L	hu^L			hu^L	hu^L	hu^L		hu^L	hu^L(R)	hu^L								hu
猴	匣	中	1	平	侯	L	hu^L				hu^L														
糇	匣	中	1	平	侯	L	hu^L				hu^L														
喉	匣	中	1	平	侯	LR	hu$^{L/R}$		hu^R	hu^L	hu^L														
帿	匣	中	1	平	侯	L	hu^L				hu^L														
兜	端	中	1	平	侯	L	to^L					to^L	to^L									to^L			to
篼	端	中	1	平	侯	L	to^L				to^L														
酘	端	中	1	平	侯	H	tu^H				tu^H														
鍮	透	中	1	平	侯	L	t^{h}o / tiu^L				tiu^L											t^{h}o^L			
偸	透	中	1	平	侯	L	t^{h}u^L	t^{h}u^L		t^{h}u^L	t^{h}u^L	t^{h}u^L	t^{h}u^L			t^{h}u^L									
頭	定	中	1	平	侯	L	tu^L / to	tu^L	tu^L	tu^L	tu^L [N] t?u^L	tu^L	tu^L					tu^L	tu^L	tu^L	tu^L (to^L)	tu^L	tu	tu	tu
投	定	中	1	平	侯	L	t^{h}u^L			t^{h}u^L		t^{h}u^L	t^{h}u^L								*tu^L				t^{h}u
骰	定	中	1	平	侯	L	t^{h}u^L				t^{h}u^L														

字	声	口	等	調	韻	ア	代表	六上中	六下	真三	訓蒙	翻小	小諺	大諺	中諺	論諺	孝諺	分門	誠初A	四法	蒙山	法華	誠初B	簡易	長寿
腧	定	中	1	平	侯	L	t^hu^L					t^hu^L	t^hu^L												
庾	定	中	1	平	侯	L	t^hu^L				t^hu^L														
餿	定	中	1	平	侯	L	t^hu^L				t^hu^L														
羺	泥	中	1	平	侯	?	niu															niu^L			
縷	来	中	1	平	侯	L	ru^L			ru^L															
簍	来	中	1	平	侯	L	ru^L				ru^L														
螻	来	中	1	平	侯	L	ru^L				ru^L														
髏	来	中	1	平	侯	L	ru^L				ru^L														
摟	来	中	1	平	侯	L	ru^L				ru^L														
嵝	来	中	1	平	侯	L	ru^L				ru^L														
耬	来	中	1	平	侯	LR	$ru^{L/R}$					ru^R	ru^L												
樓	来	中	1	平	侯	L	ru^L	ru^L			ru^L									ru^L		ru^L			ru
甊	来	中	1	平	侯	L	ru^L				ru^L														
裒	並	中	1	平	侯	H	pu^H					$pu^{H(R/L)}$	pu^H												
抔	並	中	1	平	侯	L	pu^L				pu^L														
垢	見	中	1	上	侯	R	ku^R			ku^R	ku^R [S] ku^H	ku^R	ku^R									ku^R			ku
苟	見	中	1	上	侯	R	ku^R					$ku^{R(H/L)}$	$ku^{R(H)}$	ku^R	ku^R	ku^R									
笱	見	中	1	上	侯	R	ku^R				ku^R														
狗	見	中	1	上	侯	RH	$ku^{R/H}$				ku^H	$ku^{R/L}$	ku^R						ku^L		ku^H	ku^R	ku kai		ku
扣	渓	中	1	上	侯	H	ko^H	$?ko^H$																	
口	渓	中	1	上	侯	R	ku^R	ku^R		ku^R	ku^H [TSNKR] ku^R	$ku^{R(H)}$	ku^R	ku^R		ku^R	ku^R		$ku^{R/H}$		ku^H		ku		ku
釦	渓	中	1	上	侯	R	ku^R				ku^R [KR] ku^L														
叩	渓	中	1	上	侯	RH	ku^R ko^H					ko^H	ko^H			ku^R ko^H									
耦	疑	中	1	上	侯	R	$'u^R$									$'u^R$									
藕	疑	中	1	上	侯	R	$'u^R$				$'u^R$														
偶	疑	中	1	上	侯	R	$'u^R$					$'u^R$	$'u^{R/L}$												
腢	疑	中	1	上	侯	R	$'u^R$				$'u^R$														

字	声	口	等	調	韻	ア	代表	六上中	六下	真三	訓蒙	翻小	小諺	大諺	中諺	論諺	孝諺	分門	誡初A	四法	蒙山	法華	誡初B	簡易	長寿
嘔	影	中	1	上	侯	R	ku^R				ku^R														
吼	暁	中	1	上	侯	R	hu^R				hu^R														
厚	匣	中	1	上	侯	R	hu^R	$hu?^{R}?$				hu^R	hu^R	hu^R	hu^R	hu^R	hu^R				hu^R				hu
後	匣	中	1	上	侯	R	hu^R	hu^R	hu^R	hu^R	hu^R	$hu^{R(H)}$	$hu^{R(L)}$	hu^R	hu^R	$hu^{R(H/L)}$	hu^R	$hu^{R/H}$	$hu^{R(H/L)}$	$hu^{R/H}$	hu^H	$hu^{R(H/L)}$	hu		hu
后	匣	中	1	上	侯	RH	$hu^{R/H}$			hu^R	hu^R	hu^R	hu^R	hu^R		$hu^{R/H}$	hu^R								
斗	端	中	1	上	侯	H	tu^H				tu^H					tu^H									tu
抖	端	中	1	上	侯	H	tu^H				tu^H [N] ti^H											tu^H			
蚪	端	中	1	上	侯	H	tu^H				tu^H														
毃	泥	中	1	上	侯	R	niu^R				niu^R [SNKR] niu^H														
穭	来	中	1	上	侯	R	ru^R				ru^R														
走	精	中	1	上	侯	R	cu^R					$cu^{R/L}$	cu^R												cu
擻	心	中	1	上	侯	R	su^R				su^R										su^L				
瞍	心	中	1	上	侯	R	su^R				su^R	su^R	su^R												
叟	心	中	1	上	侯	R	su^R				su^R														
藪	心	中	1	上	侯	R	su^R				su^H [TSNKR] su^R								su^H				su		
剖	滂	中	1	上	侯	R	pu^R					pu^R	pu^R												
部	並	中	1	上	侯	H	pu^H po	pu^H		pu^H	pu^H	pu^H	pu^H					$pu^R?$				$pu^{R/H}$ po^R			pu
莽	明	中	1	上	侯	H	mo^H						$?mo^H$												
某	明	中	1	上	侯	R	mo^R	mo^R		mo^R	mo^R	mo^R	mo^R				mo^R								
牡	明	中	1	上	侯	R	mo^R				mo^R						mo^R								
拇	明	中	1	上	侯	R	mo^R				mo^R														
母	明	中	1	上	侯	R	mo^R	mo^R		mo^R	mo^R	$mo^{R(H)}$	$mo^{R(H)}$	mo^R	mo^R	mo^R	mo^R	mo^L	$mo^{R/H}$				mo		mo
畝	明	中	1	上	侯	R	mo^R mio^R				mo^R	mio^R	mo^R			mo^R									
構	見	中	1	去	侯	R	ku^R				ku^R														
購	見	中	1	去	侯	R	ku^R				ku^R														
覯	見	中	1	去	侯	R	ku^R				ku^R														
觳	見	中	1	去	侯	R	ku^R				ku^R														

字	声	口	等	調	韻	ア	代表	六上中	六下	真三	訓蒙	翻小	小諺	大諺	中諺	論諺	孝諺	分門	誠初A	四法	蒙山	法華	誠初B	簡易	長寿
雛	見	中	1	去	侯	R	ku^R hu^R				ku^R [TSN] hu^R														
扣	渓	中	1	去	侯	H	ko^H	$?ko^H$																	
簆	渓	中	1	去	侯	R	ku^R				ku^R [KR] ku^L														
㲃	渓	中	1	去	侯	R	ku^R				ku^R [NKR] ku^L														
寇	渓	中	1	去	侯	R	ku^R				ku^R														
絇	渓	中	1	去	侯	R	ku^R				ku^H [TSNKR] ku^R														
漚	影	中	1	去	侯	L	ku^L				ku^L														
逅	匣	中	1	去	侯	R	ku^R					ku^R	ku^R												
鍭	匣	中	1	去	侯	L	hu^L				hu^L [SNKR hu^H														
候	匣	中	1	去	侯	R	hu^R				hu^R	$hu^{R(L)}$	hu^R												hu
堠	匣	中	1	去	侯	R	hu^R				hu^R														
鬭	端	中	1	去	侯	RH	$t^hu^{R/H}$				t^hu^H [K] t^hiu^H	t^hu^R	t^hu^H			t^hu^H				t^hu^L					
透	透	中	1	去	侯	R	t^hu^R t^ho			t^hu^R									$t^hu\#$	t^hu^H	$t^hu^{H(R)}$ (t^ho^H)		t^hu		
痘	定	中	1	去	侯	H	tu^H				tu^H														
竇	定	中	1	去	侯	H	tu^H				tu^H [SNKR] tu^L	tu^H	tu^H												
荳	定	中	1	去	侯	H	tu^H				tu^H														
脰	定	中	1	去	侯	H	tu^H				tu^H [KR] tu^L														
餖	定	中	1	去	侯	H	tu^H				tu^H														

字	声	口	等	調	韻	ア	代表	六上中	六下	真三	訓蒙	翻小	小諺	大諺	中諺	論諺	孝諺	分門	誠初A	四法	蒙山	法華	誠初B	簡易	長寿
豆	定	中	1	去	侯	RH	$tu^{R/H}$					tu^R	tu^R			tu^R		tu^H							
瘻	来	中	1	去	侯	R	ru^R				ru^R														
陋	来	中	1	去	侯	R	ru^R			ru^R		ru^R	ru^R			ru^R									
漏	来	中	1	去	侯	R	ru^R		ru^R	ru^R	ru^R	ru^R	ru^R		ru^R				$ru^{R/H}$			$ru^{H(L)}$ (nu^H)	ru		
鏤	来	中	1	去	侯	L	ru^L				ru^L														
奏	精	中	1	去	侯	R	cu^R		cu^R		cu^R	$cu^{R(H)}$	cu^R		cu^R										
腠	清	中	1	去	侯	R	cu^R				cu^R														
嗽	心	中	1	去	侯	R	su^R				su^R														
漱	心	中	1	去	侯	R	su^R so				su^R								$s?u^L$				so		
姆	明	中	1	去	侯	R	mo^R				mo^R														
戊	明	中	1	去	侯	R	mu^R	mu^R																	
貿	明	中	1	去	侯	R	mu^R				mu^R														
楙	明	中	1	去	侯	R	mu^R				mu^R														
茂	明	中	1	去	侯	R	mu^R	mu^R				mu^R	$mu^{R/H}$												

7.2. 尤韻

字	声	口	等	調	韻	ア	代表	六上中	六下	真三	訓蒙	翻小	小諺	大諺	中諺	論諺	孝諺	分門	誠初A	四法	蒙山	法華	誠初B	簡易	長寿
鳩	見	中	C	平	尤	L	ku^L		ku^L		ku^H [TSNKR] ku^L											ku^L			
鶌	見	中	C	平	尤	L	ku^L				ku^L														
丘	渓	中	C	平	尤	L	ku^L				ku^L	ku^L	ku^L	ku^L	ku^L	ku^L						ku^L $(*k^hu^L)$			ku
蚯	渓	中	C	平	尤	L	ku^L				ku^L														
求	群	中	C	平	尤	L	ku^L	ku^L	ku^L	ku^L		ku^L	ku^L	ku^L	ku^L	ku^L			ku^L		ku^L	ku^L	ku		ku
裘	群	中	C	平	尤	L	ku^L				ku^L	ku^L	ku^L			ku^L									
仇	群	中	C	平	尤	L	ku^L				ku^L	ku^L	ku^L												
球	群	中	C	平	尤	L	ku^L					ku^L	ku^L												
毬	群	中	C	平	尤	L	ku^L				ku^L														
捄	群	中	C	平	尤	L	ku^L				ku^L														
牛	疑	中	C	平	尤	L	$'u^L$	$'u^L$			$'u^L$	$'u^L$	$'u^L$	$'u^L$		$'u^L$			$'u^L$			$'u^L$	$'u$		$'u$

字	声	口	等	調	韻	ア	代表	六上中	六下	真三	訓蒙	翻小	小諺	大諺
優	影	中	C	平	尤	L	'u^L		'u^L		'u^L	'u^L	'u^L	
憂	影	中	C	平	尤	L	'u^L			'u^L		'u^L	'u^L	'u^L
擭	影	中	C	平	尤	L	'u^L				'u^L			
麀	影	中	C	平	尤	L	'u^L				'u^L			
尤	云	中	C	平	尤	L	'u^L					'u^L	'u^L	
疣	云	中	C	平	尤	L	'u^L				'u^L			
休	暁	中	C	平	尤	L	hiu^L	hiu^L				hiu^L	hiu^L	hiu^L
鵂	暁	中	C	平	尤	L	hiu^L				hiu^L			
輈	知	中	C	平	尤	L	tiu^L				tiu^L			
紬	澄	中	C	平	尤	L	tiu^L				tiu^L			
儔	澄	中	C	平	尤	L	tiu^L					tiu^L	tiu^L	
稠	澄	中	C	平	尤	L	tiu^L			tiu^L				
籌	澄	中	C	平	尤	L	tiu^L				tiu^L [T] ti?u?^{L}			
疇	澄	中	C	平	尤	L	tiu^L				tiu^L			
瑠	来	中	C	平	尤	?	riu							
琉	来	中	C	平	尤	L	riu^L				riu^L			
劉	来	中	C	平	尤	L	riu^L	riu^L	riu^L			riu^L (niu^L)	riu^L	
留	来	中	C	平	尤	L	riu^L	riu^L	riu^L			riu^L	riu^L	
旒	来	中	C	平	尤	L	riu^L				riu^L			
榴	来	中	C	平	尤	L	riu^L				riu^L			
鶹	来	中	C	平	尤	L	riu^L				riu^L			
流	来	中	C	平	尤	L	riu^L	riu^L	riu^L	riu^L	riu^L	riu^L	riu^L	riu^L
秋	清	中	C	平	尤	L	c^{h}iu^L				c^{h}iu^L	c^{h}iu^L	c^{h}iu^L	
鰍	清	中	C	平	尤	L	c^{h}iu^L				c^{h}iu^L			
楸	清	中	C	平	尤	L	c^{h}iu^L				c^{h}iu^L			
湫	清	中	C	平	尤	L	c^{h}iu^L				c^{h}iu^L			
鞦	清	中	C	平	尤	L	c^{h}iu^L				c^{h}iu^L			
鶖	清	中	C	平	尤	L	c^{h}iu^L				c^{h}iu^L			
脙	清	中	C	平	尤	L	c^{h}iu^L				c^{h}iu^L			
輶	清	中	C	平	尤	L	c^{h}iu^L				c^{h}iu^L			

字	中諺	論諺	孝諺	分門	誡初A	四法	蒙山	法華	誡初B	簡易	長寿
優	'u^L	'u^L						'u^L			'u
憂	'u^L	'u^L	'u^L		'u^L			'u^L	'u		
擭		'u^L									
麀											
尤	'u^L	'u^L									
疣							'u^L				
休							hiu#	hiu^L			hiu
鵂											
輈											
紬											
儔											tiu
稠											
籌											
疇											
瑠								riu^L			riu
琉								riu^L			
劉				r?iu^L						riu	
留											
旒											
榴											
鶹											
流	riu^L	riu^L			niu^L (riu^L)	riu^L	riu^L	riu^L	riu niu {'iu}		riu
秋	c^{h}iu^L		c^{h}iu^L			c^{h}iu^L	c^{h}iu^L			c^{h}iu	c^{h}iu
鰍											
楸											
湫											
鞦											
鶖											
脙											
輶											

字	声	口	等	調	韻	ア	代表	六上中	六下	真三	訓蒙	翻小	小諺	大諺	中諺	論諺	孝諺	分門	誠初A	四法	蒙山	法華	誠初B	簡易	長寿
修	心	中	C	平	尤	L	siu^{L}	siu^{L}	siu^{L}	siu^{L}		siu^{L}	siu^{L}	siu^{L}	siu^{L}	siu^{L}	siu^{L}		siu^{L}			siu^{L}	siu	s^{-}	siu
羞	心	中	C	平	尤	L	siu^{L}			siu^{L}		siu^{L}	siu^{L}			siu^{L}			siu^{L}				siu		siu
饈	心	中	C	平	尤	L	siu^{L}				siu^{L} [S] $si?u^{L}$														
囚	邪	中	C	平	尤	L	siu^{L}					siu^{L}	siu^{L}												
泅	邪	中	C	平	尤	L	siu^{L} $c^{h}iu^{L}$				siu^{L} [TS] $c^{h}iu^{L}$ [NKR] $c^{h}iu^{H}$														
緅	莊	中	C	平	尤	L	$c^{h}iu^{L}$				$c^{h}iu^{L}$					$c^{h}iu^{L}$									
鄒	莊	中	C	平	尤	L	$c^{h}u^{L}$									$c^{h}u^{L}$									
篘	初	中	C	平	尤	L	$c^{h}u^{L}$				$c^{h}u^{L}$														
愁	崇	中	C	平	尤	L	su^{L}					su^{L}	su^{L}												su
廀	生	中	C	平	尤	L	su^{L}									su^{L}									
蒐	生	中	C	平	尤	L	su^{L}				su^{L}														
溲	生	中	C	平	尤	L	su^{L}				su^{L}														
螋	生	中	C	平	尤	L	su^{L}				su^{L}														
搜	生	中	C	平	尤	L	su^{L}				su^{L}														
周	章	中	C	平	尤	L	ciu^{L}			ciu^{L}		ciu^{L}	ciu^{L}	ciu^{L}	ciu^{L}	ciu^{L}	ciu^{L}		ciu^{L}			ciu^{L}		ciu	ciu
舟	章	中	C	平	尤	L	ciu^{L}			ciu^{L}					ciu^{L}	ciu^{L}			ciu^{L}				ciu		
瞜	章	中	C	平	尤	L	ciu^{L}								ciu^{L}	ciu^{L}									
洲	章	中	C	平	尤	L	ciu^{L}			ciu^{L}	ciu^{L}														
州	章	中	C	平	尤	L	ciu^{L}	ciu^{L}	ciu^{L}	ciu^{L}	ciu^{H} [T] ciu^{L}?	ciu^{L}	$ciu^{L(H/R)}$						ciu^{L}	ciu^{L} (tiu^{L})	$ciu^{L(H)}$ (tiu^{L})		ciu		
收	書	中	C	平	尤	L	siu^{L}			siu^{L}	siu^{L}	siu^{L}	siu^{L}										siu		
酬	常	中	C	平	尤	L	siu^{L}				siu^{L}					siu^{L}									
讐	常	中	C	平	尤	L	siu^{L}	siu^{L}			siu^{L}	siu^{L}	siu^{L}										siu^{L}	siu	
柔	日	中	C	平	尤	L	ziu^{L}					ziu^{L} $'iu^{L}$	$'iu^{L}$		ziu^{L}	$'iu^{L}$			$'iu^{L}$				'iu		'iu
菜	日	中	C	平	尤	L	ziu^{L}				ziu^{L} [SNKR] $'iu^{L}$														

字	声	口	等	調	韻	ア	代表	六上中	六下	真三	訓蒙	翻小	小諺	大諺	中諺	論諺	孝諺	分門	誡初A	四法	蒙山	法華	誡初B	簡易	長寿
猶	羊	中	C	平	尤	L	’iu^{L}					’iu^{L}	’iu^{L}	’iu^{L}	’iu^{L}	’iu^{L}	’iu^{L}		’iu^{L}		’iu^{L}	’iu^{L}	’iu		’iu
由	羊	中	C	平	尤	L	’iu^{L}		’iu^{L}	’iu^{L}		’iu$^{L(R)}$	’iu^{L}			’iu^{L}	’iu^{L}		’iu^{L}			’iu^{L}	’iu		’iu
游	羊	中	C	平	尤	L	’iu^{L}	’iu^{L}	’iu^{L}		’iu^{L}	’iu^{L}	’iu^{L}			’iu^{L}		’iu^{L}	’iu^{L}				’iu		
遊	羊	中	C	平	尤	L	’iu^{L}					’iu^{L}	’iu^{L}			’iu^{L}			’iu^{L}				’iu		
蚰	羊	中	C	平	尤	L	’iu^{L}				’iu^{L}											’iu^{L}			
悠	羊	中	C	平	尤	L	’iu^{L}	’iu^{L}	’iu^{L}						’iu^{L}										
輶	羊	中	C	平	尤	L	’iu^{L}								’iu^{L}										
獻	羊	中	C	平	尤	L	’iu^{L}					’iu^{L}	’iu^{L}												
攸	羊	中	C	平	尤	L	’iu^{L}					’iu^{L}	’iu^{L}												
繇	羊	中	C	平	尤	L	’iu^{L}					’iu^{L}	’iu^{L}												
油	羊	中	C	平	尤	L	’iu^{L}			’iu^{L}	’iu^{L}														
蝣	羊	中	C	平	尤	L	’iu^{L}				’iu^{L}														
斿	羊	中	C	平	尤	L	’iu^{L}				’iu^{L}														
牟	明	中	C	平	尤	L	mo^{L}		mo^{L}	mo^{L}						mo^{L}									mo
謀	明	中	C	平	尤	L	mo^{L}					mo^{L}	mo^{L}			mo^{L}			mo^{R}				mo		
矛	明	中	C	平	尤	L	mo^{L}				mo^{L}	mo^{L}	mo^{L}												
眸	明	中	C	平	尤	L	mo^{L}				mo^{L}														
鍪	明	中	C	平	尤	L	mo^{L}				mo^{L} [N] mi^{L}														
蝥	明	中	C	平	尤	L	mo^{L}				mo^{L}														
不	非	中	C	平	尤	?	pu																		?pu
浮	奉	中	C	平	尤	L	pu^{L}	pu^{L}	pu^{L}			pu^{L}	pu^{L}			pu^{L}			pu^{L}				pu		pu
蜉	奉	中	C	平	尤	L	pu^{L}				pu^{L}														
茉	奉	中	C	平	尤	L	pu^{L}				pu^{L}														
桴	奉	中	C	平	尤	L	pu^{L}				pu^{L}														
久	見	中	C	上	尤	R	ku^{R}	ku^{R}		ku^{R}		ku$^{R(H)}$	ku^{R}	ku^{R}	ku^{R}	ku^{R}			ku^{R}	ku$^{H/L}$	ku^{R}		ku		
九	見	中	C	上	尤	RH	ku$^{R/H}$ kiu^{H}	ku^{R}	ku^{R}	ku^{R}	ku^{R} [NKR] ku^{L}	ku$^{R(H)}$	ku$^{R/H}$	ku^{H}	ku$^{H(R)}$	ku^{H} kiu^{H}	ku^{H}		ku^{R}			ku^{R}	ku		ku
韮	見	中	C	上	尤	R	ku^{R}				ku^{R}														
糗	渓	中	C	上	尤	R	ku^{R}				ku^{R}														
咎	群	中	C	上	尤	R	ku^{R}					ku^{R}	ku^{R}			ku^{R}			ku^{L}						ku
舅	群	中	C	上	尤	R	ku^{R}					ku^{R}	ku^{R}	ku^{R}	ku^{R}										

字	声	口	等	調	韻	ア	代表	六上中	六下	真三	訓蒙	翻小	小諺	大諺	中諺	論諺	孝諺	分門	誠初A	四法	蒙山	法華	誠初B	簡易	長寿
臼	群	中	C	上	尤	R	ku^R				ku^H [TSNKR] ku^R							ku^H						ku	
有	云	中	C	上	尤	R	$'iu^R$	$'iu^R$	$'iu^R$	$'iu^R$		$'iu^{R(H)}$	$'iu^R$	$'iu^R$	$'iu^R$	$'iu^{R(L)}$	$'iu^R$		$'iu^{R(H/L)}$	$'iu^{R(H/L)}$	$'iu^{H(R/L)}$	$'iu^{R(L)}$	$'iu$		$'iu^H$ $'iu$
右	云	中	C	上	尤	R	$'u^R$	$'u^R$	$'u^R$		$'u^R$ [R] $'u?-$	$'u^{R(H)}$	$'u^{R(H)}$	$'u^R$	$'u^R$	$'u^R$	$'u^R$					$'u^R$		$'u$	$'u$
友	云	中	C	上	尤	R	$'u^R$				$'u^R$	$'u^R$	$'u^R$		$'u^R$	$'u^R$	$'u^R$		$'u^{R/H/L}$				$'u$		
朽	暁	中	C	上	尤	R	hu^R					hu^L	$hu^{R/H}$			hu^R			hu^L			hu^L	hu		
肘	知	中	C	上	尤	RH	$tiu^{R/H}$				tiu^R	tiu^R	$tiu^{R/H}$					tiu^H							
杻	徹	中	C	上	尤	R	c^hiu^R				[TSNKR] c^hiu^R														
丑	徹	中	C	上	尤	H	t^hiuk^H		t^hiuk^H																
紂	澄	中	C	上	尤	H	tiu^H							tiu^H	tiu^H										
紐	娘	中	C	上	尤	R	niu^R				niu^R														
鈕	娘	中	C	上	尤	R	niu^R				niu^R														
扭	娘	中	C	上	尤	R	niu^R				niu^R														
杻	娘	中	C	上	尤	R	riu^R				[E] riu^R														
柳	来	中	C	上	尤	R	riu^R	riu^R	riu^R	riu^R	riu^R [K] riu^H [R] $riu^H?$	riu^R	riu^R			riu^R									
罶	来	中	C	上	尤	R	riu^R				riu^R														
酒	精	中	C	上	尤	H	ciu^H		ciu^H	ciu^H	ciu^H	ciu^H				ciu^H			ciu^H	$ciu\#$				ciu	ciu	ciu
箒	章	中	C	上	尤	R	ciu c^hiu^R				c^hiu^R [SNKR] c^hiu^H									$*?ciu^H$					
醜	昌	中	C	上	尤	R	c^hiui^R			c^hiui^R	c^hiui^R [S] $c^hiui?^R$					c^hiui^R			c^hu^L			c^hu		
手	書	中	C	上	尤	H	siu^H		siu^H	siu^H	siu^H	siu^H			siu^H		siu^H	siu^H	siu^H	siu^H	siu^H	siu^H		siu	siu
首	書	中	C	上	尤	H	siu^H			siu^H	$siu^{H(L)}$	$siu^{H(L)}$	siu^H		siu^H	siu^H		siu^H				siu		siu

字	声	口	等	調	韻	ア	代表	六上中	六下	真三	訓蒙	翻小	小諺	大諺	中諺	論諺	孝諺	分門	誠初A	四法	蒙山	法華	誠初B	簡易	長寿
守	書	中	C	上	尤	H	siu^H	siu^H	siu^H			siu^H	siu^H		siu^H	siu^H	siu^H		siu^H				siu		siu
受	常	中	C	上	尤	RH	siu$^{R/H}$	siu^H	siu^H	siu$^{R(H)}$	siu^H	siu^H	siu^H			siu^H	siu^H	siu^H	siu$^{H(R)}$	siu^H	siu#	siu$^{R(H/L)}$	siu		siu
壽	常	中	C	上	尤	H	siu^H	siu^H		siu^H	siu^H	siu^H	siu^H		siu^H	siu^H					siu^H	siu^R	siu	siu	siu^H siu
牖	羊	中	C	上	尤	R	'iu^R				'iu^R					'iu^R						'iu^R *'ium^L			
西	羊	中	C	上	尤	R	'iu^R	'iu^R																'iu	
菁	羊	中	C	上	尤	R	'iu^R				'iu^R [N] 'u^R														
誘	羊	中	C	上	尤	R	'iu^R				'iu^R	'iu$^{R/L}$	'iu^R			'iu^R			'iu^L				'iu		
不	非	中	C	上	尤	?	pu																		?pu
缶	非	中	C	上	尤	R	pu^R				pu^H? [TSNKR] pu^R														
殆	非	中	C	上	尤	R	pu^R				pu^R														
否	非	中	C	上	尤	R	pu^R				pu^R	pu$^{R/H}$	pu^R	pu^R		pu^R						pu$^{H/L}$			
缻	非	中	C	上	尤	R	pu^R				pu^R														
婦	奉	中	C	上	尤	H	pu^H				pu^H	pu$^{H(R/L)}$	pu$^{H(L)}$		pu^H	pu^H									pu
負	奉	中	C	上	尤	R	pu^R	pu^R			pu^R	pu$^{R(H)}$	pu$^{R(H)}$			pu$^{R(H)}$			pu^R				pu		
阜	奉	中	C	上	尤	R	pu^R				pu^R [N] pu?^{R}														
蝜	奉	中	C	上	尤	H	pu^H				pu^H														
疚	見	中	C	去	尤	R	ku^R									ku^R	ku^R								
救	見	中	C	去	尤	R	ku^R	ku^R	ku^R	ku^R		ku$^{R/H}$	ku^R			ku^R	ku^R					ku$^{H(L)}$ (*kum^H)		ku	ku
究	見	中	C	去	尤	RH	ku$^{R/H}$		ku^H			ku^R	ku^H						ku^H			ku^H	ku^H	ku	
廐	見	中	C	去	尤	R	ku^R				ku^R	ku^R	ku^R			ku^R									
柩	群	中	C	去	尤	R	ku^R				ku^R	ku^R	ku^R												
舊	群	中	C	去	尤	R	ku^R					ku^R	ku$^{R(L)}$	ku^R		ku^R						ku^L			
圍	云	中	C	去	尤	R	'iu^R				'iu^R [TSNKR] 'iu^H														

字	声	口	等	調	韻	ア	代表	六上中	六下	真三	訓蒙	翻小	小諺	大諺	中諺	論諺	孝諺	分門	誠初A	四法	蒙山	法華	誠初B	簡易	長寿
祐	云	中	C	去	尤	R	$'u^R$				$'u^H$ [TSNKR] $'u^R$														
又	云	中	C	去	尤	R	$'u^R$			$'u^R$		$'u^{R(H)}$	$'u^{R(H)}$	$'u^R$		$'u^{R(L)}$	$'u^R$		$'u^{R/H}$	$'u^{R/L}$	$'u^{H(L)}$			$'u$	$'u$
佑	云	中	C	去	尤	R	$'u^R$								$'u^R$										
嗅	暁	中	C	去	尤	R	hu^R									hu^R									
晝	知	中	C	去	尤	RH	$tiu^{R/H}$				tiu^R	$tiu^{R/H}$	tiu^H			tiu^H									
宙	澄	中	C	去	尤	R	tiu^R				tiu^R														
胄	澄	中	C	去	尤	R	tiu^R				tiu^R [KR] tiu^H														
瘤	来	中	C	去	尤	R	riu^R				riu^R [KR] riu^H														
溜	来	中	C	去	尤	R	riu^R				riu^R														
餾	来	中	C	去	尤	R	riu^R				riu^R														
僦	精	中	C	去	尤	R	c^hiui^R				c^hiui^R														
鷲	従	中	C	去	尤	R	c^hiu^R c^hiuk				c^hiu^R											c^hiuk^H $*ciu^H$			
就	従	中	C	去	尤	R	c^hiui^R			c^hiui^R		$c^hiui^{R(L)}$	c^hiui^R			c^hiui^R									c^hiui
秀	心	中	C	去	尤	H	siu^H	siu^H	siu^H							siu^H									
繡	心	中	C	去	尤	H	siu^H				siu^H	siu^H	siu^H												
宿	心	中	C	去	尤	H	siu^H	siu^H																	
銹	心	中	C	去	尤	H	siu^H				siu^H														
袖	邪	中	C	去	尤	H	siu^H				$siu^R?$ [TSNKR] siu^H														
岫	邪	中	C	去	尤	H	siu^H				siu^H														
甃	荘	中	C	去	尤	L	c^hiu^L				c^hiu^L														
皺	荘	中	C	去	尤	L	c^hu^L				c^hu^L														
縐	荘	中	C	去	尤	L	c^hu^L				c^hu^L														
瘦	生	中	C	去	尤	R	su^R				su^H [TSNKR] su^R														
祝	章	中	C	去	尤	?	c^hiu													c^hiu^H						

字	声	口	等	調	韻	ア	代表	六上中	六下	真三	訓蒙	翻小	小諺	大諺	中諺	論諺	孝諺	分門	誠初A	四法	蒙山	法華	誠初B	簡易	長寿
呪	章	中	C	去	尤	H	ciu^{H} c^{h}iu ciuk c^{h}iuk^{H}			ciu^{H}	c^{h}iuk^{H}							c^{h}iuk^{H}	c^{h}iu^{H}				c^{h}iu	c^{h}iuk	ciu (ciuk) (c^{h}iuk)
臭	昌	中	C	去	尤	R	c^{h}iui^{R}				c^{h}iui^{R}			c^{h}iui^{R}	c^{h}iui^{R}	c^{h}iui^{R}									
狩	書	中	C	去	尤	H	siu^{H}				siu^{H}														
獸	書	中	C	去	尤	H	siu^{H}		siu^{L}		siu^{H}	siu^{H}	siu^{H}		siu^{H}	siu^{H}				siu^{L}			siu$^{H/L}$	siu		siu
售	常	中	C	去	尤	H	siu^{H}				siu^{H}														
授	常	中	C	去	尤	H	siu^{H}	siu$^{H(L)}$	siu^{L}			siu^{H}	siu^{H}		siu^{H}								siu$^{H(L)}$			
鼬	羊	中	C	去	尤	?	’iu																’iu^{H}			
柚	羊	中	C	去	尤	R	’iu^{R}				’iu^{R} [N] ’i?u^{R} [KR] ’u^{L}															
富	非	中	C	去	尤	R	pu^{R}		pu^{R}		pu^{R}	pu^{R}	pu^{R}	pu^{R}	pu^{R}	pu$^{R(H)}$	pu^{R}			pu^{R}			pu^{H}	pu		pu
副	敷	中	C	去	尤	R	pu^{R}			pu^{R}	pu^{R} [T] pu^{H}														pu	
覆	敷	中	C	去	尤	R	pu^{R}					pu^{R}	pu^{R}		pu^{R}											
復	奉	中	C	去	尤	R	pu^{R}			pu^{R}		pu$^{R(H/L)}$	pu$^{R(H)}$			pu^{R}			pu^{R}			pu^{R}		pu	pu

7.3. 幽韻

字	声	口	等	調	韻	ア	代表	六上中	六下	真三	訓蒙	翻小	小諺	大諺	中諺	論諺	孝諺	分門	誠初A	四法	蒙山	法華	誠初B	簡易	長寿
幽	影	中	A	平	幽	L	’iu^{L}			’iu^{L}		’iu^{L}	’iu^{L}						’iu^{L}			’iu^{L}	’iu		
糾	見	中	A	上	幽	H	kiu^{H}									kiu^{H}									
幼	影	中	A	去	幽	R	’iu^{R}				’iu^{R}	’iu^{R}	’iu^{R}						’iu^{R}	’iu^{R}					’iu
謬	明	中	B	去	幽	R	niu^{R}								niu^{R}										

8. 咸攝

8.1. 覃韻

字	声	口	等	調	韻	ア	代表	六上中	六下	真三	訓蒙	翻小	小諺	大諺	中諺	論諺	孝諺	分門	誠初A	四法	蒙山	法華	誠初B	簡易	長寿
堪	渓	中	1	平	覃	L	kam^{L}					kam^{L}	kam^{L}			kam^{L}									kam
戡	渓	中	1	平	覃	L	kam^{L}					kam^{L}	kam^{L}												
龕	渓	中	1	平	覃	L	ham^{L}		ham^{L}		ham^{L}														
陰	影	中	1	平	覃	L	$\text{’}am^{L}$									$\text{’}am^{L}$									
庵	影	中	1	平	覃	L	$\text{’}am^{L}$	$\text{’}am^{L}$			$\text{’}am^{L}$									$\text{’}am^{L}$	$\text{’}am\#$	$\text{’}am^{L}$	$\text{’}am$		
鵪	影	中	1	平	覃	L	$\text{’}am^{L}$				$\text{’}am^{L}$														
頷	匣	中	1	平	覃	L	ham^{L}				ham^{L}														$?ham$
含	匣	中	1	平	覃	L	ham^{L}	ham^{L}	ham^{L}	ham^{L}	ham^{L}	ham^{L}	ham^{L}							ham^{L}	ham^{L}				
涵	匣	中	1	平	覃	L	ham^{L}					ham^{L}	ham^{L}												
函	匣	中	1	平	覃	L	ham^{L}				ham^{L}														
鍤	匣	中	1	平	覃	L	hap^{L}				hap^{L}														
湛	端	中	1	平	覃	L	tam^{L}					tam^{L}	tam^{L}												
耽	端	中	1	平	覃	L	tam^{L} $t^{h}am^{L}$	$t^{h}am^{L}$				$t^{h}am^{L}$	$t^{h}am^{L}$		tam^{L}										
探	透	中	1	平	覃	L	$t^{h}am^{L}$				$t^{h}am^{L}$					$t^{h}am^{L}$									
貪	透	中	1	平	覃	L	$t^{h}am^{L}$	$t^{h}am^{L}$		$t^{h}am^{L}$	$t^{h}am^{L}$	$t^{h}am^{L}$	$t^{h}am^{L}$	$t^{h}am^{L}$		$t^{h}am^{L}$			$t^{h}am^{L}$		$t^{h}am^{L}$	$t^{h}am^{L}$	$t^{h}am$		$t^{h}am$
曇	定	中	1	平	覃	?	tam													tam^{L}					tam
潭	定	中	1	平	覃	L	tam^{L}			tam^{L}	tam^{L}														
蟫	定	中	1	平	覃	L	tam^{L}				tam^{L} [N] mam^{L}														
壜	定	中	1	平	覃	L	tam^{L}				tam^{L} [N] tim^{H} [KR] tam^{H}														
薄	定	中	1	平	覃	L	tam^{L}				tam^{L}														
男	泥	中	1	平	覃	L	nam^{L}	nam^{L}			nam^{L}	nam^{L}	nam^{L}				nam^{L}					nam^{L}			nam
南	泥	中	1	平	覃	L	nam^{L} na^{L}	nam^{L}	nam^{L}	nam^{L} na^{L}	nam^{L}	nam^{L}	nam^{L}	nam^{L}	nam^{L}	nam^{L}	nam^{L}	nam^{L}				nam^{L}		nam	
嵐	来	中	1	平	覃	L	nam^{L}				nam^{L}														

字	声	口	等	調	韻	ア	代表	六上中	六下	真三	訓蒙	翻小	小諺	大諺	中諺	論諺	孝諺	分門	誡初A	四法	蒙山	法華	誡初B	簡易	長寿
婪	来	中	1	平	覃	L	ram^L				ram^L														
哂	精	中	1	平	覃	H	cap^H				cap^H														
參	清	中	1	平	覃	L	cʰam^L	cʰam^L	cʰam^L			cʰam^L	cʰam^L		cʰam^L				cʰam^L	cʰam^L	cʰam^L	cʰam^L	cʰam	cʰam	
蠶	從	中	1	平	覃	L	cʌm^L				cʌm^L	cʌm^L	cʌm^L												
感	見	中	1	上	覃	R	kam^R		kam^R			kam^R	kam^R						kam^R?			kam^R	kam	kam	
坎	渓	中	1	上	覃	R	kam^R				kam^R	kam^R	kam^R												
頷	匣	中	1	上	覃	?	ham																		?ham
菡	匣	中	1	上	覃	R	ham^R			ham^R															
撼	匣	中	1	上	覃	R	ham^R kam^R				ham^R [KR] kam^R										kam^H *?ham^H				
禫	定	中	1	上	覃	R	tam^R					tam^R	tam^R												
菼	定	中	1	上	覃	L	tam^L			tam^L															
撍	精	中	1	上	覃	R	cam^R				cam^R														
糝	心	中	1	上	覃	R	cʰam^R sʌm^R sim^R				cʰam^R [T] sʌm^R [S] sim^R [N] sim^H [KR] sʌm^H?														
紺	見	中	1	去	覃	R	kam^R				kam^R						kam^R								kam
勘	渓	中	1	去	覃	?	kam														kam$^{H/L}$				
墈	渓	中	1	去	覃	R	kam^R				kam^R														
暗	影	中	1	去	覃	R	'am^R		'am^R	'am^R	'am^R	'am^R	'am^R							'am^H				'am		'am
闇	影	中	1	去	覃	R	'am^R									'am^R									
憾	匣	中	1	去	覃	R	kam^R									kam^R	kam^R								
鴿	見	中	1	入	覃	H	hap				hap^H [KR] hap^L												*?kap^H			
閤	見	中	1	入	覃	H	hap				hap^H	ha?p^H	hap^H												
蛤	見	中	1	入	覃	H	hap				hap^H														

字	声	口	等	調	韻	ア	代表	六上中	六下	真三	訓蒙	翻小	小諺	大諺	中諺	論諺	孝諺	分門	誠初A	四法	蒙山	法華	誠初B	簡易	長寿
罨	影	中	1	入	覃	H	'ap				'ap^H [KR] 'ap^L														
合	匣	中	1	入	覃	H	hap	hap^H	hap^H			hap^H	hap^H		hap^H	hap^H		hap$^{H(L)}$	hap^H		hap^H	hap^H	hap	hap	hap
答	端	中	1	入	覃	H	tap	tap^H	tap^H			tap^H	tap^H			tap^H					tap^H	tap^H			tap
苔	端	中	1	入	覃	H	tap						tap^H												
鎝	透	中	1	入	覃	H	tap				tap^H														
踏	透	中	1	入	覃	H	tap				tap^H														
納	泥	中	1	入	覃	H	nap	nap^H			nap^H	nap^H	nap^H		nap^H	nap^H							nap		
衲	泥	中	1	入	覃	H	nap	nap^H	nap^L		nap^H								nap^H		nap^H		nap		
匝	精	中	1	入	覃	H	cap			cap^H															cap
雜	從	中	1	入	覃	H	cap			cap^H									cap^H	cap$^{H(R)}$	cap^H	cap^H	cap		cap

8.2. 談韻

字	声	口	等	調	韻	ア	代表	六上中	六下	真三	訓蒙	翻小	小諺	大諺	中諺	論諺	孝諺	分門	誠初A	四法	蒙山	法華	誠初B	簡易	長寿
疳	見	中	1	平	談	?	kam																		kam
甘	見	中	1	平	談	L	kam^L	kam^L		kam^L	kam^L	kam^L	kam^L			kam^L	kam^L	kam^L	kam^L	kam^H			kam	kam	kam
柑	見	中	1	平	談	L	kam^L				kam^L														
泔	見	中	1	平	談	L	kam^L				kam^L														
坩	渓	中	1	平	談	L	kam^L				kam^L														
歛	暁	中	1	平	談	R	riəm^R				riəm^R														
憨	暁	中	1	平	談	L	ham^L				ham^L														
擔	端	中	1	平	談	L	tam^L					tam^L									tam^L				
聃	透	中	1	平	談	L	tam^L					tam^L	tam^L												
坍	透	中	1	平	談	L	tan^L				tan^L														
談	定	中	1	平	談	L	tam^L				tam^L	tam^L	tam^L						tam^L				tam		
澹	定	中	1	平	談	L	tam^L									tam^L									
痰	定	中	1	平	談	L	tam^L				tam^L														
籃	来	中	1	平	談	L	ram^L				ram^L														
襤	来	中	1	平	談	L	ram^L				ram^L														
藍	来	中	1	平	談	L	ram^L		ram^L		nam^L	nam^L	nam^L												
慚	從	中	1	平	談	L	c^{h}am^L					c^{h}am^L	c^{h}am^L						c^{h}am^L				c^{h}am		c^{h}am
三	心	中	1	平	談	L	sam^L	sam^L	sam^L	sam^L	sam^L	sam$^{L(R/H)}$	sam$^{L(R)}$	siam^L	sam$^{L(H)}$	sam$^{L(H)}$	sam^L		sam^L	sam^L	sam^L	sam^L	sam		sam

字	声	口	等	調	韻	ア	代表	六上中	六下	真三	訓蒙	翻小	小諺	大諺	中諺	論諺	孝諺	分門	誠初A	四法	蒙山	法華	誠初B	簡易	長寿
敢	見	中	1	上	談	R	kam^R	kam^R				kam$^{R(H)}$	kam$^{R(H)}$		kam^R	kam̩^{R}	kam^R				kam^H				kam
膽	端	中	1	上	談	R	tam^R				tam^R [KR] tam^L	tam^R	tam^R												
毯	透	中	1	上	談	R	tam^R				tam^R														
菼	透	中	1	上	談	R	tam^R				tam^R														
澹	定	中	1	上	談	R	tam^R					tam^R	tam^R												
噉	定	中	1	上	談	R	tam^R				tam^R														tam
攬	来	中	1	上	談	R	ram^R				ram^R														
爁	来	中	1	上	談	R	ram^R				ram^R? [TSNKR] ram^R														
覽	来	中	1	上	談	R	ram^R				ram^R	ram^R nam^R	ram^R												
瞰	渓	中	1	去	談	R	kam^R				kam^R														
擔	端	中	1	去	談	R	tam^R				tam^R		tam^R												
淡	定	中	1	去	談	RL	tam$^{R/L}$				tam^R	tam$^{R/L}$	tam^R		tam^R						tam^L				
纜	来	中	1	去	談	R	ram^R				ram^R														
濫	来	中	1	去	談	R	ram^R				ram^R [KR] ram^H					ram^R			nam^L				nam		
蹔	従	中	1	去	談	?	cam																		cam
暫	従	中	1	去	談	R	cam^R					cim^R	cam^R						cam^R c^h?am^H				cam		cam
磕	渓	中	1	入	談	?	hap														*k^{h}ap^H (hap^L)				
瞌	渓	中	1	入	談	?	hap												hap^H						
榼	渓	中	1	入	談	H	hap				hap^H														
嗑	匣	中	1	入	談	?	hap												hap^R						
盍	匣	中	1	入	談	H	hap								hap^H										
塔	透	中	1	入	談	H	t^{h}ap	t^{h}ap^H	t^{h}ap^H	t^{h}ap^H	t^{h}ap^H											t^{h}ap$^{H(L)}$			t^{h}ap
搭	透	中	1	入	談	H	t^{h}ap				t^{h}ap^H? [TSNKR] t^{h}ap^H														

字	声	口	等	調	韻	ア	代表	六上中	六下	真三	訓蒙	翻小	小諺	大諺	中諺	論諺	孝諺	分門	誠初A	四法	蒙山	法華	誠初B	簡易	長寿
榻	透	中	1	入	談	H	t^hap				t^hap^H [KR] t^ham^H	t^hap^H	t^hap^H												
塌	透	中	1	入	談	H	t^hap				t^hap^H [KR] t^hap^L														
臘	来	中	1	入	談	H	rap				nap^H														rap
鑞	来	中	1	入	談	H	rap				rap^H [SNKR] rap^R											rap^H			
蠟	来	中	1	入	談	H	rap				rap^H [N] ram^H	rap^R	rap^H												
歃	心	中	1	入	談	H	sap				sap^H														

8.3. 咸韻

字	声	口	等	調	韻	ア	代表	六上中	六下	真三	訓蒙	翻小	小諺	大諺	中諺	論諺	孝諺	分門	誠初A	四法	蒙山	法華	誠初B	簡易	長寿
縅	見	中	2	平	咸	L	ham^L		ham^L																
咸	匣	中	2	平	咸	L	ham^L	ham^L		ham^L		ham^L	ham^L						ham^L				ham		ham
函	匣	中	2	平	咸	L	ham^L			ham^L															
鹹	匣	中	2	平	咸	L	ham^L				ham^L														
讒	崇	中	2	平	咸	L	c^ham^L				c^ham^L				c^ham^L										
饞	崇	中	2	平	咸	L	c^ham^L				c^ham^L														
鋄	生	中	2	平	咸	L	sam^L				sam^L														
鹻	見	中	2	上	咸	R	$kiəm^R$				$kiəm^R$ [S] $k?əm^R$ [N] $kəm^R$														
黯	影	中	2	上	咸	R	$'am^R$					$'am^R$	$'am^{R(L)}$												
湛	澄	中	2	上	咸	R	tam^R	tam^R												tam^H	tam^H				
斬	荘	中	2	上	咸	R	c^ham^R					c^ham^R	$c^ham^{R/H}$												c^ham
餡	匣	中	2	去	咸	R	ham^R			ham^R															

字	声	口	等	調	韻	ア	代表	六上中	六下	真三	訓蒙	翻小	小諺	大諺	中諺	論諺	孝諺	分門	誠初A	四法	蒙山	法華	誠初B	簡易	長寿
陷	匣	中	2	去	咸	R	ham^R				ham^R	ham^R	ham^R		ham^R	ham^R	ham^R		ham^R				·ham		
站	知	中	2	去	咸	R	c^{h}am^R				c^{h}am^R														
賺	澄	中	2	去	咸	R	tam^R cam^R				tam^R [TSNKR] cam^R														
蘸	荘	中	2	去	咸	R	cam^R				cam^R														
跲	見	中	2	入	咸	H	kiəp								kiəp^H										
袷	見	中	2	入	咸	H	hiəp				hiəp^H [KR] hiəp^L														
掐	渓	中	2	入	咸	H	kiəp				kiəp^H														
洽	匣	中	2	入	咸	H	hip					hip^H	hip^H												
狹	匣	中	2	入	咸	H	hiəp			hiəp^H															
箚	知	中	2	入	咸	H	cap				cap^L [TSKR] cap^H [N] cap?^{H}														
鍤	初	中	2	入	咸	H	sap				sap^H [T] sip^H														
插	初	中	2	入	咸	H	sap				sap^H														
煠	崇	中	2	入	咸	H	cap				cap^H														
牐	崇	中	2	入	咸	H	cap				cap^H														
歃	生	中	2	入	咸	H	sap				sap^H [NKR] sap^L														
箑	生	中	2	入	咸	H	sap				sap^H														

8.4. 銜韻

字	声	口	等	調	韻	ア	代表	六上中	六下	真三	訓蒙	翻小	小諺	大諺	中諺	論諺	孝諺	分門	誠初A	四法	蒙山	法華	誠初B	簡易	長寿
監	見	中	2	平	銜	L	kam^L	kam^L						kam^L		kam^L									
嵌	渓	中	2	平	銜	L	kam^L				kam^L [S] kim^L														
岩	疑	中	2	平	銜	?	'am												'am^L				'am		
巖	疑	中	2	平	銜	L	'am^L					'am^L	'am^L	'am^L							'am^L				
銜	匣	中	2	平	銜	L	ham^L				ham^L														
喃	匣	中	2	平	銜	L	ham^L					ham^L	ham^L												
衫	生	中	2	平	銜	L	sam^L				sam^L														
艦	匣	中	2	上	銜	R	ham^R				ham^R														
檻	匣	中	2	上	銜	R	ham^R				ham^R														
鑑	見	中	2	去	銜	R	kam^R		kam^R	kam^R	kam^R	kam$^{R(L)}$	kam^R											
懺	初	中	2	去	銜	R	c^{h}am^R	c^{h}am^R		c^{h}am^R									c^{h}am^R				c^{h}am		c^{h}am
甲	見	中	2	入	銜	H	kap	kap^H			kap^H			kap^H								kap^L		kap	kap
胛	見	中	2	入	銜	H	kap				kap^H [N] kaʔp^H														
鴨	影	中	2	入	銜	H	'ap				'ap^H [KR] 'ap^L								'ap^H				'ap		
押	影	中	2	入	銜	H	'ap					'ap^H	'ap^H												
壓	影	中	2	入	銜	H	'ap					'ap^H													'ap
狎	匣	中	2	入	銜	H	'ap					'ap^H	'ap^H			'ap^H								
匣	匣	中	2	入	銜	H	kap				kap^H							kap^H						
柙	匣	中	2	入	銜	H	hap									hap^H								

8.5. 塩韻

字	声	口	等	調	韻	ア	代表	六上中	六下	真三	訓蒙	翻小	小諺	大諺	中諺	論諺	孝諺	分門	誠初A	四法	蒙山	法華	誠初B	簡易	長寿
黶	影	中	A	上	塩	R	$’iəm^{R}$				$’iəm^{R}$ [S] $’əm^{H}$														
魘	影	中	A	上	塩	R	$’iəm^{R}$				$’iəm^{R}$ [NKR] $’iəm^{L}$														
黤	影	中	A	上	塩	R	$’iəm^{R}$				$’iəm^{R}$														
猒	影	中	A	去	塩	?	$’iəm$												$’iəm^{R}$				$’iəm$		
厭	影	中	A	去	塩	R	$’iəm^{R}$ $’əm^{R}$ $’an^{R}$					$’iəm^{R}$ $’əm^{R}$	$’iəm^{R}$	$’an^{R}$	$’iəm^{R}$	$’iəm^{R}$			$’iəm^{H}$				$’iəm$		
沾	知	中	AB	平	塩	L	$t^{h}iəm^{L}$			$t^{h}iəm^{L}$															
廉	来	中	AB	平	塩	L	$riəm^{L}$				$riəm^{L}$	$riəm^{L}$	$riəm^{L}$			$riəm^{L}$									
匳	来	中	AB	平	塩	L	$riəm^{L}$				$riəm^{L}$	$riəm^{L}$	$riəm^{L}$												
簾	来	中	AB	平	塩	L	$riəm^{L}$				$riəm^{L}$														
帘	来	中	AB	平	塩	L	$riəm^{L}$				$riəm^{L}$ [T] $rəm^{L}$														
鎌	来	中	AB	平	塩	L	$riəm^{L}$ $kiəm^{L}$				$riəm^{L}$ $kiəm^{L}$														
溓	来	中	AB	平	塩	L	$riəm^{L}$				$riəm^{L}$														
漸	精	中	AB	平	塩	L	$ciəm^{L}$						$ciəm^{L}$	$ciəm^{L}$											
鑯	清	中	AB	平	塩	L	$c^{h}iəm^{L}$				$c^{h}iəm^{L}$														
潜	従	中	AB	平	塩	L	$cʌm^{L}$				$cʌm^{L}$	$cʌm^{L}$	$cʌm^{L}$		$cʌm^{L}$										
瞻	章	中	AB	平	塩	L	$c^{h}iəm^{L}$				$c^{h}iəm^{L}$ [T] $c^{h}iəm?^{L}$			$c^{h}iəm^{L}$		$c^{h}iəm^{L}$			$c^{h}ʔiəm^{L}$				$c^{h}iəm$		$c^{h}iəm$
占	章	中	AB	平	塩	L	$ciəm^{L}$				$ciəm^{L}$					$ciəm^{L}$									
襜	昌	中	AB	平	塩	L	$c^{h}iəm^{L}$									$c^{h}iəm^{L}$									
苫	書	中	AB	平	塩	L	$ciəm^{L}$						$ciəm^{L}$	$ciəm^{L}$											
痁	書	中	AB	平	塩	L	$ciəm^{L}$				$ciəm^{L}$														
蟾	常	中	AB	平	塩	L	$siəm^{L}$				$siəm^{L}$														
髯	日	中	AB	平	塩	L	$ziəm^{L}$				$ziəm^{L}$														

字	声	口	等	調	韻	ア	代表	六上中	六下	真三	訓蒙	翻小	小諺	大諺	中諺	論諺	孝諺	分門	誠初A	四法	蒙山	法華	誠初B	簡易	長寿
枏	日	中	AB	平	塩	L	ziəm^L				ziəm^L														
簷	羊	中	AB	平	塩	L	c^{h}iəm^L				c^{h}iəm^L														
閻	羊	中	AB	平	塩	L	'iəm^L ziəm^L	ziəm^L		ziəm^L	'iəm^L [T] 'əm^L	'iəm^L	'iəm^L							'iəm^L	'iəm^L				'iəm	'iəm
鹽	羊	中	AB	平	塩	L	'iəm^L				'iəm^L [S] 'əm^L	'iəm^L	'iəm^L										'iəm^L			
諂	徹	中	AB	上	塩	RL	t^{h}iəm$^{R/L}$	t^{h}iəm^R			t^{h}iəm^L					t^{h}iəm^R							t^{h}iəm^R			t^{h}iəm
斂	来	中	AB	上	塩	R	riəm^R							riəm^R	riəm^R	riəm^R									niəm
漸	從	中	AB	上	塩	R	ciəm^R	ciəm^R	ciəm^R	ciəm^R		ciəm^R	ciəm$^{R(L)}$						ciəm^R		ciəm$^{H(L)}$ (*sciəm^H)	ciəm$^{R/L}$	ciəm		
冉	日	中	AB	上	塩	R	ziəm^R									ziəm$^{R(L)}$									
染	日	中	AB	上	塩	R	ziəm^R	ziəm^R		ziəm^R	ziəm^R	'iəm^R	'iəm^R											'iəm	'iəm
錟	羊	中	AB	上	塩	R	'iəm^R				'iəm^R [N] 'əm^R														
扊	羊	中	AB	上	塩	L	'iəm^L				'iəm^L														
擫	羊	中	AB	上	塩	L	ziəm^L siəm^L				ziəm^L [TSN] siəm^L														
覘	徹	中	AB	去	塩	R	tiəm^R				tiəm^R														
斂	来	中	AB	去	塩	R	riəm^R					riəm^R	riəm^R												
殮	来	中	AB	去	塩	R	riəm^R				riəm^R														
臉	来	中	AB	去	塩	R	riəm^R				riəm^R														
塹	清	中	AB	去	塩	?	ciəm													ciəm^L				ciəm		
占	章	中	AB	去	塩	R	ciəm^R			ciəm^R															
贍	昌	中	AB	去	塩	L	c^{h}iəm^L				c^{h}iəm^L														
苫	書	中	AB	去	塩	R	siəm^R ciəm^R				siəm^R [KR] ciəm^R														
染	日	中	AB	去	塩	?	ziəm																ziəm^H			
焰	羊	中	AB	去	塩	?	'iəm														'iəm^R	'iəm^R				
艶	羊	中	AB	去	塩	R	'iəm^R				'iəm^R														
輒	知	中	AB	入	塩	H	t^{h}iəp					t^{h}iəp^H	t^{h}iəp^H												

字	声	口	等	調	韻	ア	代表	六上中	六下	真三	訓蒙	翻小	小諺	大諺	中諺	論諺	孝諺	分門	誡初A	四法	蒙山	法華	誡初B	簡易	長寿
鑷	娘	中	AB	入	塩	H	niəp				niəp^H														
獦	来	中	AB	入	塩	H	kal	kal^H																	
钀	来	中	AB	入	塩	H	riəp				riəp^H														
獵	来	中	AB	入	塩	H	riəp	riəp^H			riəp^H									riəp^H				riəp	
睫	精	中	AB	入	塩	H	c^{h}iəp				c^{h}iəp^H														
接	精	中	AB	入	塩	H	ciəp	ciəp^H	ciəp^H			ciəp^H	ciəp^H			ciəp^H			ciəp^H				ciəp	
楼	精	中	AB	入	塩	H	ciəp				ciəp^H														
妾	清	中	AB	入	塩	H	c^{h}iəp				c^{h}iəp^H	c^{h}iəp^H (ciəp^H)	c^{h}iəp^H(R)				c^{h}iəp^H					c^{h}iəp^H			
葉	書	中	AB	入	塩	H	siəp	siəp^H	siəp^H	siəp^H						siəp^H						siəp^H			
䶲	書	中	AB	入	塩	H	siəp				siəp^H														
攝	書	中	AB	入	塩	H	siəp	siəp$^{R?}$			siəp^H	siəp^H	siəp^H			siəp^H					siəp^H				siəp
涉	常	中	AB	入	塩	H	siəp					siəp^L	siəp^H								siəp^H				
葉	羊	中	AB	入	塩	H	'iəp / 'əp		'iəp^H	'iəp^H	'iəp^H [NKR] 'iəp^R					'iəp^H		'əp^H			'iəp^H			'iəp	
黔	群	中	B	平	塩	L	kəm^L					kəm^L	kəm^L												
鉗	群	中	B	平	塩	L	kiəm^L				kiəm^L														
醃	影	中	B	平	塩	L	'əm^L				'əm^L														
淹	影	中	B	平	塩	LR	'əm$^{L/R}$				'əm^R [R] 'əm^H	'əm^L	'əm^L												
炎	云	中	B	平	塩	L	'iəm^L				'iəm^L														'iəm
撿	見	中	B	上	塩	?	kəm																		kəm
瞼	見	中	B	上	塩	R	kəm^R				kəm^R														
臉	見	中	B	上	塩	R	riəm^R				riəm^R														
檢	見	中	B	上	塩	R	kəm^R				kəm^R	kəm^R	kəm^R							kəm^H	kəm^H			
芡	群	中	B	上	塩	R	kam^R				kam^R														
儉	群	中	B	上	塩	R	kəm^R				kəm^R [KR] kəm^H	kəm^R	kəm^R			kəm^R				kəm^R		kəm		
撏	影	中	B	上	塩	R	'əm^R							'əm^R	'əm^R									
掩	影	中	B	上	塩	R	'əm^R					'əm^R	'əm^R											

字	声	口	等	調	韻	ア	代表	六上中	六下	真三	訓蒙	翻小	小諺	大諺	中諺	論諺	孝諺	分門	誠初A	四法	蒙山	法華	誠初B	簡易	長寿
閹	影	中	B	上	塩	R	'əm^R				'əm^R [N] 'ək?^{R}														
嶮	暁	中	B	上	塩	R	həm^R	həm^R																	
險	暁	中	B	上	塩	R	həm^R		həm^R			həm$^{R(H)}$	həm^R		həm^R							həm^R			həm
貶	幇	中	B	上	塩	R	pʰiəm^R					pʰiəm^R	pʰiəm^R												
驗	疑	中	B	去	塩	R	həm^R	həm^R												həm$^{R/H}$					
俺	影	中	B	去	塩	L	'am^L				'am^L [N] 'at^L														
曄	云	中	B	入	塩	H	niəp						niəp^H												
饁	云	中	B	入	塩	H	niəp				niəp^H														

8.6. 嚴韻

字	声	口	等	調	韻	ア	代表	六上中	六下	真三	訓蒙	翻小	小諺	大諺	中諺	論諺	孝諺	分門	誠初A	四法	蒙山	法華	誠初B	簡易	長寿
嚴	疑	中	C	平	嚴	L	'əm^L		'əm^L	'əm^L	'əm^L	'əm$^{L(R)}$	'əm^L	'əm^L			'əm^L		'əm^L		'əm^L	'əm^L (*ŋəm^L)	'əm		
杴	暁	中	C	平	嚴	L	him^L				him^L														
蘞	暁	中	C	平	嚴	R	həm^R				həm^R														
儼	疑	中	C	上	嚴	R	'əm^R									'əm^R									
劍	見	中	C	去	嚴	R	kəm^R		kəm^R		kəm^R										kəm^H		kəm		kəm
欠	渓	中	C	去	嚴	R	him^R				him^R														
醶	疑	中	C	去	嚴	R	'əm^R				'əm^R														
劫	見	中	C	入	嚴	H	kəp	kəp^H	kəp^H	kəp^H	kəp^H	kəp^H	kəp^H						kəp^H			kəp$^{H(L)}$	kəp		kəp
怯	渓	中	C	入	嚴	H	kəp					kəp^H	kəp^H												
㤼	渓	中	C	入	嚴	H	kəp					kəp^H	kəp^H												
業	疑	中	C	入	嚴	H	'əp	'əp$^{H(L)}$		'əp^H	'əp^H	'əp^H	'əp$^{H(R/L)}$						'əp^H		'əp^H	'əp^H *ŋəp^H	'əp		'əp
鄴	疑	中	C	入	嚴	H	'əp					'əp$^{H/R}$	'əp^H												
脇	暁	中	C	入	嚴	H	həp hiəp		həp^H		həp^H [SN] hiəp^H														

8.7. 凡韻

字	声	口	等	調	韻	ア	代表	六上中	六下	真三	訓蒙	翻小	小諺	大諺	中諺	論諺	孝諺	分門	誠初A	四法	蒙山	法華	誠初B	簡易	長寿
帆	奉	中	C	平	凡	L	pəm^L				pəm^L														
凡	奉	中	C	平	凡	L	pəm^L	pəm^L	pəm^L	pəm^L		pəm^L	pəm^L	pəm^L	pəm^L				pəm^L	pəm^L			pəm^L		pəm (pəŋ)
犯	奉	中	C	上	凡	R	pəm^R	pəm^R				pəm^R	pəm^R	pəm^R		pəm^R			pəm$^{R/H}$				pəm^R	pəm	pəm
範	奉	中	C	上	凡	R	pəm^R					pəm^R	pəm^R												
范	奉	中	C	上	凡	R	pəm^R	pəm^R				pəm$^{R(H)}$	pəm^R												
梵	奉	中	C	去	凡	R	pəm^R	pəm^R	pəm^R									pəm^R					pəm$^{H(L)}$	pəm	pəm
法	非	中	C	入	凡	H	pəp	pəp$^{H(L)}$	pəp^H	pəp^H	pəp^H	pəp^H	pəp^H	pəp^H	pəp^H	pəp^H	pəp^H	pəp^H	pəp$^{H(L)}$	pəp^H	pəp$^{H(L)}$	pəp$^{H(L)}$	pəp$^{H(L)}$	pəp	pəp
乏	奉	中	C	入	凡	H	pʰip					pʰip^H	pʰip^H						pʰip^H				pʰip		pʰip

8.8. 添韻

字	声	口	等	調	韻	ア	代表	六上中	六下	真三	訓蒙	翻小	小諺	大諺	中諺	論諺	孝諺	分門	誠初A	四法	蒙山	法華	誠初B	簡易	長寿
兼	見	中	4	平	添	L	kiəm^L					kiəm^L	kiəm^L			kiəm^L	kiəm^L							kiəm	
蒹	見	中	4	平	添	L	kiəm^L				kiəm^L														
縑	見	中	4	平	添	L	kiəm^L				kiəm^L														
謙	渓	中	4	平	添	L	kiəm^L	kiəm^L				kiəm^L	kiəm^L						kiəm^L				kiəm		
嫌	匣	中	4	平	添	L	hiəm^L					hiəm^L	hiəm^L						hiəm#				hiəm		
添	透	中	4	平	添	L	tʰiəm^L				tʰiəm^H [T] tʰiəm^L										tʰiəm^L				
恬	定	中	4	平	添	L	niəm^L					niəm^L	niəm^L												
甜	定	中	4	平	添	L	tʰiəm^L				tʰiəm^L	tʰiəm^L	tʰiəm^L												
鮎	泥	中	4	平	添	L	niəm^L (tiəm^L か) ciəm^L				niəm^L [T] niəm^L (tiəm^L か) [R] ciəm^L														

字	声	口	等	調	韻	ア	代表	六上中	六下	真三	訓蒙	翻小	小諺	大諺	中諺	論諺	孝諺	分門	誠初A	四法	蒙山	法華	誠初B	簡易	長寿
拈	泥	中	4	平	添	L	niəm^{L} / riəm^{L} / ciəm^{L}			riəm^{L}	ciəm^{L}								niəm#		niəm$^{H/L}$		niəm		
濂	来	中	4	平	添	L	riəm^{L}					riəm^{L}	riəm^{L}												
歉	渓	中	4	上	添	R	kiəm^{R}				kiəm^{R} [NKR] kiəm^{H}														
慊	渓	中	4	上	添	R	kiəm^{R}					kiəm^{R}	kiəm^{R}												
點	端	中	4	上	添	RH	tiəm$^{R/H}$			tiəm^{R}	tiəm^{H} [T] tiəm^{H} (təm^{H})	tiəm^{R}	tiəm^{R}			tiəm^{R}				ciəm^{H}	tiəm^{H}			
舚	透	中	4	上	添	R	tʰiəm^{R}				tʰiəm^{R}													
忝	透	中	4	上	添	RL	tʰiəm$^{R/L}$		tʰiəm^{L}			tʰiəm^{R}	tʰiəm^{R}											
簟	定	中	4	上	添	R	tiəm^{R}				tiəm^{R}													
店	端	中	4	去	添	R	tiəm^{R}	tiəm^{R}			tiəm^{H} [TSN] tiəm^{R} [KR] təm^{R}													
坫	端	中	4	去	添	R	tiəm^{R}									tiəm^{R}								
[illegible]	定	中	4	去	添	R	tiəm^{R}				tiəm^{R}													
念	泥	中	4	去	添	R	niəm^{R} / riəm^{R}	niəm$^{R(H)}$	niəm^{R}	niəm^{R}		riəm^{R} (niəm^{R})	niəm^{R} / riəm^{R}			niəm^{R}		niəm$^{R/L}$	niəm^{H}	niəm$^{R/H}$ (riəm^{R})	niəm^{H}	niəm$^{H(L)}$ / riəm$^{H(R)}$	niəm	riəm	riəm (niəm)
茨	見	中	4	入	添	H	hiəp				hiəp^{H}							hiəp^{H} (hip^{L})						hiəp	
頰	見	中	4	入	添	H	hiəp				hiəp^{H}													
筴	見	中	4	入	添	H	hiəp				hiəp^{H}													
鋏	見	中	4	入	添	H	hiəp				hiəp^{H}													
蛺	見	中	4	入	添	H	hiəp				hiəp^{H}													
謙	渓	中	4	入	添	H	kiəp							kiəp^{H}										

字	声	口	等	調	韻	ア	代表	六上中	六下	真三	訓蒙	翻小	小諺	大諺	中諺	論諺	孝諺	分門	誡初A	四法	蒙山	法華	誡初B	簡易	長寿
篋	渓	中	4	入	添	H	hiəp				hiəp^H? [T] hiəp^H [SNKR] hiəp^L														
協	匣	中	4	入	添	H	hiəp					hiəp^H	hiəp^H												
俠	匣	中	4	入	添	H	hiəp		hiəp?^{L}			hiəp$^{H/R}$	hiəp^H												
挾	匣	中	4	入	添	H	hiəp					hiəp^H	hiəp^H												
帖	透	中	4	入	添	H	t^{h}iəp				t^{h}iəp^H? [TSNKR] t^{h}iəp^H														
貼	透	中	4	入	添	H	t^{h}iəp				t^{h}iəp^H														
蝶	定	中	4	入	添	H	tiəp			tiəp^H	tiəp^H														
楪	定	中	4	入	添	H	tiəp				tiəp^H														
牒	定	中	4	入	添	H	t^{h}iəp / t^{h}əp					t^{h}əp^H	t^{h}iəp^H												
甄	定	中	4	入	添	?	tiəp															*?tiəp^H			
捻	泥	中	4	入	添	H	niəp^H / niəm^H				niəp^H [T] niəp?^{H} [R] niəm^H														
浹	精	中	4	入	添	H	hiəp					hiəp^H	hiəp^H												

9. 深攝

9.1. 侵韻

字	声	口	等	調	韻	ア	代表	六上中	六下	真三	訓蒙	翻小	小諺	大諺	中諺	論諺	孝諺	分門	誠初A	四法	蒙山	法華	誠初B	簡易	長寿
揖	影	中	A	入	侵	H	'ip				'ip^H [NKR] 'ip^L	'ip^H	'ip^H			'ip^H									
挹	影	中	A	入	侵	H	'ip				'ip^H														
椹	知	中	AB	平	侵	L	sim^L				sim^L														
砧	知	中	AB	平	侵	L	t^{h}im^L				t^{h}im^L														
湛	澄	中	AB	平	侵	L	t^{h}im^L					t^{h}im^L	t^{h}im^L												
沈	澄	中	AB	平	侵	L	t^{h}im^L					t^{h}im^L	t^{h}im^L						t^{h}im^L	t^{h}im^L c^{h}im^L	t^{h}im^L c^{h}im^L (*ttim^L) (*tim^L)	t^{h}ip^L (t^{h}im?^{L})	t^{h}im		
臨	来	中	AB	平	侵	L	rim^L	rim^L		rim^L		rim^L nim^L	rim^L nim^L		rim^L	rim^L	rim^L		rim^L				rim		rim
霖	来	中	AB	平	侵	L	rim^L				rim^L														
林	来	中	AB	平	侵	L	rim^L	rim^L	rim^L	rim^L	rim^L	rim^L	rim^L			rim^L			rim^L	nim^L		rim^L	rim		rim
侵	清	中	AB	平	侵	L	c^{h}im^L	c^{h}im^L				c^{h}im^L	c^{h}im^L												c^{h}im
心	心	中	AB	平	侵	L	sim^L	sim^L	sim^L	sim^L	sim^L	sim^L	sim^L	sim^L		sim^L	sim^L	sim^L	sim^L	sim^L	sim^L	sim^L	sim	sim	sim
尋	邪	中	AB	平	侵	L	sim^L	sim^L				sim^L	sim^L						sim^L			sim^L	sim		sim
燖	邪	中	AB	平	侵	L	sim^L				sim^L														
鬻	邪	中	AB	平	侵	L	sim^L				sim^L														
簪	荘	中	AB	平	侵	L	cʌm^L				cʌm^L	cʌm^L	cʌm^L												
岑	崇	中	AB	平	侵	?	cʌm												cʌm^L				cʌm		
涔	崇	中	AB	平	侵	L	cʌm^L				cʌm^L														
梣	崇	中	AB	平	侵	L	cʌm^L cin^L				cʌm^L [TSKR] cin^L [N] ci?n^L														
蔘	生	中	AB	平	侵	L	sʌm^L				sʌm^L							sʌm^L							
參	生	中	AB	平	侵	L	sʌm^L					sʌm^L	sʌm^L			sʌm^L	sʌm^L								
鍼	章	中	AB	平	侵	L	c^{h}im^L				c^{h}im^L														

字	声	口	等	調	韻	ア	代表	六上中	六下	真三	訓蒙	翻小	小諺	大諺	中諺	論諺	孝諺	分門	誠初A	四法	蒙山	法華	誠初B	簡易	長寿
箴	章	中	AB	平	侵	L	cʌm^{L}					cʌm^{L}	cʌm^{L}												
斟	章	中	AB	平	侵	L	cim^{L} c^{h}im^{L}			c^{h}im^{L}	cim^{L}														
甚	書	中	AB	平	侵	H	sʌm^{H}					sʌm^{H}	sʌm^{H}												
深	書	中	AB	平	侵	L	sim^{L}			sim^{L}		sim^{L}	sim^{L}			sim^{L}			sim^{L}	sim^{L}	sim^{L}	sim$^{L(H)}$	sim		sim
諶	常	中	AB	平	侵	L	t^{h}im^{L}									t^{h}im^{L}									
壬	日	中	AB	平	侵	LR	zim$^{L/R}$	zim^{L}	zim^{R}																
淫	羊	中	AB	平	侵	L	ʼim^{L}					ʼim^{L}	ʼim^{L}			ʼim^{L}						ʼim^{L}	ʼim		ʼim
姪	羊	中	AB	平	侵	L	ʼim^{L}	ʼim^{L}	ʼim^{L}	ʼim^{L}															
朕	澄	中	AB	上	侵	R	tim^{R}		tim^{R}							tim^{R}									
稟	来	中	AB	上	侵	R	rim^{R}								rim^{R}										
廩	来	中	AB	上	侵	R	rim^{R}				rim^{R}	rim^{R}	rim^{R}		rim^{R}										
檁	来	中	AB	上	侵	R	rim^{R}				rim^{R} [T] ril^{R}														
寢	清	中	AB	上	侵	R	c^{h}im^{R}				c^{h}im^{R}	c^{h}im^{R}	c^{h}im^{R}			c^{h}im^{R}									
蕈	従	中	AB	上	侵	R	sim^{R}				sim^{R}														
枕	章	中	AB	上	侵	R	c^{h}im^{R}				c^{h}im^{R}	c^{h}im^{R}	c^{h}im^{R}												
瀋	昌	中	AB	上	侵	R	sim^{R}				sim^{R}														
葚	船	中	AB	上	侵	R	sim^{R}				sim^{R} [KR] sim^{L}														
審	書	中	AB	上	侵	R	sim^{R}					sim^{R}	sim^{R}		sim^{R}	sim^{R}									sim
嬸	書	中	AB	上	侵	R	sim^{R}				sim^{R}														
稔	日	中	AB	上	侵	R	nim^{R} niəm^{R}				nim^{R} [KR] niəm^{R}														
袵	日	中	AB	上	侵	R	zim^{R}				zim^{H} [TSNKR] zim^{R}					zim^{R}	zim^{R}								
荏	日	中	AB	上	侵	R	zim^{R}				zim^{R}					zim^{R}									
鵀	日	中	AB	上	侵	R	zim^{R}				zip^{R} [TSNKR] zim^{R}					zim^{R}									
恁	娘	中	AB	去	侵	R	nim^{R}				nim^{R}														

字	声	口	等	調	韻	ア	代表	六上中	六下	真三	訓蒙	翻小	小諺	大諺	中諺	論諺	孝諺	分門	誠初A	四法	蒙山	法華	誠初B	簡易	長寿
賃	娘	中	AB	去	侵	R	nim^{R} $\text{'}im$				nim^{R} [KR] nim^{L}											nim^{H} $\text{'}im\#$			
臨	来	中	AB	去	侵	R	rim^{R}					rim^{R}	rip^{R}											
浸	精	中	AB	去	侵	RH	$c^{h}im^{R/H}$					$c^{h}im^{R}$	$c^{h}im^{R}$			$c^{h}im^{H}$								
筬	清	中	AB	去	侵	L	$c^{h}im^{L}$				$c^{h}im^{L}$													
譖	荘	中	AB	去	侵	R	$c^{h}\Lambda m^{R}$				$c^{h}\Lambda m^{R}$	$c^{h}\Lambda m^{R}$	$c^{h}\Lambda m^{R}$			$c^{h}\Lambda m^{R}$								
讖	初	中	AB	去	侵	R	$c^{h}\Lambda m^{R}$ $c\Lambda m^{R}$	$c^{h}\Lambda m^{R}$ $c\Lambda m^{R}$																
枕	章	中	AB	去	侵	R	$c^{h}im^{R}$					$c^{h}im^{R}$	$c^{h}im^{R}$			$c^{h}im^{R}$								
甚	常	中	AB	去	侵	R	sim^{R}	sim^{R}	sim^{L}	sim^{R}		$sim^{R(H/L)}$	sim^{R}			$sim^{R(L)}$	sim^{R}		sim^{R}	sim^{R}	$sim^{H(L)}$	$sim^{H(L)}$	sim		sim
絍	日	中	AB	去	侵	R	zim^{R}				zim^{R} [NKR] zim^{L}													
任	日	中	AB	去	侵	R	zim^{R}			zim^{R}	zim^{R}	zim^{R} $\text{'}im^{R}$	$\text{'}im^{R}$		zim^{R}	zim^{R}					zim^{H}				$\text{'}im$
紝	日	中	AB	去	侵	R	zim^{R}					zim^{R}	$\text{'}im^{R}$											
妊	日	中	AB	去	侵	R	zim^{R}				zim^{R} [S] $zi\text{?}m^{R}$													
蟄	澄	中	AB	入	侵	H	$t^{h}ip$				$t^{h}ip^{H}$ [NR] $t^{h}ip^{R}$													
粒	来	中	AB	入	侵	H	rip			rip^{H}	rip^{H}	rip^{H}	rip^{H}											
笠	来	中	AB	入	侵	H	rip				rip^{H}													
立	来	中	AB	入	侵	H	rip	rip^{H}	rip^{H}	rip^{H}	rip^{H}	rip^{H} $(r\text{?}ip^{L})$ (nip^{H})	rip^{H} (nip^{H})		rip^{H}	rip^{H}	rip^{H}			nip^{H}			nip		rip
苙	来	中	AB	入	侵	H	rip				rip^{L} [T] rip^{H}													
緝	清	中	AB	入	侵	H	cip				cip^{H}			cip^{H}										
葺	清	中	AB	入	侵	H	cip					cip^{H}	cip^{H}											
集	從	中	AB	入	侵	H	cip			cip^{H}	cip^{H}	cip^{H}	cip^{H}			cip^{H}	cip^{H}			cip^{H}	cip^{H}			cip

字	声	口	等	調	韻	ア	代表	六上中	六下	真三	訓蒙	翻小	小諺	大諺	中諺	論諺	孝諺	分門	誠初A	四法	蒙山	法華	誠初B	簡易	長寿
楫	従	中	AB	入	侵	H	cip				cip^R [TSNKR] cip^H								cip^H				cip		
習	邪	中	AB	入	侵	H	sip			sip^H	sip^H	sip^H	sip^H			sip^H			sip^H		sip^H		sip		
襲	邪	中	AB	入	侵	H	sip								sip^H										
戴	荘	中	AB	入	侵	H	cip				cip^H														
執	章	中	AB	入	侵	H	cip	cip^H		cip^H		cip$^{H(R)}$	cip^H		cip^H	cip^H			cip^H	cip$^{H/R}$			cip		cip
汁	章	中	AB	入	侵	H	cip					cip^H	cip^H					cip^H							
濕	書	中	AB	入	侵	H	sip			sip^H													sip		
十	常	中	AB	入	侵	H	sip	sip^H	sip^H	sip^H	sip^R [TSNK] sip^H [R] sip^H?	sip$^{H(R/L)}$	sip^H	sip^H	sip^H	sip^H	sip^H		sip$^{H(R)}$	sip$^{H(R)}$ (si^R)	sip^H	sip$^{H(R/L)}$	sip	sip	sip
什	常	中	AB	入	侵	H	sip					sip^H	sip^H									sip^H			
拾	常	中	AB	入	侵	H	sip					sip^H	sip^H												
入	日	中	AB	入	侵	H	zip	zip^H	zip^H	zip^H	'ip^H	'ip$^{H(R/L)}$ (zip$^{H/R}$)	'ip$^{H(R)}$	'ip^H	'ip^H	zip^H ('ip^H)			'ip^H	'ip^H	zip^H ('ip^H)		'ip	'ip	'ip
今	見	中	B	平	侵	L	kim^L	kim^L	kim^L	kim^L	kim^L	kim^L	kim^L		kim^L				kim^L	kim^L		kim			kim
襟	見	中	B	平	侵	L	kim^L				kim^L	kim^L	kim^L						kim^R			kim			
金	見	中	B	平	侵	L	kim^L kim^L	kim^L kim^L	kim^L kim^L	kim^L	kim^L	kim^L	kim^L		kim^L		kim^L		kim^L	kim^L		kim^L	kim	kim kim	kim
衾	渓	中	B	平	侵	L	kim^L				kim^L	kim^L	kim^L				kim^L								
欽	渓	中	B	平	侵	L	him^L			him^L		him^L	him^L												
禽	群	中	B	平	侵	L	kim^L		kim^L		kim^L	kim^L	kim^L		kim^L	kim^L						kim^L			kim
琴	群	中	B	平	侵	L	kim^L				kim^L	kim^L	kim^L		kim^L							kim^L			
橚	群	中	B	平	侵	L	kim^L			kim^L	kim^L														
噙	群	中	B	平	侵	L	kim^L				kim^L														
吟	疑	中	B	平	侵	L	'im^L				'im^L								'im^L				'im		
瘖	影	中	B	平	侵	L	'am^L				'am^L														'am
音	影	中	B	平	侵	L	'im^L	'im^L		'im^L	'im^L	'im^L	'im^L						'im^L			'im^L	'im		'im
陰	影	中	B	平	侵	L	'im^L	'im^L	'im^L	'im^L	'im^L	'im^L	'im^L						'im^L				'im		'im
歆	暁	中	B	平	侵	L	him^L				him^L														

字	声	口	等	調	韻	ア	代表	六上中	六下	真三	訓蒙	翻小	小諺	大諺	中諺	論諺	孝諺	分門	誠初A	四法	蒙山	法華	誠初B	簡易	長寿
錦	見	中	B	上	侵	R	kim^R				kim^R [KR] —	kim^R	kim^R		kim^R	kim^R									
飲	影	中	B	上	侵	R	'im^R			'im^R	'im^H [TSNKR] 'im^R	'im$^{R(H/L)}$	'im^R		'im^R	'im^R			'im^R			'im$^{R/L}$	'im		'im
稟	幫	中	B	上	侵	RH	p^{h}um$^{R/H}$					p^{h}um^H	p^{h}um^R												
品	滂	中	B	上	侵	R	p^{h}um^R	p^{h}um^R		p^{h}um^R	p^{h}um^R	p^{h}um$^{R(H)}$	p^{h}um^R								*p^{h}im^H	p^{h}um$^{L(R)}$			
禁	見	中	B	去	侵	R	kim^R	kim^R				kim^R	kim^R								kim^R		kim		kim
妗	群	中	B	去	侵	R	kim^R				kim^R														
窨	影	中	B	去	侵	L	'im^L				'im^L														
飲	影	中	B	去	侵	RH	'im^R nim^H					nim^H	'im^R			'im^R									
給	見	中	B	入	侵	H	kip				kip^H? [TSNKR] kip^H	kip^H	kip$^{H(L)}$		kip^H				kip^H			kip#	kip		kip
急	見	中	B	入	侵	H	kip	kip^H				kip^H	kip$^{H(L)}$		kip^H				kip^H	kip^H	kip^H	kip^H	kip^H		kip
級	見	中	B	入	侵	H	kip	kip^H				kip^H	kip^H												
汲	見	中	B	入	侵	H	kip					kip^H	kip$^{H(L)}$												
泣	溪	中	B	入	侵	H	'ip					'ip^H	'ip^H	'ip^H			'ip^H								'ip
笈	群	中	B	入	侵	?	kip															kip^L			
及	群	中	B	入	侵	H	kip			kip^H		kip$^{H(L)}$	kip$^{H(R/L)}$		kip^H	kip^H	kip^H		kip^H	kip^H	kip^H		kip		kip
邑	影	中	B	入	侵	H	'ip	'ip^H			'ip^H [NKR] 'ip^L	'ip^H	'ip^H		'ip^H				'ip^H			'ip^R	'ip		
浥	影	中	B	入	侵	H	'ip				'ip^H														
翕	曉	中	B	入	侵	H	hip								hip^H	hip^H									
吸	曉	中	B	入	侵	H	hip				hip^H														

10. 山攝

10.1. 寒韻

字	声	口	等	調	韻	ア	代表	六上中	六下	真三	訓蒙	翻小	小諺	大諺	中諺	論諺	孝諺	分門	誠初A	四法	蒙山	法華	誠初B	簡易	長寿
干	見	開	1	平	寒	L	kan^L				kan^L	kan^L	kan^L(H)			kan^L					kan^L	kan^L			
肝	見	開	1	平	寒	L	kan^L				kan^L			kan^L				kan^L					kan		kan
乾	見	開	1	平	寒	L	kan^L					kan^L	kan^L									kan^L		kan	
竿	見	開	1	平	寒	L	kan^L				kan^L														
奸	見	開	1	平	寒	L	kan^L				kan^L														
滰	見	開	1	平	寒	L	kan^L				kan^L														
看	渓	開	1	平	寒	L	kan^L				kan^L	kan^L	kan^L						kan^L	kan^L	kan^L(H)		kan		
安	影	開	1	平	寒	L	'an^L	'an^L	'an^L	'an^L		'an^L	'an^L		'an^L	'an^L	'an^L		'an^L	'an^L	'an^L	'an^L	'an		'an
鞍	影	開	1	平	寒	L	'an^L				'an^L	'an^L	'an^L												
寒	匣	開	1	平	寒	L	han^L				han^L	han^L	han^L			han^L			han^L		han^L		han	han	han
韓	匣	開	1	平	寒	L	han^L					han^L	han^L												
簞	端	開	1	平	寒	L	tan^L				tan^L					tan^L									
襌	端	開	1	平	寒	L	tan^L				tan^L														
丹	端	開	1	平	寒	L	tan^L ran^L			ran^L	tan^L	tan^L	tan^L						tan^L						tan
單	端	開	1	平	寒	L	tan^L	tan^L												tan^L	tan^L				tan
灘	透	開	1	平	寒	L	tʰan^L				tʰan^L									tʰan^L					
攤	透	開	1	平	寒	L	tʰan^L				tʰan^L														
攃	透	開	1	平	寒	L	tʰan^L				tʰaʔn^L [TSNKR] tʰan^L														
壇	定	開	1	平	寒	L	tan^L	tan^L	tan^L	tan^L															
檀	定	開	1	平	寒	L	tan^L	tan^L		tan^L									taʔn^L	tan^L			tan^L	tan	tan	tan
彈	定	開	1	平	寒	L	tʰan^L	tʰan^L			tʰan^L														
難	泥	開	1	平	寒	L	nan^L ran^L	nan^L	nan^L	nan^L		nan^L ran^L	nan^L (ran^L)			nan^L			nan^L(H) ran^L(R)	nan^L	nan^L	nan^L	ran (nan) (rian)		ran (tan)
瀾	来	開	1	平	寒	L	ran^L				ran^L														
欄	来	開	1	平	寒	L	ran^L				ran^L												ran^L/H nan^L		

字	声	口	等	調	韻	ア	代表	六上中	六下	真三	訓蒙	翻小	小諺	大諺	中諺	論諺	孝諺	分門	誠初A	四法	蒙山	法華	誠初B	簡易	長寿
蘭	来	開	1	平	寒	L	ran^L	ran^L		ran^L	ran^L	ran^L	ran^L / nan^L												
餐	清	開	1	平	寒	?	c^{h}an																		c^{h}an
殘	從	開	1	平	寒	L	can^L		can^L							can^L			can^L				can		can
珊	心	開	1	平	寒	L	san^L				san^L											san^L			
稈	見	開	1	上	寒	R	kan^R				kan^R														
笴	見	開	1	上	寒	R	kan^R				kan^H [TS] kan^R														
赶	見	開	1	上	寒	RH	kan^R / han^H				han^H [TSNKR] kan^R														
侃	渓	開	1	上	寒	RH	kan$^{R/H}$		?kan^R			?kan$^{H(R)}$	?kan^R			?kan^R									
罕	暁	開	1	上	寒	R	han^R					han^R	han^R			han^R									
旱	匣	開	1	上	寒	R	han^R				han^R	han^R	han^R												han
担	端	開	1	上	寒	R	tan^R				tan^R														
坦	透	開	1	上	寒	R	t^{h}an^R					t^{h}an^R	t^{h}an^R			t^{h}an^R									
但	定	開	1	上	寒	R	tan^R					?tan^R	?tan^R						?tan$^{L(R/H)}$	?tan$^{R/L}$	?tan$^{R/H/L}$		?tan		?tan
祖	定	開	1	上	寒	R	tan^R / t^{h}an^R				t^{h}an^L [TSNKR] t^{h}an^R	tan^R	tan^R												tan
誕	定	開	1	上	寒	R	t^{h}an^R					t^{h}an$^{R/H}$	t^{h}an^R												
嬾	来	開	1	上	寒	R	ran^R				ran^R														
傘	心	開	1	上	寒	R	san^R			san^R	san^R														
散	心	開	1	上	寒	R	san^R / soan											san^R	soan^R	san^H			san / soan	soan	
㪚	心	開	1	上	寒	R	san^R				san^R														
幹	見	開	1	去	寒	R	kan^R				kan^R	kan^R	kan^R												
旰	見	開	1	去	寒	RH	han$^{R/H}$				han^H [T] han^R [KR] han^L														
侃	渓	開	1	去	寒	RH	kan$^{R/H}$		?kan^R			?kan$^{H(R)}$	?kan^R			?kan^R									

字	声	口	等	調	韻	ア	代表	六上中	六下	真三	訓蒙	翻小	小諺	大諺	中諺	論諺	孝諺	分門	誠初A	四法	蒙山	法華	誠初B	簡易	長寿
岸	疑	開	1	去	寒	R	'an^{R} 'iən	'an^{R}		'an^{R}	'an^{R} [KR] 'an^{L}								'an^{L}	'an^{R}	'an^{H}		'an 'iən		
案	影	開	1	去	寒	R	'an^{R}				'an^{R}	'an$^{R(H)}$	'an^{R}						'an^{R}	'an$^{R/H}$	'an$^{H(L)}$	'an^{H}	'an		
按	影	開	1	去	寒	R	'an^{R}					'an^{R}	'an^{R}												
漢	暁	開	1	去	寒	R	han^{R}	han^{R}				han$^{R(H)}$	han$^{R(H/L)}$			han^{R}					han^{H}	han$^{H(L)}$			
悍	匣	開	1	去	寒	R	han^{R}				han^{H} [TSNKR] han^{R}	han^{R}	han^{R}												
銲	匣	開	1	去	寒	R	han^{R}				han^{R} [KR] han^{H} [N] hin^{R}														
鼾	匣	開	1	去	寒	R	han^{R}				han^{R}														
汗	匣	開	1	去	寒	RH	han$^{R/H}$				han^{H}	han^{R}	han^{R}												
翰	匣	開	1	去	寒	RH	han$^{R/H}$				han^{R}	han$^{R/H}$	han^{R}												
骹	匣	開	1	去	寒	R	han^{R}				han^{R}														
疸	端	開	1	去	寒	R	tan^{R}				tan^{R}														tal
旦	端	開	1	去	寒	RL	tan^{R} tio^{L}				tan^{R}	tio$^{L(R)}$	tio$^{L(R)}$	tio^{L}								tan^{H}			
炭	透	開	1	去	寒	R	t^{h}an^{R}				t^{h}an^{R}														
嘆	透	開	1	去	寒	RH	t^{h}an$^{R/H}$	t^{h}an$^{R/H}$	t^{h}an^{R}			t^{h}an$^{R(H)}$	t^{h}an^{R}			t^{h}an$^{R/H}$								
歎	透	開	1	去	寒	RH	t^{h}an$^{R/H}$	t^{h}an^{R}				t^{h}an^{R}	t^{h}an^{R}			t^{h}an^{R}						t^{h}an$^{H(L)}$	t^{h}an		t^{h}an
但	定	開	1	去	寒	R	tan^{R}					?tan^{R}	?tan^{R}						?tan$^{L(R/H)}$	?tan$^{R/L}$	?tan$^{R/H/L}$		?tan		?tan
憚	定	開	1	去	寒	R	t^{h}an^{R}					t^{h}an^{R}	t^{h}an^{R}		t^{h}an^{R}	t^{h}an^{R}								
彈	定	開	1	去	寒	?	t^{h}an																t^{h}an	
難	泥	開	1	去	寒	R	nan^{R} ran^{R}	nan^{R}	nan^{R}	nan^{R}		ran$^{R(H)}$ (n?an^{R})	nan^{R}		nan^{R}	nan^{R}						nan^{H}		ran
爛	来	開	1	去	寒	R	ran^{R}					ran^{R}	ran^{R}											
讚	精	開	1	去	寒	R	can^{R} c^{h}an^{R}	can^{R}	can^{R}	can^{R}	c^{h}an^{R}								can^{R}		can$^{H(L)}$ (c^{h}an^{H})	can c^{h}an		c^{h}an
贊	精	開	1	去	寒	R	can c^{h}an^{R}								c^{h}an^{R}					can^{H}			c^{h}an	
璨	清	開	1	去	寒	R	c^{h}an^{R}			c^{h}an^{R}														

字	声	口	等	調	韻	ア	代表	六上中	六下	真三	訓蒙	翻小	小諺	大諺	中諺	論諺	孝諺	分門	誠初A	四法	蒙山	法華	誠初B	簡易	長寿
散	心	開	1	去	寒	R	san^R	san^R				$san^{R(H)}$	san^R	san^R		san^R				san^R	san^H				san
葛	見	開	1	入	寒	H	kal				kal^H	kal^H	kal^H					kal^H	kal^H				k?al	kal	
割	見	開	1	入	寒	H	hal				hal^H	hal^H	hal^H			hal^H			hal^H				hal		
渇	渓	開	1	入	寒	H	kal			kal^H	kal^L [TR] kal^H								kal^H				kal		
枿	疑	開	1	入	寒	H	ʼal				$ʼal^L$ [TSNKR] $ʼal^H$														
遏	影	開	1	入	寒	?	ʼal														$ʼal^H$				
喝	暁	開	1	入	寒	H	hal			hal^H											$hal^{H(L)}$				
毼	匣	開	1	入	寒	H	kal				kal^H														
撻	透	開	1	入	寒	H	tal				tal^H [T] til^H	tal^H	tal^H												
獺	透	開	1	入	寒	H	tal				tal^H	tal^H	tal^H												
闥	透	開	1	入	寒	H	tal				tal^H [KR] tal^L	tal^H	tal^H									$tal^{H(L)}$ (*t^hal^H)			
韃	透	開	1	入	寒	H	tal				tal^H														
達	定	開	1	入	寒	H	tal	tal^H	tal^H	tal^H		$tal^{H(R)}$	tal^H		tal^H	tal^H			tal^H	tal^H	tal^H	$tal^{H(L)}$	tal		tal
蓬	定	開	1	入	寒	H	tal				tal^H														
捺	泥	開	1	入	寒	?	nal														nal^H				
辣	来	開	1	入	寒	H	ral				ral^L [TSNKR] ral^H														
糲	来	開	1	入	寒	H	ral				ral^H [T] ril^H														
拶	精	開	1	入	寒	H	c^hal				c^hal^H [TSNKR] c^hil^H														
薩	心	開	1	入	寒	H	sal	sal^H	sal^H	sal^H												$sal^{H(L)}$			sal

10.2. 桓韻

字	声	口	等	調	韻	ア	代表	六上中	六下	真三	訓蒙	翻小	小諺	大諺	中諺	論諺	孝諺	分門	誠初A	四法	蒙山	法華	誠初B	簡易	長寿
般	幫	中	1	平	桓	LH	pan$^{L/H}$	pan$^{L/H}$	pan^{L}	pan^{H}		pan^{L}	pan^{L}						pan$^{L/H}$	pan^{L}		pan^{H}	pan		pan
潘	滂	中	1	平	桓	L	pan^{L} pən^{L}				pən^{L}	pan^{L}	pan^{L}												
盤	並	中	1	平	桓	L	pan^{L}		pan^{L}	pan^{L}	s+pan^{L}			pan^{L}											
槃	並	中	1	平	桓	L	pan^{L}	pan^{L}	pan^{L}	pan^{L}												pan^{L}			
癖	並	中	1	平	桓	L	pan^{L}				pan^{L} [S] p?an^{L}														
胖	並	中	1	平	桓	L	pan^{L}							pan^{L}											
蟠	並	中	1	平	桓	L	pan^{L}				pan^{L}														
謾	明	中	1	平	桓	?	man												man^{L}		man^{R}		man		
曼	明	中	1	平	桓	?	man															man^{L}			
蔓	明	中	1	平	桓	L	man^{L}			man^{L}	man^{L}														
鰻	明	中	1	平	桓	L	man^{L}				man^{L}														
鏝	明	中	1	平	桓	L	man^{L}				man^{L}														
饅	明	中	1	平	桓	L	man^{L}				man^{L}														
鞔	明	中	1	平	桓	L	man^{L}				man^{L} [TSN] –														
伴	並	中	1	上	桓	R	pan^{R}			pan^{R}	pan^{R}								pan^{H}				pan		pan
滿	明	中	1	上	桓	R	man^{R}	man^{R}	man^{R}	man^{R}		man^{R}	man^{R}				man^{R}			man^{R}	man$^{H(L)}$	man^{R}			man
半	幫	中	1	去	桓	RH	pan$^{R/H}$		pan^{H}			pan^{R}	pan^{R}		pan^{R}	pan^{R}						pan^{L}			pan
泮	滂	中	1	去	桓	R	pan^{R}				pan^{R}														
判	滂	中	1	去	桓	RH	p^{h}an$^{R/H}$			p^{h}an^{H}?		p^{h}an$^{H/R}$	p^{h}an$^{H/R}$												
畔	並	中	1	去	桓	R	pan^{R}			pan^{R}		pan^{R}	pan^{R}			pan^{R}									
叛	並	中	1	去	桓	RH	pan$^{R/H}$ p^{h}an^{H}	pan^{H}	pan^{R}							p^{h}an^{H}									
漫	明	中	1	去	桓	R	man^{R}				man^{R} [KR] man^{L}														

字	声	口	等	調	韻	ア	代表	六上中	六下	真三	訓蒙	翻小	小諺	大諺	中諺	論諺	孝諺	分門	誠初A	四法	蒙山	法華	誠初B	簡易	長寿
幔	明	中	1	去	桓	R	man^{R}				man^{R} [N] man^{R} mian^{R}	man^{R}	man^{R}												
撥	幫	中	1	入	桓	?	pal															pal^{H}			
鉢	幫	中	1	入	桓	H	pal	pal^{H}	pal^{H}	pal^{H}	pal^{H}								pal^{H}			pal^{H}	pal		
潑	滂	中	1	入	桓	?	*														*pʰal$^{H/L}$				
醱	滂	中	1	入	桓	H	pal				pal^{H}														
跋	並	中	1	入	桓	H	pal	pal^{H}														pal$^{H/L}$			
鈸	並	中	1	入	桓	H	pal			pal^{H}	pal^{H}											pal^{H}			
末	明	中	1	入	桓	H	mal	mal^{H}	mal^{H}	mal^{H}		mal^{H}	mal^{H}	mal^{H}	mal^{H}	mal^{H}			mal$^{H(L)}$		mal$^{H(L)}$	mal^{H}	mal		mal
抹	明	中	1	入	桓	H	mal			mal^{H}	mal^{H}														
沫	明	中	1	入	桓	H	mal				mal^{H}														
麩	明	中	1	入	桓	H	mal				mal^{L} [TSNKR] mal^{H}														
官	見	合	1	平	桓	L	koan^{L}	koan^{L}	koan^{L}	koan^{L}	koan^{L}	koan^{L}	koan^{L}		koan^{L}	koan^{L}	koan^{L}	koan^{L}	koan^{L}				koan	koan	koan
棺	見	合	1	平	桓	L	koan^{L}				koan^{L}					koan^{L}	koan^{L}				koan^{H}	koan^{H}			
冠	見	合	1	平	桓	L	koan^{L}				koan^{L}	koan^{L}	koan^{L} (koa^{L})			koan^{L}									
莞	見	合	1	平	桓	L	koan^{L}				koan^{L}														
涫	見	合	1	平	桓	L	koan^{L}				koan^{L}														
觀	見	合	1	平	桓	L	koan^{L}	koan^{L}	koan^{L}	koan^{L}	koan^{L}	koan^{L}	koan^{L}			koan^{L}			koan^{L}	koan^{L}	koan^{L}	koan^{L}	koan		koan
寬	渓	合	1	平	桓	L	koan^{L}					koan^{L}	koan^{L}		koan^{L}	koan^{L}									
蚖	疑	合	1	平	桓	L	ʼuən^{L}					ʼuən^{L}										*ŋoan^{L}			
剜	影	合	1	平	桓	L	ʼoan																		ʼoan
豌	影	合	1	平	桓	L	ʼoan^{L}				ʼoan^{L} [T] ʼoin^{L}														
帵	影	合	1	平	桓	L	ʼoan^{L}				ʼoan^{L}														
懽	暁	合	1	平	桓	L	hoan^{L}										hoan^{L}								
獾	暁	合	1	平	桓	L	hoan^{L}				hoan^{L}														
歡	暁	合	1	平	桓	L	hoan^{L}	hoan^{L}	hoan^{L}	hoan^{L}		hoan^{L}	hoan^{L}						hoan^{L}	hoan^{L}	hoan^{H}	hoan^{L}	hoan		hoan
桓	匣	合	1	平	桓	L	hoan^{L}					hoan^{L}	hoan^{L}			hoan^{L}						hoan^{L}			
丸	匣	合	1	平	桓	L	hoan^{L}					hoan^{L}	hoan^{L}					hoan^{L}						hoan	hoan

字	声	口	等	調	韻	ア	代表	六上中	六下	真三	訓蒙	翻小	小諺	大諺	中諺	論諺	孝諺	分門	誠初A	四法	蒙山	法華	誠初B	簡易	長寿
紈	匣	合	1	平	桓	L	hoan^L				hoan^L														
芄	匣	合	1	平	桓	L	hoan^L				hoan^L														
萑	匣	合	1	平	桓	L	hoan^L				hoan^L														
完	匣	合	1	平	桓	L	'oan^L									'oan^L				'oan^H					
端	端	合	1	平	桓	L	tan^L	tan?^{L}	tan^L			tan^L	tan^L		tan^L	tan^L			tan^L		tan^L	tan^L	tan		
湍	透	合	1	平	桓	L	tan^L				tan^L														
猯	透	合	1	平	桓	L	tan^L				tan^L														
團	定	合	1	平	桓	L	tan^L			tan^L		tan^L	tan^L							tan^L	tan^L				
巒	来	合	1	平	桓	L	man^L	man^L													man^L					
鸞	来	合	1	平	桓	L	ran^L				ran^L														
鑽	精	合	1	平	桓	L	c^{h}an^L				c^{h}an^L														
酸	心	合	1	平	桓	L	san^L				san^L	san^L	san^L												
狻	心	合	1	平	桓	L	san^L				san^L														
餕	心	合	1	平	桓	L	san^L				san^L														
管	見	合	1	上	桓	H	koan^H				koan^H	koan^H	koan^H			koan^H			koan$^{H/L}$		koan^H		koan		
琯	見	合	1	上	桓	H	koan^H					koan^H	koan^H												
輨	見	合	1	上	桓	H	koan^H				koan^H														
盥	見	合	1	上	桓	R	koan^R				koan^R [KR] koan^L								?koan^H				?koan		
款	溪	合	1	上	桓	R	koan^R					koan^R	koan^R												
碗	影	合	1	上	桓	RL	'uən$^{R/L}$				'uən^R [NKR] 'uən^L														
緩	匣	合	1	上	桓	R	'oan^R					'oan^R	'oan^R								*hoan^H ('oan^H)				
浣	匣	合	1	上	桓	R	'oan^R					'oan^R	'oan^R						'oan^H				'oan		
短	端	合	1	上	桓	R	tan^R	tan^R	tan^R			tan^R	tan^R			tan^R			tan^L		tan^H		tan		tan
斷	定	合	1	上	桓	R	tan^R	tan^R	tan^R	tan^R		tan^R	tan^R						tan^H	tan$^{R/L}$	tan$^{H(R/L)}$		tan		
暖	泥	合	1	上	桓	R	nan^R				nan^R														
卵	来	合	1	上	桓	R	ran^R			ran^R	ran^R [NKR] ran^L								ran^L			ran		ran
纘	精	合	1	上	桓	R	c^{h}an^R								c^{h}an^R										
纂	精	合	1	上	桓	R	c^{h}an^R					c^{h}an^H	c^{h}an^R											c^{h}an	

字	声	口	等	調	韻	ア	代表	六上中	六下	真三	訓蒙	翻小	小諺	大諺	中諺	論諺	孝諺	分門	誠初A	四法	蒙山	法華	誠初B	簡易	長寿
算	心	合	1	上	桓	R	san^R									san^R									
盥	見	合	1	去	桓	?	koan												?koan^H				?koan		
館	見	合	1	去	桓	H	koan^H				koan^H	koan^H	koan^H												koan
瓘	見	合	1	去	桓	H	koan^H						koan^H												
鸛	見	合	1	去	桓	H	koan^H				koan^H														
鑵	見	合	1	去	桓	R	koan^R				koan^R														
灌	見	合	1	去	桓	RH	koan$^{R/H}$			koan^R						koan^H									koan
冠	見	合	1	去	桓	RH	koan$^{R/H}$					koan^R	koan^R			koan^H									
貫	見	合	1	去	桓	RH	koan$^{R/H}$	koan^H				koan^R	koan^R	koan^R		koan$^{R/H}$									
觀	見	合	1	去	桓	H	koan^H				koan^H														
玩	疑	合	1	去	桓	R	ʾoan^R					ʾoan^R	ʾoan^R									*ŋoan^H			
腕	影	合	1	去	桓	R	ʾoan^R				ʾoan^R [R] ʾoin^R														
喚	曉	合	1	去	桓	?	hoan																		hoan^H
煥	曉	合	1	去	桓	R	hoan^R									hoan^R									
渙	曉	合	1	去	桓	R	hoan^R					hoan^R	hoan^R												
換	匣	合	1	去	桓	R	hoan^R				hoan^H [TSNKR] hoan^R										hoan^H				
煅	端	合	1	去	桓	?	*														*toan^L				
鍛	端	合	1	去	桓	R	tan^R				tan^R							tan^R						tan	
碫	端	合	1	去	桓	R	tan^R				tan^R														
斷	端	合	1	去	桓	R	tan^R	tan^R	tan^R			tan^R	tan^R	tan^R									tan$^{H/R}$		
段	定	合	1	去	桓	R	tan^R				tan^R	tan^R	tan^R									tan$^{H/L}$			
亂	来	合	1	去	桓	R	ran^R	ran^R	ran^R	ran^R		ran$^{R(H)}$	ran^R	ran^R	ran^R	ran^R	ran^R		nan$^{R/H}$	ran$^{R/L}$	ran^L		ran nan		ran
鑚	精	合	1	去	桓	R	cʰan^R									cʰan^R									
爨	清	合	1	去	桓	R	cʰan^R				cʰan^H [TSNKR] cʰan^R	cʰan^R	cʰan^R												
竄	清	合	1	去	桓	R	cʰan^R					cʰan^R	cʰan^R												
鑹	清	合	1	去	桓	R	cʰan^R				cʰan^R														
齭	清	合	1	去	桓	R	cʰan^R				cʰan^R														

字	声	口	等	調	韻	ア	代表	六上中	六下	真三	訓蒙	翻小	小諺	大諺	中諺	論諺	孝諺	分門	誠初A	四法	蒙山	法華	誠初B	簡易	長寿
箅	心	合	1	去	桓	R	san^{R}				san^{H} [T] sin^{R} [SNKR] san^{R}	san^{R}	san^{R}							san^{H}		*soan^{H}			
蒜	心	合	1	去	桓	H	suən^{H}				suən^{H}														
适	見	合	1	入	桓	H	koal									koal^{H}									
括	見	合	1	入	桓	H	koal				koal^{H}	koal^{H}	koal^{H}												
栝	見	合	1	入	桓	H	koal					koal^{H}	koal^{H}												
筈	見	合	1	入	桓	H	koal				koal^{H}														
舐	見	合	1	入	桓	H	koal				koal^{H}														
闊	渓	合	1	入	桓	?	*														*k^{h}oal^{H}				
蛞	渓	合	1	入	桓	H	hoal				hoal^{H}														
幹	影	合	1	入	桓	H	'al				'al^{H}														
豁	暁	合	1	入	桓	H	hal	hal^{H}						hal^{H}											hal
活	匣	合	1	入	桓	H	hoal			hoal^{H}									hoal$^{H/R}$	hoal^{H}	hoal$^{H(L)}$		hoal		
脱	透	合	1	入	桓	H	t^{h}al	?t^{h}al^{H}	?t^{h}al^{H}	?t^{h}al^{H}		?t^{h}al^{H}	?t^{h}al^{H}						?t^{h}al^{H}		?t^{h}al^{H}	?t^{h}al$^{H(L)}$	?t^{h}al		?t^{h}al
奪	定	合	1	入	桓	H	t^{h}al				t^{h}al^{H}	t^{h}al^{H}	t^{h}al^{H}	t^{h}al^{H}		t^{h}al^{H}									t^{h}al
脱	定	合	1	入	桓	H	t^{h}al	?t^{h}al^{H}	?t^{h}al^{H}	?t^{h}al^{H}		?t^{h}al^{H}	?t^{h}al^{H}						?t^{h}al^{H}		?t^{h}al^{H}	?t^{h}al$^{H(L)}$	?t^{h}al		?t^{h}al
撮	清	合	1	入	桓	HR	c^{h}oal c^{h}oi^{R}								c^{h}oal^{H}			c^{h}oi^{R}						

10.3. 刪韻

字	声	口	等	調	韻	ア	代表	六上中	六下	真三	訓蒙	翻小	小諺	大諺	中諺	論諺	孝諺	分門	誠初A	四法	蒙山	法華	誠初B	簡易	長寿
姦	見	開	2	平	刪	?	kan																		kan
菅	見	開	2	平	刪	L	koan^{L}				koan^{L}														
顔	疑	開	2	平	刪	L	'an^{L}				'an^{L}	'an^{L}	'an$^{L(H)}$			'an^{L}			'an^{R}				'an^{L}	'an	'an
僩	匣	開	2	上	刪	R	han^{R}							han^{R}											
赧	娘	開	2	上	刪	R	nan^{R}					nan^{R}	nan$^{R/H}$												
羼	初	開	2	上	刪	R	c^{h}an^{R}			?c^{h}an^{R}															?c^{h}an
鏟	初	開	2	上	刪	R	san^{R}				san^{R} [KR] san^{L}														

字	声	口	等	調	韻	ア	代表	六上中	六下	真三	訓蒙	翻小	小諺	大諺	中諺	論諺	孝諺	分門	誠初A	四法	蒙山	法華	誠初B	簡易	長寿
澗	見	開	2	去	刪	R	kan^{R}	kan^{R}			kan^{R}	kan^{R}	kan^{R}												
諫	見	開	2	去	刪	R	kan^{R}	kan^{R}			kan^{R}	kan^{R}	kan^{R}												kan
贗	疑	開	2	去	刪	R	'an^{R}				'an^{R}														
鴈	疑	開	2	去	刪	R	'an^{R}				'an^{R}														
晏	影	開	2	去	刪	R	'an^{R}		'an^{H}?		'an^{R}					'an^{R}									
骭	匣	開	2	去	刪	R	han^{R}				han^{R}														
訕	生	開	2	去	刪	R	san^{R}				san^{R} [K] san^{H} [R] sin^{H}					san^{R}									
鴰	見	開	2	入	刪	H	'al				'al^{H}														
圿	見	開	2	入	刪	H	kal				kal^{H}														
瞎	曉	開	2	入	刪	H	hal				hal^{H}										hal^{H}				
轄	匣	開	2	入	刪	H	hal				hal^{H}? [TSN] hal^{H} [KR] hal^{L}														
剎	初	開	2	入	刪	H	c^{h}al	c^{h}al^{H}	c^{h}al^{H}	c^{h}al^{H}	c^{h}al^{H}								c^{h}al^{H}			c^{h}al$^{H/L}$	c^{h}al	'	c^{h}al
頒	幫	中	2	平	刪	?	pan																	pan	
斑	幫	中	2	平	刪	L	pan^{L}					pan^{L}	pan^{L}												
班	幫	中	2	平	刪	L	pan^{L}			pan^{L}															
盤	幫	中	2	平	刪	L	pan^{L}				pan^{L}														
攀	滂	中	2	平	刪	L	pan^{L}					pan^{L}	pan^{L}						pan^{L}				pan		
鬘	明	中	2	平	刪	?	man																man		man
蠻	明	中	2	平	刪	L	man^{L}				man^{L}			man^{L}	man^{L}										
板	幫	中	2	上	刪	H	p^{h}an^{H}				p^{h}an^{H}														
慢	明	中	2	去	刪	RH	man$^{R/H}$	man^{R}				man^{R}	man^{R}	man^{R}		man$^{R/H}$	man^{R}		man$^{H(L)}$			man^{H}	man		man
拔	並	中	2	入	刪	?	pal																		pal
關	見	合	2	平	刪	L	koan^{L}	koan^{L}		koan^{L}	koan$^{H/L}$ [TSNKR] koan^{L}	koan^{L}	koan^{L}			koan^{L}			koan^{L}		koan^{L}		koan	koan	
頑	疑	合	2	平	刪	L	'oan^{L}					'oan^{L}	'oan^{L}												
彎	影	合	2	平	刪	L	man^{L}				man^{L}														man

字	声	口	等	調	韻	ア	代表	六上中	六下	真三	訓蒙	翻小	小諺	大諺	中諺	論諺	孝諺	分門	誠初A	四法	蒙山	法華	誠初B	簡易	長寿
還	匣	合	2	平	刪	L	hoan^L			hoan^L	hoan^L	hoan^L	hoan^L						hoan^L	hoan^L	hoan^L		hoan		hoan
環	匣	合	2	平	刪	L	hoan^L				hoan^L	hoan^L	hoan^L												
寰	匣	合	2	平	刪	L	hoan^L				hoan^L														
鬟	匣	合	2	平	刪	L	hoan^L				hoan^L [N] hian^L														
欑	生	合	2	平	刪	L	soan^L				soan^L														
莞	匣	合	2	上	刪	R	'oan^R									'oan^R								
撰	崇	合	2	上	刪	?	c^{h}an												c^{h}an^R		c^{h}an^L *coan$^{H/L}$		c^{h}an	c^{h}an	
饌	崇	合	2	上	刪	R	c^{h}an^R				c^{h}an^R	c^{h}an^R	c^{h}an^R			c^{h}an^R									
慣	見	合	2	去	刪	?	koan												koan#				koan		
串	見	合	2	去	刪	?	hoan													hoan^L					
薍	疑	合	2	去	刪	R	ran^R				ran^R														
患	匣	合	2	去	刪	R	hoan^R	hoan^R				hoan^R	hoan^R	hoan^R	hoan^R	hoan^R(H)	hoan^R		hoan^H?			hoan^H	hoan		hoan
宦	匣	合	2	去	刪	R	hoan^R				hoan^R	hoan^R	hoan^R												
豢	匣	合	2	去	刪	R	hoan^R				hoan^R														
槵	匣	合	2	去	刪	R	hoan^R				hoan^R														
孿	生	合	2	去	刪	R	soan^R				soan^H [TSKR] soan^R [N] so?an^R														
刮	見	合	2	入	刪	H	koal					koal^H	koal^H												

10.4. 山韻

字	声	口	等	調	韻	ア	代表	六上中	六下	真三	訓蒙	翻小	小諺	大諺	中諺	論諺	孝諺	分門	誠初A	四法	蒙山	法華	誠初B	簡易	長寿
間	見	開	2	平	山	L	kan^L	kan^L	kan^L	kan^L	kan^L	kan^L	kan^L	kan^L		kan^L			kan^L		kan^L	kan^L	kan		kan
艱	見	開	2	平	山	L	kan^L	kan^L															kan^L		
慳	渓	開	2	平	山	L	kan^L han^L		kan^L	kan^L	kan^L [TSNKR] han^L								kan^L				kan		kan
癇	匣	開	2	平	山	R	kan^R				kan^R														

字	声	口	等	調	韻	ア	代表	六上中	六下	真三	訓蒙	翻小	小諺	大諺	中諺	論諺	孝諺	分門	誠初A	四法	蒙山	法華	誠初B	簡易	長寿
閑	匣	開	2	平	山	L	han^L				han^L	han^L	han^L			han^L			han^L	han^L	han^L		han		
間	匣	開	2	平	山	L	han^L					han^L	han^L	han^L			han^L								
屛	崇	開	2	平	山	L	can^L					can^L	can^L												
山	生	開	2	平	山	L	san^L	san^L	san^L	san^L	san^L	san^L	san^L	san^L	san^L	san^L		san^L	san^L	san^L	san^L	san$^{L(H)}$	san	san	san
疝	生	開	2	平	山	L	san^L				san^L														
揀	見	開	2	上	山	R	kan^R					kan^R	kan^R												
簡	見	開	2	上	山	R	kan^R		kan^R		kan^R	kan$^{R/H}$	kan^R		kan^R	kan^R		kan$^{R(L)}$						kan	
澗	見	開	2	上	山	R	kan^R				kan^R														
眼	疑	開	2	上	山	R	'an^R	'an^R	'an^R	'an^R	'an^R								'an^R	'an^L	'an$^{H(R)}$	'an^R	'an		'an
限	匣	開	2	上	山	?	hʌn												hʌn^H				hʌn		
盞	莊	開	2	上	山	H	can^H			can^H	can^H														
棧	崇	開	2	上	山	H	can^H				can^H														
産	生	開	2	上	山	R	san^R				san^R [NKR] san^H	san^R	san^R			san^R									san
驏	生	開	2	上	山	R	san^R				san^R														
間	見	開	2	去	山	R	kan^R					kan^R	kan^R			kan^R						kan^H			
襇	見	開	2	去	山	R	kan^R				kan^R														
綻	澄	開	2	去	山	R	t^{h}an^R				t^{h}an^R [T] t^{h}in^R [KR] t^{h}an^H														
羼	初	開	2	去	山	R	c^{h}an^R			?c^{h}an^R															?c^{h}an
札	莊	開	2	入	山	H	c^{h}al					c^{h}al^H	c^{h}al^H												
察	初	開	2	入	山	H	c^{h}al	c^{h}al^H				c^{h}al$^{H/L}$	c^{h}al^H	c^{h}al^H	c^{h}al^H	c^{h}al^H	c^{h}al^H			c^{h}al^H			c^{h}al		
鑞	崇	開	2	入	山	H	c^{h}al				c^{h}al^H [T] c^{h}i?l^H [S] c?al^L [KR] c^{h}il^H														
殺	生	開	2	入	山	H	sal	sal^H		sal^H	sal^H	sal^H	sal^H			sal^H		sal^H	sal^H				sal	sal	sal
扮	幫	中	2	去	山	R	pan^R				pan^R														

字	声	口	等	調	韻	ア	代表	六上中	六下	真三	訓蒙	翻小	小諺	大諺	中諺	論諺	孝諺	分門	誠初A	四法	蒙山	法華	誠初B	簡易	長寿
盼	滂	中	2	去	山	R	piən^R									piən^R									
瓣	並	中	2	去	山	H	p^{h}an^H				p^{h}an^H														
辦	並	中	2	去	山	RH	p^{h}an$^{R/H}$					p^{h}an^R	p^{h}an^H						p^{h}an^H	p^{h}an^H	*pp^{h}an^H			p^{h}an	
八	幫	中	2	入	山	H	p^{h}al	p^{h}al^H	p^{h}al^H	p^{h}al^H	p^{h}al^H	p^{h}al^H	p^{h}al^H	p^{h}al^H	p^{h}al^H	p^{h}al^H	p^{h}al^H		p^{h}al^R			p^{h}al$^{H(L)}$ (*pal^H)	p^{h}al		p^{h}al
鰥	見	合	2	平	山	L	hoan^L				hoan^L						hoan^L								
幻	匣	合	2	去	山	R	hoan^R	hoan^R		hoan^R									hoan^R		hoan^H		hoan	hoan
猾	匣	合	2	入	山	H	hoal				hoal^R [TSNKR] hoal^H	hoal^H	hoal^H											
滑	匣	合	2	入	山	H	hoal					hoal^H	hoal^H											
刷	生	合	2	入	山	L? R	soal soa^R				soa^R [R] soal^L soa^R													

10.5. 仙韻

字	声	口	等	調	韻	ア	代表	六上中	六下	真三	訓蒙	翻小	小諺	大諺	中諺	論諺	孝諺	分門	誠初A	四法	蒙山	法華	誠初B	簡易	長寿
遣	溪	開	A	上	仙	R	kiən^R					kiən^R	kiən^R												kiən
譴	溪	開	A	去	仙	R	kiən^R				kiən^R	kiən^R	kiən^R												
子	見	開	A	入	仙	H	hiəl				hiəl^H														
鞭	幫	中	A	平	仙	L	p^{h}iən^L				p^{h}iən^L	p^{h}iən^L	p^{h}iən^L			p^{h}iən^L				p^{h}iən^L	*piən^L				
偏	滂	中	A	平	仙	L	p^{h}iən^L		p^{h}iən^L			p^{h}iən^L	p^{h}iən^L			p^{h}iən^L				p^{h}iən^L					p^{h}iən
篇	滂	中	A	平	仙	L	p^{h}iən^L			p^{h}iən^L	p^{h}iən^L	p^{h}iən^L	p^{h}iən^L			p^{h}iən^L								p^{h}iən	
便	並	中	A	平	仙	LR	piən$^{L/R}$ p^{h}iən$^{L/R}$	p^{h}iən^L			p^{h}iən^L	p^{h}iən$^{L(R)}$ piən^R	p^{h}iən$^{L/R}$ piən^R			piən^L p^{h}iən^L				piən$^{L/R/H}$ p^{h}iən^L	*piən^L	*piən^L (p^{h}iən^L)	p^{h}iən		p^{h}iən
嬞	並	中	A	平	仙	?	p^{h}iən																		p^{h}iən
綿	明	中	A	平	仙	L	miən^L				miən^L [T] mən^L			miən^L					miən^L	miən^L	miən^L		miən		miən
緡	明	中	A	平	仙	L	miən^L							miən^L											
偏	幫	中	A	去	仙	RH	piən^R p^{h}iən$^{R/H}$	p^{h}iən^H		piən^R		p^{h}iən^R	piən^R												p^{h}iən

字	声	口	等	調	韻	ア	代表	六上中	六下	真三	訓蒙	翻小	小諺	大諺	中諺	論諺	孝諺	分門	誠初A	四法	蒙山	法華	誠初B	簡易	長寿
騙	滂	中	A	去	仙	R	pʰiən^{R}				pʰiən^{R}														
便	並	中	A	去	仙	H	piən^{H}	piən^{H}	piən^{H}	piən^{H}									piən^{H}		piən$^{H(R)}$	piən$^{H(L)}$	piən	piən	pʰiən
面	明	中	A	去	仙	R	miən^{R}	miən^{R}		miən^{R}	miən^{R}	miən$^{R(H)}$	miən^{R}			miən^{R}				miən^{R}	miən$^{H(R)}$	miən^{H}			miən
鼈	幫	中	A	入	仙	H	piəl	piəl^{H}			piəl^{H} [KR] piəl^{L}				piəl^{H}										
鼇	幫	中	A	入	仙	H	piəl				piəl^{H}														
滅	明	中	A	入	仙	H	miəl	miəl^{H}	miəl^{H}	miəl^{H}	miəl^{R} [TSNKR] miəl^{H}	miəl^{H}	miəl^{H}			miəl^{H}	miəl^{H}		miəl^{H}	miəl$^{H(L)}$	miəl^{H}	miəl$^{H(L)}$	miəl		miəl
搣	明	中	A	入	仙	H	miəl				miəl^{H}														
絹	見	合	A	去	仙	RL	kiən$^{R/L}$				kiən^{R}	kiən$^{R/L}$	kiən^{R}												
缺	溪	合	A	入	仙	H	kiəl					kiəl^{H}	kiəl^{H}			kiəl^{H}									
纏	澄	開	AB	平	仙	?	tiən												tiən^{L} (ciən^{L})				tiən		tiən
廛	澄	開	AB	平	仙	L	tiən^{L}				tiən^{L} [N] tiən?^{L}														
鏈	来	開	AB	平	仙	L	riən^{L}				riən^{L}														
連	来	開	AB	平	仙	L	riən^{L}					riən^{L}	riən^{L}			riən^{L}			riən^{L}	riən^{L}		riən^{L}	niən		
煎	精	開	AB	平	仙	L	ciən^{L}				ciən^{L}														
遷	清	開	AB	平	仙	L	cʰiən^{L}	cʰiən^{L}				cʰiən^{L}	cʰiən^{L}			cʰiən^{L}			cʰiən^{R}				cʰiən		
韉	清	開	AB	平	仙	L	cʰiən^{L}				cʰiən^{L} [N] cʰən^{L}														
錢	従	開	AB	平	仙	LR	ciən$^{L/R}$			ciən^{R}	ciən^{L}	ciən^{L}	ciən$^{L(R)}$						ciən^{L}						
鮮	心	開	AB	平	仙	?	siən												siən^{L}						
仙	心	開	AB	平	仙	L	siən^{L}	siən^{L}		siən^{L}	siən^{L}	siən^{L}	siən^{L}					siən^{L}		siən^{L}		siən^{L}			
秈	心	開	AB	平	仙	L	siən^{L}				siən^{L}														
涎	邪	開	AB	平	仙	L	ʼiən^{L}				ʼiən^{L}														
栴	章	開	AB	平	仙	?	ciən															ciən^{L}			
旃	章	開	AB	平	仙	L	ciən^{L}			ciən^{L}												ciən^{L}			ciən
氊	章	開	AB	平	仙	L	ciən^{L}				ciən^{L}														
饘	章	開	AB	平	仙	L	ciən^{L}				ciən^{L}														
鸇	章	開	AB	平	仙	L	ciən^{L}				ciən^{L}														

字	声	口	等	調	韻	ア	代表	六上中	六下	真三	訓蒙	翻小	小諺	大諺	中諺	論諺	孝諺	分門	誠初A	四法	蒙山	法華	誠初B	簡易	長寿
膻	書	開	AB	平	仙	L	ciən^L			ciən^L															
羶	書	開	AB	平	仙	L	ciən^L				ciən^L														
蟬	常	開	AB	平	仙	L	siən^L				siən^L														
禪	常	開	AB	平	仙	L	siən^L	siən^L	siən^L	siən^L									siən^L	siən^L	siən^L	siən^L	siən		siən
燃	日	開	AB	平	仙	L	ziən^L			ziən^L															
然	日	開	AB	平	仙	L	ziən^L	ziən^L ('iən^L)	ziən^L	ziən^L		'iən^L	'iən^L	ziən^L	ziən^L	ziən^L	ziən^L		'iən^L	'iən^L	ziən^L 'iən^L	ziən^L 'iən^L	'iən		',iən
延	羊	開	AB	平	仙	L	'iən^L					'iən^L	'iən^L									'iən^L			',iən
蜒	羊	開	AB	平	仙	L	'iən^L				'iən^L											'iən^L			
筵	羊	開	AB	平	仙	L	'iən^L			'iən^L	'iən^L													'iə?n	
莚	羊	開	AB	平	仙	L	'iən^L			'iən^L															
展	知	開	AB	上	仙	?	tiən												tiən^R				tiən		tiən
輦	来	開	AB	上	仙	H	riən^H				riən^H											riən# niən^R			
璉	来	開	AB	上	仙	R	riən^R									riən^R									
剪	精	開	AB	上	仙	R	ciən^R				ciən^R? [TSNKR] ciən^R														
淺	清	開	AB	上	仙	R	c^{h}iən^R					c^{h}iən^R	c^{h}iən^R			c^{h}iən^R					c^{h}iən^H				c^{h}iən
餞	從	開	AB	上	仙	R	ciən^R				ciən^R														
踐	從	開	AB	上	仙	R	c^{h}iən^R				c^{h}iən^R	c^{h}iən^H	c^{h}iən^R			c^{h}iən^R									
鮮	心	開	AB	上	仙	R	siən^R					siən^R	siən$^{R(L)}$	siən^R	siən^R	siən^R									
癬	心	開	AB	上	仙	R	siən^R				siən^R											siən#			
燹	心	開	AB	上	仙	R	siən^R				siən^R														
蘇	心	開	AB	上	仙	R	siən^R				siən^R														
獮	心	開	AB	上	仙	R	siən^R				siən^R														
闡	昌	開	AB	上	仙	R	c^{h}iən^R	c^{h}iən^R																	
蟺	常	開	AB	上	仙	R	siən^R				siən^H [TSNKR] siən^R														
善	常	開	AB	上	仙	R	siən^R	siən$^{R(H)}$	siən^R	siən^R	siən^R	siən$^{R(H/L)}$	siən^R	siən^R	siən^R	siən^R (siəl^R)	siən^R		siən$^{R/H}$	siən^R	siən^H	siən$^{R(H/L)}$	siən		siən^R siən
鱔	常	開	AB	上	仙	R	siən^R				siən^R														
演	羊	開	AB	上	仙	R	'iən^R			'iən^R												'iən^H			',iən

字	声	口	等	調	韻	ア	代表	六上中	六下	真三	訓蒙	翻小	小諺	大諺	中諺	論諺	孝諺	分門	誠初A	四法	蒙山	法華	誠初B	簡易	長寿
騩	知	開	AB	去	仙	R	tiən^{R}				tiən^{R} [T] tən^{R}														
碾	娘	開	AB	去	仙	RL	niən^{R} tiən^{L}			tiən^{L}	niən^{R}														
煎	精	開	AB	去	仙	R	ciən^{R}											ciən^{R}							ciən
箭	精	開	AB	去	仙	R	ciən^{R}				ciən^{R}							ciən^{H}	ciən^{R}		ciən^{H}			ciən	ciən
賤	從	開	AB	去	仙	R	cʰiən^{R}				cʰiən^{R} [KR] cʰiən^{L}	cʰiən^{R}	cʰiən^{R}	cʰiən^{R}	cʰiən^{R}	cʰiən^{R}						cʰiən^{L}			cʰiən
線	心	開	AB	去	仙	R	siən^{R}				siən^{R}														
羨	邪	開	AB	去	仙	R	siən^{R}						siən^{R}	siən^{R}											
戰	章	開	AB	去	仙	R	ciən^{R}				ciən^{R}	ciən^{R}	ciən^{R}			ciən^{R}									ciən
騸	書	開	AB	去	仙	R	siən^{R}				siən^{R}														
扇	書	開	AB	去	仙	R	siən^{R}				siən^{R} [NKR] siən^{L}	siən$^{R/L}$	siən^{R}												
膳	常	開	AB	去	仙	R	siən^{R}			siən^{R}	siən^{H} [TSNKR] siən^{R}											siən^{H}			
哲	知	開	AB	入	仙	H	tʰiəl			tʰiəl^{H}	tʰiəl^{H}	tʰiəl^{H}	tʰiəl^{H}			tʰiəl^{H}									
徹	徹	開	AB	入	仙	H	tʰiəl		tʰiəl^{H}							tʰiəl^{H}				tʰiəl^{H}	tʰiəl^{H} cʰiəl^{H}				tʰiəl
撒	徹	開	AB	入	仙	H	tʰiəl					?tʰiəl^{H}	?tʰiəl^{H}			?tʰiəl^{H}									
徹	澄	開	AB	入	仙	H	tʰiəl		tʰiəl^{H}							tʰiəl^{H}				tʰiəl^{H}	tʰiəl^{H} cʰiəl^{H}				tʰiəl
撒	澄	開	AB	入	仙	H	tʰiəl					?tʰiəl^{H}	?tʰiəl^{H}			?tʰiəl^{H}									
裂	来	開	AB	入	仙	?	niəl													niəl^{H}					
蜊	来	開	AB	入	仙	H	riəl				riəl^{H}														
烈	来	開	AB	入	仙	H	riəl				riəl^{R} [T] rəl^{H} [SNKR] riəl^{H}	riəl^{H}	riəl^{H}			riəl^{H}			niəl^{H}					niəl	niəl

字	声	口	等	調	韻	ア	代表	六上中	六下	真三	訓蒙	翻小	小諺	大諺	中諺	論諺	孝諺	分門	誠初A	四法	蒙山	法華	誠初B	簡易	長寿
列	来	開	AB	入	仙	H	riəl			riəl^{H}		riəl^{H} niəl^{H}	riəl^{H} niəl^{H}			riəl^{H}							niəl		
鴷	来	開	AB	入	仙	H	riəl				riəl^{H}														
薛	心	開	AB	入	仙	H	siəl		siəl^{H}			siəl^{H}	siəl^{H}			siəl^{H}									
緤	心	開	AB	入	仙	H	siəl									siəl^{H}									
褻	心	開	AB	入	仙	H	siəl									siəl^{H}									
泄	心	開	AB	入	仙	H	siəl					siəl^{H}	siəl^{H}					siəl^{H}							siəl
洩	心	開	AB	入	仙	H	siəl								siəl^{H}										
媟	心	開	AB	入	仙	H	siəl					siəl^{H}	siəl^{H}												
疶	心	開	AB	入	仙	H	siəl				siəl^{H} [S] siəl^{H}? [KR] s?əl^{H}														
折	章	開	AB	入	仙	H	ciəl					ciəl^{H}	ciəl^{H}			ciəl^{H}			ciəl^{H}		ciəl^{H}		ciəl		
輵	章	開	AB	入	仙	H	ciəl					ciəl^{H}													
掣	昌	開	AB	入	仙	H	tʰiəl					tʰiəl^{H}	tʰiəl^{H}												
舌	船	開	AB	入	仙	H	siəl	siəl^{H}	siəl^{H}	siəl^{H}	siəl^{H} [NR] siəl^{L} [K] səl^{L}	siəl^{H}	siəl^{H}			siəl^{H}					siəl^{H}		siəl		siəl
設	書	開	AB	入	仙	H	siəl	siəl^{H}		siəl^{H}		siəl^{H}	siəl^{H}		siəl^{H}						siəl^{H}		siəl		
熱	日	開	AB	入	仙	H	ziəl			ziəl^{H}		’iəl^{H}	’iəl^{H}									ziəl#		’iəl	’,iəl
椽	澄	合	AB	平	仙	L	’iən^{L}				’iən^{L}														
傳	澄	合	AB	平	仙	L	tiən^{L}	tiən^{L}	tiən^{L}	tiən^{L}		tiən^{L}	tiən^{L}			tiən^{L}		tiən^{L}			tiən#	tiən^{L} *tiuiən^{L}		tiən	tiən
鐫	精	合	AB	平	仙	L	ciən^{L}					ciən^{L}	ciən^{L}												
悛	清	合	AB	平	仙	L	ciən^{L}					ciən^{L}	ciən^{L}												
泉	従	合	AB	平	仙	L	cʰiən^{L}	cʰiən^{L}	cʰiən^{L}	cʰiən^{L}	cʰiən^{L}				cʰiən^{L}						cʰiən^{L}				cʰiən
全	従	合	AB	平	仙	L	ciən^{L}					ciən^{L}	ciən^{L}	ciən^{L}					ciən^{L}		ciən^{L}		ciən		
宣	心	合	AB	平	仙	L	siən^{L}			siən^{L}		siən^{L}	siən^{L}												siən
旋	邪	合	AB	平	仙	L	siən^{L}			siən^{L}		siən^{L}	siən^{L}												
顓	章	合	AB	平	仙	L	ciən^{L}										ciən^{L}								
甄	章	合	AB	平	仙	L	ciən^{L}				ciən^{L}														

字	声	口	等	調	韻	ア	代表	六上中	六下	真三	訓蒙	翻小	小諺	大諺	中諺	論諺	孝諺	分門	誠初A	四法	蒙山	法華	誠初B	簡易	長寿
專	章	合	AB	平	仙	L	ciən^L			ciən^L		ciən^L	ciən^L		ciən^L	ciən^L									ciən
穿	昌	合	AB	平	仙	L	c^{h}iən^L				c^{h}iən^L	c^{h}iən^L	c^{h}iən^L			c^{h}iən^L				c^{h}iən^L	c^{h}iən^H				
川	昌	合	AB	平	仙	L	c^{h}iən^L				c^{h}iən^L	c^{h}iən^L	c^{h}iən^L		c^{h}iən^L	c^{h}iən^L		c^{h}i?ən^L						c^{h}iən	
舡	船	合	AB	平	仙	?	siən												siən^L				siən		
船	船	合	AB	平	仙	L	siən^L	siən^L			siən^L									siən^L					
篇	常	合	AB	平	仙	R	c^{h}iən^R				c^{h}iən^R														
掾	日	合	AB	平	仙	L	ziən^L				ziən^L														
緣	羊	合	AB	平	仙	L	'iən^L	'iən^L	'iən^L	'iən^L									'iən^L	'iən^L	'iən^L ('iə^L)	'iən^L (ziən^L) (*'iuiən^L)	'iən		'iən
鳶	羊	合	AB	平	仙	L	'iən^L				'iən^L				'iən^L										
鉛	羊	合	AB	平	仙	L	'iən^L				'iən^L											'ən^L			
轉	知	合	AB	上	仙	R	tiən^R			tiən^R	tiən^R [S] / tən^R	tiən$^{R/L}$	tiən^R						tiə?n^L? / ciən^R/?	tiən$^{R(H)}$	tiən^H	tiən$^{R(H)}$ (*tiuiən#)	tiən		tiən
吮	從	合	AB	上	仙	R	'iən^R				'iən^R														
選	心	合	AB	上	仙	R	siən^R					siən$^{R/H}$	siən^R		siən^R				siən$^{H/L}$					siən	
撰	崇	合	AB	上	仙	R	siən^R								siən^R										
僎	崇	合	AB	上	仙	R	siən^R								siən^R										
喘	昌	合	AB	上	仙	R	c^{h}iən^R				c^{h}iən^R														
腨	常	合	AB	上	仙	R	c^{h}iən^R				c^{h}iən^R														
軟	日	合	AB	上	仙	?	'iən / tol												'iən^R				'iən		tol
腝	日	合	AB	上	仙	R	'iən^R					'iən^R	'iən^R												
蝡	日	合	AB	上	仙	R	ziən^R				ziən^R [N] / zən^R														
葇	日	合	AB	上	仙	R	ziən^R				ziən^R														
楺	日	合	AB	上	仙	R	ziən^R				ziən^R [KR] / ziən^L														
轉	知	合	AB	去	仙	R	tiən^R					tiən$^{R/L}$	tiən^R						tiən^R	tiən^R			tiən		tiən
傳	澄	合	AB	去	仙	R	tiən^R					tiən^R	tiən^R	tiən^R			tiən^R							tiən	
戀	来	合	AB	去	仙	R	riən^R					riən^R	riən^R						riən$^{R/H}$ (niən^L)				riən / niən		riən

字	声	口	等	調	韻	ア	代表	六上中	六下	真三	訓蒙	翻小	小諺	大諺	中諺	論諺	孝諺	分門	誠初A	四法	蒙山	法華	誠初B	簡易	長寿
旋	邪	合	AB	去	仙	R	siən^R				siən^R														
釧	昌	合	AB	去	仙	R	c^{h}iən^R				c^{h}iən^R														
輟	知	合	AB	入	仙	H	t^{h}iəl					t^{h}iəl^H	t^{h}iəl^H			t^{h}iəl^H									
啜	知	合	AB	入	仙	H	t^{h}iəl					t^{h}iəl^H	t^{h}iəl^H	t^{h}iəl^L					c^{h}iəl^H				t^{h}iəl		
劣	来	合	AB	入	仙	H	riəl				riəl^H [T] riəl^H? [KR] riəl^L														
絶	従	合	AB	入	仙	H	ciəl		ciəl^H			ciəl^H	ciəl^H			ciəl^H	ciəl^H		ciəl^H		ciəl^H		ciəl		ciəl
雪	心	合	AB	入	仙	H	siəl		siəl^H		siəl^H								siəl^H				siəl		
棁	章	合	AB	入	仙	H	ciəl				ciəl^H					ciəl^H									
説	書	合	AB	入	仙	H	siəl		siəl^H	siəl^H	siəl^L [T] siəl^L?	siəl^H	siəl^H		siəl^H	siəl^H			siəl$^{H(R)}$	siəl^H	siəl^H	siəl^H (*siuiəl^L)	siəl		siəl
蒸	日	合	AB	入	仙	H	siəl			siəl^H	siəl^H [N] səl^H														
閲	羊	合	AB	入	仙	?	' iəl													' iəl^H					
説	羊	合	AB	入	仙	H	' iəl						' iəl^H		' iəl^H	' iəl^H									
悦	羊	合	AB	入	仙	H	' iəl			' iəl^H		' iəl^H	' iəl^H				' iəl^H								
愆	渓	開	B	平	仙	L	kən^L						kən^L												kən
騫	渓	開	B	平	仙	L	kən^L						kən^L									*k^{h}ən^L			
攓	渓	開	B	平	仙	L	kən^L				kən^L														
乾	群	開	B	平	仙	L	kən^L			kən^L	kən^L										kən^L	kən^L		kən	
虔	群	開	B	平	仙	LR	kən$^{L/R}$			kən^L		kən^R	kən^L												
焉	影	開	B	平	仙	L	' ən^L									' ən^L	' ən^L								
焉	云	開	B	平	仙	L	' ən^L					' ən^L	' ən^L	' ən^L	' ən^L	' ən^L	' ən^L								
謇	見	開	B	上	仙	L	kən^L				kən^L														
囝	見	開	B	上	仙	R	kiən^R				kiən^R														
湕	見	開	B	上	仙	R	kən^R				kən^R														
件	群	開	B	上	仙	R	kən^R					kən^L	kən^R									kən^H			
鰋	影	開	B	上	仙	R	' ən^R				' ən^R														
譀	疑	開	B	去	仙	R	' ən^R					' ən^R		' ən^R	' ən^R	' ən^R	' ən^R								
嗦	疑	開	B	去	仙	R	' ən^R								' ən^R										

字	声	口	等	調	韻	ア	代表	六上中	六下	真三	訓蒙	翻小	小諺	大諺	中諺	論諺	孝諺	分門	誠初A	四法	蒙山	法華	誠初B	簡易	長寿
彦	疑	開	B	去	仙	R	'ən^{R}						'ən^{R}	'ən^{R}											
桀	群	開	B	入	仙	H	kəl							kəl^{H}		kəl^{H}									
傑	群	開	B	入	仙	H	kəl				kəl^{H}	kəl^{H}	kəl^{H}												
蘗	疑	開	B	入	仙	H	piək				piək^{H}														
蘖	疑	開	B	入	仙	H	'əl				'əl^{H} [NKR] 'əl^{R}				'əl^{H}								'ə?l		
擘	疑	開	B	入	仙	H	'əl					'əl^{H}	'əl^{H}												
闑	疑	開	B	入	仙	H	'əl				'əl^{H}														
辨	並	中	B	上	仙	R	piən^{R}					piən^{R}	piən^{R}		piən^{R}	piən^{R}			piən$^{R/L}$				piən		
辯	並	中	B	上	仙	RH	piən$^{R/H}$	piən^{H}	piən^{H}		piən^{R}											piən^{R}		piən
娩	明	中	B	上	仙	R	miən^{R}				miən^{H} [TSNKR] miən^{R}													
免	明	中	B	上	仙	R	miən^{R}	miən^{R}		miən^{R}		miən^{R}	miən^{R}			miən^{R}			miən^{H}	miən^{H}	miən^{H}	miən^{R}	miən		miən
勉	明	中	B	上	仙	R	miən^{R}					miən^{R}	miən^{R}		miən^{R}	miən^{R}			miən^{R}				miən		
冕	明	中	B	上	仙	R	miən^{R}				miən^{R}					miən^{R}									
變	幫	中	B	去	仙	R	piən^{R}	piən^{R}	piən^{R}	piən^{R}			piən^{R}	piən^{R}	piən^{R}	piən^{R}						piən^{H}		piən^{H} piən
弁	並	中	B	去	仙	R	piən^{R}				piən^{R}														
卞	並	中	B	去	仙	R	piən^{R}									piən^{R}									
別	幫	中	B	入	仙	H	piəl	piəl^{H}	piəl^{H}			piəl^{H}	piəl^{H}		piəl^{H}	piəl^{H}			piəl^{H}			piəl^{L}	piəl		piəl
別	並	中	B	入	仙	H	piəl	piəl^{H}		piəl^{H}		piəl^{H}	piəl^{H}		piəl^{L}			piəl^{L}				piəl^{L}		piəl	
顴	群	合	B	平	仙	R	koan^{R}				koan^{R}														
拳	群	合	B	平	仙	L	kuən^{L}				kuən^{L}				kuən^{L}				kuən^{L}						
卷	群	合	B	平	仙	L	kuən^{L}								kuən^{L}										
權	群	合	B	平	仙	L	kuən^{L}	kuən^{L}		kuən^{L}	kuən^{L}	kuən^{L}				kuən^{L}			kuən^{L}				kuən		kuən
員	云	合	B	平	仙	L	'uən^{L}	'uən^{L}	'uən^{L}	'uən^{L}	'uən^{L} [S] 'uiən^{L}		'uən^{L}	'uən^{L}									'uən		
圓	云	合	B	平	仙	L	'uən^{L}	'uən^{L}	'uən^{L}	'uən^{L}			'uən^{L}	'uən^{L}					'uən^{L}	'uən^{L}	'uən^{L}	'uən^{L}	'uən		
卷	見	合	B	上	仙	R	kuən^{R}					kuən^{R}	kuən^{R}			kuən^{R}									
眷	見	合	B	去	仙	R	kuən^{R}			kuən^{R}	kuən^{R} [KR] kuən^{L}								kuən^{R}			kuən^{H}	kuən		kuən

字	声	口	等	調	韻	ア	代表	六上中	六下	真三	訓蒙	翻小	小諺	大諺	中諺	論諺	孝諺	分門	誠初A	四法	蒙山	法華	誠初B	簡易	長寿
卷	見	合	B	去	仙	R	kuən^R	kuən^R		kuən^R	kuən^R	kuən^R	kuən^R			kuən^R									kuən
倦	群	合	B	去	仙	R	kuən^R					kuən^R	kuən^R			kuən^R									
院	云	合	B	去	仙	R	’uən^R	’uən^R			’uən^R								’uən^R				’uən	’uən	
援	云	合	B	去	仙	R	’uən^R						’uən^R												
瑗	云	合	B	去	仙	RL	’uən$^{R/L}$ ’oan^R					’oan^R	’uən$^{R/L}$												
衏	云	合	B	去	仙	R	’uən^R				’uən^R [KR] ’uən^L														

10.6. 元韻

字	声	口	等	調	韻	ア	代表	六上中	六下	真三	訓蒙	翻小	小諺	大諺	中諺	論諺	孝諺	分門	誠初A	四法	蒙山	法華	誠初B	簡易	長寿
犍	見	開	C	平	元	L	kən^L				kən^L											kən^L			
鞬	見	開	C	平	元	L	kən^L				kən^L														
言	疑	開	C	平	元	L	’ən^L	’ən^L	’ən^L	’ən^L	’ən^L	’ən^L	’ən^L	’ən^L	’ən^L	’ən^L	’ən^L		’ən^L	’ən^L ’iən^L	’ən^L	’ən^L	’ən		’ən
掀	暁	開	C	平	元	?	hən														hən^L				
軒	暁	開	C	平	元	L	hən^L				hən^L											hən^L			
鍵	群	開	C	上	元	R	kən^R				kən^R [NKR] kən^H														
偃	影	開	C	上	元	R	’ən^R					’ən^R	’ən^R			’ən^R									
建	見	開	C	去	元	R	kən^R	kən^R	kən^R			kən^R	kən^R		kən^R										kən
堰	影	開	C	去	元	R	’ən^R				’ən^R														
憲	暁	開	C	去	元	R	hən^R		hən^R			hən^R	hən^R		hən^R	hən^R									
獻	暁	開	C	去	元	RH	hən$^{R/H}$		hən^R	hən^R	hən^L? [T] hin^R [SNKR] hən^R	hən$^{R(H)}$	hən^R	hən^H		hən^R									
羯	見	開	C	入	元	H	kal	kal^H			kal^H														

字	声	口	等	調	韻	ア	代表	六上中	六下	真三	訓蒙	翻小	小諺
許	見	開	C	入	元	H	kiəl ʼal				ʼal^{H} <kiəl^{H}> [KR] kiəl^{L}		
碣	群	開	C	入	元	H	kal				kal^{H}		
竭	群	開	C	入	元	H	kal					kal^{H}	kal^{R}
謁	影	開	C	入	元	H	ʼal					ʼal$^{H(R)}$	ʼal^{H}
歇	暁	開	C	入	元	H	həl	həl^{H}				həl^{H}	həl^{H}
蠍	暁	開	C	入	元	H	həl kal					həl^{H}	kal^{H}
藩	非	中	C	平	元	L	pən^{L}				pən^{L}	pən^{L}	pən^{L}
反	敷	中	C	平	元	L	pən^{L}						
翻	敷	中	C	平	元	L	pən^{L}			pən^{L}		pən^{L}	pən^{L}
墦	敷	中	C	平	元	L	pən^{L}				pən^{L}		
轓	敷	中	C	平	元	L	pən^{L}				pən^{L}		
幡	敷	中	C	平	元	L	pən^{L}	pən^{L}		pən^{H}			
繁	奉	中	C	平	元	L	pən^{L}					pən^{L}	pən^{L}
煩	奉	中	C	平	元	L	pən^{L}	pən^{L}	pən^{L}	pən^{L}		pən^{L}	pən^{L}
樊	奉	中	C	平	元	L	pən^{L}						
燔	奉	中	C	平	元	L	pən^{L}				pən^{L}		
蘩	奉	中	C	平	元	L	pən^{L}				pən^{L}		
攀	奉	中	C	平	元	L	pən^{L} pan^{L}				pən^{L}		
擷	奉	中	C	平	元	L	pən^{L}				pən^{L}		
反	非	中	C	上	元	R	pan^{R}					pan^{R}	pan^{R}
返	非	中	C	上	元	R	pan^{R}					pan^{R}	pan^{R}
阪	非	中	C	上	元	H	pʰan^{H}				pʰan^{H}		
飯	奉	中	C	上	元	R	pan^{R}					pan^{R}	pan^{R}
挽	微	中	C	上	元	R	man^{R}					man^{R}	man^{R}
晩	微	中	C	上	元	R	man^{R}				man^{R}	man^{R}	man^{H}
販	非	中	C	去	元	H	pʰan^{H}				pʰan^{H}		
畈	非	中	C	去	元	H	pʰan^{H}				pʰan^{H} [KR] pʰan^{L}		

字	大諺	中諺	論諺	孝諺	分門	誠初A	四法	蒙山	法華	誠初B	簡易	長寿
許			ʼal^{H}									
碣												
竭			kal^{H}									
謁												
歇							həl^{R}					
蠍									həl^{H}			
藩												
反			pən^{L}									
翻									pən^{L}	pən^{L}		
墦												
轓												
幡									pən^{L} *pʰən^{L}			pən
繁												
煩							pən^{L}	pən^{L}	pən$^{L/H}$	pən^{L}	pən	pən
樊			pən^{L}									
燔												
蘩												
攀					pan^{L}						pən	
擷												
反	pan^{R}	pan^{R}	pan^{R}					pan^{R}	pan^{H}	pan^{R}	pan	
返								pan^{H}				
阪												
飯			pan^{R}									
挽												
晩												
販												
畈												

字	声	口	等	調	韻	ア	代表	六上中	六下	真三	訓蒙	翻小	小諺	大諺	中諺	論諺	孝諺	分門	誠初A	四法	蒙山	法華	誠初B	簡易	長寿
畚	敷	中	C	去	元	RL	pən^{L} pəm$^{R/L}$				pən^{L} [T] pəm^{R} [SNKR] pəm^{L}														
飯	奉	中	C	去	元	RH	pan$^{R/H}$				pan^{R}	pan$^{R/H}$	pan^{R}			pan^{H}			pan^{L}	pan^{R}			pan		
萬	微	中	C	去	元	R	man^{R}	man^{R}	man^{R}	man^{R}	man^{R}	man^{R}	man^{R}		man^{R}	man^{R}	man^{R}		man^{H}	man$^{H(L)}$	man^{H}	man$^{H(L)}$	man		man
發	非	中	C	入	元	H	pal	pal^{H}	pal^{H}	pal^{H}		pal^{H}	pal^{H}	pal^{H}	pal^{H}	pal^{H}		pal^{H}	pal^{H}	pal^{H}	pal$^{H(L)}$ (*?piəl^{H})	pal$^{H(L)}$ (*pəl^{H})	pal	pal	pal
髮	非	中	C	入	元	H	pal				pal^{H}	pal^{H}	pal^{H}			pal^{H}	pal^{H}					pal^{H}	pal		
伐	奉	中	C	入	元	H	pəl							pəl^{H}	pəl^{H}	pəl^{H}									
罰	奉	中	C	入	元	H	pəl				pəl^{H}	pəl^{H}	pəl^{H}			pəl^{H}						pəl^{H}			
筏	奉	中	C	入	元	H	pəl				pəl^{H}														
敯	奉	中	C	入	元	H	pəl				pəl^{H} [S] pəl^{L}? [N] pəl?^{L} [KR] pəl^{L}														
帥	奉	中	C	入	元	H	pəl				pəl^{H}														
襪	微	中	C	入	元	H	mal					mal^{H}	mal^{H}												
轍	微	中	C	入	元	H	mal				mal^{H}														
原	疑	合	C	平	元	L	ʼuən^{L}	ʼuən^{L}			ʼuən^{L}	ʼuən^{L}	ʼuən^{L}			ʼuən^{L}					ʼuən#				
源	疑	合	C	平	元	L	ʼuən^{L}	ʼuən^{L}	ʼuən^{L}										ʼuən^{L}	ʼuən^{L}		ʼuən^{L}			
元	疑	合	C	平	元	L	ʼuən^{L}	ʼuən^{L}	ʼuən^{L}				ʼuən^{L}	ʼuən^{L}				ʼuən^{L}	ʼuən^{L}				ʼuən	ʼuən	
黿	疑	合	C	平	元	L	ʼuən^{L}				ʼuən^{L}				ʼuən^{L}										
芫	疑	合	C	平	元	L	ʼuən^{L}				ʼuən^{L}														
怨	影	合	C	平	元	?	ʼuən												ʼuən^{L}						
鴛	影	合	C	平	元	L	ʼuən^{L}				ʼuən^{L}														
冤	影	合	C	平	元	L	ʼuən^{L}	ʼuən^{L}	ʼuən^{L}	ʼuən^{L}	ʼuən^{L} [N] ʼuən?^{L}								ʼuən^{L}					ʼuən	
猿	云	合	C	平	元	L	ʼuən^{L}				ʼuən^{L}								ʼuən^{L}					ʼuən	
園	云	合	C	平	元	L	ʼuən^{L}		ʼuən^{L}	ʼuən^{L}		ʼuən^{L}	ʼuən^{L}									ʼuən^{L}			

字	声	口	等	調	韻	ア	代表	六上中	六下	真三	訓蒙	翻小	小諺	大諺	中諺	論諺	孝諺	分門	誠初A	四法	蒙山	法華	誠初B	簡易	長寿
垣	云	合	C	平	元	L	'uən^L				'uən^L	'uən^L	'uən^L												
袁	云	合	C	平	元	L	'uən^L	'uən^L																	
轅	云	合	C	平	元	L	'uən^L				'uən^L														
援	云	合	C	平	元	L	'uən^L 'oan^L					'oan^L			'uən^L										
榬	云	合	C	平	元	L	'uən^L				'uən^L														
誼	暁	合	C	平	元	?	huən																huən		
喧	暁	合	C	平	元	R	huən hoan^R							hoan^R					huən^L				huən		
萱	暁	合	C	平	元	L	huən^L				huən^L														
暄	暁	合	C	平	元	L	huən^L				huən^L														
貆	暁	合	C	平	元	L	huən^L				huən^L														
儇	暁	合	C	平	元	R	hən^R			hən^R															
圈	群	合	C	上	元	R	kuən^R				kuən^R [N] kuin^R														
阮	疑	合	C	上	元	R	'oan^R					'oan^R	'oan^R												
踠	影	合	C	上	元	R	'oan^R					'oan^R													'oan^H
畹	影	合	C	上	元	R	'oan^R				'oan^R														
苑	影	合	C	上	元	R	'uən^R				'uən^R	'uən^R										'uən$^{R/L}$			
遠	云	合	C	上	元	R	'uən^R				'uən^R [NKR] 'uən^L	'uən$^{R(H)}$	'uən^R	'uən^R	'uən^R	'uən$^{R(H)}$			'uən$^{R/H}$			'uən^H	'uən		
諠	暁	合	C	上	元	R	hoan^R							hoan^R											
券	渓	合	C	去	元	?	*															*kʰuən#			
勸	渓	合	C	去	元	R	kuən^R	kuən$^{R(L)}$	kuən^R	kuən^R		kuən^R	kuən^R		kuən^R	kuən^R			kuən^R?			kuən#	kuən		kuən
願	疑	合	C	去	元	R	'uən^R	'uən^R	'uən^R	'uən^R		'uən$^{R(H)}$	'uən^R		'uən^R	'uən^R			'uən^H			'uən$^{H(L)}$ (*ŋuən^H)	'uən		'uən^H 'uən
愿	疑	合	C	去	元	R	'uən^R					'uən^R	'uən^R			'uən^R									
怨	影	合	C	去	元	R	'uən^R					'uən^R	'uən^R		'uən^R	'uən^R	'uən^R								'uən
遠	云	合	C	去	元	R	'uən^R 'oan^R					'oan^R	'uən^R	'uən^R	'uən^R	'oan^R			'uən$^{R/H}$				'uən		'uən

字	声	口	等	調	韻	ア	代表	六上中	六下	真三	訓蒙	翻小	小諺	大諺	中諺	論諺	孝諺	分門	誠初A	四法	蒙山	法華	誠初B	簡易	長寿
楦	暁	合	C	去	元	R	huən^R hoan^R				huən^R [S] hu?in^R [N] hoin^R														
蹶	見	合	C	入	元	H	kuəl				kuəl^H [KR] kuəl^L														
蕨	見	合	C	入	元	H	kuəl				kuəl^H														
鱖	見	合	C	入	元	H	kuəl				kuəl^H														
瘚	見	合	C	入	元	H	kuəl				kuəl^H [SNKR] kuəl^R														
闕	渓	合	C	入	元	H	kuəl		kuəl^H		kuəl^H	kuəl^H	kuəl^H			kuəl^H									
撅	群	合	C	入	元	?	kuəl														kuəl^H				
橛	群	合	C	入	元	H	kuəl				kuəl^L [TSNKR] kuəl^H											*kʰuəl^H				
月	疑	合	C	入	元	H	'uəl	'uəl^H	'uəl^H	'uəl^H	'uəl^H	'uəl^H	'uəl^H		'uəl^H	'uəl^H			'uəl^H	'uəl^H	'uəl^H	'uəl$^{H(L)}$ (*ŋuəl^H)	'uəl	'uəl	'uəl
軏	疑	合	C	入	元	H	'uəl									'uəl^H									
刖	疑	合	C	入	元	H	'uəl				'uəl^H														
嶬	影	合	C	入	元	H	'əl				'əl^H														
日	云	合	C	入	元	H	'oal					'oal$^{H(L/R)}$	'oal$^{H(R)}$	'oal^H	'oal^H	'oal$^{H(L)}$	'oal^H		'oal^H		*'uəl^H		'oal		'oal
越	云	合	C	入	元	H	'uəl	'uəl^H											'uəl^H		'uəl^H	*ŋuəl^H	'uəl		'uəl
鈅	云	合	C	入	元	H	'uəl				'uəl^H					'uəl^H									

10.7. 先韻

字	声	口	等	調	韻	ア	代表	六上中	六下	真三	訓蒙	翻小	小諺	大諺	中諺	論諺	孝諺	分門	誠初A	四法	蒙山	法華	誠初B	簡易	長寿
肩	見	開	4	平	先	L	kiən^L				kiən^L	kiən^L	kiən^L			kiən^L					kiən^L				kiən
堅	見	開	4	平	先	L	kiən^L				kiən^L	kiən^L				kiən^L			kiən^L			kiən^L	kiən		
妍	疑	開	4	平	先	L	'iən^L				'iən^L														'iən
研	疑	開	4	平	先	L	'iən^L ziən^L				'iən^L	ziən^L	'iən^L											
煙	影	開	4	平	先	L	'iən^L		'iən^L	'iən^L	'iən^L								'iən^L	'iən^L			'iən		
燕	影	開	4	平	先	L	'iən^L						'iən^L											
胭	影	開	4	平	先	L	'iən^L				'iən^L													
咽	影	開	4	平	先	L	'iən^L 'in^L			'in^L	'iən^L	'iən^L	'iən^L											'in
賢	匣	開	4	平	先	L	hiən^L	hiən^L	hiən^L	hiən^L	hiən^L	hiən^L	hiən^L	hiən^L	hiən^L	hiən^L			hiən^L				hiən		
弦	匣	開	4	平	先	L	hiən^L				hiən^L					hiən^L									
舷	匣	開	4	平	先	L	hiən^L				hiən^L [N] hən^L													
顛	端	開	4	平	先	L	tiən^L	tiən^L				tiən^L	tiən^L			tiən^L			tiən$^{L/R}$	tiən$^{L(R)}$			tiən		tiən
巔	端	開	4	平	先	L	tiən^L				tiən^L													
癲	端	開	4	平	先	L	tiən^L				tiən^L [KR] tən^L													
天	透	開	4	平	先	L	t^{h}iən^L	t^{h}iən^L	t^{h}iən^L	t^{h}iən^L	t^{h}iən^L	t^{h}iən$^{L(H)}$	t^{h}iən^L	t^{h}iən^L	t^{h}iən^L	t^{h}iən^L	t^{h}iən^L	t^{h}iən^L	t^{h}iən^L (c^{h}iən^L)	c^{h}iən^L	c^{h}iən^L	t^{h}iən^L	t^{h}iən	t^{h}iən	t^{h}iən (({c^{h}iən}))
田	定	開	4	平	先	L	tiən^L	tiən^L	tiən^L	tiən^L	tiən^L	tiən^L	tiən$^{L(H)}$						tiən^L ciən^L			tiən^L	tiən		tiən
年	泥	開	4	平	先	L	niən^L	niən^L	niən^L	niən^L	niən^L	niən$^{L(H)}$	niən^L		niən^L	niən^L	niən^L		niən^L	niən^L		niən^L	niən	niən	niən
憐	来	開	4	平	先	L	riən^L				riən^L? [TSNKR] riən^L	riən^L	riən^L												riən
蓮	来	開	4	平	先	L	riən^L	riən^L		riən^L	riən^L								niən^L	riən^L niən^L		riən^L (niən^L)	niən		riən (niən)
箋	精	開	4	平	先	L	ciən^L				ciən^L [SN] ciən^H													

字	声	口	等	調	韻	ア	代表	六上中	六下	真三	訓蒙	翻小	小諺	大諺	中諺	論諺	孝諺	分門	誡初A	四法	蒙山	法華	誡初B	簡易	長寿
千	清	開	4	平	先	L	c^{h}iən^L	c^{h}iən^L	c^{h}iən^L	c^{h}iən^L	c^{h}iən^L	c^{h}iən^L	c^{h}iən^L	c^{h}iən^L	c^{h}iən^L	c^{h}iən^L	c^{h}iən^L	c^{h}iən^L	c^{h}iən^L	c^{h}iən^L	c^{h}iən^L	c^{h}iən^L	c^{h}iən	c^{h}iən	c^{h}iən
擂	清	開	4	平	先	L	c^{h}iən^L				c^{h}iən^L														
前	従	開	4	平	先	L	ciən^L	ciən^L		ciən^L	ciən^L	ciən^L	ciən^L	ciən^L	ciən^L	ciən^L		ciən^L	ciə?n^L	ciən^L	ciən^L	ciən^L	ciən	ciən	ciən
先	心	開	4	平	先	L	siən^L	siən^L	siən^L	siən^L		siən^L	siən^L	siən^L	siən^L	siən^L	siən^L		siən^L	siən^L	siən^L	siən^L	siən		siən
繭	見	開	4	上	先	R	kiən^R				kiən^R [KR] kən^R														
襺	見	開	4	上	先	R	kiən^R				kiən^R														
趼	見	開	4	上	先	R	kiən^R				kiən^R														
覓	見	開	4	上	先	R	hiən^R				hiən^R [SNKR] hiən^H														
毚	見	開	4	上	先	R	kiən^R				kiən^R														
憲	曉	開	4	上	先	R	hiən^R								hiən^R										
蜆	曉	開	4	上	先	R	hiən^R				hiən^R														
顯	曉	開	4	上	先	R	hiən^R		hiən^R						hiən^R		hiən^R				hiən^H				
峴	匣	開	4	上	先	R	hiən^R				hiən^R														
典	端	開	4	上	先	R	tiən^R	tiən^R			tiən^R	tiən^R	tiən^R	tiən^R							tiən^H	tiən$^{R(H)}$			tiən
覸	透	開	4	上	先	R	tiən^R					tiən^R	tiən^R												
撚	泥	開	4	上	先	R	niən^R				niən^R [K] niə-^{R}														
跣	心	開	4	上	先	RL	siən$^{R/L}$				siən^R	siən^L	siən^R												
見	見	開	4	去	先	R	kiən^R	kiən^R	kiən^R	kiən^R	kiən^R	kiən$^{R(H)}$	kiən^R	kiən^R	kiən^R	kiən$^{R(H)}$	kiən^R		kiən$^{R/H}$	kiən$^{R/H}$	kiən$^{H(R)}$	kiən$^{H(L)}$	kiən		kiən
硯	疑	開	4	去	先	H	'iən^H				'iən^H														
研	疑	開	4	去	先	R	'iən^R			'iən^R															
嘵	影	開	4	去	先	R	'iən^R				'iən^R [NKR] 'iən^H														
鷰	影	開	4	去	先	R	'iən^R				'iən^R [NKR] 'iən^L														
宴	影	開	4	去	先	R	'iən^R			'iən^R	'iən^R	'iən^R	'iən^R			'iən^R									'iən
燕	影	開	4	去	先	R	'iən^R				'iən^R	'iən^R	'iən^R			'iən$^{R/H}$	'iən^R								
見	匣	開	4	去	先	R	hiən^R				hiən^R	hiən^R	hiən^R			hiən^R	hiən$^{R(L)}$								

字	声	口	等	調	韻	ア	代表	六上中	六下	真三	訓蒙	翻小	小諺	大諺	中諺	論諺	孝諺	分門	誠初A	四法	蒙山	法華	誠初B	簡易	長寿
莧	匣	開	4	去	先	R	hiən^R				hiən^R														
現	匣	開	4	去	先	R	hiən^R	hiən^R	hiən^R?/H	hiən^R										hiən^R	hiən^R	hiən^H(R/L)	hiən^H	hiən		hiən
殿	定	開	4	去	先	R	tiən^R	tiən^R			tiən^R	tiən^R(L)	tiən^R				tiən^R						tiən^H			
澱	定	開	4	去	先	R	tiən^R				tiən^R [N] tiən^H? [KR] tiən^H														
電	定	開	4	去	先	R	tiən^R				tiən^R														
淀	定	開	4	去	先	R	tiən^R				tiən^R														
甸	定	開	4	去	先	RL	tiən^R/L				tiən^R [KR] tiən^L														
奠	定	開	4	去	先	R	tiən^R			tiən^R	tiən^R														
畋	定	開	4	去	先	R	tiən^R				tiən^R														
癜	定	開	4	去	先	R	tiən^R				tiən^R														
驔	定	開	4	去	先	R	tiən^R				tiən^H [TSNKR] tiən^R														
煉	来	開	4	去	先	?	riən														riən^H			
錬	来	開	4	去	先	R	riən^R				riən^R [N] riən^L								riən^H	'iən^L			riən		
薦	精	開	4	去	先	R	c^hiən^R				c^hiən^R [N] c^hən^R	c^hiən^R	c^hiən^R(H)		c^hiən^R	c^hiən^R								
牮	精	開	4	去	先	R	ciən^R				ciən^H [TS] ciən^R														
倩	清	開	4	去	先	R	c^hiən^R									c^hiən^R								
蒨	清	開	4	去	先	R	c^hiən^R				c^hiən^R														
先	心	開	4	去	先	R	siən^R		siən^R				siən^R	siən^R										
霰	心	開	4	去	先	R	siən^R				siən^R														
結	見	開	4	入	先	H	kiəl			kiəl^H		kiəl^H	kiəl^H							kiəl^H			kiəl^H(L)	kiəl		
鍥	見	開	4	入	先	H	kiəl				kiəl^H														

字	声	口	等	調	韻	ア	代表	六上中	六下	真三	訓蒙	翻小	小諺	大諺	中諺	論諺	孝諺	分門	誠初A	四法	蒙山	法華	誠初B	簡易	長寿
桔	見	開	4	入	先	H	kil				kil^{H} [T] kal^{H}							kil^{H}							kil
潔	見	開	4	入	先	H	kiəl			kiəl^{H}		kiəl^{H}	kiəl^{R}			kiəl^{H}									
苦	見	開	4	入	先	H	kiəl kil				kil^{H} ⟨kiəl^{L}⟩														
挈	渓	開	4	入	先	H	hiəl					hiəl^{H}	hiəl^{H}												
霓	疑	開	4	入	先	H	ʼiəl ŋiəl				ʼiəl^{R} [T] ŋiəl^{H} [SNKR] ŋiəl^{L}														
齧	疑	開	4	入	先	H	hiəl				hiəl^{H}														
咽	影	開	4	入	先	?	ʼiəl																		{ʼiəl}
蠍	影	開	4	入	先	L	ʼiəi^{L}				ʼiəi^{L}														
絜	匣	開	4	入	先	H	hiəl kiəl					kiəl^{H}	kiəl^{H}	hiəl^{H}											
頡	匣	開	4	入	先	H	hil				hil^{H} [KR] hil^{L}														
纈	匣	開	4	入	先	H	hil					hil^{H}	hil^{H}												
餮	透	開	4	入	先	H	tʰiəl				tʰiəl^{H}? [TSNKR] tʰiəl^{H}							tʰiəl^{H}				tʰiəl			
鐵	透	開	4	入	先	H	tʰiəl		tʰiəl^{H}		tʰiəl^{H}	tʰiəl^{H}	tʰiəl^{H}					tʰiəl^{L}			tʰiəl$^{H/L}$			tʰiəl	tʰiəl (riəl)
迭	定	開	4	入	先	?	til																		til
垤	定	開	4	入	先	H	til				til^{H}														
跌	定	開	4	入	先	H	til				til^{H} [KR] til^{L}														
絰	定	開	4	入	先	H	til					til^{H}	til^{H}												
茶	泥	開	4	入	先	H	nal					nal^{H}	nal^{H}												
涅	泥	開	4	入	先	H	niəl nal	niəl^{H}	niəl^{H}	niəl^{H}						nal^{H}						niəl$^{H(L)}$			

字	声	口	等	調	韻	ア	代表	六上中	六下	真三	訓蒙	翻小	小諺	大諺	中諺	論諺	孝諺	分門	誠初A	四法	蒙山	法華	誠初B	簡易	長寿
捏	泥	開	4	入	先	H	niəl nal				niəl^H [K] niəp?^{H} [N] niəm^H										nal^H					
癤	精	開	4	入	先	H	ciəl				ciəl^H [KR] ciəl^L															
節	精	開	4	入	先	H	ciəl		ciəl^H	ciəl^H	ciəl^H	ciəl^H	ciəl^H	ciəl^H	ciəl^H	ciəl^H	ciəl^H		ciəl^H	ciəl^H	ciəl^H	ciəl$^{H(L)}$	ciəl		ciəl
切	清	開	4	入	先	H	ciəl			ciəl^H		ciəl^H	ciəl^H	ciəl^H		ciəl^H			ciəl^H		*cʰiəl^H		ciəl	ciəl	ciəl
竊	清	開	4	入	先	H	ciəl				ciəl^H	ciəl^H	ciəl^H	ciəl^H		ciəl^H						*cʰiəl^H			
截	從	開	4	入	先	H	ciəl					ciəl^H	ciəl^H							ciəl^H	ciəl^H				
糒	心	開	4	入	先	H	siəl				siəl^H [NKR] siəl^L														
楔	心	開	4	入	先	H	siəl				siəl^H														
籩	幫	中	4	平	先	L	piən^L									piən^L									
蝙	幫	中	4	平	先	L	pʰiən^L				pʰiən^L														
邊	幫	中	4	平	先	L	piən^L	piən^L	piən^L	piən^L	piən^L	piən^L	piən^L						piən^L		piən^L	piən^L	piən	piən	piən
玭	並	中	4	平	先	L	piən^L				piən^L	piən^L	piən^L												
骿	並	中	4	平	先	L	piəŋ^L									piəŋ^L									
眠	明	中	4	平	先	L	miən^L				miən^L	miən^L	miən^L						miən^L	miən^L			miən		
艑	並	中	4	上	先	R	pʰiən^R				pʰiən^R														
遍	幫	中	4	去	先	RH L	piən^R pʰiən$^{H/L}$	pʰiən^H		piən^R		pʰiən^L	piən^R									piən^H			
片	滂	中	4	去	先	RH	pʰiən$^{R/H}$			pʰiən^H						pʰiən^R					pʰiən^H				
麪	明	中	4	去	先	H	miən^H				miən^H											miən^L			
篾	明	中	4	入	先	H	miəl				miəl^H [S] məl^H														
蠛	明	中	4	入	先	H	miəl				miəl^H														
蠲	見	合	4	平	先	L	kiən^L			kiən^L	kiən^L	kiən^L	kiən^L												
鵑	見	合	4	平	先	L	kiən^L				kiən^L														
淵	影	合	4	平	先	L	ʼiən^L ziən^L				ʼiən^L	ʼiən^L (ziən^L)	ʼiən^L		ʼiən^L	ʼiən^L									

字	声	口	等	調	韻	ア	代表	六上中	六下	真三	訓蒙	翻小	小諺	大諺	中諺	論諺	孝諺	分門	誠初A	四法	蒙山	法華	誠初B	簡易	長寿
懸	匣	合	4	平	先	?	hiən												hiən#				hiən		
玄	匣	合	4	平	先	L	hiən^L	hiən^L	hiən^L	hiən^L	hiən^L [N] hən^L	hiən^L	hiən^L			hiən^L		hiən^L	hiən^L	hiən^L	hiən^L	hiən^L		hiən		
畎	見	合	4	上	先	R	kiən^R / kiəŋ^R				kiən^R [T] kiəŋ^R [SNKR] kiəŋ^L	kiəŋ^R	kiən^R												
犬	渓	合	4	上	先	R	kiən^R				kiən^R	kiən^R	kiən^R			kiən^R									
狷	見	合	4	去	先	H	kiən^H									kiən^H									
絢	暁	合	4	去	先	R	hiən^R									hiən^R									
眩	匣	合	4	去	先	R	hiən^R								hiən^R										
衒	匣	合	4	去	先	R	hiən^R				hiən^R														
縣	匣	合	4	去	先	RH	hiən$^{R/H}$	hiən^R	hiən$^{H/L}$		hiən^R	hiən$^{R(H)}$	hiən^R						hiən^L?				hiən		
決	見	合	4	入	先	H	kiəl	kiəl^H	kiəl^H			kiəl^H	kiəl^H						kiəl^H	kiəl^H		kiəl$^{H(L)}$	kiəl		
訣	見	合	4	入	先	H	kiəl					kiəl^H	kiəl^H												
譎	見	合	4	入	先	H	hiul					hiul^H	hiul^H			hiul^H									
趹	見	合	4	入	先	H	kiəl				kiəl^H														
闋	渓	合	4	入	先	H	kiəl					kiəl^H	kiəl^H												
血	暁	合	4	入	先	H	hiəl	hiəl^H			hiəl^H	hiəl^H	hiəl^H		hiəl^H	hiəl^H					hiəl^H				hiəl
穴	匣	合	4	入	先	H	hiəl				hiəl^H [T] həl^H	həl^H	hiəl^H						hiəl^L				hiəl		

11. 臻攝

11.1. 痕韻

字	声	口	等	調	韻	ア	代表	六上中	六下	真三	訓蒙	翻小	小諺	大諺	中諺	論諺	孝諺	分門	誠初A	四法	蒙山	法華	誠初B	簡易	長寿
根	見	開	1	平	痕	L	kin^L	kin^L	kin^L	kin^L	kin^L	kin^L	kin^L						kin^L	kin^L	kin^L	kin^L *kʌn^L	kin^L (*kʌn^L)	kin	kin	kin
跟	見	開	1	平	痕	L	kin^L				kin^L														
恩	影	開	1	平	痕	L	'in^L	'in^L	'in^L	'in^L	'in^L	'in^L	'in^L						'in^L		'in^L	'in#	'in		'in
痕	匣	開	1	平	痕	L	hin^L				hin^L														
呑	透	開	1	平	痕	L	tʰʌn^L				tʰʌn^L	tʰʌn^L	tʰʌn^L												
懇	渓	開	1	上	痕	R	kʌn^R					kʌn^R	kʌn^R												
齦	渓	開	1	上	痕	L	kin^L				kin^L														
狠	匣	開	1	上	痕	R	hʌn^R					hʌn^R	hʌn^R												
恨	匣	開	1	去	痕	R	hʌn^R					hʌn^R	hʌn^R						hʌn^H(R)					hʌn		hʌn
齕	匣	開	1	入	痕	H	hil hʌik				hil^L [TSNKR] hil^H	hʌik^H	hil^H												
麧	匣	開	1	入	痕	H	hil				hil^H														

11.2. 魂韻

字	声	口	等	調	韻	ア	代表	六上中	六下	真三	訓蒙	翻小	小諺	大諺	中諺	論諺	孝諺	分門	誠初A	四法	蒙山	法華	誠初B	簡易	長寿
奔	幫	中	1	平	魂	L	pun^L					pun^L	pun^L			pun^L									
賁	幫	中	1	平	魂	L	pun^L					pun^L	pun^L												
錛	幫	中	1	平	魂	L	pun^L				pun^L														
盆	並	中	1	平	魂	L	pun^L				pun^L											pun^L			
門	明	中	1	平	魂	L	mun^L	mun^L	mun^L	mun^L	mun^L	mun^L	mun^L			mun^L	mun^L	mun^L	mun^L		mun^L (*mon^L)	mun^L (*mon^L)	mun	mun	mun
本	幫	中	1	上	魂	H	pon^H	pon^H	pon^H	pon^H	pon^H	pon^H	pon^H(R)	pon^H	pon^H	pon^H	pon^H	pon^H	pon^H(R)	pon^H/L	pon^H(L)	pon^R(L)	pon	pon	pon
畚	幫	中	1	上	魂	H	pon^H				pon^H														
瞞	明	中	1	上	魂	R	man^R				man^R														
噴	滂	中	1	去	魂	R	pun^R				pun^H [TSNKR] pun^R														

字	声	口	等	調	韻	ア	代表	六上中	六下	真三	訓蒙	翻小	小諺	大諺	中諺	論諺	孝諺	分門	誠初A	四法	蒙山	法華	誠初B	簡易	長寿
悶	明	中	1	去	魂	?	min																		min
勃	並	中	1	入	魂	H	pʌl					pʌl^{H}	pʌl^{H}			pʌl^{H}									
脖	並	中	1	入	魂	H	pʌl				pʌl^{H}														
鶻	並	中	1	入	魂	L?	pʌl				pʌl^{L}														
頹	並	中	1	入	魂	H	pʌl				pʌl^{H} [KR] pʌl^{L}														
沒	明	中	1	入	魂	H	mol		mol^{H}	mol^{H}		mol^{H}	mol^{H}	mol^{H}		mol^{H}			mol$^{H/R}$		mol^{H}		mol		mol
昆	見	合	1	平	魂	L	kon^{L}				kon^{L}	kon^{L}	kon^{L}		kon^{L}	kon^{L}									
裩	見	合	1	平	魂	L	kun^{L}				kun^{L}														
蜫	見	合	1	平	魂	L	kon^{L}				kon^{L}														
坤	渓	合	1	平	魂	L	kon^{L}				kon^{L}										kon^{L}				
温	影	合	1	平	魂	L	’on^{L}					’on^{L}	’on^{L}		’on^{L}	’on^{L}		’on^{L}						’on	’on
瘟	影	合	1	平	魂	L	’on^{L}				’on^{L}					’on^{L}								’on	’on
昷	影	合	1	平	魂	L	’on^{L}					’on^{L}	’on^{L}												
昏	暁	合	1	平	魂	L	hon^{L}			hon^{L}	hon^{L} [N] hi?n^{L}	hon^{L}	hon^{L}						hon^{L}	hon^{L}	hon^{L}		hon		
婚	暁	合	1	平	魂	L	hon^{L}				hon^{L}	hon^{L}	hon^{L}												
閽	暁	合	1	平	魂	L	hon^{L}				hon^{L}														
魂	匣	合	1	平	魂	L	hon^{L}			hon^{L}	hon^{L}														
餛	匣	合	1	平	魂	L	hon^{L}				hon^{L}														
渾	匣	合	1	平	魂	L	hon^{L}					hon^{L}	hon^{H}												
敦	端	合	1	平	魂	L	ton^{L}					ton^{L}	ton^{L}		ton^{L}										
墩	端	合	1	平	魂	L	ton^{L}				ton^{L}														
驐	端	合	1	平	魂	L	ton^{L}				ton^{L}														
暾	透	合	1	平	魂	L	ton^{L}				ton^{L}														
燉	定	合	1	平	魂	?	ton																ton^{L}		
豚	定	合	1	平	魂	L	ton^{L}				ton^{L}	ton^{L}	ton^{L}	ton^{L}		ton^{L}									
魨	定	合	1	平	魂	L	ton^{L}				ton^{L}														
臀	定	合	1	平	魂	L	tun^{L}				tun^{L}														
飩	定	合	1	平	魂	L	tun^{L}				tun^{L}														
屯	定	合	1	平	魂	L	tun^{L}				tun^{L}	tun$^{L/H}$	tun^{L}												
論	来	合	1	平	魂	L	ron^{L}	ron^{L}	ron^{L}			ron^{L}	ron^{L}			ron^{L}			non^{L}		ron$^{L/H}$	ron^{L}	non (ron)		non

字	声	口	等	調	韻	ア	代表	六上中	六下	真三	訓蒙	翻小	小諺	大諺	中諺	論諺	孝諺	分門	誠初A	四法	蒙山	法華	誠初B	簡易	長寿
尊	精	合	1	平	魂	L	con^L	con^L	con^L	con^L	con^L	con$^{L(H)}$	con^L		con^L	con^L	con^L		con^L			con^L	con		con^H con
樽	精	合	1	平	魂	L	cun^L				cun^L														
村	清	合	1	平	魂	L	c^{h}on^L	c^{h}on^L	c^{h}on^L		c^{h}on^L	c^{h}on^L	c^{h}on^L												c^{h}on
存	從	合	1	平	魂	L	con^L					con^L	con^L		con^L	con^L									con
蹲	從	合	1	平	魂	L	cun^L				cun^L														
孫	心	合	1	平	魂	L	son^L	son^L	son^L		son^L	son^L	son^L	son^L	son^L	son^L						son^L			
猻	心	合	1	平	魂	L	son^L				son^L														
蓀	心	合	1	平	魂	L	son^L				son^L														
殘	心	合	1	平	魂	L	son^L c^{h}an				son^L								c^{h}an^R			{c^{h}an}			
袞	見	合	1	上	魂	R	kon^R					kon$^{R(H)}$	kon$^{R(L)}$												
滾	見	合	1	上	魂	R	kon^R				kon^R														
閫	渓	合	1	上	魂	R	kon^R				kon^R	kon^R	kon^R												
穩	影	合	1	上	魂	?	ʼon																		ʼon
棍	匣	合	1	上	魂	R	kon^R				kon^R														
混	匣	合	1	上	魂	R	hon^R				hon^R														
渾	匣	合	1	上	魂	R	hon^R				hon^R? [TSNKR] hon^R														
沌	定	合	1	上	魂	R	ton^R				ton^R														
圇	定	合	1	上	魂	R	ton^R				ton^R														
忖	清	合	1	上	魂	?	c^{h}on																		c^{h}on
損	心	合	1	上	魂	R	son^R	son^R	son^R			son^R	son^R				son^R			son$^{R/H/L}$				son		
困	渓	合	1	去	魂	R	kon^R									kon^R	kon^R						kon^H			kon
搵	影	合	1	去	魂	R	ʼon^R				ʼon^R														
圂	匣	合	1	去	魂	R	hon^R				hon^R														
頓	端	合	1	去	魂	RH	ton$^{R/H}$	ton^R	ton^R	ton^R	ton^R	ton$^{R/H}$	ton^R												
褪	透	合	1	去	魂	R	ton^R				ton^R														
遯	定	合	1	去	魂	R	ton^R									ton^R									
鈍	定	合	1	去	魂	R	tun^R	tun^R	tun^R	tun^R												tun^H	*ton^H			tun
論	来	合	1	去	魂	R	ron^R	ron^R	ron^R			ron^R (non^L)	ron^R (ron^L)							ron^R				non		
寸	清	合	1	去	魂	R	c^{h}on^R	c^{h}on^R		c^{h}on^R	c^{h}on^R	c^{h}on^R	c^{h}on^R							c^{h}on#					c^{h}on	
鱒	從	合	1	去	魂	R	con^R				con^R														

字	声	口	等	調	韻	ア	代表	六上中	六下	真三	訓蒙	翻小	小諺	大諺	中諺	論諺	孝諺	分門	誡初A	四法	蒙山	法華	誡初B	簡易	長寿
孫	心	合	1	去	魂	R	son^R									son^R									
巽	心	合	1	去	魂	R	son^R									son^R									
骨	見	合	1	入	魂	H	kol	kol^H			kol^H	kol^H	kol^H								kol^H				kol
榾	見	合	1	入	魂	H	kol				kol^H														
窟	渓	合	1	入	魂	H	kul			kul^H	kul^H												kul		
兀	疑	合	1	入	魂	H	'ol				'ol^H [SNKR] 'ol^L														
忽	暁	合	1	入	魂	H	hol					hol^H	hol^H			hol^H			hol^H		hol^H(^{L})		hol		hol
笏	暁	合	1	入	魂	H	hol				hol^H	hol^H	hol^H												
鶻	匣	合	1	入	魂	H	kol				kol^H														
榾	匣	合	1	入	魂	H	hol kol				kol^H [TSN] hol^H [KR] hol^L														
柮	端	合	1	入	魂	H	tol				tol^H														
掇	定	合	1	入	魂	?	tol												tol^H				tol		
突	定	合	1	入	魂	H	tol									tol^H									
埃	定	合	1	入	魂	H	tol				tol^R [TS] tol^H [N] t?ol^H [KR] tol^L														
訥	泥	合	1	入	魂	H	nul				nul^H [KR] nul^L					nul^H									
卒	精	合	1	入	魂	H	col				col^H														col
卒	清	合	1	入	魂	H	col					col^H	col^H												
猝	清	合	1	入	魂	H	col					col^H	col^H												
殕	清	合	1	入	魂	H	col				col^H [SNKR] col^L														

字	声	口	等	調	韻	ア	代表	六上中	六下	真三	訓蒙	翻小	小諺	大諺	中諺	論諺	孝諺	分門	誠初A	四法	蒙山	法華	誠初B	簡易	長寿
窣	心	合	1	入	魂	H	sol			sol^H															

11.3. 眞韻

字	声	口	等	調	韻	ア	代表	六上中	六下	真三	訓蒙	翻小	小諺	大諺	中諺	論諺	孝諺	分門	誠初A	四法	蒙山	法華	誠初B	簡易	長寿
姻	影	開	A	平	真	L	'in^L 'iən				'in^L	'in^L	'in^L												'iən
茵	影	開	A	平	真	L	'in^L				'in^L														
因	影	開	A	平	真	L	'in^L zin	'in^L	'in^L	'in^L		'in^L	'in^L	'in^L	'in^L	'in^L	'in^L		'in^L	'in^L	'in^L	'in^L (zin^L)	'in		'in
緊	見	開	A	上	真	R	kin^R													kin^H	kin$^{R(L)}$			kin
印	影	開	A	去	真	H	'in^H zin	'in^H	'in^H	'in^H	'in^H											'in^H zin^H			
吉	見	開	A	入	真	H	kil	kil^H	kil^H			kil^H	kil^H			kil^H						kil^H			kil
詰	渓	開	A	入	真	H	hil	hil^H																	
一	影	開	A	入	真	H	'il	'il^H	.'il^H	'il^H	'il^H	'il$^{H(L)}$	'il$^{H(L)}$	'il^H	'il^H	'il^H	'il^H		'il^H	'il$^{H(R/L)}$	'il$^{H(L)}$ ('al^H)	'il$^{H(L)}$	'il	'il	'il^R 'il
壹	影	開	A	入	真	H	'il				'il^H			'il^H	'il^H										
賓	幫	中	A	平	真	L	pin^L piŋ^L				piŋ^L	pin^L (piŋ^L)	pin^L			pin^L			piŋ^L			pin^L	pin	pin	
獱	並	中	A	平	真	L	pin^L				pin^L														
頻	並	中	A	平	真	L	pin^L piŋ^L			piŋ^L									piŋ$^{L/H}$			pin^L	piŋ		piŋ
蘋	並	中	A	平	真	L	pin^L piŋ^L				pin^L piŋ^L [SNKR] pin^L														
嬪	並	中	A	平	真	L	piŋ^L				piŋ^L														
櫏	並	中	A	平	真	L	pin^L				pin^L [N] pi?n^L														
民	明	中	A	平	真	L	min^L	min^L			min^L	min^L	min^L	min^L	min^L	min^L	min^L					min^L			
牝	並	中	A	上	真	R	pin^R piŋ^R				piŋ^R	pin^R	pin^R												

字	声	口	等	調	韻	ア	代表	六上中	六下	真三	訓蒙	翻小	小諺	大諺	中諺	論諺	孝諺	分門	誠初A	四法	蒙山	法華	誠初B	簡易	長寿
泯	明	中	A	上	真	H	min^H				min^R [TSNKR] min^H														
儐	幫	中	A	去	真	?	pin															pin^H			
殯	幫	中	A	去	真	RH	pin$^{R/H}$				pin^R	pin^R	pin^R			pin^H									
擯	幫	中	A	去	真	RH	pin$^{R/H}$ piŋ^R					piŋ^R	pin^R			pin^H									
鬢	幫	中	A	去	真	R	piŋ^R				piŋ^R														
必	幫	中	A	入	真	H	p^{h}il			p^{h}il^H		p^{h}il$^{H(R/L)}$	p^{h}il$^{H(R)}$	p^{h}il^H	p^{h}il^H	p^{h}il$^{H(L)}$	p^{h}il^H		p^{h}il$^{H(R/L)}$ (p^{h}il^L)		p^{h}il^H		p^{h}il		
畢	幫	中	A	入	真	H	p^{h}il					p^{h}il^H	p^{h}il^H								p^{h}il^H	*pil^H			p^{h}il
觱	幫	中	A	入	真	H	p^{h}il				p^{h}il^H														
匹	滂	中	A	入	真	H	p^{h}il				p^{h}il^H [KR] p^{h}il^L					p^{h}il^H									
疋	滂	中	A	入	真	H	p^{h}il					p^{h}il^H	p^{h}il^H												
柲	並	中	A	入	真	H	p^{h}il				p^{h}il^H														
蜜	明	中	A	入	真	H	mil	mil^H	mil^H	mil^H	mil^H											mil^H			mil
珍	知	開	AB	平	真	L	tin^L	tin^L	tin^L	tin^L	tin^L	tin^L	tin^L									tin^L			tin
塵	澄	開	AB	平	真	L	tin^L	tin^L	tin^L	tin^L	tin^L	tin^L	tin^L						tin^L cin^L	tin^L	tin^L cin^L		tin		tin
陳	澄	開	AB	平	真	L	tin^L	tin^L		tin^L		tin^L	tin^L		tin^L	tin^L	tin^L					tin^L		tin	
麟	来	開	AB	平	真	L	rin^L				rin^L	rin^L	rin^L												
鱗	来	開	AB	平	真	L	rin^L				rin^L														
鄰	来	開	AB	平	真	L	rin^L				rin^L	rin^L	rin^L			rin^L									
津	精	開	AB	平	真	LR	cin$^{L/R}$				cin$^{L/R}$	cin^L	cin^L			cin^L									
親	清	開	AB	平	真	L	c^{h}in^L c^{h}iŋ	c^{h}in^L	c^{h}in^L		c^{h}in^L [SN] c^{h}in?^{L} [KR] c^{h}i?	c^{h}in^L	c^{h}in^L	c^{h}in^L	c^{h}in^L	c^{h}in^L	c^{h}in^L		c^{h}in^L	c^{h}in^L		c^{h}in^L	c^{h}in		c^{h}in c^{h}iŋ
秦	従	開	AB	平	真	L	cin^L					cin^L	cin^L	cin^L		cin^L						cin^L			
蟀	従	開	AB	平	真	L	cin^L				cin^L														
新	心	開	AB	平	真	L	sin^L	sin^L	sin^L	sin^L		sin^L	sin^L	sin^L	sin^L	sin^L			sin^L	sin^L			sin		sin

字	声	口	等	調	韻	ア	代表	六上中	六下	真三	訓蒙	翻小	小諺	大諺	中諺	論諺	孝諺	分門	誠初A	四法	蒙山	法華	誠初B	簡易	長寿
辛	心	開	AB	平	真	L	sin^{L}	sin^{L}		sin^{L}	sin^{L} [N] si^{L}	sin^{L}	sin^{L}					sin^{L}	sin^{L}			sin^{L}	sin	sin	
薪	心	開	AB	平	真	L	sin^{L}				sin^{L}	sin^{L}	sin^{L}												
畛	章	開	AB	平	真	L	cin^{L}				cin^{L} [TSNKR] ナシ														
眞	章	開	AB	平	真	L	cin^{L}	cin^{L}	cin^{L}	cin^{L}		cin^{L}	cin^{L}					cin^{L}	cin^{L} tin^{L}	cin^{L}	cin^{L}	cin^{L}	cin	cin	cin
瞋	昌	開	AB	平	真	?	tin																		tin
嗔	昌	開	AB	平	真	L	cin^{L}	cin^{L}	cin^{L}	cin^{L}												cin^{L} *c^hin^{L}	cin		cin
神	船	開	AB	平	真	L	sin^{L}	sin^{L}	sin^{L}	sin^{L}	sin^{L}	sin^{L}	sin^{L}		sin^{L}	sin^{L}	sin^{L}	sin^{L}	sin^{L}	sin^{L}	sin^{L}	sin^{L}	sin	sin	sin
身	書	開	AB	平	真	L	sin^{L}	sin^{L}	sin^{L}	sin^{L}	sin^{L}	sin^{L}	sin^{L}	sin^{L} (sim^{L}) (zin^{L})	sin^{L}	sin^{L}	sin^{L}	sin^{L}	sin^{L}	sin^{L}	sin^{L}	sin^{L}	sin		sin
申	書	開	AB	平	真	L	sin^{L}			sin^{L}		sin^{L}	sin^{L}		sin^{L}	sin^{L}									sin
紳	書	開	AB	平	真	L	sin^{L}				sin^{L}	sin^{L}	sin^{L}			sin^{L}								sin	sin
娠	書	開	AB	平	真	L	sin^{L}				sin^{L}														sin
伸	書	開	AB	平	真	L	sin^{L}			sin^{L}		sin^{L}	sin^{L}												
臣	常	開	AB	平	真	L	sin^{L}				sin^{L}	sin^{L}	sin$^{L(R)}$	sin^{L}	sin^{L}	sin^{L}	sin^{L}					sin^{L}			sin
晨	常	開	AB	平	真	L	sin^{L}				sin^{L}	sin^{L}	sin^{L}			sin^{L}									sin
宸	常	開	AB	平	真	L	sin^{L}				sin^{L}														
辰	常	開	AB	平	真	L	sin^{L} cin^{L}				sin^{L} cin^{L}	sin^{L}	sin^{L}			sin^{L}	sin^{L}								
鶉	常	開	AB	平	真	L	sin^{L}				sin^{L} [N] sin^{L}?														
仁	日	開	AB	平	真	L	zin^{L}	zin^{L}	zin^{L}		zin^{L} [KR] 'in^{L}	'in^{L}	'in^{L}	zin^{L}	zin^{L}	zin^{L}		zin^{L}	'in^{L}			zin^{L} 'in^{L}	'in	'in	
人	日	開	AB	平	真	L	zin^{L}	zin^{L}	zin^{L}	zin^{L}	zin^{L}	zin^{L}	'in^{L}	zin^{L}	zin^{L}	zin$^{L(H)}$	zin^{L}	zin^{L}	'in^{L}	'in^{L}	zin^{L} ('in^{L})	zin^{L} ('in^{L})	zin 'in	zin	'in
寅	羊	開	AB	平	真	L	'in^{L}	'in^{L}	'in^{L}																
儘	從	開	AB	上	真	R	sin^{R}					sin^{R}	sin^{R}												

字	声	口	等	調	韻	ア	代表	六上中	六下	真三	訓蒙	翻小	小諺	大諺	中諺	論諺	孝諺	分門	誠初A	四法	蒙山	法華	誠初B	簡易	長寿
盡	從	開	AB	上	真	R	cin^R	cin^R	cin^R	cin^R		cin^R	cin^R	cin^R	cin^R	cin^R	cin^R		cin$^{R(L)}$ (tin^R)	cin^R tin^R	cin$^{H(R)}$ (tin^H)	cin^R	cin		cin
疹	章	開	AB	上	真	H	tin^H				tin^H														
袗	章	開	AB	上	真	R	tin^R									tin^R									
畛	章	開	AB	上	真	R	tin^R				tin^R														
哂	書	開	AB	上	真	R	sin^R				sin^R					sin^R									
矧	書	開	AB	上	真	R	sin^R					sin^R	sin^R		sin^R										
腎	常	開	AB	上	真	R	sin^R				sin^R [N] s?in^H [KR] sin^H														
蜃	常	開	AB	上	真	R	siun^R				siun^R														
忍	日	開	AB	上	真	R	zin^R ziŋ^R	zin^R	zin^R	ziŋ^R	zin^R 'in^R ('iŋ^R)	'in^R				zin^R			'iŋ^R			ziŋ^R *ŋiŋ^R	'iŋ		'iŋ
蚓	羊	開	AB	上	真	H	'in^H				'in^H														
引	羊	開	AB	上	真	H	'in^H zin	'in^H			'in^H	'in^H	'in^H						'in^H		'in^H	'in^R	zin 'in		
鎮	知	開	AB	去	真	RH	tin$^{R/H}$	tin^H	tin^H	tin^R		tin^H	tin^H												
趁	徹	開	AB	去	真	?	tin															tin^H			
陣	澄	開	AB	去	真	H	tin^H	tin^H																	
陳	澄	開	AB	去	真	H	tin^H									tin^H									
磷	来	開	AB	去	真	R	rin^R									rin^R									
恡	来	開	AB	去	真	R	rin^R				rin^R	rin^R	rin^R						rin^L				rin		rin
吝	来	開	AB	去	真	R	rin^R					rin^R	rin^R			rin$^{R/H}$			rin#				rin		
嶙	来	開	AB	去	真	R	rin^R				rin^R														
搢	精	開	AB	去	真	R	cin^R					cin^R	cin$^{R/H}$												
進	精	開	AB	去	真	R	cin^R		cin^L	cin^R	cin^R	cin$^{R(H)}$	cin^R			cin^R	cin^R		cin^R	cin^R	cin$^{H(R)}$	cin^H	cin		
晉	精	開	AB	去	真	R	cin^R	cin^R			cin$^{R(H)}$	cin$^{R(H)}$				cin^R						cin^H			
信	心	開	AB	去	真	R	sin^R	sin^R	sin^R	sin^R	sin^R	sin$^{R(H)}$	sin^R	sin$^{R(L)}$	sin^R	sin^R			sin$^{R(L)}$	sin$^{R(L)}$	sin$^{H(L)}$	sin$^{H(L)}$	sin		sin^R sin
迅	心	開	AB	去	真	R	sin^R									sin^R									
訊	心	開	AB	去	真	R	sin^R				sin^R														
顖	心	開	AB	去	真	R	sin^R				sin^R														

字	声	口	等	調	韻	ア	代表	六上中	六下	真三	訓蒙	翻小	小諺	大諺
燼	邪	開	AB	去	真	R	sin^R				sin^R			
震	章	開	AB	去	真	R	cin^R			cin^R		cin^R	cin^R	
振	章	開	AB	去	真	R	cin^R			cin^R		cin^R	cin^R	
賑	章	開	AB	去	真	R	cin^R				cin^R	cin^R	cin^R	
愼	常	開	AB	去	真	R	sin^R					sin^R	sin^R	sin^R
訒	日	開	AB	去	真	R	zin^R				zin^R			
刃	日	開	AB	去	真	R	zin^R 'iŋ				zin^R	'in^R	'in^R	
仞	日	開	AB	去	真	R	zin^R 'iŋ^R					'iŋ^R	'iŋ$^{R/H}$	
窒	知	開	AB	入	真	H	til							
鑕	知	開	AB	入	真	H	til				til^H [KR] til^R			
秩	澄	開	AB	入	真	H	til					til^H	til^H	
姪	澄	開	AB	入	真	H	til				til^H	til^H	til^H	
帙	澄	開	AB	入	真	H	til				til^H			
栗	来	開	AB	入	真	H	riul				riul^H	riul^H	riul^H	
慄	来	開	AB	入	真	H	riul					riul^H	riul^H	riul^H
篥	来	開	AB	入	真	H	riul				riul^H			
七	清	開	AB	入	真	H	c^{h}il	c^{h}il^H	c^{h}il^H	c^{h}il^H	c^{h}il^R [TKR] c^{h}il^H [S] c?i?l^H [N] c^{h}ʌil^H	c^{h}il^H	c^{h}il^H	c^{h}il^H
漆	清	開	AB	入	真	H	c^{h}il		c^{h}il^H		c^{h}il^H	c^{h}il^H	c^{h}il^H	
榛	清	開	AB	入	真	H	c^{h}il		c^{h}il^H		c^{h}il^H			
蒺	従	開	AB	入	真	?	cil							
疾	従	開	AB	入	真	H	cil		cil^H		cil^H	cil$^{H(R)}$	cil^H	cil$^{H(L)}$
嫉	従	開	AB	入	真	H	cil	cil^H				cil^H	cil^H	
悉	心	開	AB	入	真	H	sil			sil^H		sil^H	sil^H	
蟋	心	開	AB	入	真	H	sil				sil^H			
膝	心	開	AB	入	真	H	sil				sil^H	sil^H	sil^H	

字	中諺	論諺	孝諺	分門	誠初A	四法	蒙山	法華	誠初B	簡易	長寿
燼											
震								cin$^{H(R)}$			cin
振	cin^R										
賑											
愼	sin^R	sin^R	sin^R		sin^R				sin		sin
訒		zin^R									
刃	zin^R						'iŋ^H				
仞		zin^R									
窒		til^H									
鑕											
秩											
姪											
帙											
栗		riul^H									
慄											
篥											
七	c^{h}il^H	c^{h}il^H (c^{h}iil^H)	c^{h}il^H		c^{h}il^R		c^{h}il^R	c^{h}il^H c^{h}il$^{H(L)}$	c^{h}il		c^{h}il
漆						c^{h}il$^{H/R}$		c^{h}il^H			
榛											
蒺										cil	
疾	cil^H	cil^H								cil	cil
嫉							cil^H		cil		cil
悉							sil^H				sil
蟋											
膝			sil^H					sil^H	sil		

字	声	口	等	調	韻	ア	代表	六上中	六下	真三	訓蒙	翻小	小諺	大諺	中諺	論諺	孝諺	分門	誠初A	四法	蒙山	法華	誠初B	簡易	長寿
蛭	章	開	AB	入	真	H	til				til^H														
桎	章	開	AB	入	真	H	til				til^H														
質	章	開	AB	入	真	H	cil					cil$^{H(R)}$	cil^H			cil^H						cil^L			
礩	章	開	AB	入	真	H	cil				cil^H														
櫬	章	開	AB	入	真	H	cil				cil^H? [TSNKR] cil^H														
實	船	開	AB	入	真	H	sil	sil$^{H(L)}$	sil^H	sil^H		sil^H	sil$^{H(L)}$			sil^H			sil$^{H(R/L)}$	sil^H	sil^H	sil$^{H(R/L)}$	sil		sil
室	書	開	AB	入	真	H	sil	sil^H	sil^H		sil^H	sil^H	sil^H		sil^H	sil^H			sil^H		sil^H		sil		sil
失	書	開	AB	入	真	H	sil					sil$^{H(R)}$	sil^H	sil^H	sil^H	sil^H	sil^H		sil$^{H/R}$	sil$^{R/H}$			sil		sil
日	日	開	AB	入	真	H	zil	zil^H	zil^H	zil^H	zil^H	'il$^{H(L)}$	'il^H	zil^H	zil^H	zil^H 'il^H	zil^H		'il^H	'il^H	zil^H	zil$^{H(L)}$ 'il^H	'il	zil	'il
逸	羊	開	AB	入	真	H	'il					'il^H	'il^H			'il^H			'il$^{H/R}$			'il^H	'il		
佚	羊	開	AB	入	真	H	'il									'il^H									
佾	羊	開	AB	入	真	H	'il									'il^H									
溢	羊	開	AB	入	真	H	'il				'il^H	'il^H	'il^H		'il^H		'il^H								
帥	生	合	AB	入	真	H	sol							sol^H		sol^H									
蜂	生	合	AB	入	真	H	sol				sol^H														
率	生	合	AB	入	真	H	sol					sol^L	sol^H		sol^H	sol^H						sol^H			
巾	見	開	B	平	真	L	kən^L				kən^L	kən^L	kən^L												
銀	疑	開	B	平	真	L	'in^L	'in^L		'in^L	'in^L	'in^L	'in^L									'in^L (*ŋin^L)			'in
圁	疑	開	B	平	真	L	'in^L					'in^L													
饉	群	開	B	去	真	R	kin^R									kin^R									
僅	群	開	B	去	真	R	kin^R					kin^R	kin^R												
覲	群	開	B	去	真	R	kin^R					kin$^{R/H}$	kin^R												
釁	曉	開	B	去	真	R	hin^R				hin^R														
乙	影	開	B	入	真	H	'il					'il^H	'il^H											'il	
釔	影	開	B	入	真	H	'il				'il^H														
肸	曉	開	B	入	真	H	hil									hil^H									
彬	幫	中	B	平	真	L	pin^L									pin^L									
貧	並	中	B	平	真	L	pin^L piŋ^L				pin^L	pin^L piŋ^L	pin^L		pin^L	pin^L			piŋ^L			piŋ^L	piŋ		piŋ
旻	明	中	B	平	真	L	min^L				min^L														
閔	明	中	B	上	真	H	min^H									min^H									

字	声	口	等	調	韻	ア	代表	六上中	六下	真三	訓蒙	翻小	小諺	大諺	中諺	論諺	孝諺	分門	誡初A	四法	蒙山	法華	誡初B	簡易	長寿
敏	明	中	B	上	真	H	min^H					min^H	min^H		min^H	min$^{H(R)}$	min^H								
愍	明	中	B	上	真	H	min^H			min^H															min^R / min
憫	明	中	B	上	真	H	min^H			min^H		min^H	min^H												
筆	幇	中	B	入	真	H	p^{h}il			p^{h}il^H	p^{h}il^H [N] p^{h}i?1^H	p^{h}il^H	p^{h}il^H												p^{h}il
弼	並	中	B	入	真	H	p^{h}il					p^{h}il^H	p^{h}il^H												
佛	並	中	B	入	真	H	p^{h}il									p^{h}il^H									
樒	明	中	B	入	真	?	mil															mil^L			
密	明	中	B	入	真	H	mil	mil^H	mil^H	mil^H		mil^H	mil^H		mil^H				mil^R	mil$^{R/H}$	mil^H	mil$^{L(H)}$	mil	mil
屬	見	合	B	平	真	LH	kiun$^{L/H}$				kiun^L [SN] kiun^H [KR] kiun^H?														
困	渓	合	B	平	真	R	kiun^R				kiun^R														
筠	云	合	B	平	真	L	kiun^L				kiun^L														
菌	群	合	B	上	真	L	kiun^L				kiun^L														
窘	群	合	B	上	真	R	kun^R					kun^R	kun^R												
殞	云	合	B	上	真	?	'un																		'un
隕	云	合	B	上	真	R	'un^R					'un^R	'un^R												

11.4. 欣韻

字	声	口	等	調	韻	ア	代表	六上中	六下	真三	訓蒙	翻小	小諺	大諺	中諺	論諺	孝諺	分門	誡初A	四法	蒙山	法華	誡初B	簡易	長寿
斤	見	開	C	平	欣	L	kin^L				kin^L	kin^L	kin^L												
筋	見	開	C	平	欣	L	kin^L				kin^L														
勤	群	開	C	平	欣	L	kin^L			kin^L		kin^L	kin^L			kin^L			kin^L				kin	kin
懃	群	開	C	平	欣	L	kin^L					kin^L	kin^L										kin		
芹	群	開	C	平	欣	L	kin^L				kin^L														
訢	群	開	C	平	欣	L	'in^L hin^L					'in^L	hin^L												
誾	疑	開	C	平	欣	L	'in^L									'in^L									

字	声	口	等	調	韻	ア	代表	六上中	六下	真三	訓蒙	翻小	小諺	大諺	中諺	論諺	孝諺	分門	誠初A	四法	蒙山	法華	誠初B	簡易	長寿
斷	疑	開	C	平	欣	L	'in^L hin^L				'in^L [TSNKR] hin^L														
殷	影	開	C	平	欣	L	'in^L					'in^L	'in^L	'in^L	'in^L	'in^L									'in
慇	影	開	C	平	欣	L	'in^L					'in^L	'in^L						'in^L				'in		
欣	暁	開	C	平	欣	?	hin												hin^L				hin		
昕	暁	開	C	平	欣	L	hin^L				hin^L														
謹	見	開	C	上	欣	R	kin^R				kin^R	kin^R	kin^R		kin^R	kin^R	kin^R							kin	
槿	見	開	C	上	欣	R	kin^R				kin^R														
近	群	開	C	上	欣	R	kin^R	kin^R	kin^R?		kin^R	kin$^{R(L)}$	kin^R		kin^R	kin^R			kin^R		kin^H		kin		kin
嶾	影	開	C	上	欣	H	'in^H					'in^H	'in^H												
癮	影	開	C	上	欣	H	'in^H				'in^H														
隱	影	開	C	上	欣	H	'in^H	'in^H		'in^H		'in^H	'in^H		'in^H	'in^H					'in^H	'in^R	'in		'on
靳	見	開	C	去	欣	L	kin^L				kin^L														
近	群	開	C	去	欣	R	kin^R				kin^R	kin^R	kin^R										kin^H		
憖	疑	開	C	去	欣	RH	'in$^{R/H}$				'in^H [TSNKR] 'in^R													
脪	暁	開	C	去	欣	R	hin^R				hin^R														
吃	見	開	C	入	欣	H	kəl				kəl^H														
訖	見	開	C	入	欣	H	hil			hil^H		hil^H	hil^H												hil
乞	渓	開	C	入	欣	H	kəl				kəl^H	kəl^H	kəl^H			kəl^H			kəl^H				kəl		
肐	渓	開	C	入	欣	H	kəl				kəl^H [R] kəl^L														
迄	渓	開	C	入	欣	H	kəl				kəl^H														

11.5. 臻韻

字	声	口	等	調	韻	ア	代表	六上中	六下	真三	訓蒙	翻小	小諺	大諺	中諺	論諺	孝諺	分門	誠初A	四法	蒙山	法華	誠初B	簡易	長寿
蓁	荘	開	AB	平	臻	L	cin^L					cin^L	cin^L	cin^L											
榛	荘	開	AB	平	臻	L	cin^L				cin^L														
襯	初	開	AB	去	臻	R	c^{h}in^R			c^{h}in^R															
齔	初	開	AB	去	臻	R	c^{h}in^R				c^{h}in^R														

字	声	口	等	調	韻	ア	代表	六上中	六下	真三	訓蒙	翻小	小諺	大諺	中諺	論諺	孝諺	分門	誠初A	四法	蒙山	法華	誠初B	簡易	長寿
櫬	初	開	AB	去	臻	R	$c^{h}in^{R}$ $c^{h}in^{R}$				$c^{h}in^{R}$ [KR] $c^{h}in^{R}$														
櫛	荘	開	AB	入	臻	H	cil				cil^{H}	cil^{H}	cil^{H}												
瑟	生	開	AB	入	臻	H	sil				sil^{H}			sil^{H}	sil^{H}	sil^{H}									
蝨	生	開	AB	入	臻	H	sil				sil^{H}														sil

11.6. 諄韻

字	声	口	等	調	韻	ア	代表	六上中	六下	真三	訓蒙	翻小	小諺	大諺	中諺	論諺	孝諺	分門	誠初A	四法	蒙山	法華	誠初B	簡易	長寿
均	見	合	A	平	諄	L	$kiun^{L}$					$kiun^{L}$	$kiun^{L}$		$kiun^{L}$	$kiun^{L}$									
鈞	見	合	A	平	諄	L	$kiun^{L}$						$kiun^{L}$												
橘	見	合	A	入	諄	H	kiul				$kiul^{H}$	$kiul^{H}$	$kiul^{H}$												
窀	知	合	AB	平	諄	L	tun^{L}				tun^{L}														
椿	徹	合	AB	平	諄	L	$c^{h}iun^{L}$ $t^{h}iuŋ^{L}$				$c^{h}iun^{L}$ [K] $c^{h}?iun^{L}$	$c^{h}iun^{L}$	$t^{h}iuŋ^{L}$												
倫	来	合	AB	平	諄	L	$riun^{L}$					$riun^{L}$	$riun^{L}$		$riun^{L}$	$riun^{L}$			$riun^{L}$				riun		
輪	来	合	AB	平	諄	L	$riun^{L}$	$riun^{L}$		$riun^{L}$	$riun^{L}$								$riun^{L}$		$riun^{L}$	$riun^{L}$	riun		riun
綸	来	合	AB	平	諄	L	$riun^{L}$								$riun^{L}$										
淪	来	合	AB	平	諄	L	$riun^{L}$				$riun^{L}$								$niun^{L}$				riun		
遵	精	合	AB	平	諄	L	cun^{L}					cun^{L}	cun^{L}		cun^{L}										
逡	清	合	AB	平	諄	?	ciun																		ciun
皴	清	合	AB	平	諄	L	$ciun^{L}$				$ciun^{L}$														
詢	心	合	AB	平	諄	?	siun												$siun^{L}$				siun		
恂	心	合	AB	平	諄	LR	$siun^{L}$ $ciun^{R}$					$siun^{L}$	$siun^{L}$	$ciun^{R}$		$siun^{L}$									siun
巡	邪	合	AB	平	諄	?	siun																		siun
循	邪	合	AB	平	諄	L	$siun^{L}$					$siun^{L}$	$siun^{L}$			$siun^{L}$									
旬	邪	合	AB	平	諄	L	$siun^{L}$				$siun^{L}$	$siun^{L}$	$siun^{L}$									$siun^{L}$			siun
肫	章	合	AB	平	諄	L	$ciun^{L}$ tun^{L}				tun^{L}				$ciun^{L}$										
春	昌	合	AB	平	諄	L	$c^{h}iun^{L}$	$c^{h}iun^{L}$		$c^{h}iun^{L}$	$c^{h}iun^{L}$	$c^{h}iun^{L}$	$c^{h}iun^{L}$		$c^{h}iun^{L}$	$c^{h}iun^{L}$	$c^{h}iun^{L}$							$c^{h}iun$	$c^{h}iun$
脣	船	合	AB	平	諄	L	$siun^{L}$				$siun^{L}$														siun

字	声	口	等	調	韻	ア	代表	六上中	六下	真三	訓蒙	翻小	小諺	大諺	中諺	論諺	孝諺	分門	誠初A	四法	蒙山	法華	誠初B	簡易	長寿
純	常	合	AB	平	諄	L	siun^L		siun^L	siun^L		siun^L	siun^L		siun^L	siun^L				siun^L	siun^L	siun^L			
淳	常	合	AB	平	諄	L	siun^L					siun^L	siun^L												
醇	常	合	AB	平	諄	L	siun^L				siun^L														
蕁	常	合	AB	平	諄	L	siun^L				siun^L														
鶉	常	合	AB	平	諄	L	siun^L				siun^L														
隼	心	合	AB	上	諄	R	ciun^R				ciun^R [KR] ciun^L														
筍	心	合	AB	上	諄	R	siun^R				siun^R [N] sun^R														
準	章	合	AB	上	諄	R	ciun^R				ciun^R [KR] ciun^H														
蠢	昌	合	AB	上	諄	R	ciun^R				ciun^R [KR] ciun^L										ciun^H *c^{h}iun^H				
楯	船	合	AB	上	諄	R	siun^R				siun^R											siun^R			
盾	船	合	AB	上	諄	R	siun^R				siun^R	siun^R	siun$^{R/H}$												
尹	羊	合	AB	上	諄	RH	'iun$^{R/H}$					'iun$^{H(L)}$	'iun^H	'iun^H		'iun$^{R/H}$									
允	羊	合	AB	上	諄	RH	'iun$^{R/H}$					'iun$^{H(R/L)}$	'iun^H			'iun^R									
俊	精	合	AB	去	諄	R	ciun^R				ciun^R [KR] ciun^L		ciun^R	ciun^R											
儁	精	合	AB	去	諄	R	ciun^R				ciun^R														
峻	心	合	AB	去	諄	R	ciun^R							ciun^R	ciun^R										
徇	邪	合	AB	去	諄	R	siun^R					siun^H	siun^R												
稕	章	合	AB	去	諄	R	ciun^R				ciun^R														
舜	書	合	AB	去	諄	R	siun^R					siun^R	siun$^{R(L)}$	siun^R	siun^R	siun^R									
蕣	書	合	AB	去	諄	R	siun^R				siun^R														
瞬	書	合	AB	去	諄	R	siun^R				siun^R [TSNKR] sun^R														
眴	書	合	AB	去	諄	L	siun^L		siun^L																
順	常	合	AB	去	諄	R	siun^R			siun^R		siun$^{R(H)}$	siun^R		siun^R	siun^R	siun^R		siun^R	siun^R	siun^H	siun^H	siun	siun	siun

字	声	口	等	調	韻	ア	代表	六上中	六下	真三	訓蒙	翻小	小諺	大諺	中諺	論諺	孝諺	分門	誠初A	四法	蒙山	法華	誠初B	簡易	長寿
閏	日	合	AB	去	諄	R	$ziun^{R}$				$ziun^{L}$ [TSNKR] $ziun^{R}$														
潤	日	合	AB	去	諄	RH	$ziun^{R/H}$							$ziun^{H}$		$ziun^{R}$									ʼiun
黜	徹	合	AB	入	諄	H	$t^{h}iul$				$t^{h}iul^{H}$	$t^{h}iul^{H}$	$t^{h}iul^{H}$			$t^{h}iul^{H}$									
朮	澄	合	AB	入	諄	H	$t^{h}iul$											$t^{h}iul^{H(L)}$							$t^{h}iul$
荒	澄	合	AB	入	諄	H	$t^{h}iul$				$t^{h}iul^{L}$ [TSNKR] $t^{h}iul^{H}$														
葎	来	合	AB	入	諄	H	$riul$				$riul^{H}$														
律	来	合	AB	入	諄	H	$riul$	$riul^{H}$				$riul^{H}$	$riul^{H}$		$riul^{H}$				$riul^{H}$				niul		
崒	精	合	AB	入	諄	?	col														col^{H}				
卒	精	合	AB	入	諄	H	col					col^{H}	col^{H}			col^{H}									
恤	心	合	AB	入	諄	H	$hiul$				$hiul^{H}$	$hiul^{H}$	$hiul^{H}$	$hiul^{H}$											
卹	心	合	AB	入	諄	H	$hiul$					$hiul^{H}$	$hiul^{H}$												
戌	心	合	AB	入	諄	H	$siul$	$siul^{H}$	$siul^{H}$																
鉥	心	合	AB	入	諄	H	$siul$				$siul^{H}$														
訹	心	合	AB	入	諄	H	$t^{h}iul$				$t^{h}iul^{L}$ [TSN] $t^{h}iul^{H}$ [KR $t^{h}iul?^{H}$														
出	昌	合	AB	入	諄	H	$c^{h}iul$	$c^{h}iul^{H}$	$c^{h}iul^{H}$	$c^{h}iul^{H}$		$c^{h}iul^{H}$	$c^{h}iul^{H(L)}$	$c^{h}iul^{H}$	$c^{h}iul^{H}$	$c^{h}iul^{H}$			$c^{h}iul^{H(R)}$	$c^{h}iul^{H}$	$c^{h}iul^{H}$	$c^{h}iul^{H(L)}$	$c^{h}iul$		$c^{h}iul$
述	船	合	AB	入	諄	H	$siul$			$siul^{H}$		$siul^{H}$	$siul^{H}$		$siul^{H}$	$siul^{H}$							$siul$		
術	船	合	AB	入	諄	H	$siul$				$siul^{H}$	$siul^{H}$	$siul^{H}$					$siul^{H}$						$siul$	$siul$
秫	船	合	AB	入	諄	H	$t^{h}iul$				$t^{h}iul^{H}$ [N] $t^{h}ul^{H}$														
鷸	羊	合	AB	入	諄	H	$hiul$				$hiul^{H}$														
繘	羊	合	AB	入	諄	H	$hiul$				$hiul^{H}$ [KR] $hiul^{L}$														

11.7. 文韻

字	声	口	等	調	韻	ア	代表	六上中	六下	真三	訓蒙	翻小	小諺	大諺	中諺	論諺	孝諺	分門	誠初A	四法	蒙山	法華	誠初B	簡易	長寿
分	非	中	C	平	文	L	pun^L	pun^L	pun^L	pun^L	pun^L	pun^L	pun^L			pun^L				pun^L	pun$^{L(H)}$	pun^L	pun	pun	pun
饙	非	中	C	平	文	L	pun^L				pun^L														
紛	敷	中	C	平	文	L	pun^L					pun^L	pun^L							pun^L					
氛	敷	中	C	平	文	L	pun^L			?pun^L															
芬	敷	中	C	平	文	L	pun^L			pun^L		pun^L	pun^L										pu		
墳	奉	中	C	平	文	L	pun^L	pun^L			pun^L														
粉	奉	中	C	平	文	L	pun^L				pun^L														
氛	奉	中	C	平	文	L	pun^L			?pun^L															
濆	奉	中	C	平	文	L	pun^L				pun^L														
蚡	奉	中	C	平	文	L	pun^L					pun^L	pun^L												
獖	奉	中	C	平	文	L	pun^L				pun^L														
鼢	奉	中	C	平	文	L	pun^L				pun^L														
焚	奉	中	C	平	文	L	pun^L				pun^H [T] pun^L	pun^L	pun^L			pun^L			pun^L				pun		pun
聞	微	中	C	平	文	L	mun^L	mun^L	mun^L	mun^L	mun^L	mun^L	mun^L	mun^L	mun^L	mun^L	mun^L		mun^L		mun^L	mun^L	mun		mun
文	微	中	C	平	文	L	mun^L	mun^L	mun^L	mun^L	mun^L	mun$^{L(H)}$	mun$^{L(R)}$	mun^L	mun^L	mun^L	mun^L		mun^L	mun^L		mun^L	mun	mun	mun
蚊	微	中	C	平	文	L	mun^L				mun^L														mun
紋	微	中	C	平	文	L	mun^L				mun^L														
粉	非	中	C	上	文	RH	pun$^{R/H}$				pun^H	pun^R	pun^H						pun^H						
忿	敷	中	C	上	文	R	pun^R					pun^R	pun^R	pun^R		pun$^{R/H}$									pun
憤	奉	中	C	上	文	R	pun^R									pun^R									
坌	奉	中	C	上	文	R	pun^R				pun^R [T] pun^H?														
吻	微	中	C	上	文	R	min^R				min^R [K] k?o?n^R														
奮	非	中	C	去	文	R	pun^R					pun^R	pun^R										pun^H		
僨	非	中	C	去	文	R	pun^R							pun^R											
糞	非	中	C	去	文	RH	pun$^{R/H}$				pun^H [TSNKR] pun^R	pun^L	pun^R			pun^H									

字	声	口	等	調	韻	ア	代表	六上中	六下	真三	訓蒙	翻小	小諺	大諺	中諺	論諺	孝諺	分門	誠初A	四法	蒙山	法華	誠初B	簡易	長寿
分	奉	中	C	去	文	RH	pun$^{R/H}$	pun^{R}		pun^{R}		pun$^{R/H}$	pun^{R}							pun^{H}	pun^{L}	pun^{H}			
幡	奉	中	C	去	文	R	pun^{R}				pun^{R}														
汝	微	中	C	去	文	R	mun^{R}								mun^{R}										
問	微	中	C	去	文	R	mun^{R}		mun^{R}		mun^{R}	mun$^{R(H/L)}$	mun$^{R(H)}$		mun^{R}	mun$^{R(L)}$	mun^{R}		mun^{R}	mun^{R}	mun^{H}		mun		mun^{H} mun
聞	微	中	C	去	文	R	mun^{R}		mun^{R}			mun^{R}	mun^{R}												
璺	微	中	C	去	文	R	mun^{R}				mun^{R}														
不	非	中	C	入	文	H	pil pi	pil^{H}	pil^{H}	pil^{H}		pil$^{H(R/L)}$	pil$^{H(R/L)}$	pil$^{H(L)}$	pil^{H}	pil$^{H(L)}$	pil^{H}		pil$^{H/L(R)}$ pi$^{H/L/R}$	pil^{H}	pil^{H} (*pul^{H})	pil^{H}	pil	pil	pil pi
弗	非	中	C	入	文	H	pil	pil^{H}				pil^{H}	pil^{H}		pil^{H}	pil^{H}						pil$^{H(L)}$ *pul$^{H(L)}$			
黻	非	中	C	入	文	H	pil									pil^{H}									
拂	敷	中	C	入	文	H	pil			pil^{H}	pil^{H}			pil^{H}								*pʰil^{H}			
佛	奉	中	C	入	文	H	pul pil	pul^{H}	pul^{H}	pul^{H}	pul^{H}	pul^{H}	pul^{H}						pul$^{H(L)}$	pul^{H}	pul$^{H(L)}$	pul$^{H(L)}$ (pil^{H})	pul		pul^{H} pul (pil)
勿	微	中	C	入	文	H	mil					mil^{H}	mil$^{H(L)}$		mil^{H}	mil^{H}			mil^{H}				mil		mil
物	微	中	C	入	文	H	mil	mil^{H}	mil^{L}	mil^{H}	mil^{H}	mil^{H}	mil^{H}	mil^{H}	mil^{H}	mil^{H}	mil^{H}		mil^{H}		mil^{H}	mil$^{H(L)}$	mil		
君	見	合	C	平	文	L	kun^{L}	kun^{L}		kun^{L}	kun^{L}	kun^{L}	kun^{L}	kun^{L}	kun^{L}	kun^{L}	kun^{L}		kun^{L}			kun^{L}		kun	
軍	見	合	C	平	文	L	kun^{L}	kun^{L}		kun^{L}		kun^{L}	kun^{L}		kun^{L}								kun		
皸	見	合	C	平	文	L	kun^{L}			kun^{L}															
莙	見	合	C	平	文	L	kun^{L}			kun^{L}															
裙	群	合	C	平	文	L	kun^{L}			kun^{L}		kun^{L}	kun^{L}												
羣	群	合	C	平	文	L	kun^{L}		kun^{L}	kun^{L}		kun^{L}	kun$^{L(R)}$		kun^{L}	kun^{L}						kun^{L}	kun^{L}		kun
氳	影	合	C	平	文	L	ʼon^{L}			ʼon^{L}															
耘	云	合	C	平	文	L	ʼun^{L}			ʼun^{L} [NKR] ʼun^{H}		ʼun^{L}	ʼun^{L}												
云	云	合	C	平	文	L	ʼun^{L}			ʼun^{L}		ʼun^{L}	ʼun^{L}	ʼun^{L}	ʼun^{L}	ʼun^{L}	ʼun^{L}		ʼun^{L}	ʼun^{L}	ʼun^{L}		ʼun		ʼun
雲	云	合	C	平	文	L	ʼun^{L}	ʼun^{L}		ʼun^{L}	ʼun^{L}	ʼun^{L}	ʼun^{L}						ʼun^{L}		ʼun^{L}		ʼun	ʼun	
芸	云	合	C	平	文	L	ʼun^{L}												ʼun^{L}						
熏	曉	合	C	平	文	L	hun^{L}			hun^{L}		hun^{L}	hun^{L}												
葷	曉	合	C	平	文	L	hun^{L}			hun^{L}															
纁	曉	合	C	平	文	L	hun^{L}			hun^{L}															
勳	曉	合	C	平	文	L	hun^{L}			hun^{L}															

字	声	口	等	調	韻	ア	代表	六上中	六下	真三	訓蒙	翻小	小諺	大諺	中諺	論諺	孝諺	分門	誠初A	四法	蒙山	法華	誠初B	簡易	長寿
韞	影	合	C	上	文	R	’on^R									’on^R									
蘊	影	合	C	上	文	R	’on^R	’on^R	’on^R			’on^R	’on^R												
郡	群	合	C	去	文	R	kun^R				kun^R [KR] kun^L	kun$^{R(L)}$	kun^R												
慍	影	合	C	去	文	R	’on^R									’on^R									
縕	影	合	C	去	文	R	’on^R				’on^R					’on^R									
醞	影	合	C	去	文	R	’on^R				’on^R														
韻	云	合	C	去	文	?	’un												’un^H		’un^H		’un		
暈	云	合	C	去	文	R	’un^R				’un^H [TSN] ’un^R [KR] ’un^L														
餫	云	合	C	去	文	R	’un^R				’un^R														
運	云	合	C	去	文	R	’un^R			’un^R		’un$^{R(H)}$	’un^R					’un^H	’un^H				’un		
訓	暁	合	C	去	文	R	hun^R				hun^R	hun$^{R(L)}$	hun^R												
屈	渓	合	C	入	文	H	kul	kul^H	kul^L			kul$^{H/L}$	kul^H						kul^H				kul		kul
鋸	渓	合	C	入	文	H	kul				kul^H														
崛	群	合	C	入	文	?	kul															kul^H? ki?1^L			kul
堀	群	合	C	入	文	?	kul													kul^H					
蔚	影	合	C	入	文	H	’ul				’ul^H														
熨	影	合	C	入	文	H	’ul				’ul^H														
鬱	影	合	C	入	文	H	’ul					’ul^H	’ul^H					’ul^H						’ul	

12. 宕攝

12.1. 唐韻

字	声	口	等	調	韻	ア	代表	六上中	六下	真三	訓蒙	翻小	小諺	大諺	中諺	論諺	孝諺	分門	誠初A	四法	蒙山	法華	誠初B	簡易	長寿
剛	見	開	1	平	唐	L	kaŋ^L	kaŋ^L	kaŋ^L	kaŋ^L	kaŋ^L	kaŋ^L	kaŋ^L		kaŋ^L	kaŋ^L				kaŋ^L		kaŋ^L			kaŋ
綱	見	開	1	平	唐	L	kaŋ^L	kaŋ^L			kaŋ^L [N] kiŋ^L	kaŋ^L	kaŋ^L			kaŋ^L									
亢	見	開	1	平	唐	L	kaŋ^L									kaŋ^L									
崗	見	開	1	平	唐	L	kaŋ^L				kaŋ^L														
瓨	見	開	1	平	唐	L	kaŋ^L				kaŋ^L														
糠	溪	開	1	平	唐	?	kaŋ															kaŋ^L			
康	溪	開	1	平	唐	L	kaŋ^L					kaŋ^L	kaŋ^L	kaŋ^L		kaŋ^L						*kʰi?aŋ^L			
穅	溪	開	1	平	唐	L	kaŋ^L				kaŋ^L														
昂	疑	開	1	平	唐	L	'aŋ^L					'aŋ^L	'aŋ^L												
枊	疑	開	1	平	唐	L	'aŋ^L				'aŋ^L														
行	匣	開	1	平	唐	L	haŋ^L				haŋ^L								haŋ^L			haŋ^L	haŋ		
航	匣	開	1	平	唐	L	haŋ^L				haŋ^L														
吭	匣	開	1	平	唐	L	haŋ^L				haŋ^L														
衚	匣	開	1	平	唐	L	haŋ^L				haŋ^L														
翃	匣	開	1	平	唐	L	haŋ^L				haŋ^L														
襠	端	開	1	平	唐	L	taŋ^L				taŋ^L														
璫	端	開	1	平	唐	L	taŋ^L				taŋ^L														
當	端	開	1	平	唐	L	taŋ^L	taŋ^L	taŋ^L	taŋ^L		taŋ^L(H)	taŋ^L(H)			taŋ^L	taŋ^L		taŋ^L	taŋ^L	taŋ^L	taŋ^L	taŋ		taŋ
瓽	端	開	1	平	唐	L	taŋ^L				taŋ^L														
湯	透	開	1	平	唐	L	t^{h}aŋ^L				t^{h}aŋ^L	t^{h}aŋ^L	t^{h}aŋ^L	t^{h}aŋ^L		t^{h}aŋ^L			t^{h}aŋ^L			t^{h}aŋ^L		t^{h}aŋ	
搪	定	開	1	平	唐	?	taŋ												taŋ^R				taŋ		
唐	定	開	1	平	唐	L	taŋ^L	taŋ^L	taŋ^L			taŋ^L	taŋ^L			taŋ^L						taŋ^L			
塘	定	開	1	平	唐	L	taŋ^L				taŋ^L														
糖	定	開	1	平	唐	L	taŋ^L				taŋ^L														
堂	定	開	1	平	唐	L	taŋ^L	taŋ^L	taŋ^L	taŋ^L	taŋ^L [T] ta?ŋ^L	taŋ^L	taŋ^L			taŋ^L	taŋ^L		taŋ^L	taŋ^L	taŋ^L(H)	taŋ^L	taŋ		taŋ
棠	定	開	1	平	唐	L	taŋ^L				taŋ^L														
螳	定	開	1	平	唐	L	taŋ^L				taŋ^L														

字	声	口	等	調	韻	ア	代表	六上中	六下	真三	訓蒙	翻小	小諺	大諺	中諺	論諺	孝諺	分門	誡初A	四法	蒙山	法華	誡初B	簡易	長寿
膛	定	開	1	平	唐	L	$taŋ^{L}$				$taŋ^{L}$ [N] $ti?ŋ^{L}$														
螗	定	開	1	平	唐	L	$taŋ^{L}$				$taŋ^{L}$														
煻	定	開	1	平	唐	L	$taŋ^{L}$				$taŋ^{L}$														
囊	泥	開	1	平	唐	L	$naŋ^{L}$				$naŋ^{L}$														
狼	来	開	1	平	唐	L	$raŋ^{L}$				$raŋ^{L}$	$raŋ^{L}$	$raŋ^{L}$									$raŋ^{L}$			
郎	来	開	1	平	唐	L	$raŋ^{L}$					$raŋ^{L}$	$raŋ^{L}$												
廊	来	開	1	平	唐	L	$raŋ^{L}$	$raŋ^{L}$			$raŋ^{L}$														
螂	来	開	1	平	唐	L	$raŋ^{L}$				$raŋ^{L}$														
稂	来	開	1	平	唐	L	$raŋ^{L}$				$raŋ^{L}$														
臧	精	開	1	平	唐	L	$caŋ^{L}$					$caŋ^{L}$	$caŋ^{L}$			$caŋ^{L}$									
賍	精	開	1	平	唐	L	$caŋ^{L}$				$caŋ^{L}$	$caŋ^{L}$	$caŋ^{L}$												
蒼	清	開	1	平	唐	L	$c^haŋ^{L}$					$c^haŋ^{L}$	$c^haŋ^{L}$					$c^haŋ^{L}$							$c^haŋ$	
鶬	清	開	1	平	唐	L	$c^haŋ^{L}$				$c^haŋ^{L}$														
倉	清	開	1	平	唐	LR	$c^haŋ^{L/R}$				$c^haŋ^{L}$	$c^haŋ^{R}$	$c^haŋ^{R}$									$c^haŋ^{L}$			
藏	從	開	1	平	唐	L	$caŋ^{L}$	$caŋ^{L}$	$?caŋ^{L}$			$caŋ^{L}$	$caŋ^{L}$	$caŋ^{L}$		$caŋ^{L}$	$caŋ^{L}$		$caŋ^{L}$					$caŋ$	
喪	心	開	1	平	唐	L	$saŋ^{L}$		$saŋ^{L}$			$saŋ^{L}$	$saŋ^{L}$		$saŋ^{L}$	$saŋ^{L}$	$saŋ^{L}$								
桑	心	開	1	平	唐	L	$saŋ^{L}$				$saŋ^{L}$	$saŋ^{L}$	$saŋ^{L}$			$saŋ^{L}$									
沆	匣	開	1	上	唐	RL	$haŋ^{R/L}$					$haŋ^{L}$	$haŋ^{R}$												
黨	端	開	1	上	唐	RH	$taŋ^{R/H}$					$taŋ^{R(H)}$	$taŋ^{H}$			$taŋ^{H}$			$taŋ^{L}$			$taŋ^{R}$	$taŋ$		
帑	透	開	1	上	唐	R	$t^haŋ^{R}$				$t^haŋ^{R}$	$t^haŋ^{R}$	$t^haŋ^{R}$												
蕩	定	開	1	上	唐	R	$t^haŋ^{R}$				$t^haŋ^{L}$ [TSNKR] $t^haŋ^{R}$	$t^haŋ^{R}$	$t^haŋ^{R}$			$t^haŋ^{R}$			$t^haŋ^{H}$	$t^haŋ^{R}$	$t^haŋ^{H}$		$t^haŋ$		
盪	定	開	1	上	唐	R	$t^haŋ^{R}$									$?t^haŋ^{R}$									
曩	泥	開	1	上	唐	R	$naŋ^{R}$				$naŋ^{R}$ [T] $niŋ^{R}$														
顙	心	開	1	上	唐	R	$saŋ^{R}$				$saŋ^{R}$	$saŋ^{R}$	$saŋ^{R}$												
嗓	心	開	1	上	唐	R	$saŋ^{R}$				$saŋ^{R}$														

字	声	口	等	調	韻	ア	代表	六上中	六下	真三	訓蒙	翻小	小諺	大諺	中諺	論諺	孝諺	分門	誠初A	四法	蒙山	法華	誠初B	簡易	長寿
礤	心	開	1	上	唐	R	saŋ^R				saŋ^H [TSN] siaŋ^R [KR] saŋ^R														
磉	心	開	1	上	唐	R	saŋ^R				saŋ^R														
炕	渓	開	1	去	唐	R	kaŋ^R				kaŋ^R														
伉	渓	開	1	去	唐	R	haŋ^R				haŋ^R														
盎	影	開	1	去	唐	R	'aŋ^R				'aŋ^R														
行	匣	開	1	去	唐	R	haŋ^R									haŋ^R									
筕	匣	開	1	去	唐	R	haŋ^R				haŋ^R														
當	端	開	1	去	唐	R	taŋ^R					taŋ^R	taŋ^R								taŋ^L				
儻	透	開	1	去	唐	?	taŋ												taŋ^R				taŋ		
盪	透	開	1	去	唐	R	tʰaŋ^R								?tʰaŋ^R										
錫	透	開	1	去	唐	R	tʰaŋ^R				tʰaŋ^R														
浪	来	開	1	去	唐	R	raŋ^R	raŋ^R		raŋ^R	raŋ^R										raŋ^L				
葬	精	開	1	去	唐	R	caŋ^R				caŋ^R	caŋ$^{R(L)}$	caŋ^R		caŋ^R	caŋ^R									
藏	従	開	1	去	唐	RH	caŋ$^{R/H}$	caŋ^H	caŋ^H	caŋ^H		caŋ^R	caŋ^R		caŋ$^{R/H}$						caŋ$^{H(L)}$	caŋ$^{H/L}$			caŋ
喪	心	開	1	去	唐	R	saŋ^R				saŋ$^{R(H)}$ (siaŋ^R)	saŋ^R	saŋ^R			saŋ^R			saŋ^R				saŋ		saŋ
閣	見	開	1	入	唐	H	kak	kak^H			kak^H [KR] kak^L								kak^H			kak^H			
各	見	開	1	入	唐	H	kak	kak^H	kak^H	kak^H		kak^H	kak^H			kak^H	kak^H	kak^H			kak^H	kak$^{H(L)}$		kak	kak
胳	見	開	1	入	唐	H	kak				kak^H														
愕	疑	開	1	入	唐	?	'ak																		'ak
諤	疑	開	1	入	唐	H	'ak					'ak^H	'ak^H												
顎	疑	開	1	入	唐	H	'ak				'ak^H														
鍔	疑	開	1	入	唐	H	'ak				'ak^H														
蕚	疑	開	1	入	唐	H	'ak				'ak^H														
堊	影	開	1	入	唐	H	'ak				'ak^H														
惡	影	開	1	入	唐	H	'ak	'ak^H	'ak^H	'ak^H	'ak^H [N] 'ak^H?	'ak^H	'ak^H	'ak^H	'ak^H	'ak^H	'ak^H		'ak^H	'ak^H	'ak^H	'ak$^{H(L)}$ (*ŋak^H)	'ak		'ak
壑	暁	開	1	入	唐	H	hak				hak^H	hak^H	hak^H												

字	声	口	等	調	韻	ア	代表	六上中	六下	真三	訓蒙	翻小	小諺	大諺	中諺	論諺	孝諺	分門	誠初A	四法	蒙山	法華	誠初B	簡易	長寿
矓	曉	開	1	入	唐	H	hak					hak^L	hak^H												
鶴	匣	開	1	入	唐	H	hak		hak^H		hak^H								hak^H				hak		
貉	匣	開	1	入	唐	H	hak rak				hak^H [KR] hak^L rak^L					rak^H									
托	透	開	1	入	唐	H	t^hak		t^hiʔk^H	t^hak^H	t^hak^H														
託	透	開	1	入	唐	H	t^hak									t^hak^H									
橐	透	開	1	入	唐	H	t^hak				t^hak^H														
籜	透	開	1	入	唐	H	t^hak				t^hak^H														
飥	透	開	1	入	唐	H	t^hak				t^hak^H														
驒	透	開	1	入	唐	H	t^hak				t^hik^H [T] t^hak^H [SNKR] t^hak^L														
祏	透	開	1	入	唐	H	t^hak				t^hak^H														
鐸	定	開	1	入	唐	H	t^hak				t^hak^H					t^hak^H									
度	定	開	1	入	唐	H	t^hak					t^hak^H	t^hak^H		t^hak^H					t^hak^H	t^hak^H *tak^H				
諾	泥	開	1	入	唐	H	nak rak					nak^H rak^H/L	rak^H (nak^H)			rak^H(L)									
駱	来	開	1	入	唐	H	rak				rak^H	rak^H	rak^H												
落	来	開	1	入	唐	H	rak	rak^H			rak^H	rak^H	rak^H						rak^H nak^H		rak^H		rak (nak)		
珞	来	開	1	入	唐	H	rak				rak^H										rak^H				
絡	来	開	1	入	唐	H	rak				rak^H														
酪	来	開	1	入	唐	H	rak			rak^H															
洛	来	開	1	入	唐	H	rak		rak^H			rak^H/L	rak^H												
樂	来	開	1	入	唐	H	rak	rak^H	rak^H	rak^H		rak^H	rak^H	rak^H	rak^H	rak^H	rak^H		rak^H nak^H	rak^H nak^H	rak^H	rak^H(L)	nak (rak)		rak (nak)
作	精	開	1	入	唐	H	cak	cak^H	cak^H	cak^H		cak^H	cak^H	cak^H	cak^H	cak^H	cak^H		cak^H	cak^H/L	cak^H(L)	cak^H	cak		cak
錯	清	開	1	入	唐	H	c^hak	c^hak^H				c^hak^H	c^hak^H			c^hak^H			c^hak^H		c^hak^H		c^hak		
鑿	従	開	1	入	唐	H	c^hak				c^hak^H										c^hak^H	c^hak^L			
怍	従	開	1	入	唐	H	cak									cak^H									

字	声	口	等	調	韻	ア	代表	六上中	六下	真三	訓蒙	翻小	小諺	大諺	中諺	論諺	孝諺	分門	誠初A	四法	蒙山	法華	誠初B	簡易	長寿
柞	従	開	1	入	唐	H	cak				cak^H														
昨	従	開	1	入	唐	H	cak				cak^L [T] cak^H														cak
索	心	開	1	入	唐	H	sak				sak^H														
傍	並	中	1	平	唐	L	paŋ^L			paŋ^L		p?iŋ^L	paŋ^L						paŋ^L						paŋ
彷	並	中	1	平	唐	L	paŋ^L					paŋ^L	paŋ^L												
膀	並	中	1	平	唐	L	paŋ^L				paŋ^L														
螃	並	中	1	平	唐	L	paŋ^L				paŋ^L														
忙	明	中	1	平	唐	L	maŋ^L					maŋ^L	maŋ^L												
榜	幫	中	1	上	唐	R	paŋ^R				paŋ^R														
蒡	幫	中	1	上	唐	L	paŋ^L				paŋ^L														
莽	明	中	1	上	唐	H	maŋ^H					maŋ^H													
蟒	明	中	1	上	唐	H	maŋ^H				maŋ^H														
謗	幫	中	1	去	唐	R	paŋ^R	paŋ$^{R(H)}$	paŋ^R		paŋ^R					paŋ^R					paŋ^H				paŋ
博	幫	中	1	入	唐	H	pak					pak^H	pak^H		pak^H	pak^H			pak^H				pak		
鎛	幫	中	1	入	唐	H	pak				pak^H														
博	幫	中	1	入	唐	H	pak			pak^L	pak^H [S] pak$^{H/L}$														pak
煿	幫	中	1	入	唐	H	pak				pak^H														
粕	滂	中	1	入	唐	H	pak				pak^H														
膊	滂	中	1	入	唐	H	pak				pak^H [R] pak^L													
濼	滂	中	1	入	唐	H	pak				pak^H														
箔	並	中	1	入	唐	H	pak				pak^H														
薄	並	中	1	入	唐	H	pak					pak^H	pak^H	pak^H	pak^H	pak^H			pak^H			pak^L	pak	pak
簿	並	中	1	入	唐	H	pak						pak^H												
莫	明	中	1	入	唐	H	mak					mak$^{H(L)}$	mak^H	mak^H	mak^H	mak^H	mak^H		mak^H	mak^H	mak^H		mak	
漠	明	中	1	入	唐	H	mak											mak^H						mak	
幕	明	中	1	入	唐	H	mak				mak^H	mak^H	mak^H												
膜	明	中	1	入	唐	H	mak				mak^H														
光	見	合	1	平	唐	L	koaŋ^L	koaŋ^L	koaŋ^L	koaŋ^L	koaŋ^L	koaŋ^L	koaŋ$^{L(H)}$				koaŋ^L	koaŋ^H	koaŋ^L	koaŋ^L	koaŋ^L (*koa^L)	koaŋ^L	koaŋ		koaŋ

字	声	口	等	調	韻	ア	代表	六上中	六下	真三	訓蒙	翻小	小諺	大諺	中諺	論諺	孝諺	分門	誠初A	四法	蒙山	法華	誠初B	簡易	長寿
胱	見	合	1	平	唐	L	koaŋ^L				koaŋ^L														
汪	影	合	1	平	唐	L	'oaŋ^L				'oaŋ^L	'oaŋ^L	'oaŋ^L												
荒	暁	合	1	平	唐	L	hoaŋ^L					hoaŋ^L	hoaŋ^L										hoaŋ^L			
煌	匣	合	1	平	唐	?	hoaŋ																hoaŋ^L			
黄	匣	合	1	平	唐	L	hoaŋ^L	hoaŋ^L		hoaŋ^L	hoaŋ^L	hoaŋ^L	hoaŋ^L	hoaŋ^L		hoaŋ^L		hoaŋ^L				hoaŋ^L	hoaŋ^L		hoaŋ	hoaŋ
皇	匣	合	1	平	唐	L	hoaŋ^L				hoaŋ^L	hoaŋ^L	hoaŋ^L			hoaŋ^L								hoaŋ		
徨	匣	合	1	平	唐	L	hoaŋ^L					hoaŋ^L	hoaŋ^L												
惶	匣	合	1	平	唐	L	hoaŋ^L					hoaŋ^L	hoaŋ^L												
隍	匣	合	1	平	唐	L	hoaŋ^L	hoaŋ^L			hoaŋ^L														
凰	匣	合	1	平	唐	L	hoaŋ^L				hoaŋ^L														
篁	匣	合	1	平	唐	L	hoaŋ^L				hoaŋ^L														
蝗	匣	合	1	平	唐	L	hoaŋ^L				hoaŋ^L														
潢	匣	合	1	平	唐	L	hoaŋ^L				hoaŋ^L														
蟥	匣	合	1	平	唐	L	hoaŋ^L				hoaŋ^L														
廣	見	合	1	上	唐	R	koaŋ^R	koaŋ^R	koaŋ^R	koaŋ^R		koaŋ^R	koaŋ^{R}(H)	koaŋ^R	koaŋ^R				koaŋ^R	koaŋ^R	koaŋ^H		koaŋ		koaŋ^R koaŋ
謊	暁	合	1	上	唐	R	hoaŋ^R				hoaŋ^R [T] hoaŋ^H														
幌	匣	合	1	上	唐	R	hoaŋ^R				hoaŋ^R														
纊	渓	合	1	去	唐	R	koaŋ^R				koaŋ^R														
壙	渓	合	1	去	唐	R	koaŋ^R				koaŋ^L [N] koiŋ^L	koaŋ^R	koaŋ^R												
曠	渓	合	1	去	唐	RH	koaŋ$^{R/H}$					koaŋ$^{R/H}$	koaŋ^R						koaŋ^R				koaŋ		koaŋ
椁	見	合	1	入	唐	H	koak							koak^H										
槨	見	合	1	入	唐	H	koak				koak^H						koak^H							
郭	見	合	1	入	唐	H	koak				koak^H	koak^H	koak^H											
籗	渓	合	1	入	唐	H	koak				koak^H [NKR] koak^L													
鞟	渓	合	1	入	唐	H	koak										koak^H							
鞹	渓	合	1	入	唐	H	koak				koak^H													

字	声	口	等	調	韻	ア	代表	六上中	六下	真三	訓蒙	翻小	小諺	大諺	中諺	論諺	孝諺	分門	誠初A	四法	蒙山	法華	誠初B	簡易	長寿
蠖	影	合	1	入	唐	H	hoak				hoak^H [NKR] hoak^L														
臛	影	合	1	入	唐	H	hoak				hoak^L [T] hoak^H [SN] hak^H														
霍	曉	合	1	入	唐	H	koak					koak^H	koak^H												
彉	曉	合	1	入	唐	H	koak koik				koak^H [TSNKR] koik^H														
癨	曉	合	1	入	唐	H	hoak				hoak^H [KR] hoak^L														
臛	曉	合	1	入	唐	H	hoak				hoak^H														
穫	匣	合	1	入	唐	H	hoak				hoak^H [T] hoik^H														
鑊	匣	合	1	入	唐	H	hoak				hoak$^{H/H?}$ [TNKR] hoak^H [S] hiak^H														

12.2. 陽韻

字	声	口	等	調	韻	ア	代表	六上中	六下	真三	訓蒙	翻小	小諺	大諺	中諺	論諺	孝諺	分門	誠初A	四法	蒙山	法華	誠初B	簡易	長寿
薑	見	開	C	平	陽	L	kaŋ^L				s+kaŋ^L					kaŋ^L									
疆	見	開	C	平	陽	L	kaŋ^L				kaŋ^L [N] ka?ŋ^L				kaŋ^L										
姜	見	開	C	平	陽	L	kaŋ^L				kaŋ^L														
韁	見	開	C	平	陽	L	kaŋ^L				kaŋ^L														

字	声	口	等	調	韻	ア	代表	六上中	六下	真三	訓蒙	翻小	小諺	大諺	中諺	論諺	孝諺	分門	誠初A	四法	蒙山	法華	誠初B	簡易	長寿
礓	見	開	C	平	陽	L	kaŋ^L				kaŋ^L														
羌	渓	開	C	平	陽	L	kaŋ^L				kaŋ^L														
蜣	渓	開	C	平	陽	L	kaŋ^L				kaŋ^L														
彊	群	開	C	平	陽	R	kaŋ^R					kaŋ^R	kaŋ^R												
強	群	開	C	平	陽	L	kaŋ^L				kaŋ^L	kaŋ^L	kaŋ^L		kaŋ^L			kaŋ^L	kaŋ^L				kaŋ	kaŋ	
殃	影	開	C	平	陽	?	ʼaŋ												ʼaŋ^L			ʼaŋ^L	ʼaŋ		
秧	影	開	C	平	陽	L	ʼaŋ^L				ʼaŋ^L														
鴦	影	開	C	平	陽	L	ʼaŋ^L				ʼaŋ^L														
胦	影	開	C	平	陽	L	ʼaŋ^L				ʼaŋ^L														
郷	暁	開	C	平	陽	L	hiaŋ^L				hiaŋ^L	hiaŋ^L	hiaŋ^L			hiaŋ^L		hiaŋ^L							
香	暁	開	C	平	陽	L	hiaŋ^L	hiaŋ^L	hiaŋ^L	hiaŋ^L	hiaŋ^L	hiaŋ^L	hiaŋ^L					hiaŋ^L			hiaŋ^L	hiaŋ^L	hiaŋ	hiaŋ	hiaŋ
張	知	開	C	平	陽	L	tiaŋ^L	tiaŋ^L	tiaŋ^L		tiaŋ^L	tiaŋ^L	tiaŋ^L			tiaŋ^L					ciaŋ^H				
腸	澄	開	C	平	陽	L	tiaŋ^L			tiaŋ^L	tiaŋ^L	tiaŋ^L	tiaŋ^L						tiaŋ^L (ciaŋ^L)				tiaŋ		
長	澄	開	C	平	陽	L	tiaŋ^L	tiaŋ^L	tiaŋ^L	tiaŋ^L		tiaŋ^L	tiaŋ^L			tiaŋ^L	tiaŋ^L		tiaŋ$^{L(R)}$ (ciaŋ^L)		tiaŋ^L	tiaŋ$^{L/R}$	tiaŋ		tiaŋ
場	澄	開	C	平	陽	L	tiaŋ^L riaŋ^L	riaŋ^L	riaŋ^L	riaŋ^L	tiaŋ^L	tiaŋ^L	tiaŋ^L									tiaŋ^L			
娘	娘	開	C	平	陽	L	niaŋ^L				niaŋ^L														
嬢	娘	開	C	平	陽	L	niaŋ^L				niaŋ^L														
糧	来	開	C	平	陽	L	riaŋ^L				riaŋ^L					riaŋ^L									
樑	来	開	C	平	陽	L	riaŋ^L				riaŋ^L														
蜋	来	開	C	平	陽	L	riaŋ^L				riaŋ^L														
梁	来	開	C	平	陽	L	riaŋ^L	riaŋ^L	riaŋ^L		riaŋ^L	riaŋ^L	riaŋ^L (niaŋ^L)			riaŋ^L				niaŋ^L					riaŋ
良	来	開	C	平	陽	L	riaŋ^L	riaŋ^L				riaŋ^L	riaŋ^L			riaŋ^L			riaŋ^L niaŋ^L				riaŋ		
量	来	開	C	平	陽	L	riaŋ^L	riaŋ^L		riaŋ^L		riaŋ^L	riaŋ^L							niaŋ^L	riaŋ^L				
涼	来	開	C	平	陽	L	riaŋ^L niəŋ			riaŋ^L	riaŋ^L	riaŋ^L	riaŋ^L							riaŋ^L niəŋ^L					
漿	精	開	C	平	陽	L	ciaŋ^L				ciaŋ^L [TSN] caŋ^L														
槳	精	開	C	平	陽	L	ciaŋ^L				ciaŋ^L														

字	声	口	等	調	韻	ア	代表	六上中	六下	真三	訓蒙	翻小	小諺	大諺	中諺	論諺	孝諺	分門	誠初A	四法	蒙山	法華	誠初B	簡易	長寿
將	精	開	C	平	陽	L	ciaŋ^{L}	ciaŋ^{L}	ciaŋ^{L}	ciaŋ^{L}	ciaŋ^{L}	ciaŋ^{L}	ciaŋ^{L}		ciaŋ^{L}	ciaŋ^{L}	ciaŋ^{L}		ciaŋ^{L}	ciaŋ^{L}	ciaŋ^{L} (tiaŋ^{L})		ciaŋ		ciaŋ
槍	清	開	C	平	陽	L	cʰaŋ^{L}				cʰaŋ^{L}														
檣	從	開	C	平	陽	L	ciaŋ^{L}				ciaŋ^{L}														
薔	從	開	C	平	陽	L	ciaŋ^{L}				ciaŋ^{L}														
嬙	從	開	C	平	陽	L	ciaŋ^{L}				ciaŋ^{L}														
牆	從	開	C	平	陽	L	ciaŋ^{L}				ciaŋ^{L}	ciaŋ^{L}	ciaŋ^{L}			ciaŋ^{L}									ciaŋ
驤	心	開	C	平	陽	L	ʾiaŋ^{L}				ʾiaŋ^{L}														
相	心	開	C	平	陽	L	siaŋ^{L}	siaŋ^{L}	siaŋ^{L}	siaŋ^{L}	siaŋ^{L}	siaŋ^{L}	siaŋ^{L}		siaŋ^{L}	siaŋ^{L}	siaŋ^{L}		siaŋ^{L}	siaŋ^{L}	siaŋ^{L}	siaŋ^{L}	siaŋ		siaŋ
箱	心	開	C	平	陽	L	siaŋ^{L}				siaŋ^{L}														
廂	心	開	C	平	陽	L	siaŋ^{L}				siaŋ^{L}														
緗	心	開	C	平	陽	L	siaŋ^{L}				siaŋ^{L}														
襄	心	開	C	平	陽	L	ziaŋ^{L}		ziaŋ^{L}				ʾiaŋ^{L}			ʾiaŋ^{L}									
翔	邪	開	C	平	陽	L	siaŋ^{L}				siaŋ^{L}					siaŋ^{L}			siaŋ^{L}				siaŋ		
祥	邪	開	C	平	陽	L	siaŋ^{L}			siaŋ^{L}		siaŋ^{L}	siaŋ^{L}		siaŋ^{L}						siaŋ^{L}			siaŋ
詳	邪	開	C	平	陽	L	siaŋ^{L}					siaŋ^{L}	siaŋ^{L}						siaŋ^{L}		siaŋ^{L}		siaŋ		
庠	邪	開	C	平	陽	L	siaŋ^{L}				siaŋ^{L} [SNKR] siaŋ^{H}	siaŋ^{L}	siaŋ^{L}												
粧	莊	開	C	平	陽	L	caŋ^{L}				caŋ^{L}	caŋ^{L}	caŋ^{L}												
莊	莊	開	C	平	陽	L	caŋ^{L}		caŋ^{L}	caŋ^{L}		caŋ^{L}	caŋ^{L}		caŋ^{L}	caŋ^{L}			caŋ^{L}			caŋ^{L}	caŋ		
裝	莊	開	C	平	陽	L	caŋ^{L}				caŋ^{L}	caŋ^{L}	caŋ^{L}												
瘡	初	開	C	平	陽	L	cʰaŋ^{L}				cʰaŋ^{L}										cʰaŋ^{L}	cʰaŋ$^{\#}$			cʰaŋ
床	崇	開	C	平	陽	L	saŋ^{L}					saŋ^{L}	saŋ^{L}						saŋ^{L}			saŋ^{L}		saŋ	saŋ
牀	崇	開	C	平	陽	L	saŋ^{L}				saŋ^{L}												saŋ		
霜	生	開	C	平	陽	L	saŋ^{L}			saŋ^{L}	saŋ^{L}				saŋ^{L}							saŋ^{L}			
孀	生	開	C	平	陽	L	saŋ^{L} soaŋ^{L}				saŋ^{L} [TSNKR] soaŋ^{L}	saŋ^{L}	saŋ^{L}												
憧	章	開	C	平	陽	?	ciaŋ												ciaŋ^{L}						
章	章	開	C	平	陽	L	ciaŋ^{L}			ciaŋ^{L}	ciaŋ^{L}	ciaŋ^{L}	ciaŋ^{L}	ciaŋ^{L}	ciaŋ^{L}	ciaŋ^{L}	ciaŋ^{L}		ciaŋ^{L}				ciaŋ		ciaŋ
彰	章	開	C	平	陽	L	ciaŋ^{L}										ciaŋ^{L}								
獐	章	開	C	平	陽	L	ciaŋ^{L}				ciaŋ^{L}														

字	声	口	等	調	韻	ア	代表	六上中	六下	真三	訓蒙	翻小	小諺	大諺	中諺	論諺	孝諺	分門	誠初A	四法	蒙山	法華	誠初B	簡易	長寿
鞝	章	開	C	平	陽	L	ciaŋ^L				ciaŋ^L [SNKR] caŋ^L														
菖	昌	開	C	平	陽	L	c^{h}iaŋ^L				c^{h}iaŋ^L							c^{h}iaŋ^L						c^{h}iaŋ	
昌	昌	開	C	平	陽	L	c^{h}iaŋ^L		c^{h}iaŋ^L			c^{h}iaŋ^L	c^{h}iaŋ^L													
娼	昌	開	C	平	陽	L	c^{h}iaŋ^L				c^{h}iaŋ^L														
傷	書	開	C	平	陽	L	siaŋ^L		siaŋ^L			siaŋ^L	siaŋ^L			siaŋ^L	siaŋ^L	siaŋ^L	siaŋ^L			siaŋ^L	siaŋ	siaŋ	siaŋ
商	書	開	C	平	陽	L	siaŋ^L	siaŋ^L	siaŋ^L		siaŋ^L					siaŋ^L						siaŋ^L			siaŋ
觴	書	開	C	平	陽	L	siaŋ^L				siaŋ^L														
常	常	開	C	平	陽	L	siaŋ^L	siaŋ^L	siaŋ^L	siaŋ^L		siaŋ^L	siaŋ^L	siaŋ^L		siaŋ^L			siaŋ^L	siaŋ^L	siaŋ^L	siaŋ^L	siaŋ		siaŋ
嘗	常	開	C	平	陽	L	siaŋ^L				siaŋ^L	siaŋ^{L}(H)	siaŋ^L	siaŋ^L	siaŋ^L	siaŋ^L									
裳	常	開	C	平	陽	L	siaŋ^L				siaŋ^L	siaŋ^L	siaŋ^L		siaŋ^L	siaŋ^L									
尚	常	開	C	平	陽	L	siaŋ^L					siaŋ^L	siaŋ^L												
償	常	開	C	平	陽	L	siaŋ^L				siaŋ^L														
禳	日	開	C	平	陽	L	'iaŋ^L				'iaŋ^L														
襄	日	開	C	平	陽	L	'iaŋ^L				'iaŋ^L														
攘	日	開	C	平	陽	L	ziaŋ^L									ziaŋ^L									
瓤	日	開	C	平	陽	L	ziaŋ^L				'iaŋ^L [T] ziaŋ^L														
羊	羊	開	C	平	陽	L	'iaŋ^L	'iaŋ^L	'iaŋ^L		'iaŋ^L			'iaŋ^L		'iaŋ^L		'iaŋ^L				'iaŋ^L		'iaŋ	'iaŋ
陽	羊	開	C	平	陽	L	'iaŋ^L	'iaŋ^L	'iaŋ^L	'iaŋ^L	'iaŋ^L	'iaŋ^L	'iaŋ^L			'iaŋ^L								'iaŋ	
洋	羊	開	C	平	陽	L	'iaŋ^L				'iaŋ^L				'iaŋ^L	'iaŋ^L									
揚	羊	開	C	平	陽	L	'iaŋ^L			'iaŋ^L		'iaŋ^L	'iaŋ^L			'iaŋ^L	'iaŋ^L		'iaŋ^L				'iaŋ	'iaŋ
楊	羊	開	C	平	陽	L	'iaŋ^L		'iaŋ^L	'iaŋ^L	'iaŋ^L														
烊	羊	開	C	平	陽	L	'iaŋ^L				'iaŋ^L														
襁	見	開	C	上	陽	R	kaŋ^R					kaŋ^R					kaŋ^R								
強	群	開	C	上	陽	R	kaŋ^R						kaŋ^R	kaŋ^R		kaŋ^R									
彊	群	開	C	上	陽	R	kaŋ^R						kaŋ^R	kaŋ^R											
仰	疑	開	C	上	陽	R	'aŋ^R	'aŋ^R		'aŋ^R	'aŋ^R	'aŋ^H	'aŋ^R				'aŋ^R								
嚮	暁	開	C	上	陽	?	hiaŋ													hiaŋ^L					hiaŋ	
享	暁	開	C	上	陽	R	hiaŋ^R					hiaŋ^R	hiaŋ^R				hiaŋ^R	hiaŋ^R							hiaŋ	
響	暁	開	C	上	陽	R	hiaŋ^R	hiaŋ^R												hiaŋ^R			hiaŋ^L		hiaŋ	
曏	暁	開	C	上	陽	R	hiaŋ^R					hiaŋ^R	hiaŋ^R													

字	声	口	等	調	韻	ア	代表	六上中	六下	真三	訓蒙	翻小	小諺	大諺	中諺	論諺	孝諺	分門	誠初A	四法	蒙山	法華	誠初B	簡易	長寿
饗	曉	開	C	上	陽	RL	hiaŋ$^{R/L}$			hiaŋ^{L}	hi?aŋ^{R} [TSNKR] hiaŋ^{R}				hiaŋ^{R}										
長	知	開	C	上	陽	R	tiaŋ^{R}					tiaŋ$^{R(H)}$	tiaŋ$^{R(H/L)}$	tiaŋ^{R}		tiaŋ^{R}	tiaŋ^{R}		tiaŋ^{R}			tiaŋ$^{R(L)}$	tiaŋ		tiaŋ
丈	澄	開	C	上	陽	R	tiaŋ^{R}	tiaŋ^{R}			tiaŋ^{L} [T] taŋ^{H} [SNKR] tiaŋ^{R}	tiaŋ$^{R(H)}$	tiaŋ^{R}			tiaŋ^{R}			ciaŋ^{R}	tiaŋ$^{R/L}$	tiaŋ^{H} (ciaŋ^{H})	tiaŋ^{R}	tiaŋ		tiaŋ
仗	澄	開	C	上	陽	R	tiaŋ^{R}			?tiaŋ^{R}															
杖	澄	開	C	上	陽	R	tiaŋ^{R}		tiaŋ^{R}		tiaŋ^{R}	tiaŋ^{R}	tiaŋ^{R}			tiaŋ^{R}	tiaŋ^{H}				tiaŋ^{H}			tiaŋ	
魎	来	開	C	上	陽	?	riaŋ															riaŋ^{R}?			
兩	来	開	C	上	陽	R	riaŋ^{R}	riaŋ^{R}	riaŋ$^{R/L}$	riaŋ^{R}	riaŋ^{R} [TSN] raŋ^{R} [KR] niaŋ^{R}	riaŋ^{R}	riaŋ^{R}			riaŋ^{R}	riaŋ^{R}		niaŋ^{R}	niaŋ^{R}	riaŋ^{H}	riaŋ$^{R(L)}$	niaŋ		riaŋ niaŋ
搶	清	開	C	上	陽	RH	c^{h}aŋ$^{R/H}$				c^{h}aŋ^{H} [T] c^{h}aŋ^{R}														
鯗	心	開	C	上	陽	H	siaŋ^{H}				siaŋ^{H}														
想	心	開	C	上	陽	H	siaŋ^{H}	siaŋ^{H}	siaŋ^{L}	siaŋ^{H}									siaŋ^{H}		siaŋ^{H}		siaŋ		{si?aŋ}
像	邪	開	C	上	陽	H	siaŋ^{H}	siaŋ^{H}											siaŋ#			siaŋ$^{R(H)}$	siaŋ		siaŋ
象	邪	開	C	上	陽	H	siaŋ^{H}	siaŋ^{H}			siaŋ^{H}	siaŋ^{H}	siaŋ^{H}						siaŋ^{H}			siaŋ^{R}	siaŋ		siaŋ
橡	邪	開	C	上	陽	H	siaŋ^{H}				siaŋ^{H}														
爽	生	開	C	上	陽	R	saŋ^{R}					saŋ^{R}	saŋ^{R}												
掌	章	開	C	上	陽	R	ciaŋ^{R}	ciaŋ^{R}	ciaŋ^{R}	ciaŋ^{R}	ciaŋ^{R}	ciaŋ^{R}	ciaŋ^{R}		ciaŋ^{R}	ciaŋ^{R}						ciaŋ$^{R(H/L)}$			ciaŋ
廠	昌	開	C	上	陽	R	c^{h}iaŋ^{R}	c^{h}iaŋ^{R}			c^{h}iaŋ^{R}														
晌	書	開	C	上	陽	H	siaŋ^{H}				siaŋ^{H}														
賞	書	開	C	上	陽	RH	siaŋ$^{R/H}$				siaŋ^{R} [TNKR] siaŋ^{H} [S] siaŋ^{H}?	siaŋ^{H}	siaŋ$^{H/R}$			siaŋ^{H}	siaŋ^{H}		siaŋ^{H}		siaŋ^{H}		siaŋ		
上	常	開	C	上	陽	R	siaŋ^{R}		siaŋ^{R}	siaŋ^{R}		siaŋ^{R}	siaŋ$^{R(H)}$			siaŋ^{R}						siaŋ^{R}			

字	声	口	等	調	韻	ア	代表	六上中	六下	真三	訓蒙	翻小	小諺	大諺	中諺	論諺	孝諺	分門	誠初A	四法	蒙山	法華	誠初B	簡易	長寿
攘	日	開	C	上	陽	R	ziaŋ^R				ziaŋ^H [T] ziaŋ^R														
壤	日	開	C	上	陽	R	ziaŋ^R				ziaŋ^L [TSNKR] ziaŋ^R					ziaŋ^R									
養	羊	開	C	上	陽	R	ʼiaŋ^R	ʼiaŋ^R	ʼiaŋ^R	ʼiaŋ^R	ʼiaŋ^R	ʼiaŋ^R(H)	ʼiaŋ^R	ʼiaŋ^R		ʼiaŋ^R	ʼiaŋ^R		ʼiaŋ^R	ʼiaŋ^R/H	ʼiaŋ^H		ʼiaŋ^L		ʼiaŋ^L
糨	群	開	C	去	陽	R	kaŋ^R				kaŋ^H [TSNKR] kaŋ^R														
仰	疑	開	C	去	陽	R	ʼaŋ^R				ʼaŋ^R														
向	暁	開	C	去	陽	R	hiaŋ^R	hiaŋ^R	hiaŋ^R	hiaŋ^R		hiaŋ^R	hiaŋ^R						hiaŋ^R	hiaŋ^R/H	hiaŋ^H(L)	hiaŋ^H(L)	hiaŋ	hiaŋ	hiaŋ^R hiaŋ
帳	知	開	C	去	陽	R	tiaŋ^R				tiaŋ^R	tiaŋ^R	tiaŋ^R									tiaŋ^H/L			
脹	知	開	C	去	陽	R	tʰiaŋ^R				tʰiaŋ^R														
漲	知	開	C	去	陽	R	tʰiaŋ^R				tʰiaŋ^R														
韔	徹	開	C	去	陽	R	tʰiaŋ^R				tʰiaŋ^R														
仗	澄	開	C	去	陽	R	tiaŋ^R			?tiaŋ^R															tiaŋ
釀	娘	開	C	去	陽	R	ʼiaŋ^R				ʼiaŋ^R [KR] ʼiaŋ^L														
亮	来	開	C	去	陽	H	niaŋ^H						niaŋ^H												
諒	来	開	C	去	陽	H	riaŋ^H									riaŋ^H									
量	来	開	C	去	陽	H	riaŋ^H	riaŋ^H	riaŋ^H	riaŋ^H		riaŋ^H				riaŋ^H(L)		riaŋ^H	riaŋ^H		riaŋ^H	riaŋ^H(R/L)	riaŋ niaŋ		riaŋ^R riaŋ
輛	来	開	C	去	陽	R	riaŋ^R				riaŋ^R														
醬	精	開	C	去	陽	R	ciaŋ^R				ciaŋ^R [T] caŋ^R	ciaŋ^R	ciaŋ^R			ciaŋ^R									
將	精	開	C	去	陽	R	ciaŋ^R				ciaŋ^R	ciaŋ^R	ciaŋ^R												ciaŋ
匠	従	開	C	去	陽	R	ciaŋ^R				ciaŋ^H [TSNKR] ciaŋ^R										ciaŋ^H *sciaŋ^H				

字	声	口	等	調	韻	ア	代表	六上中	六下	真三	訓蒙	翻小	小諺	大諺	中諺	論諺	孝諺	分門	誠初A	四法	蒙山	法華	誠初B	簡易	長寿
相	心	開	C	去	陽	H	siaŋ^H	siaŋ^H	siaŋ^H	siaŋ^H	siaŋ^H [T] siaŋ?^{H}	siaŋ$^{H(R)}$	siaŋ$^{H(R)}$		siaŋ^H	siaŋ^H			siaŋ^H			siaŋ$^{H(L)}$	siaŋ		
壮	荘	開	C	去	陽	R	caŋ^R					caŋ^R	caŋ$^{R/H}$			caŋ^R					caŋ$^{H/L}$			
創	初	開	C	去	陽	RH	c^{h}aŋ$^{R/H}$	c^{h}aŋ^R								c^{h}aŋ$^{R/H}$								
状	崇	開	C	去	陽	R	caŋ^R		caŋ^R		caŋ^R	caŋ^R	caŋ^R											
障	章	開	C	去	陽	R	ciaŋ^R	ciaŋ^R	ciaŋ^R	ciaŋ^R			ciaŋ^R						ciaŋ^R				ciaŋ		ciaŋ
嶂	章	開	C	去	陽	R	ciaŋ^R				ciaŋ^R														
唱	昌	開	C	去	陽	R	c^{h}iaŋ^R			c^{h}iaŋ^R	c^{h}iaŋ^R [NKR] c^{h}iaŋ^H								c^{h}iaŋ^R				c^{h}iaŋ		c^{h}iaŋ
餉	書	開	C	去	陽	R	hiaŋ^R				hiaŋ^R	hiaŋ^R	hiaŋ^R											
尚	常	開	C	去	陽	H	siaŋ^H	siaŋ$^{H(L)}$	siaŋ^H			siaŋ^H	siaŋ^H	siaŋ^H	siaŋ^H	siaŋ^H			siaŋ^H	siaŋ^H	siaŋ^H	siaŋ^H	siaŋ	siaŋ	siaŋ
上	常	開	C	去	陽	R	siaŋ^R	siaŋ^R	siaŋ$^{R(H/L)}$	siaŋ^R	siaŋ^R (siəŋ^R) [TSKR] siaŋ^R [N] siaŋ^R (saŋ^R)	siaŋ$^{R(H)}$	siaŋ$^{R(H)}$	siaŋ$^{R(L)}$	siaŋ^R	siaŋ$^{R(H)}$	siaŋ^R		siaŋ$^{R/H}$	siaŋ$^{R/H}$	siaŋ$^{H(R)}$	siaŋ$^{H(L)}$	siaŋ	siaŋ	siaŋ
讓	日	開	C	去	陽	R	ziaŋ^R	ziaŋ^R	ziaŋ^R		ziaŋ^R	'iaŋ$^{R(H)}$	'iaŋ^R	ziaŋ^R		ziaŋ^R			'iaŋ^R				'iaŋ		
養	羊	開	C	去	陽	R	'iaŋ^R				'iaŋ^R [S] '?iaŋ^R											'iaŋ$^{H(R/L)}$ (*ŋiaŋ^H)			
恚	羊	開	C	去	陽	R	'iaŋ^R					'iaŋ^R	'iaŋ^R											
煬	羊	開	C	去	陽	R	'iaŋ^R					'iaŋ^R	'iaŋ^R											
樣	羊	開	C	去	陽	?	'iaŋ															'iaŋ^L		
脚	見	開	C	入	陽	H	kak			kak^H									kak^H	kak^H				
却	渓	開	C	入	陽	H	kak					kak^H	kak^H			kak^H					kak^H (*k^{h}ak^H)		kak	
虐	疑	開	C	入	陽	H	hak					hak^H	hak^H			hak^H			hak^H				hak?	
瘧	疑	開	C	入	陽	H	hak			hak^H															hak
約	影	開	C	入	陽	H	'iak	'iak^H				'iak$^{H(R)}$	'iak^H						'iak^H				'iak		'iak
着	知	開	C	入	陽	H	t^{h}iak			t^{h}iak^H									t^{h}iak^H				t^{h}iak		
著	知	開	C	入	陽	H	t^{h}iak					t^{h}iak^H	t^{h}iak^H						t^{h}iak^H				t^{h}iak		

字	声	口	等	調	韻	ア	代表	六上中	六下	真三	訓蒙	翻小	小諺	大諺	中諺	論諺	孝諺	分門	誠初A	四法	蒙山	法華	誠初B	簡易	長寿
着	澄	開	C	入	陽	H	tʰiak	tʰiak^H	tʰiak^H	tʰiak^H		tʰiak^H							tʰiak^H		cʰiak^H *tiak$^{H(L)}$	tʰiak$^{H(L)}$ *tiak^H	tʰiak		
著	澄	開	C	入	陽	H	tʰiak					tʰiak$^{H/R}$	tʰiak^H							tʰiak^H cʰiak^H tiak^H	cʰiak^H *ttiak^H	tʰiak^H *tiak$^{H(L)}$ (*ʔtiaŋ^H)			tʰiak
略	来	開	C	入	陽	H	riak	riak^H				riak$^{H(L)}$	riak^H								riak^H				
掠	来	開	C	入	陽	H	riak				riak^H	riak^H niak^H	riak$^{H/R}$												
爵	精	開	C	入	陽	H	ciak					ciak^H	ciak^H		ciak^H		ciak^H								
雀	精	開	C	入	陽	H	ciak				ciak^H	ciak^H	ciak^H												
鵲	清	開	C	入	陽	H	ciak				ciak^H											*cʰiak^H			
芍	清	開	C	入	陽	H	ciak				[R] ciak^H														ciak
嚼	従	開	C	入	陽	H	ciak				ciak^H [T] cak^H														
削	心	開	C	入	陽	H	siak			siak^H															sak
勺	章	開	C	入	陽	H	ciak				ciak^H				ciak^H										
灼	章	開	C	入	陽	H	ciak					ciak^H	ciak^H												
妁	章	開	C	入	陽	H	ciak				ciak^H														
繳	章	開	C	入	陽	H	ciak				ciak^H? [TSNKR] ciak^H														
酌	章	開	C	入	陽	H	ciak				ciak^L [T] ci?ak^H														
綽	昌	開	C	入	陽	H	ciak					ciak^H	ciak^H			ciak^H									
燡	書	開	C	入	陽	?	siak															siak^H			
杓	常	開	C	入	陽	H	siak ciak cia				ciak^H [T] sak^H										cia^H				
芍	常	開	C	入	陽	HR	siak sia^R			sia^R	siak^H [N] s?iak^H							siak^H						

字	声	口	等	調	韻	ア	代表	六上中	六下	真三	訓蒙	翻小	小諺	大諺	中諺	論諺	孝諺	分門	誡初A	四法	蒙山	法華	誡初B	簡易	長寿
箬	日	開	C	入	陽	H	ziak				ziak^H [KR] 'iak^H														
若	日	開	C	入	陽	H	ziak			ziak^H		ziak^H 'iak^H(R)	'iak^H(L)	ziak^H		ziak^H 'iak^H	ziak^H		'iak^H	'iak^H(L)	ziak^H 'iak^H	ziak^H(L) ('iak^R)	'iak		'iak^H/R 'iak
弱	日	開	C	入	陽	H	ziak				'iak^H [TSNKR] ziak^H	'iak^H	'iak^H						'iak^H				'iak		
籥	羊	開	C	入	陽	H	'iak				'iak^L [TSNKR] 'iak^H														
鑰	羊	開	C	入	陽	H	'iak				'iak^H										'iak^H				
躍	羊	開	C	入	陽	H	'iak				'iak^H	'iak^H	'iak^H			'iak^H						'iak^H			
爚	羊	開	C	入	陽	H	'iak				'iak^L [T] 'iak^H				'iak^H										
藥	羊	開	C	入	陽	H	'iak	'iak^H		'iak^H	'iak^H	'iak^H(L)	'iak^H			'iak^H			'iak^H	'iak^H			'iak^H/R	'iak	'iak	'iak
方	非	中	C	平	陽	L	paŋ^L	paŋ^L	paŋ^L	paŋ^L		paŋ^L(H)	paŋ^L			paŋ^L	paŋ^L		paŋ^L	paŋ^L	paŋ^L	paŋ^L	paŋ	paŋ	paŋ
坊	非	中	C	平	陽	L	paŋ^L	?paŋ^L																	
芳	敷	中	C	平	陽	L	paŋ^L			paŋ^L															
坊	奉	中	C	平	陽	L	paŋ^L	?paŋ^L																	
房	奉	中	C	平	陽	L	paŋ^L	paŋ^L		paŋ^L	paŋ^L	paŋ^L	paŋ^L						paŋ^L			paŋ^L	paŋ		paŋ
防	奉	中	C	平	陽	L	paŋ^L					paŋ^L	paŋ^L			paŋ^L			paŋ^L/R					paŋ	
魴	奉	中	C	平	陽	L	paŋ^L			paŋ^L															
忘	微	中	C	平	陽	L	maŋ^L			maŋ^L		maŋ^L	maŋ^L	maŋ^L		maŋ^L	maŋ^L				maŋ^L				maŋ
亡	微	中	C	平	陽	L	maŋ^L			maŋ^L		maŋ^L	maŋ^L	maŋ^L	maŋ^L	maŋ^L			maŋ^L			maŋ^L			maŋ
鋩	微	中	C	平	陽	L	maŋ^L				maŋ^L [T] miŋ?^L														
昉	非	中	C	上	陽	L	paŋ^L					paŋ^L	paŋ^L												
紡	敷	中	C	上	陽	L	paŋ^L				paŋ^L [N] paŋ^L piŋ^L	paŋ^L	paŋ^L												
魍	微	中	C	上	陽	?	maŋ																maŋ^R?			

字	声	口	等	調	韻	ア	代表	六上中	六下	真三	訓蒙	翻小	小諺	大諺	中諺	論諺	孝諺	分門	誠初A	四法	蒙山	法華	誠初B	簡易	長寿
網	微	中	C	上	陽	H	maŋ^H			maŋ^H	maŋ^H								maŋ^H			maŋ^R	maŋ		maŋ
輞	微	中	C	上	陽	H	maŋ^H				maŋ^H														
罔	微	中	C	上	陽	HL	maŋ$^{H/L}$	maŋ^H?				maŋ^H	maŋ$^{H/L}$			maŋ^H									
放	非	中	C	去	陽	R	paŋ^R					paŋ$^{R(H)}$	paŋ^R	paŋ^R		paŋ$^{R(H)}$			paŋ$^{R/H}$	paŋ^R	paŋ^H	paŋ$^{H(L)}$	paŋ		paŋ
舫	非	中	C	去	陽	L	paŋ^L				paŋ^L														
訪	敷	中	C	去	陽	R	paŋ^R					paŋ^R	paŋ^R							paŋ^R					
望	微	中	C	去	陽	R	maŋ^R			maŋ^R	maŋ^R	maŋ$^{R(H)}$	maŋ$^{R(H)}$		maŋ^R	maŋ$^{R(H)}$		maŋ^H	maŋ^H				maŋ		maŋ
妄	微	中	C	去	陽	R	maŋ^R	maŋ^R		maŋ^R		maŋ$^{R(H/L)}$	maŋ^R					maŋ$^{R/H/L}$	maŋ^R		maŋ^H	maŋ		maŋ
縛	奉	中	C	入	陽	H	pak					pak^H	pak^H						pak^H				pak		
匡	渓	合	C	平	陽	L	koaŋ^L									koaŋ^L	koaŋ^L								
筺	渓	合	C	平	陽	L	koaŋ^L				koaŋ^L														
閌	渓	合	C	平	陽	L	koaŋ^L				koaŋ^L														
狂	群	合	C	平	陽	L	koaŋ^L				koaŋ^L	koaŋ^L	koaŋ^L			koaŋ^L									
王	云	合	C	平	陽	L	'oaŋ^L	'oaŋ^L	'oaŋ^L	'oaŋ^L	'oaŋ^L	'oaŋ^L	'oaŋ^L	'oaŋ^L	'oaŋ^L	'oaŋ^L	'oaŋ^L		'oaŋ^L		'oaŋ^L	'oaŋ^L *ŋoaŋ^L *ŋaŋ^L	'oaŋ		'oaŋ
枉	影	合	C	上	陽	R	'oaŋ^R				'oaŋ^R [S] −oaŋ^R [N] moaŋ^R	'oaŋ^R	'oaŋ^R			'oaŋ^R		'oaŋ^R						'oaŋ	'oaŋ
往	云	合	C	上	陽	R	'oaŋ^R	'oaŋ^R		'oaŋ^R		'oaŋ^R	'oaŋ^R			'oaŋ^R	'oaŋ^R		'oaŋ$^{R(H)}$					'oaŋ	'oaŋ
誑	見	合	C	去	陽	RL	koaŋ$^{R/L}$	koaŋ^L				koaŋ^R	koaŋ^R												koaŋ
眶	渓	合	C	去	陽	L	koaŋ^L				koaŋ^L														
誆	群	合	C	去	陽	R	koaŋ^R				koaŋ^R														
王	云	合	C	去	陽	R	'oaŋ^R								'oaŋ^R										
況	暁	合	C	去	陽	R	hoaŋ^R					hoaŋ^R	hoaŋ^R				hoaŋ^R		hoaŋ^R				hoaŋ		hoaŋ
鑊	見	合	C	入	陽	H	hoak				hoak^H														
躩	渓	合	C	入	陽	H	hoak									hoak^H									
籰	云	合	C	入	陽	H	'iak				'iak^H [T] 'iak^L														

13. 江攝

13.1. 江韻

字	声	口	等	調	韻	ア	代表	六上中	六下	真三	訓蒙	翻小	小諺	大諺	中諺	論諺	孝諺	分門	誠初A	四法	蒙山	法華	誠初B	簡易	長寿
江	見	中	2	平	江	L	kaŋ^L	kaŋ^L	kaŋ^L	kaŋ^L	kaŋ^L	kaŋ^L	kaŋ^L												
扛	見	中	2	平	江	L	kaŋ^L				kaŋ^L														
矼	見	中	2	平	江	L	kaŋ^L				kaŋ^L														
豇	見	中	2	平	江	L	kaŋ^L				kaŋ^L														
腔	渓	中	2	平	江	L	kaŋ^L				kaŋ^L	kaŋ^L	kaŋ^L												
肛	暁	中	2	平	江	L	haŋ^L				haŋ^L														
降	匣	中	2	平	江	L	haŋ^L			haŋ^L															haŋ
缸	匣	中	2	平	江	L	haŋ^L				haŋ^L														
椿	知	中	2	平	江	L	coaŋ^L				coaŋ^L														
幢	澄	中	2	平	江	L	taŋ^L	taŋ^L			taŋ^H [TSNKR] taŋ^L											taŋ^L			taŋ
窗	初	中	2	平	江	L	cʰaŋ^L				cʰaŋ^L									cʰaŋ^L		cʰaŋ^L *coaŋ^L			
瀧	生	中	2	平	江	L	saŋ^L				saŋ^L														
雙	生	中	2	平	江	L	saŋ^L soaŋ^L			soaŋ^L	soaŋ^L	soaŋ^L	saŋ^L								saŋ				saŋ
邦	幫	中	2	平	江	L	paŋ^L				paŋ^L	paŋ^L	paŋ^L	paŋ^L		paŋ^L									
龐	並	中	2	平	江	L	paŋ^L					paŋ^L	paŋ^L												
厖	明	中	2	平	江	L	paŋ^L				paŋ^L														
講	見	中	2	上	江	R	kaŋ^R	kaŋ^R	kaŋ^R		kaŋ^R	kaŋ^R	kaŋ^R			kaŋ^R						kaŋ^R			kaŋ
港	見	中	2	上	江	R	haŋ^R				haŋ^R														
摃	暁	中	2	上	江	R	haŋ^R				hiaŋ^R [SNKR] haŋ^R														
項	匣	中	2	上	江	R	haŋ^R				haŋ^R [N] h?aŋ^R														
棒	並	中	2	上	江	R	paŋ^R				paŋ^R										paŋ$^{R/H}$				
蚌	並	中	2	上	江	R	paŋ^R				paŋ^R														
洚	見	中	2	去	江	R	kaŋ^R				kaŋ^R														

字	声	口	等	調	韻	ア	代表	六上中	六下	真三	訓蒙	翻小	小諺	大諺	中諺	論諺	孝諺	分門	誠初A	四法	蒙山	法華	誠初B	簡易	長寿
絳	見	中	2	去	江	R	kaŋ^R				kaŋ^R [SNKR] kaŋ^H														
降	見	中	2	去	江	R	kaŋ^R	kaŋ^L		kaŋ^R		kaŋ^R	kaŋ^R			kaŋ^R		kaŋ^R	kaŋ^L			kaŋ^H	kaŋ	kaŋ	kaŋ^R
巷	匣	中	2	去	江	R	haŋ^R				haŋ^R [NKR] haŋ^L	haŋ^R	haŋ^R			haŋ^R								haŋ	
戇	知	中	2	去	江	R	taŋ^R					taŋ^R	taŋ^R												
胖	滂	中	2	去	江	H	pʰaŋ^H				pʰaŋ^H [R] pʰaŋ^L														
角	見	中	2	入	江	H	kak		kak^H		kak^H	kak^H	kak^H			kak^H		kak^H?				kak^H		kak	
桷	見	中	2	入	江	H	kak				kak^H														
覺	見	中	2	入	江	H	kak	kak^H	kak^H	kak^H		kak^H(L)	kak^H			kak^H	kak^H		kak^H	kak^H	kak^H	kak^H(L)	kak		kak
確	溪	中	2	入	江	H	hoak					hoak^H	hoak^H												
殻	溪	中	2	入	江	H	kak											kak^H							
嶽	疑	中	2	入	江	H	'ak	'ak^H			'ak^H				'ak^H				'ak^H			'ak^L	'ak		
樂	疑	中	2	入	江	H	'ak			'ak^H	'ak^H	'ak^H	'ak^H		'ak^H	'ak^H	'ak^H					*ŋak^H			'ak
握	影	中	2	入	江	H	'ak			'ak^H		'ak^H	'ak^H												
幄	影	中	2	入	江	H	'ak				'ak^H	'ak^H	'ak^H												
确	匣	中	2	入	江	H	kak				kak^H														
鷽	匣	中	2	入	江	H	hʌk				hʌk^H														
學	匣	中	2	入	江	H	hʌk	hʌk^H	hʌk^H	hʌk^H	hʌk^R [TS] hʌk^H [NKR] hʌk^L	hʌk^H(R)	hʌk^H	hʌk^H	hʌk^H	hʌk^H(L)			hʌk^H		hʌk^H	hʌk^H	hʌk	hʌk	hʌk
卓	知	中	2	入	江	H	tʰak				tʰak^H	tʰak^H	tʰak^H			tʰak^H					tʰak^H			
啄	知	中	2	入	江	H	tʰak				tʰak^H	tʰak^H	tʰak^H											tʰak
琢	知	中	2	入	江	H	tʰak							tʰak^H		tʰak^H								
椓	知	中	2	入	江	H	tʰak				tʰak^H														

字	声	口	等	調	韻	ア	代表	六上中	六下	真三	訓蒙	翻小	小諺	大諺	中諺	論諺	孝諺	分門	誡初A	四法	蒙山	法華	誡初B	簡易	長寿
瘃	知	中	2	入	江	H	$t^{h}ak$				$t^{h}ak^{H}$ [TSN] $t^{h}ik^{H}$ [KR] $t^{h}ak^{L}$														
濯	澄	中	2	入	江	H	$t^{h}ak$			$t^{h}ak^{H}$															
濁	澄	中	2	入	江	H	$t^{h}ak$		$t^{h}ak^{H}$		$t^{h}ak^{H}$	$t^{h}ak^{H}$	$t^{h}ak^{H}$									*$toak^{H(L)}$ ($t^{h}ak^{H}$)			$t^{h}ak$
捉	荘	中	2	入	江	?	$c^{h}ak$													$c^{h}ak^{H}$	$c^{h}ak^{H}$				
鋜	崇	中	2	入	江	H	$c^{h}ak$				$c^{h}ak^{H}$														
朔	生	中	2	入	江	H	sak	sak^{H}			sak^{H}	sak^{H}	sak^{H}			sak^{H}									
槊	生	中	2	入	江	H	sak				sak^{H}														
數	生	中	2	入	江	H	sak					sak^{H}	sak^{H}			sak^{H}			sak^{H}				sak	
嘝	生	中	2	入	江	H	sak				sak^{H}														
爆	幫	中	2	入	江	?	pak														pak^{H}				
朴	滂	中	2	入	江	H	pak					pak^{H}	pak^{H}											pak	
樸	滂	中	2	入	江	H	pak					pak^{H}	pak^{H}												
雹	並	中	2	入	江	H	pak				pak^{H}														
骲	並	中	2	入	江	H	pak				pak^{H} [S] pak^{L}														
鰒	並	中	2	入	江	H	pak pok				pak^{H} [R] pok^{L} [K] pik^{L}														
襆	並	中	2	入	江	H	pak				pak^{H}? [TSN] pak^{H} [KR] pak^{L}														
邈	明	中	2	入	江	H	mak					mak^{H}	mak^{H}												
藐	明	中	2	入	江	H	miak 'iak			$miak^{H}$													$miak^{H(L)}$ (*mak^{H})			miak 'iak

14. 曾攝

14.1. 登韻

字	声	口	等	調	韻	ア	代表	六上中	六下	真三	訓蒙	翻小	小諺	大諺	中諺	論諺	孝諺	分門	誠初A	四法	蒙山	法華	誠初B	簡易	長寿
恆	匣	開	1	平	登	L	hʌŋ^{L}	hʌŋ^{L}	hʌŋ^{L}	hʌŋ^{L}		hʌŋ$^{L/R}$	hʌŋ^{L}	hʌŋ^{L}		hʌŋ^{L}			hʌŋ^{L}			hʌŋ^{L}	hʌŋ		hʌŋ
登	端	開	1	平	登	L	tiŋ^{L}					tiŋ^{L}	tiŋ^{L}		tiŋ^{L}					tiŋ^{L}					
燈	端	開	1	平	登	L	tiŋ^{L}	tiŋ^{L}	tiŋ^{L}	tiŋ^{L}	tiŋ^{L}											tiŋ^{L}			
疼	定	開	1	平	登	L	tiŋ^{L}				[TSN] tiŋ^{L}														
藤	定	開	1	平	登	L	tiŋ^{L}				tiŋ^{L}														
騰	定	開	1	平	登	L	tiŋ^{L}				tiŋ^{L}														tiŋ
籐	定	開	1	平	登	L	tiŋ^{L}				tiŋ^{L} [K] ?iŋ^{L} [N] miŋ^{L}														
滕	定	開	1	平	登	L	tiŋ^{L}									tiŋ^{L}									
能	泥	開	1	平	登	L	niŋ^{L} riŋ^{L}	niŋ^{L}	niŋ^{L}	niŋ^{L}	niŋ^{L} [S] n?iŋ^{L}	niŋ^{L} riŋ^{L}	niŋ$^{L(H)}$	niŋ^{L}	niŋ^{L}	niŋ^{L}	niŋ^{L}		niŋ^{L} (riŋ^{L})	niŋ^{L}	niŋ^{L}	niŋ^{L}	niŋ (riŋ)	riŋ	riŋ
楞	来	開	1	平	登	L	riŋ^{L}	riŋ^{L}		riŋ^{L}															
罾	精	開	1	平	登	R	ciŋ^{R}				ciŋ^{R} [NKR] ciŋ^{H}														
增	精	開	1	平	登	L	ciŋ^{L}			ciŋ^{L}		ciŋ^{L}	ciŋ^{L}						ciŋ^{L}		ciŋ^{L}	ciŋ^{L}	ciŋ		ciŋ
嶒	精	開	1	平	登	L	ciŋ^{L}				ciŋ^{L}														
憎	精	開	1	平	登	LR	ciŋ$^{L/R}$		ciŋ^{L}			ciŋ^{R}	ciŋ^{L}			ciŋ^{L}			ciŋ^{L}	ciŋ$^{L/R}$	ciŋ^{H}			ciŋ	
曾	精	開	1	平	登	L	ciŋ^{L}							ciŋ^{L}		ciŋ^{L}	ciŋ^{L}								
層	從	開	1	平	登	L	cʰiŋ^{L}		cʰiŋ^{L}	cʰiŋ^{L}															
曾	從	開	1	平	登	L	ciŋ^{L}			ciŋ^{L}		ciŋ^{L}	ciŋ^{L}			ciŋ^{L}					ciŋ^{L}	ciŋ^{L} (s?iŋ^{L})			ciŋ

字	声	口	等	調	韻	ア	代表	六上中	六下	真三	訓蒙	翻小	小諺	大諺	中諺	論諺	孝諺	分門	誠初A	四法	蒙山	法華	誠初B	簡易	長寿
僧	心	開	1	平	登	L	siŋ^{L}	siŋ^{L}	siŋ^{L}	siŋ^{L}	siŋ^{L} [K] sim^{L} [R] siz^{L} (sim^{L}の訂正)	siŋ^{L}	siŋ^{L}						siŋ^{L}	siŋ^{L}	siŋ^{L}	siŋ^{L}	siŋ		siŋ
肯	渓	開	1	上	登	R	kiŋ^{R}					kiŋ$^{R(L)}$	kiŋ^{R}						kiŋ^{R}	kiŋ^{R}	kiŋ^{H}		kiŋ		
等	端	開	1	上	登	R	tiŋ^{R}	tiŋ^{R}	tiŋ^{R}	tiŋ^{R}		tiŋ^{R}	tiŋ^{R}		tiŋ^{R}	tiŋ^{R}			tiŋ$^{H(R)}$	tiŋ^{H}	tiŋ$^{H(L)}$	tiŋ$^{R(H/L)}$	tiŋ		tiŋ
互	見	開	1	去	登	?	hʌŋ												hʌŋ^{L}				hʌŋ		
鐙	端	開	1	去	登	R	tiŋ^{R}				tiŋ^{R}														
凳	端	開	1	去	登	R	tiŋ^{R}				tiŋ^{R}														
橙	端	開	1	去	登	L	tiŋ^{L}				tiŋ^{L}														
鄧	定	開	1	去	登	RL	tiŋ$^{R/L}$					tiŋ^{R}	tiŋ$^{R/L}$												
贈	従	開	1	去	登	R	ciŋ^{R}				ciŋ^{R}	ciŋ^{R}	ciŋ^{R}												
祴	見	開	1	入	登	?	kik															kik^{H}			
尅	渓	開	1	入	登	?	kik															kik^{H}			kik
刻	渓	開	1	入	登	H	kʌk	kʌk^{H}		kʌk^{H}	kʌk^{H} [KR] kʌk^{L}	kʌk^{H}	kʌk$^{H(L)}$									kʌk^{H}			
克	渓	開	1	入	登	H	kik					kik^{H}	kik^{H}	kik^{H}		kik^{H}									
黒	暁	開	1	入	登	H	hik			hik^{H}	hik^{H} [N] hok^{H} [KR] hik^{R}	hik^{H}	hik^{H}												hik
德	端	開	1	入	登	H	tək	tək^{H}	tək^{H}	tək^{H}	tək^{H}	tək$^{H(L)}$	tək$^{H(R/L)}$ (tiək^{H})	tək^{H}	tək^{H}	tək$^{H(L)}$	tək^{H}		tək^{H}	tək^{H}	tək^{H} (tiək^{L})	tək$^{H(L)}$ (*tik^{H})	tək	tək	tək
得	端	開	1	入	登	H	tik	tik^{H}	tik^{H}	tik^{H}		tik$^{H(R)}$	tik$^{H(R/L)}$	tik^{H}	tik^{H}	tik^{H}	tik^{H}		tik$^{H(L)}$	tik^{H}	tik$^{H(L)}$	tik$^{H(L)}$	tik		tik
忒	透	開	1	入	登	H	tʰik							tʰik^{H}											
慝	透	開	1	入	登	H	tʰik			tʰik^{H}						tʰik^{H}									
特	定	開	1	入	登	H	tʰik	tʰik^{H}		tʰik^{H}		tʰik^{R}	tʰik^{H}						tʰik^{H}		tʰik^{H}	tʰik^{H}	tʰik		
肋	来	開	1	入	登	H	rik				rik^{H}														

字	声	口	等	調	韻	ア	代表	六上中	六下	真三	訓蒙	翻小	小謬	大謬	中謬	論謬	孝謬	分門	誠初A	四法	蒙山	法華	誠初B	簡易	長寿
勒	来	開	1	入	登	H	rik	rik^H	rik^H	rik^H	rik^L [TSNKR] rik^H	nik^H	nik^H							rik^H	rik^H	rik^{H/L}			
鰳	来	開	1	入	登	H	rik				rik^H														
則	精	開	1	入	登	H	cik c^hik		cik^L	cik^H		cik^{H(L)} c^hik^H	cik^{H(L)} c^hik^H	cik^H	cik^H c^hik^H	cik^H c^hik^H	cik^H c^hik^H		cik^H c^hik^H	cik^H	cik^{H(L)} c^hik^H		cik c^hik	cik	cik
賊	從	開	1	入	登	H	cək		cək^H	cək^H	cək^H	cək^H	cək^H			cək^H			cə?k^H				cək	cək	cək
塞	心	開	1	入	登	H	sʌik				[KR] sʌik^H	sʌik^H	sʌik^H		sʌik^H	sʌik^H						sʌik^H (*sik^H)			sʌik
崩	幫	中	1	平	登	L	piŋ^L				piŋ^L	piŋ^L	piŋ^L			piŋ^L			piŋ^L				piŋ	piŋ	
鵬	並	中	1	平	登	?	piŋ												piŋ^L				piŋ	piŋ	
朋	並	中	1	平	登	L	piŋ^L				piŋ^L	piŋ^L	piŋ^L		piŋ^L	piŋ^L			piŋ^L				piŋ	piŋ	
塴	並	中	1	平	登	L	piŋ^L				piŋ^L														
北	幫	中	1	入	登	H	pik	pik^H	pik^H	pik^H	pik^H	pik^H	pik^H		pik^H	pik^H	pik^H	pik^H?				pik^H		pik	pik
蔔	並	中	1	入	登	H	pok				pok^H	pok^H	pok^H												
蹹	並	中	1	入	登	H	pik				pik^H														
墨	明	中	1	入	登	H	mik				mik^H		mi?k^H								mik^H				mik
冒	明	中	1	入	登	H	mik						mik^H												
默	明	中	1	入	登	H	mik					mik^H	mik^H		mik^H	mik^H			mik^H	mik^H			mik		
肱	見	合	1	平	登	L	koiŋ^L kiŋ^L				koiŋ^L					kiŋ^L									
薨	曉	合	1	平	登	L	huŋ^L				huŋ^L [SN] hu?ŋ^L [KR] hiŋ^L					huŋ^L									
弘	匣	合	1	平	登	L	hoŋ^L	hoŋ^L	hoŋ^L	hoŋ^L		hoŋ^L	hoŋ^L			hoŋ^L						hoŋ^L			
國	見	合	1	入	登	H	kuk	kuk^H	kuk^H	kuk^H	kuk^H	kuk^H	kuk^H	kuk^H	kuk^H	kuk^H	kuk^H					kuk^{H(L)} (*kuik^{H/L})	kuk		kuk
或	匣	合	1	入	登	H	hok	hok^H	hok^H	hok^H		hok^{H(L)}	hok^H		hok^H	hok^H			hok^H			hok^H		hok	hok
惑	匣	合	1	入	登	H	hok	hok^H	hok^H	hok^H		hok^{H/R}	hok^H		hok^H	hok^H			hok^H			hok^H			hok

14.2. 蒸韻

字	声	口	等	調	韻	ア	代表	六上中	六下	真三	訓蒙	翻小	小諺	大諺	中諺	論諺	孝諺	分門	誠初A	四法	蒙山	法華	誠初B	簡易	長寿
昃	荘	開	B	入	蒸	H	cʰʌik				cʰʌik^H														
側	荘	開	B	入	蒸	H	cʰik					cʰik^H	cʰik^H			cʰik^H			cʰik^H					cʰik	cʰik
仄	荘	開	B	入	蒸	H	cʰik				cʰik^H														
測	初	開	B	入	蒸	H	cʰik	cʰik^H				cʰik^H	cʰik^H		cʰik^H										cʰik
惻	初	開	B	入	蒸	H	cʰik					cʰik^H	cʰik^H												
廁	初	開	B	入	蒸	H	cʰik				cʰik^H [SNKR] cʰik^L	cʰik^H	cʰik^H												
色	生	開	B	入	蒸	H	sʌik	sʌik^H	sʌik^H	sʌik^H		sʌik$^{H(L)}$	sʌik^H	sʌik^H	sʌik^H	sʌik^H			sʌik$^{H(R/L)}$		sʌik^H	sʌik^H	sʌik		sʌik
穡	生	開	B	入	蒸	H	sʌik				sʌik^H														
嗇	生	開	B	入	蒸	H	sʌik				sʌik^H [NKR] sʌik^L														
抑	影	開	B	入	蒸	H	'ək					'ək^H	'ək^H		'ək^H	'ək^H		'ək^H						'ək	
冰	幫	中	B	平	蒸	L	piŋ^L					piŋ^L	piŋ^L	piŋ^L		piŋ^L			piŋ^L		piŋ^L		piŋ		
憑	並	中	B	平	蒸	L	piŋ^L			piŋ^L															
馮	並	中	B	平	蒸	L	piŋ^L									piŋ^L									
逼	幫	中	B	入	蒸	H	pʰip											pʰip^H			pʰip^H			pʰip	pʰip
堛	滂	中	B	入	蒸	H	piək				piək^H [KR] piək^L														
煏	並	中	B	入	蒸	H	pʰip				pʰip^H														
矜	見	開	C	平	蒸	L	kiŋ^L					kiŋ^L	kiŋ^L	kiŋ^L	kiŋ^L	kiŋ^L			kiŋ^L						
兢	見	開	C	平	蒸	L	kiŋ^L					kiŋ^L	kiŋ^L			kiŋ^L									
凝	疑	開	C	平	蒸	L	'iŋ^L					'iŋ^L	'iŋ^L		'iŋ^L										
鷹	影	開	C	平	蒸	R	'iŋ^R				'iŋ^H														
膺	影	開	C	平	蒸	LR	'iŋ$^{L/R}$				'iŋ^L	'iŋ^R	'iŋ^L		'iŋ^L										
應	影	開	C	平	蒸	L	'iŋ^L					'iŋ^L	'iŋ^L						'iŋ^L				'iŋ		
興	曉	開	C	平	蒸	L	hiŋ^L		hiŋ^L			hiŋ^L	hiŋ^L	hiŋ^L	hiŋ^L	hiŋ^L			hiŋ^L			hiŋ^L	hiŋ	hiŋ
徵	知	開	C	平	蒸	L	tiŋ^L					tiŋ^L	tiŋ^L	tiŋ^L	tiŋ^L										
澄	澄	開	C	平	蒸	L	tiŋ^L tiŋ^L			tiŋ^L	tiŋ^L									ciŋ^L	tiŋ^L				

字	声	口	等	調	韻	ア	代表	六上中	六下	真三	訓蒙	翻小	小諺	大諺	中諺	論諺	孝諺	分門	誠初A	四法	蒙山	法華	誠初B	簡易	長寿
凌	来	開	C	平	蒸	L	riŋ^L					riŋ^L	riŋ^L						riŋ^L				riŋ		
綾	来	開	C	平	蒸	L	riŋ^L				riŋ^L	riŋ^L	riŋ^L												
菱	来	開	C	平	蒸	L	riŋ^L				riŋ^L														
陵	来	開	C	平	蒸	L	riŋ^L				riŋ^L	riŋ^L niŋ^L	riŋ^L niŋ^L		riŋ^L	riŋ^L						riŋ^L			
蔆	来	開	C	平	蒸	L	riŋ^L				riŋ^L														
繒	従	開	C	平	蒸	L	ciŋ^L				ciŋ^L														
蒸	章	開	C	平	蒸	L	ciŋ^L					ciŋ^L	ciŋ^L						ciŋ^L				ciŋ		
烝	章	開	C	平	蒸	L	ciŋ^L				ciŋ^L	ciŋ^L	ciŋ^L												
稱	昌	開	C	平	蒸	L	c^{h}iŋ^L c^{h}in			c^{h}iŋ^L		c^{h}iŋ^L	c^{h}iŋ^L			c^{h}iŋ^L						c^{h}in^H c^{h}iŋ^H			
乘	船	開	C	平	蒸	L	siŋ^L	siŋ^L	siŋ^L	siŋ^L	siŋ^L	siŋ^L	siŋ^L			siŋ^L			siŋ^L		siŋ^L *ssiŋ^L	siŋ$^{L(H)}$ (*siŋ^L)	siŋ		siŋ
繩	船	開	C	平	蒸	L	siŋ^L				siŋ^L														
昇	書	開	C	平	蒸	?	siŋ												siŋ^L				siŋ		siŋ
陞	書	開	C	平	蒸	?	siŋ												siŋ#				siŋ		
勝	書	開	C	平	蒸	L	siŋ^L					siŋ^L	siŋ^L												siŋ
升	書	開	C	平	蒸	L	siŋ^L			siŋ^L	siŋ^L	siŋ^L	siŋ^L			siŋ^L		siŋ^L			siŋ^L *siŋ^L			siŋ	
承	常	開	C	平	蒸	L	siŋ^L	siŋ^L		siŋ^L		siŋ^L	siŋ^L		siŋ^L	siŋ^L			siŋ^L				siŋ		siŋ
丞	常	開	C	平	蒸	L	siŋ^L	siŋ^L				siŋ^L	siŋ^L												
仍	日	開	C	平	蒸	L	'iŋ^L zin^L		zin^L							'iŋ^L						'in^L			
蠅	羊	開	C	平	蒸	L	siŋ^L				siŋ^L														
拯	章	開	C	上	蒸	RL	ciŋ$^{R/L}$					ciŋ^L	ciŋ^R						ciŋ^R				ciŋ		
應	影	開	C	去	蒸	R	'iŋ^R	'iŋ^R	'iŋ^R	'iŋ^R		'iŋ$^{R(H)}$	'iŋ^R			'iŋ^R			'iŋ$^{R/H}$		'iŋ$^{H/L}$	'iŋ^H	'iŋ		'iŋ
興	暁	開	C	去	蒸	R	hiŋ^R			hiŋ^R															
甑	精	開	C	去	蒸	R	ciŋ^R				ciŋ^R														
證	章	開	C	去	蒸	R	ciŋ^R	ciŋ^R	ciŋ^R	ciŋ^R	ciŋ^R	ciŋ^R	ciŋ^R			ciŋ^R			ciŋ^L	ciŋ^R	ciŋ^H	ciŋ^H (*ciŋ^H)	ciŋ		ciŋ
秤	昌	開	C	去	蒸	R	c^{h}iŋ^R c^{h}iŋ				c^{h}iŋ^R														c^{h}iŋ
稱	昌	開	C	去	蒸	R	c^{h}iŋ^R					c^{h}iŋ^R	c^{h}iŋ^R		c^{h}iŋ^R										
乘	船	開	C	去	蒸	RH	siŋ$^{R/H}$							siŋ^R		siŋ$^{R/H}$		siŋ^H						siŋ	
勝	書	開	C	去	蒸	R	siŋ^R	siŋ^R		siŋ^R	siŋ^R	siŋ^R	siŋ^R			siŋ$^{R(L)}$			siŋ^H		siŋ^H	siŋ^H	siŋ		

字	声	口	等	調	韻	ア	代表	六上中	六下	真三	訓蒙	翻小	小諺	大諺	中諺	論諺	孝諺	分門	誠初A	四法	蒙山	法華	誠初B	簡易	長寿
滕	書	開	C	去	蒸	R	siŋ^{R}				siŋ^{R}														
孕	羊	開	C	去	蒸	R	'iŋ^{R}				'iŋ^{R}														'iŋ
媵	羊	開	C	去	蒸	R	'iŋ^{R}					'iŋ^{R}	'iŋ^{R}												
棘	見	開	C	入	蒸	H	kik				kik^{H}					kik^{H}									
亟	見	開	C	入	蒸	H	kik					kik^{H}	kik^{H}												
襋	見	開	C	入	蒸	H	kik				kik^{H}														
極	群	開	C	入	蒸	H	kik		kik^{H}	kik^{H}	kik^{H} [KR] kik^{L}	kik^{H}	kik^{H}	kik^{H}	kik^{H}				kik^{H}	kik^{H}	kik^{H}	kik$^{H/L}$	kik		
憶	影	開	C	入	蒸	?	'ək															'ək^{L}			'ək
億	影	開	C	入	蒸	H	'ək	'ək^{H}		'ək^{H}	'ək^{H}					'ək^{H}						'ək$^{H(L)}$			
臆	影	開	C	入	蒸	H	'ək				'ək^{H}														
掯	知	開	C	入	蒸	R	po^{R}				po^{R}														
飭	徹	開	C	入	蒸	H	tʰik					tʰik^{H}	tʰik^{H}												tʰik
鷘	徹	開	C	入	蒸	H	tʰik				tʰik^{H}														
敕	徹	開	C	入	蒸	H	tʰik		tʰik^{H}		tʰik^{H}	tʰik^{H}	tʰik^{H}									tʰik^{L}			tʰik
直	澄	開	C	入	蒸	H	tik	tik^{H}	tik^{H}	tik^{H}	tik^{H}	tik$^{H(L)}$	tik^{H}			tik^{H}			tik^{H} cik^{H}	cik^{H}	tik^{H} cik^{H}		tik	tik	tik
值	澄	開	C	入	蒸	?	tʰik														tʰik			tʰik
匿	娘	開	C	入	蒸	H	nik rik					rik^{H}	rik^{H}			nik^{H}									rik
力	来	開	C	入	蒸	H	rik riək	riək^{H}		riək^{H}		riək^{H}	riək$^{H(R)}$	riək^{H}	riək^{H}	riək^{H}			riək^{H} (niək^{H})	riək^{H} niək^{H}	*rik$^{H(L)}$ (niək^{H})	riək$^{H(L)}$ (niək^{H}) *rik$^{H(L)}$	riək niək		riək rik
稷	精	開	C	入	蒸	H	cik				cik^{H}	cik^{H}	cik^{H}			cik^{H}	cik^{H}								cik
即	精	開	C	入	蒸	H	cik	cik^{H}	cik^{H}			cik$^{H(L/R)}$	cik^{H}	cik^{H}							cik^{H}	cik^{H}			cik
鯽	精	開	C	入	蒸	H	cik				cik^{H} [KR] cik^{L}														
息	心	開	C	入	蒸	H	sik				sik^{H}	sik^{H}	sik^{H}		sik^{H}	sik$^{H/L}$			sik^{H}		sik^{H}	sik^{H}	sik		sik
織	章	開	C	入	蒸	H	cik				cik^{H}	cik^{H}	cik^{H}						cik^{H}				cik		
職	章	開	C	入	蒸	H	cik				cik^{H}	cik^{H}	cik^{H}				cik^{H}								
食	船	開	C	入	蒸	H	sik			sik^{H}	sik^{H} [KR] sik^{R}	sik$^{H(R/L)}$	sik$^{H(R)}$	sik^{H}	sik^{H}	sik^{H}	sik^{H}		sik^{H}			sik$^{H/L}$	sik		sik

字	聲	口	等	調	韻	ア	代表	六上中	六下	真三	訓蒙	翻小	小諺	大諺	中諺	論諺	孝諺	分門	誡初A	四法	蒙山	法華	誡初B	簡易	長寿
蝕	船	開	C	入	蒸	H	sik				sik^{H}														
識	書	開	C	入	蒸	H	sik	$\text{sik}^{H(L)}$	sik^{H}	sik^{H}		sik^{H}	sik^{H}			sik^{H}			sik^{L}	sik^{H}	sik^{H}	sik^{H}	sik		sik
飾	書	開	C	入	蒸	H	sik				sik^{H}	sik^{H}	sik^{H}			sik^{H}					sik^{H}	sik^{H}			
式	書	開	C	入	蒸	H	sik				sik^{H}	sik^{H}	sik^{H}			sik^{H}									
拭	書	開	C	入	蒸	H	sik				sik^{H}														sik
軾	書	開	C	入	蒸	H	sik					sik^{H}	sik^{H}												
植	常	開	C	入	蒸	H	sik				sik^{H} [R] sik^{L}														
殖	常	開	C	入	蒸	H	sik				sik^{H} [KR] sik^{L}				sik^{H}	sik^{H}									
宬	常	開	C	入	蒸	H	sik							sik^{H}											
翼	羊	開	C	入	蒸	H	'ik				'ik^{H} [NKR] 'ik^{L}	'ik^{H}	'ik^{H}			'ik^{H}			'ik^{H}				'ik		
弋	羊	開	C	入	蒸	H	'ik				'ik^{H}					'ik^{H}									
翊	羊	開	C	入	蒸	H	'ik					'ik^{H}	'ik^{H}												
翌	羊	開	C	入	蒸	H	'ik				'ik^{H}														
杙	羊	開	C	入	蒸	H	'ik				'ik^{H}														
鈇	羊	開	C	入	蒸	H	'ik						'ik^{H}												
域	云	合	C	入	蒸	H	'iək		'iək^{H}	'iək^{H}	'iək^{H}					'iək^{H}									
汩	暁	合	C	入	蒸	H	hiək									hiək^{H}									
閾	暁	合	C	入	蒸	H	'iək				'iək^{H}					'iək^{H}									

15. 梗攝

15.1. 庚韻 二等

字	声	口	等	調	韻	ア	代表	六上中	六下	真三	訓蒙	翻小	小諺	大諺	中諺	論諺	孝諺	分門	誠初A	四法	蒙山	法華	誠初B	簡易	長寿
更	見	開	2	平	庚	L	kʌiŋL kiəŋL	kiəŋL	kiəŋL			kʌiŋL	kʌiŋL			kiəŋL			kiəŋL	kiəŋL			kiəŋ		
庚	見	開	2	平	庚	L	kiəŋL	kiəŋL	kiəŋL																
粳	見	開	2	平	庚	L	kiəŋL				kiəŋL [T] ki?əŋL														
鶊	見	開	2	平	庚	L	kiəŋL				kiəŋL														
羹	見	開	2	平	庚	LR	kʌiŋL/R				kʌiŋsL [TSNKR] kʌiŋL	kʌiŋL/R	kʌiŋL			kʌiŋL									
坑	溪	開	2	平	庚	L	kʌiŋL				kʌiŋL									kʌiŋL				kʌiŋ		
亨	曉	開	2	平	庚	L	hiəŋL	hiəŋL																	
行	匣	開	2	平	庚	L	hʌiŋL	hʌiŋL	hʌiŋL	hʌiŋL	hʌiŋL	hʌiŋL	hʌiŋL		hʌiŋL	hʌiŋL	hʌiŋL		hʌiŋL	hʌiŋL	hʌiŋL	hʌiŋL	hʌiŋ	hʌiŋ	hʌiŋ
桁	匣	開	2	平	庚	L	hʌiŋL				hʌiŋL														
衡	匣	開	2	平	庚	L	hiəŋL			hiəŋL	hiəŋL														
瞠	徹	開	2	平	庚	?	taŋ														taŋL				
撑	徹	開	2	平	庚	L	tʰʌiŋL				tʰʌiŋL														
根	澄	開	2	平	庚	L	tiəŋL									tiəŋL									
鐺	初	開	2	平	庚	L	tʰʌiŋL taŋL				tʰʌiŋL [KR] taŋL														
生	生	開	2	平	庚	L	sʌiŋL	sʌiŋL	sʌiŋL	sʌiŋL	sʌiŋL	sʌiŋL(H)	sʌiŋL	sʌiŋL	sʌiŋL	sʌiŋL		sʌiŋL	sʌiŋL	sʌiŋL	sʌiŋL	sʌiŋL(H)	sʌiŋ	sʌiŋ	sʌiŋ
牲	生	開	2	平	庚	L	sʌiŋL										sʌiŋL								
甥	生	開	2	平	庚	L	sʌiŋL				sʌiŋL														
笙	生	開	2	平	庚	L	sʌiŋL				sʌiŋL														
鉎	生	開	2	平	庚	L	sʌiŋL				sʌiŋL														
鼪	生	開	2	平	庚	L	sʌiŋL				sʌiŋL														
猩	生	開	2	平	庚	L	siəŋL				siəŋL														
哽	見	開	2	上	庚	?	kʌiŋ																		kʌiŋ
梗	見	開	2	上	庚	R L?	kʌiŋL? kiəŋR		kʌiŋL?		kiəŋR								kiəŋH						kiəŋ	

字	声	口	等	調	韻	ア	代表	六上中	六下	真三	訓蒙	翻小	小諺	大諺	中諺	論諺	孝諺	分門	誠初A	四法	蒙山	法華	誠初B	簡易	長寿
綆	見	開	2	上	庚	R	kiəŋ^R				kiəŋ^R														
蒝	見	開	2	上	庚	L	kiəŋ^L				kiəŋ^L														
杏	匣	開	2	上	庚	R	hʌiŋ^R			hʌiŋ^R	hʌiŋ^R														
冷	来	開	2	上	庚	R	rʌiŋ^R				rʌiŋ^H [TSKR] rʌiŋ^R [N] rʌi-^R	riŋ^R	rʌiŋ^R								nʌiŋ^R					nʌiŋ (rʌiŋ)
省	生	開	2	上	庚	H	sʌiŋ^H					sʌiŋ^H	sʌiŋ^H							sʌiŋ^H	sʌiŋ^H				
更	見	開	2	去	庚	R	kʌiŋ^R			kʌiŋ^R		kʌiŋ^R	kʌiŋ^R						kʌiŋ^R	kʌiŋ^R	kʌiŋ^{H(R/L)}		kʌiŋ		kʌiŋ
行	匣	開	2	去	庚	R	hʌiŋ^R	hʌiŋ^R	hʌiŋ^R	hʌiŋ^R	hʌiŋ^R	hʌiŋ^{R(H/L)}	hʌiŋ^{R(H)}		hʌiŋ^R	hʌiŋ^R	hʌiŋ^R					hʌiŋ^H	hʌiŋ		hʌiŋ
昕	匣	開	2	去	庚	R	hʌiŋ^R				hʌiŋ^R														
鋥	澄	開	2	去	庚	R	tiəŋ^R				tiəŋ^R [NKR] tiəŋ^H														
骼	見	開	2	入	庚	H	kak				kak^H														
格	見	開	2	入	庚	H	kiək					kiək^H	kiək^H	kiək^H	kiək^H	kiək^H					kiək^H				
假	見	開	2	入	庚	H	kiək								kiək^H										
客	溪	開	2	入	庚	H	kʌik	kʌik^H			kʌik^H	kʌik^H	kʌik^H			kʌik^H			kʌik^H			kʌik^H	kʌik		
額	疑	開	2	入	庚	H	ʼʌik	ʼʌik^H			ʼʌik^H [N] ʼʌiʔk^H [KR] ʼʌik^L	ʼʌik^H	ʼʌik^H							ʼʌik^H					
赫	曉	開	2	入	庚	H	hiək					hiək^H	hiək^H	hiək^H											
拆	徹	開	2	入	庚	H	tʰak					tʰak^H	tʰak^H												
坼	徹	開	2	入	庚	H	tʰʌik				tʰʌik^L [TS] tʰʌik^H [KR] tʰak^L														
宅	澄	開	2	入	庚	H	tʌik tʰʌik	tʰʌik^H		tʰʌik^H		tʰʌik^H	tʰʌik^{H(L)}		tʰʌik^H				tʌik^H			tʌik^{H(L)} (tʰʌik^L)	tʰʌik		tʰʌik
擇	澄	開	2	入	庚	H	tʰʌik					tʰʌik^H	tʰʌik^H			tʰʌik^H	tʰʌik^H	tʰʌik^H	tʰʌik^H				tʰʌik		

字	声	口	等	調	韻	ア	代表	六上中	六下	真三	訓蒙	翻小	小諺	大諺	中諺	論諺	孝諺	分門	誠初A	四法	蒙山	法華	誠初B	簡易	長寿
澤	澄	開	2	入	庚	H	tʰʌik				tʰʌik^H? [TSNKR] tʰʌik^H	tʰʌik^H	tʰʌik^H									*tʌik^H			
檡	澄	開	2	入	庚	H	tʰʌik					tʰʌik^H													
搦	娘	開	2	入	庚	?	nʌik														nʌik^H				
嘖	荘	開	2	入	庚	?	cʰʌik												cʰʌik^H				cʰʌik		
笮	荘	開	2	入	庚	H	cʰʌik				cʰʌik^H														
柵	初	開	2	入	庚	H	cʰʌik				cʰʌik^L [TSNKR] cʰʌik^H														
索	生	開	2	入	庚	H	sʌik					sʌik^H	sʌik^H		sʌik^H										
烹	滂	中	2	平	庚	L	pʰʌiŋ^L			pʰʌiŋ^L	pʰʌiŋ^L														
棚	並	中	2	平	庚	L	piŋ^L				piŋ^L														
彭	並	中	2	平	庚	L	pʰʌiŋ^L					pʰʌiŋ^L	pʰʌiŋ^L			pʰʌiŋ^L								
盲	明	中	2	平	庚	L	mʌiŋ^L				mʌiŋ^L								mʌiŋ^L				mʌiŋ		mʌiŋ
虻	明	中	2	平	庚	L	mʌiŋ^L				mʌiŋ^L														mʌiŋ
猛	明	中	2	上	庚	R	mʌiŋ^R				mʌiŋ^R					mʌiŋ^R				mʌiŋ^H		mʌiŋ$^{R/L}$			mʌiŋ
孟	明	中	2	去	庚	R	mʌiŋ^R					mʌiŋ$^{R(H)}$	mʌiŋ$^{R(H)}$	mʌiŋ^R		mʌiŋ^R								
伯	幇	中	2	入	庚	H	pʌik				pʌik^H	pʌik^H	pʌik^H			pʌik^H	pʌik^H							
百	幇	中	2	入	庚	H	pʌik	pʌik^H	pʌik^H	pʌik^H	pʌik^H [NKR] pʌik^L	pʌik^H	pʌik$^{H(L)}$	pʌik^H	pʌik^H	pʌik^H	pʌik^H		pʌik^H	pʌik^H	pʌik^H	pʌik$^{H(L)}$ (piik$^{H/L}$)	pʌik	pʌik	pʌik
迫	幇	中	2	入	庚	H	pak					pak^H	pak^H												
栢	幇	中	2	入	庚	H	pʌik				pʌik^H	pʌik^H	pʌik^H			pʌik^H		pʌik^H						pʌik	
魄	滂	中	2	入	庚	H	pʌik				pʌik^H														
珀	滂	中	2	入	庚	H	pʌik pak				pʌik^L [T] pʌik^H [S] pik^H [NKR] pak^H											pak^H			
泊	滂	中	2	入	庚	H	pak					pak^H	pak^H												

字	声	口	等	調	韻	ア	代表	六上中	六下	真三	訓蒙	翻小	小諺	大諺	中諺	論諺	孝諺	分門	誠初A	四法	蒙山	法華	誠初B	簡易	長寿
拍	滂	中	2	入	庚	H	pʌik pak				pʌikᴴ [SNKR] pʌikᴸ	pakᴴ	pakᴴ												
帛	並	中	2	入	庚	H	pʌik			pʌikᴴ	pʌikᴴ	pʌikᴴ	pʌikᴴ			pʌikᴴ									
舶	並	中	2	入	庚	H	pʌik mʌik				pʌikᴴ [TSNKR] mʌikᴴ														
白	並	中	2	入	庚	H	pʌik	pʌikᴴ	pʌikᴿ		pʌikᴴ	pʌikᴴ	pʌikᴴ		pʌikᴴ	pʌikᴴ		pʌikᴴ	pʌikᴴ	pʌikᴴ/ᴸ		pʌikᴴ(ᴸ)	pʌik	pʌik	pʌik (pʌi)
驀	明	中	2	入	庚	?	mʌik													mʌikᴴ					
陌	明	中	2	入	庚	H	mʌik				mʌikᴸ [TSNKR] mʌikᴴ														
貊	明	中	2	入	庚	H	mʌik								mʌikᴴ										
舩	見	合	2	平	庚	L	koiŋᴸ				koiŋᴸ														
横	匣	合	2	平	庚	L	hoiŋᴸ		hoiŋᴸ	hoiŋᴸ	hoiŋᴸ	hoiŋᴸ	hoiŋᴸ								hoiŋᴸ			hoiŋ

15.2. 耕韻

字	声	口	等	調	韻	ア	代表	六上中	六下	真三	訓蒙	翻小	小諺	大諺	中諺	論諺	孝諺	分門	誠初A	四法	蒙山	法華	誠初B	簡易	長寿
耕	見	開	2	平	耕	L	kiəŋᴸ				kiəŋᴸ [T] kəŋᴸ	kiəŋᴸ	kiəŋᴸ			kiəŋᴸ			kiəŋᴸ				kiəŋ		
鏗	渓	開	2	平	耕	L	kʌiŋᴸ									kʌiŋᴸ									
硜	渓	開	2	平	耕	L	kiəŋᴸ									kiəŋᴸ									
鸚	影	開	2	平	耕	L	ʼʌiŋᴸ				ʼʌiŋᴸ														
鶯	影	開	2	平	耕	L	ʼʌiŋᴸ				ʼʌiŋᴸ														
罌	影	開	2	平	耕	L	ʼiəŋᴸ				ʼiəŋᴸ [SNKR] ʼiəŋᴴ														
櫻	影	開	2	平	耕	L	ʼʌiŋᴸ				ʼʌiŋᴸ														
莖	匣	開	2	平	耕	L	kʌiŋᴸ				kʌiŋᴸ [KR] kʌiŋᴴ														

字	声	口	等	調	韻	ア	代表	六上中	六下	真三	訓蒙	翻小	小諺	大諺	中諺	論諺	孝諺	分門	誡初A	四法	蒙山	法華	誡初B	簡易	長寿
爭	莊	開	2	平	耕	L	cʌiŋ^L					cʌiŋ^L(R)	cʌiŋ^L	cʌiŋ^L	cʌiŋ^L	cʌiŋ^L	cʌiŋ^L								
筝	莊	開	2	平	耕	L	cʌiŋ^L				cʌiŋ^L														
幸	匣	開	2	上	耕	R	hʌiŋ^R	hʌiŋ^R				hʌiŋ^R	hʌiŋ^R		hʌiŋ^R	hʌiŋ^R			hʌiŋ^R			hʌiŋ^R	hʌiŋ		hʌiŋ
諍	莊	開	2	去	耕	R	cʌiŋ^R / ciəŋ				cʌiŋ^R								cʌiŋ^R				cʌiŋ (ciəŋ)		
爭	莊	開	2	去	耕	R	cʌiŋ^R										cʌiŋ^R								
隔	見	開	2	入	耕	H	kiək			kiək^H		kiək^H	kiək^H						kiək^H				kiək		
膈	見	開	2	入	耕	H	kiək				kiək^H														
革	見	開	2	入	耕	H	hiək				hiək^H	hiək^H	hiək^H		hiək^H										
骼	見	開	2	入	耕	H	kiək				kiək^H [N] kək^H														
厄	影	開	2	入	耕	H	'ʌik					'ʌik^H	'ʌik^H											'ʌik	
隘	影	開	2	入	耕	H	'ʌik					'ʌik^H													
軛	影	開	2	入	耕	H	'ʌik				'ʌik^H														
阨	影	開	2	入	耕	H	'ʌik				'ʌik^H [SNKR] 'ʌik^L														
翮	匣	開	2	入	耕	H	kiək				kiək^H														
覈	匣	開	2	入	耕	H	hʌik				hʌik^L [TSNKR] hʌik^H											hʌik^L			
核	匣	開	2	入	耕	H	hʌik				hʌik^H														
謫	知	開	2	入	耕	H	tiək				tiək^L [T] tiək^H [N] tək^L														
責	莊	開	2	入	耕	H	cʰʌik					cʰʌik^H(L)	cʰʌik^H			cʰʌik^H			cʰʌik^H			cʰʌik^H	cʰʌik		cʰʌik
幘	莊	開	2	入	耕	H	ciək				ciək^H														
謮	莊	開	2	入	耕	H	cʰʌik				cʰʌik^H [NKR] cʰʌik^L														
策	初	開	2	入	耕	H	cʰʌik	cʰʌik^H			cʰʌik^H				cʰʌik^H	cʰʌik^H			cʰʌik^H				cʰʌik		cʰʌik
册	初	開	2	入	耕	H	cʰʌik				cʰʌik^H														

字	声	口	等	調	韻	ア	代表	六上中	六下	真三	訓蒙	翻小	小諺	大諺	中諺	論諺	孝諺	分門	誠初A	四法	蒙山	法華	誠初B	簡易	長寿
繃	幇	中	2	平	耕	L	piŋ^L				piŋ^L														
綳	幇	中	2	平	耕	L	piŋ^L				piŋ^L														
萌	明	中	2	平	耕	L	mʌiŋ^L				mʌiŋ^L	mʌiŋ^L	mʌiŋ^L												
氓	明	中	2	平	耕	L	mʌiŋ^L				mʌiŋ^L [N] t?ʌiŋ^L														
甍	明	中	2	平	耕	L	mʌiŋ^L				mʌiŋ^L														
黽	明	中	2	上	耕	R	miəŋ^R				miəŋ^R														
迸	幇	中	2	去	耕	R	piəŋ^R							piəŋ^R											
欂	幇	中	2	入	耕	?	piək														piək^H *pʌik^H				
薜	幇	中	2	入	耕	H	piək				piək^H														piək
脈	明	中	2	入	耕	H	mʌik	mʌik^H			mʌik^H													mʌik	
麥	明	中	2	入	耕	H	mʌik				mʌik^H [T] mik^H														
宏	匣	合	2	平	耕	L	koiŋ^L					koiŋ^L	koiŋ^L												
紘	匣	合	2	平	耕	L	koiŋ^L				koiŋ^L														
馘	見	合	2	入	耕	H	koik				koik^H														
膕	見	合	2	入	耕	H	kuk				kuk^H														
蟈	見	合	2	入	耕	H	kuk				kuk^H														
獲	匣	合	2	入	耕	H	hoik			hoik^H		hoik^H	hoik^H		hoik^H	hoik^H									hoik
畫	匣	合	2	入	耕	H	hoik					hoik^H	hoik^H			hoik^H									

15.3. 庚韻 三等

字	声	口	等	調	韻	ア	代表	六上中	六下	真三	訓蒙	翻小	小諺	大諺	中諺	論諺	孝諺	分門	誠初A	四法	蒙山	法華	誠初B	簡易	長寿
驚	見	開	B	平	庚	L	kiəŋ^L			kiəŋ^L		kiəŋ^L	kiəŋ^L						kiəŋ^L				kiəŋ		kiəŋ
京	見	開	B	平	庚	L	kiəŋ^L	kiəŋ^L	kiəŋ^L		kiəŋ^L	kiəŋ^L	kiəŋ^L												
荊	見	開	B	平	庚	L	hiəŋ^L	hiəŋ^L	hiəŋ^L		hiəŋ^L	hiəŋ^L	hiəŋ^L			hiəŋ^L			hiəŋ^L				hiəŋ		
螫	見	開	B	平	庚	L	kiəŋ^L				kiəŋ^L														
卿	渓	開	B	平	庚	L	kiəŋ^L				kiəŋ^L	kiəŋ^L	kiəŋ^L			kiəŋ^L	kiəŋ^L								
鯨	群	開	B	平	庚	L	kiəŋ^L				kiəŋ^L														
檠	群	開	B	平	庚	L	kiəŋ^L				kiəŋ^L														

字	声	口	等	調	韻	ア	代表	六上中	六下	真三	訓蒙	翻小	小諺	大諺	中諺	論諺	孝諺	分門	誠初A	四法	蒙山	法華	誠初B	簡易	長寿
黥	群	開	B	平	庚	L	kiəŋ^L				kiəŋ^L														
擎	群	開	B	平	庚	L	kiəŋ^L				kiəŋ^L														
迎	疑	開	B	平	庚	L	ʼiəŋ^L ʼiən^L			ʼiən^L		ʼiəŋ^L	ʼiəŋ^L		ʼiəŋ^L				ʼiən^L				ʼiəŋ		ʼiən
英	影	開	B	平	庚	L	ʼiəŋ^L	ʼiəŋ^L			ʼiəŋ^L	ʼiəŋ^L	ʼiəŋ^L												
警	見	開	B	上	庚	R	kiəŋ^R				kiəŋ^R	kiəŋ^R	kiəŋ^R						kiəŋ^R				kiəŋ		
景	見	開	B	上	庚	RH	kiəŋ$^{R/H}$		kiəŋ^H		kiəŋ^H	kiəŋ^R	kiəŋ^R			kiəŋ^R									
境	見	開	B	上	庚	RH	kiəŋ$^{R/H}$	kiəŋ^H	kiəŋ^H	kiəŋ^H	kiəŋ^R	kiəŋ^R	kiəŋ^R						kiəŋ^H	kiəŋ^H	kiəŋ$^{H(L)}$		kiəŋ		kiəŋ
影	影	開	B	上	庚	R	ʼiəŋ^R	ʼiəŋ^R			ʼiəŋ^R [KR] ʼiəŋ^L								ʼiəŋ^R				ʼiəŋ		
敬	見	開	B	去	庚	RH	kiəŋ$^{R/H}$	kiəŋ$^{R/H}$		kiəŋ^R	kiəŋ^R	kiəŋ^R	kiəŋ^R	kiəŋ^R	kiəŋ^R	kiəŋ$^{R(L)}$	kiəŋ^R		kiəŋ$^{H/L}$			kiəŋ$^{H(L)}$	kiəŋ		kiəŋ
鏡	見	開	B	去	庚	RH	kiəŋ$^{R/H}$	kiəŋ^H			kiəŋ^R								kiəŋ^H				kiəŋ		
竟	見	開	B	去	庚	RH	kiəŋ$^{R/H}$		kiəŋ$^{H/L}$	kiəŋ^H		kiəŋ$^{R/H}$	kiəŋ^R						kiəŋ^H		kiəŋ^H	kiəŋ^H	kiəŋ		kiəŋ
慶	溪	開	B	去	庚	R	kiəŋ^R	kiəŋ^R	kiəŋ^R			kiəŋ^R	kiəŋ^R						kiəŋ^R			kiəŋ^H *kʰiəŋ^H	kiəŋ		kiəŋ
競	群	開	B	去	庚	R	kiəŋ^R					kiəŋ^R	kiəŋ^R												kiəŋ
映	影	開	B	去	庚	R	ʼiəŋ^R				ʼiəŋ^R [KR] ʼiəŋ^H														
戟	見	開	B	入	庚	H	kik				kik^H	kik^H	kik^H												
綌	溪	開	B	入	庚	H	kiək				kiək^H					kiək^H									
隙	溪	開	B	入	庚	H	kik				kik^H [SNKR] kik^R	kik^H	kik^H												
劇	群	開	B	入	庚	H	kik					kik^H	kik^H												
屐	群	開	B	入	庚	H	kik				k?ik^H [TSNKR] kik^H														
逆	疑	開	B	入	庚	H	ʼiək	ʼiək^H								ʼiək^H						ʼiək$^{H/L}$	ʼiək^H		ʼiək
喫	疑	開	B	入	庚	H	ʼiək				ʼiək^H														
兵	幇	中	B	平	庚	L	piəŋ^L	piəŋ^L	piəŋ^L			piəŋ^L	piəŋ^L				piəŋ^L	piəŋ^L				piəŋ^L		piəŋ
坪	並	中	B	平	庚	L	pʰiəŋ^L				pʰiəŋ^L [T] pʰəŋ^L														

字	声	口	等	調	韻	ア	代表	六上中	六下	真三	訓蒙	翻小	小諺	大諺	中諺	論諺	孝諺	分門	誡初A	四法	蒙山	法華	誡初B	簡易	長寿
評	並	中	B	平	庚	L	pʰiəŋ^L					pʰiəŋ^L	pʰiəŋ^L												
平	並	中	B	平	庚	L	pʰiəŋ^L	pʰiəŋ^L	pʰiəŋ^L	pʰiəŋ^L	pʰiəŋ^L	pʰiəŋ^L	pʰiəŋ^L	pʰiəŋ^L	pʰiəŋ^L	pʰiəŋ^L	pʰiəŋ^L		pʰiəŋ^L		pʰiəŋ^L *piəŋ^L	pʰiəŋ^L	pʰiəŋ		pʰiəŋ
枰	並	中	B	平	庚	L	pʰiəŋ^L				pʰiəŋ^L														
盟	明	中	B	平	庚	LH	mʌiŋ^L/H				mʌiŋ^H [T] mʌiŋ^L														
明	明	中	B	平	庚	L	miəŋ^L	miəŋ^L	miəŋ^L	miəŋ^L	miəŋ^L	miəŋ^L	miəŋ^L	miəŋ^L	miəŋ^L	miəŋ^L	miəŋ^L	miəŋ^L	miəŋ^L	miəŋ^L	miəŋ^L	miəŋ^L(H)	miəŋ	miəŋ	miəŋ
鳴	明	中	B	平	庚	L	miəŋ^L		miəŋ^L	miəŋ^L	miəŋ^L [N] məŋ^L	miəŋ^L	miəŋ^L			miəŋ^L			miəŋ^L				miəŋ		miəŋ
丙	幇	中	B	上	庚	R	piəŋ^R	piəŋ^R																	
秉	幇	中	B	上	庚	R	piəŋ^R			piəŋ^R		piəŋ^R	piəŋ^R			piəŋ^R									
皿	明	中	B	上	庚	R	miəŋ^R				miəŋ^R [N] miəŋ^R?	mi?əŋ^R	miəŋ^R												
柄	幇	中	B	去	庚	R	piəŋ^R				piəŋ^R							piəŋ^L						piəŋ	
病	並	中	B	去	庚	R	piəŋ^R	piəŋ^R	piəŋ^R		piəŋ^R	piəŋ^R(H)	piəŋ^R			piəŋ^R	piəŋ^R		piəŋ^R	piəŋ^R/H	piəŋ^H(R)	piəŋ^H(L)	piəŋ	piəŋ	piəŋ
命	明	中	B	去	庚	R	miəŋ^R	miəŋ^R	miəŋ^R	miəŋ^R	miəŋ^R	miəŋ^R(H)	miəŋ^R(H)	miəŋ^R	miəŋ^R	miəŋ^R(H)	miəŋ^R		miəŋ^H		miəŋ^H	miəŋ^H/L	miəŋ	miəŋ	miəŋ
碧	幇	中	B	入	庚	H	piək			piək^L	piək^H [NR] piək^L [K] piək^H?	piək^H	piək^H						piək^L			piək			
蟁	云	合	B	平	庚	L	'iəŋ^L				'iəŋ^L														
榮	云	合	B	平	庚	L	'iəŋ^L				'iəŋ^L(R)	'iəŋ^L			'iəŋ^L				'iəŋ^L			'iəŋ^L		'iəŋ	
兄	暁	合	B	平	庚	L	hiəŋ^L siəŋ				hiəŋ^L	hiəŋ^L	hiəŋ^L	hiəŋ^L	hiəŋ^L	hiəŋ^L	hiəŋ^L		hiəŋ^L	siəŋ^L			hiəŋ		
永	云	合	B	上	庚	R	'iəŋ^R	'iəŋ^R	'iəŋ^R	'iəŋ^R		'iəŋ^R(L)	'iəŋ^R		'iəŋ^R	'iəŋ^R			'iəŋ^R	'iəŋ^R		*ŋiuiəŋ^R	'iəŋ	'iəŋ	'iəŋ
詠	云	合	B	去	庚	R	'iəŋ^R									'iəŋ^R									'iəŋ
泳	云	合	B	去	庚	R	'iəŋ^R				'iəŋ^R [N] 'əŋ^R														

15.4. 清韻

字	声	口	等	調	韻	ア	代表	六上中	六下	真三	訓蒙	翻小	小諺	大諺	中諺	論諺	孝諺	分門	誠初A	四法	蒙山	法華	誠初B	簡易	長寿
輕	溪	開	A	平	清	L	kiəŋ^L			kiəŋ^L		kiəŋ^L	kiəŋ^L			kiəŋ^L			kiəŋ^L	kiəŋ^L	kiəŋ^L *kʰiəŋ^L		kiəŋ		kiəŋ
瓔	影	開	A	平	清	L	'iəŋ^L				'iəŋ^L											'iəŋ^L			
纓	影	開	A	平	清	L	'iəŋ^L				'iəŋ^L	'iəŋ^L	'iəŋ^L												
嬰	影	開	A	平	清	L	'iəŋ^L 'ʌiŋ^L				'iəŋ^L	'ʌiŋ^L	'iəŋ^L												
頸	見	開	A	上	清	R	kiəŋ^R				kiəŋ^R														
癭	影	開	A	上	清	R	'iəŋ^R				'iəŋ^R														
益	影	開	A	入	清	H	'ik	'ik^H	'ik^H	'ik^H		'ik$^{H(L)}$	'ik^H	'ik^H		'ik^H			'ik^H	'ik^H		'ik^H	'ik		'ik
并	幫	中	A	平	清	LR	piəŋ$^{L/R}$					piəŋ^R	piəŋ^L												
名	明	中	A	平	清	L	miəŋ^L	miəŋ^L	miəŋ^L	miəŋ^L	miəŋ^L	miəŋ^L	miəŋ^L		miəŋ^L	miəŋ^L	miəŋ^L	miəŋ^L	miəŋ^L		miəŋ^L	miəŋ^L	miəŋ	miəŋ	miəŋ
屏	幫	中	A	上	清	RH	piəŋ$^{R/H}$									piəŋ$^{R/H}$			piəŋ^R				piəŋ		
餅	幫	中	A	上	清	R	piəŋ^R				piəŋ^R [T] piəŋ^H? [SN] pəŋ^R													
併	幫	中	A	去	清	?	piəŋ														piəŋ^H				
并	幫	中	A	去	清	L	piəŋ^L					piəŋ^L	piəŋ^L												piəŋ
聘	滂	中	A	去	清	R	piŋ^R					piŋ^R	piŋ^R		piŋ^R									
甓	幫	中	A	入	清	?	piək																	piək
璧	幫	中	A	入	清	H	piək				piək^H													
襞	幫	中	A	入	清	H	piək				piək^H													
辟	幫	中	A	入	清	H	piək pʰiək				piək^H	pʰiək^H			piək^H	piək^H		piək^H					piək	
僻	滂	中	A	入	清	H	piək					piək^H	piək^H										piək	
辟	並	中	A	入	清	H	piək					piək^H	piək^H	piək^H		piək^H					piək^H			
闢	並	中	A	入	清	H	piək				piək^H	piək^H	piək^H											
擗	並	中	A	入	清	H	piək											piək^H						

字	声	口	等	調	韻	ア	代表	六上中	六下	真三	訓蒙	翻小	小諺	大諺	中諺	論諺	孝諺	分門	誠初A	四法	蒙山	法華	誠初B	簡易	長寿
傾	渓	合	A	平	清	L	kiəŋ^L				kiəŋ^H? [T] kiəŋ^L [SNKR] kiəŋ^H	kiəŋ^L	kiəŋ^L		kiəŋ^L	kiəŋ^L									
瓊	群	合	A	平	清	L	kiəŋ^L				kiəŋ^L [SNR] kiəŋ^H [K] kəŋ^H	kiəŋ^L	kiəŋ^L												
頃	渓	合	A	上	清	R	kiəŋ^R			kiəŋ^R		kiəŋ$^{R(L)}$	kiəŋ$^{R(L)}$												kiəŋ
巋	渓	合	A	上	清	R	kiəŋ^R				kiəŋ^R														
貞	知	開	AB	平	清	L	tiəŋ^L	tiəŋ^L			tiəŋ^L	tiəŋ^L	tiəŋ^L			tiəŋ^L							tiəŋ	tiəŋ	
禎	知	開	AB	平	清	L	tiəŋ^L								tiəŋ^L										
蟶	徹	開	AB	平	清	L	tiəŋ^L				tiəŋ^L														
檉	徹	開	AB	平	清	L	tiəŋ^L				tiəŋ^L														
頳	徹	開	AB	平	清	L	tiəŋ^L				tiəŋ^L														
呈	澄	開	AB	平	清	L	tiəŋ^L	tiəŋ^L	tiəŋ^L	tiəŋ^L	tiəŋ^L														
程	澄	開	AB	平	清	L	tiəŋ^L					tiəŋ^L	tiəŋ^L	tiəŋ^L					tiəŋ#		tiəŋ^L		tiəŋ		
裎	澄	開	AB	平	清	L	tiəŋ^L				tiəŋ^L														
令	来	開	AB	平	清	L	riəŋ^L		riəŋ^L	riəŋ^L		riəŋ^L	riəŋ^L						niəŋ^L (riəŋ^L)	niəŋ^L			niəŋ		riəŋ (niəŋ)
菁	精	開	AB	平	清	L	cʰiəŋ^L				cʰiəŋ^L														
蜻	精	開	AB	平	清	L	cʰiəŋ^L				cʰiəŋ^L														
晴	精	開	AB	平	清	L	ciəŋ cʰiəŋ^L				cʰiəŋ^L [KR] ciəŋ^L										cʰiəŋ^L				ciəŋ
精	精	開	AB	平	清	L	ciəŋ^L			ciəŋ^L	ciəŋ^L	ciəŋ^L	ciəŋ^L	ciəŋ^L	ciəŋ^L	ciəŋ^L			ciəŋ^L	ciəŋ^L	ciəŋ^L	ciəŋ^L	ciəŋ	ciəŋ	ciəŋ
旌	精	開	AB	平	清	L	ciəŋ^L					ciəŋ^L	ciəŋ^L												
晶	精	開	AB	平	清	L	ciəŋ^L		ciəŋ^L					ciəŋ^L											
清	清	開	AB	平	清	L	cʰiəŋ^L	cʰiəŋ^L	cʰiəŋ^L	cʰiəŋ^L	cʰiəŋ^L	cʰiəŋ$^{L(H)}$	cʰiəŋ^L			cʰiəŋ^L			cʰiəŋ^L	cʰiəŋ^L	cʰiəŋ^L	cʰiəŋ^L	cʰiəŋ		cʰiəŋ
圊	清	開	AB	平	清	L	cʰiəŋ^L				cʰiəŋ^L [T] cʰəŋ^L														
晴	従	開	AB	平	清	L	cʰiəŋ^L				cʰiəŋ^L														

字	声	口	等	調	韻	ア	代表	六上中	六下	真三	訓蒙	翻小	小諺	大諺	中諺	論諺	孝諺	分門	誠初A	四法	蒙山	法華	誠初B	簡易	長寿
情	従	開	AB	平	清	L	ciəŋ^L	ciəŋ^L	ciəŋ^L	ciəŋ^L	ciəŋ^L	ciəŋ^L	ciəŋ^L	ciəŋ^L		ciəŋ^L	ciəŋ^L		ciəŋ^L				ciəŋ		ciəŋ
錫	邪	開	AB	平	清	L	siəŋ^L				siəŋ^L [S] səŋ^L														
征	章	開	AB	平	清	L	ciəŋ^L									ciəŋ^L									
正	章	開	AB	平	清	L	ciəŋ^L								ciəŋ^L									ciəŋ	
鉦	章	開	AB	平	清	L	ciəŋ^L				ciəŋ^L [S] cəŋ^L														
怔	章	開	AB	平	清	L	ciəŋ^L				ciəŋ^L														
聲	書	開	AB	平	清	L	siəŋ^L	siəŋ^L	siəŋ^L	siəŋ^L	siəŋ^L	siəŋ^L	siəŋ^L		siəŋ^L	siəŋ^L			siəŋ^L			siəŋ^L	siəŋ		siəŋ
成	常	開	AB	平	清	L	siəŋ^L	siəŋ^L	siəŋ^L	siəŋ^L		siəŋ$^{L(H)}$	siəŋ^L	siəŋ^L	siəŋ^L	siəŋ^L	siəŋ^L	siəŋ^L	siəŋ^L	siəŋ^L		siəŋ^L	siəŋ		siəŋ
誠	常	開	AB	平	清	L	siəŋ^L	siəŋ^L	siəŋ^L	siəŋ^L	siəŋ^L	siəŋ^L	siəŋ^L	siəŋ^L	siəŋ^L	siəŋ^L			siəŋ^L				siəŋ		siəŋ
城	常	開	AB	平	清	L	siəŋ^L	siəŋ^L	siəŋ^L		siəŋ^L	siəŋ^L	siəŋ^L			siəŋ^L						siəŋ^L			siəŋ
盛	常	開	AB	平	清	L	siəŋ^L				siəŋ^L														
筬	常	開	AB	平	清	L	siəŋ^L				siəŋ^L														
盈	羊	開	AB	平	清	L	'iəŋ^L			'iəŋ^L		'iəŋ^L	'iəŋ^L			'iəŋ^L									
贏	羊	開	AB	平	清	L	'iəŋ^L			'iəŋ^L		'iəŋ^L	'iəŋ^L	'iəŋ^L											
楹	羊	開	AB	平	清	L	'iəŋ^L			'iəŋ^L															
逞	徹	開	AB	上	清	RH	riəŋ$^{R/H}$									riəŋ$^{R/H}$									
嶺	来	開	AB	上	清	R	riəŋ^R	riəŋ^R			riəŋ^R														
領	来	開	AB	上	清	RH	riəŋ$^{R/H}$				riəŋ$^{R/H}$ [TSNK] riəŋ^R [R] riəŋ^R rəŋ^R	riəŋ^H	riəŋ^H									riəŋ^R			niəŋ
井	精	開	AB	上	清	R	ciəŋ^R				ciəŋ^R	ciəŋ^R	ciəŋ^R			ciəŋ^R							ciəŋ^L		
請	清	開	AB	上	清	H	cʰiəŋ^H	cʰiəŋ$^{H(ㄴ)}$	cʰiəŋ^H	cʰiəŋ^H		cʰiəŋ^H	cʰiəŋ^H			cʰiəŋ$^{H(ㄴ)}$				cʰiəŋ$^{H(ㄹ)}$		cʰiəŋ$^{R/L}$			cʰiəŋ
靖	従	開	AB	上	清	R	ciəŋ^R					ciəŋ^R	ciəŋ^R											ciəŋ	
阱	従	開	AB	上	清	R	ciəŋ^R								ciəŋ^R										
穽	従	開	AB	上	清	R	ciəŋ^R				ciəŋ^R														
靜	従	開	AB	上	清	R	ciəŋ^R	ciəŋ^R	ciəŋ^R	ciəŋ^R		ciəŋ$^{R(H)}$	ciəŋ^R			ciəŋ^R					ciəŋ^H tiəŋ^H				ciəŋ
省	心	開	AB	上	清	H	siəŋ^H					siəŋ^H	siəŋ^H			siəŋ^H			siəŋ^H				siəŋ		

字	声	口	等	調	韻	ア	代表	六上中	六下	真三	訓蒙	翻小	小諺	大諺	中諺	論諺	孝諺	分門	誠初A	四法	蒙山	法華	誠初B	簡易	長寿
整	章	開	AB	上	清	R	ciəŋ^R					ciəŋ^R	ciəŋ^R												
郢	羊	開	AB	上	清	R	riəŋ^R					niəŋ$^{R(H)}$ riəŋ^R	niəŋ^R riəŋ^R												
楄	羊	開	AB	上	清	R	piŋ^R				piŋ^R														
鄭	澄	開	AB	去	清	R	tiəŋ^R					tiəŋ^R	tiəŋ^R			tiəŋ^R									
令	来	開	AB	去	清	RH	riəŋ$^{R/H}$			riəŋ^H	riəŋ^H [KR] rəŋ^H	riəŋ$^{R/H}$	riəŋ$^{R/H}$	riəŋ^H	riəŋ^H	riəŋ$^{H(L)}$	riəŋ^H							riəŋ	
清	清	開	AB	去	清	R	ciəŋ^R					ciəŋ^R	ciəŋ^R												
淨	從	開	AB	去	清	R	ciəŋ^R	ciəŋ$^{R(H)}$	ciəŋ^R	ciəŋ^R									ciəŋ^H		ciəŋ^H (tiəŋ^H)	ciəŋ^H	ciəŋ		ciəŋ
姓	心	開	AB	去	清	R	siəŋ^R	siəŋ^R	siəŋ^R		siəŋ^R [KR] siəŋ^L	siəŋ^R	siəŋ^R		siəŋ^R	siəŋ^R	siəŋ^R				siəŋ^L				siəŋ
性	心	開	AB	去	清	R	siəŋ^R	siəŋ$^{R(L)}$	siəŋ^R	siəŋ^R	siəŋ^R [R] səŋ^R	siəŋ^R (səŋ^H)	siəŋ^R	siəŋ^R	siəŋ$^{R(L)}$	siəŋ^R	siəŋ^R		siəŋ^R	siəŋ$^{R(H/L)}$	siəŋ$^{H(L)}$	siəŋ$^{H(R/L)}$	siəŋ		siəŋ
政	章	開	AB	去	清	H	ciəŋ^H				ciəŋ^L [TSNKR] ciəŋ^H	ciəŋ^H	ciəŋ$^{H(R)}$		ciəŋ^H	ciəŋ$^{H(L)}$	ciəŋ^H							ciəŋ	
正	章	開	AB	去	清	R	ciəŋ^R	ciəŋ^R	ciəŋ^R	ciəŋ^R		ciəŋ$^{R(H)}$	ciəŋ^R	ciəŋ^R	ciəŋ^R	ciəŋ^R			ciəŋ^R	ciəŋ$^{H/L}$ tiəŋ^R	ciəŋ$^{H(R/L)}$ tiəŋ^H	ciəŋ$^{H(L)}$	ciəŋ	ciəŋ	ciəŋ
聖	書	開	AB	去	清	R	siəŋ^R		siəŋ^R	siəŋ^R	siəŋ^R	siəŋ$^{R(H)}$	siəŋ^R	siəŋ^R	siəŋ^R	siəŋ^R	siəŋ^R	siəŋ^R	siəŋ$^{H(R/L)}$	siəŋ^H	siəŋ^H	siəŋ^H	siəŋ$^{H(L)}$	siəŋ	siəŋ
盛	常	開	AB	去	清	R	siəŋ^R	siəŋ^R	siəŋ^R	siəŋ^R		siəŋ$^{R(H)}$	siəŋ^R	siəŋ^R	siəŋ^R	siəŋ^R	siəŋ^R		siəŋ^H		siəŋ^H	siəŋ^H	siəŋ		siəŋ
擲	澄	開	AB	入	清	H	tʰiək				tʰiək^H														
躑	澄	開	AB	入	清	H	tʰiək					tʰək?^{H}	tʰiək^H												
躅	澄	開	AB	入	清	H	tʰiək				tʰiək^H														
踖	精	開	AB	入	清	H	cʰiək									cʰiək^H									
脊	精	開	AB	入	清	H	cʰiək				cʰiək^{H}? [TSNKR] cʰiək^H										cʰiək^H				
鶺	精	開	AB	入	清	H	cʰiək				cʰiək^H														
蹟	精	開	AB	入	清	H	ciək		ciək^H							ciək^H									
積	精	開	AB	入	清	H	ciək		ciək^H	ciək^H		ciək^H	ciək^H								ciək^H	ciək^H	ciək		ciək

字	声	口	等	調	韻	ア	代表	六上中	六下	真三	訓蒙	翻小	小諺	大諺	中諺	論諺	孝諺	分門	誠初A	四法	蒙山	法華	誠初B	簡易	長寿
積	精	開	AB	入	清	H	ciək				ciək^H [SN] cik^H														
跡	精	開	AB	入	清	H	ciək			ciək^H	ciək^H	ciək^H	ciək$^{H/L}$										ciək		
刺	清	開	AB	入	清	H	c^{h}iək				c^{h}iək^H [NKR] c^{h}iək^L														
磧	清	開	AB	入	清	H	ciək				ciək^H [TKR] ciək^L														
瘠	從	開	AB	入	清	H	c^{h}iək				c^{h}iək^H														
堉	從	開	AB	入	清	H	c^{h}iək				c^{h}iək^H														
籍	從	開	AB	入	清	H	ciək				ciək^H	ciək$^{H(R/L)}$	ciək^H												
惜	心	開	AB	入	清	H	siək			siək^H		siək^H	siək^H			siək^H			siək^H				siək		siək
昔	心	開	AB	入	清	H	siək			siək^H	siək^H	siək^H	siək^H			siək^H	siək^H		siək^H				siək		
潟	心	開	AB	入	清	H	siək				siək^H														
磶	心	開	AB	入	清	H	siək				siək^H														
腊	心	開	AB	入	清	H	siək				siək^H [N] sək^H														
舄	心	開	AB	入	清	H	siək				siək^H [KR] siək^H?														
夕	邪	開	AB	入	清	H	siək		siək^H		siək^H	siək^H	siək^H			siək^H			siək^H				siək		
席	邪	開	AB	入	清	H	siək	siək^H			siək^H	siək^H	siək^H			siək^H	siək^H								
汐	邪	開	AB	入	清	H	siək				siək^H														
穸	邪	開	AB	入	清	H	siək				siək^H														
隻	章	開	AB	入	清	H	c^{h}iək				c^{h}iək^H? [TSNKR] c^{h}iək^H														
炙	章	開	AB	入	清	H	ciək				ciək^H	ciək^H	ciək^H												
尺	昌	開	AB	入	清	H	c^{h}iək				c^{h}iək^H	c^{h}iək$^{H(R)}$	c^{h}iək^H			c^{h}iək^H			c^{h}iək^H				c^{h}iək		
斥	昌	開	AB	入	清	H	c^{h}iək				c^{h}iək^H	c^{h}iək^H	c^{h}iək^H												
赤	昌	開	AB	入	清	H	ciək	ciək^H			ciək^H			ciək^H		ciək^H		ciək^H				ciək^H		ciək	ciək
蚇	昌	開	AB	入	清	H	c^{h}iək				c^{h}iək^H														

字	声	口	等	調	韻	ア	代表	六上中	六下	眞三	訓蒙	翻小	小諺	大諺	中諺	論諺	孝諺	分門	誠初A	四法	蒙山	法華	誠初B	簡易	長寿
射	船	開	AB	入	清	H	siək						siək^H			siək^H									
螫	書	開	AB	入	清	H	siək				siək^H [N] sək^H														
釋	書	開	AB	入	清	H	siək	siək^H	siək^H	siək^H		siək^H	siək^H			siək^H	siək^H				siək^H	siək^H			siək
石	常	開	AB	入	清	H	siək	siək^H	siək^H		siək^H	siək^H(R)	siək^H(R)	siək^H	siək^H	siək^H		siək^H	siək^H			siək^H	siək	siək	siək
鉐	常	開	AB	入	清	H	siək				siək^H											siək^L			
碩	常	開	AB	入	清	H	siək							siək^H											
掖	羊	開	AB	入	清	H	ʼʌik					ʼʌik^H	ʼʌik^H												
液	羊	開	AB	入	清	H	ʼʌik				ʼʌik^H														
腋	羊	開	AB	入	清	H	ʼʌik				ʼʌik^H														
奕	羊	開	AB	入	清	H	hiək					hiək^H	hiək^H			hiək^H									
弈	羊	開	AB	入	清	H	hiək				hiək^H [T] hək^H														
易	羊	開	AB	入	清	H	ʼiək				ʼiək^H [T] ʼək^H [N] ʼiək^L [KR] ʼək^L	ʼiək^H	ʼiək^H			ʼiək^H	ʼiək^H			ʼiək^#	ʼiək^H				ʼiək
繹	羊	開	AB	入	清	H	ʼiək				ʼiək^H		ʼiək^H			ʼiək^H									
亦	羊	開	AB	入	清	H	ʼiək			ʼiək^H			ʼiək^H(R/L)	ʼiək^H(L)	ʼiək^H	ʼiək^H	ʼiək^H(L)		ʼiək^H(R/L)	ʼiək^H	ʼiək^H(L)		ʼiək		ʼiək
射	羊	開	AB	入	清	H	ʼiək									ʼiək^H									
蝪	羊	開	AB	入	清	H	tʰiək				tʰiək^H [SKR] tʰiək^L [N] tʰiək?^L														
袟	羊	開	AB	入	清	H	ʼʌik				ʼʌik^L [TKR] ʼʌik^H [SN] ʼʌik?^H														

字	声	口	等	調	韻	ア	代表	六上中	六下	真三	訓蒙	翻小	小諺	大諺	中諺	論諺	孝諺	分門	誠初A	四法	蒙山	法華	誠初B	簡易	長寿
譯	羊	開	AB	入	清	H	ʼiək			ʼiək^{H}		ʼiək^{H}										ʼiək$^{H/L}$			
驛	羊	開	AB	入	清	H	ʼiək	ʼiək^{H}			ʼiək^{H}														
騂	心	合	AB	平	清	L	siəŋ^{L}									siəŋ^{L}									
營	羊	合	AB	平	清	L	ʼiəŋ^{L}				ʼiəŋ^{L}	ʼiəŋ^{L}	ʼiəŋ^{L}												ʼiəŋ
潁	羊	合	AB	上	清	R	ʼiəŋ^{R}				ʼiəŋ^{L} [TSNKR] ʼiəŋ^{R}	ʼiəŋ^{R}	ʼiəŋ^{R}												
役	羊	合	AB	入	清	H	ʼiək		ʼiək^{H}		ʼiək^{H}	ʼiək^{H}	ʼiək^{H}				ʼiək^{H}								ʼiək
疫	羊	合	AB	入	清	H	ʼiək				ʼiək^{H}	ʼiək$^{H/L}$	ʼiək$^{H/R}$											ʼiək	ʼiək
葰	羊	合	AB	入	清	H	ʼiək				ʼiək^{H} [K] ʼiək$^{H?}$														

15.5. 靑雲

字	声	口	等	調	韻	ア	代表	六上中	六下	真三	訓蒙	翻小	小諺	大諺	中諺	論諺	孝諺	分門	誠初A	四法	蒙山	法華	誠初B	簡易	長寿
經	見	開	4	平	青	L	kiəŋ^{L}	kiəŋ^{L}	kiəŋ^{L}	kiəŋ^{L}	kiəŋ^{L}	kiəŋ^{L}	kiəŋ^{L}	kiəŋ^{L}	kiəŋ^{L}	kiəŋ^{L}	kiəŋ^{L}		kiəŋ^{L}	kiəŋ^{L}	kiəŋ^{L}	kiəŋ^{L}	kiəŋ	kiəŋ	kiəŋ
馨	暁	開	4	平	青	L	hiəŋ^{L}				hiəŋ^{L}														
刑	匣	開	4	平	青	L	hiəŋ^{L}		hiəŋ^{L}		hiəŋ^{L}	hiəŋ^{L}	hiəŋ^{L}		hiəŋ^{L}	hiəŋ^{L}	hiəŋ^{L}								hiəŋ
形	匣	開	4	平	青	L	hiəŋ^{L}			hiəŋ^{L}	hiəŋ^{L}	hiəŋ^{L}	hiəŋ^{L}		hiəŋ^{L}				hiəŋ^{L}		hiəŋ^{L}	hiəŋ^{L}	hiəŋ		hiəŋ
型	匣	開	4	平	青	L	hiəŋ^{L}				hiəŋ^{L}														
硎	匣	開	4	平	青	L	hiəŋ^{L}				hiəŋ^{L}														
丁	端	開	4	平	青	L	tiəŋ^{L}				tiəŋ^{L} [SN] tiŋ^{L}	tiəŋ^{L}	tiəŋ^{L}												
釘	端	開	4	平	青	L	tiəŋ^{L}				tiəŋ^{L}														
疔	端	開	4	平	青	L	tiəŋ^{L}				tiəŋ^{L}														
汀	透	開	4	平	青	L	tiəŋ^{L}				tiəŋ^{L}														
輕	透	開	4	平	青	L	tiəŋ^{L}				tiəŋ^{L} [N] t?i?ŋ^{L}														
廳	透	開	4	平	青	L	tʰiəŋ^{L} / tiəŋ^{L}				tʰiəŋ^{L}	tʰiəŋ^{L} / tiəŋ^{L}	tʰiəŋ^{L}												
聽	透	開	4	平	青	L	tʰiəŋ^{L}				tʰiəŋ^{L}														

字	声	口	等	調	韻	ア	代表	六上中	六下	真三	訓蒙	翻小	小諺	大諺	中諺	論諺	孝諺	分門	誡初A	四法	蒙山	法華	誡初B	簡易	長寿
亭	定	開	4	平	青	L	tiəŋ^{L}				tiəŋ^{L}														
停	定	開	4	平	青	L	tiəŋ^{L}					tiəŋ^{L}	tiəŋ^{L}												tiəŋ
庭	定	開	4	平	青	L	tiəŋ^{L}	tiəŋ^{L}			tiəŋ^{L}	tiəŋ^{L}	tiəŋ^{L}			tiəŋ^{L}									
廷	定	開	4	平	青	L	tiəŋ^{L}				tiəŋ^{L}	tiəŋ^{L}	tiəŋ^{L}			tiəŋ^{L}									
睈	定	開	4	平	青	L	tiəŋ^{L}				tiəŋ^{L}														
蜓	定	開	4	平	青	L	tiəŋ^{L}				tiəŋ^{L}														
寧	泥	開	4	平	青	L	niəŋ^{L}					riəŋ^{L} (niəŋ^{L})	riəŋ^{L} (niəŋ^{L})	niəŋ^{L}		niəŋ^{L} (riəŋ^{L})									
苓	来	開	4	平	青	L	riəŋ^{L}											riəŋ^{L}							
怜	来	開	4	平	青	L	riəŋ^{L}			riəŋ^{L}															
鈴	来	開	4	平	青	L	riəŋ^{L}			riəŋ^{L}	riəŋ^{L}														
伶	来	開	4	平	青	L	riəŋ^{L}				riəŋ^{L}														
零	来	開	4	平	青	L	riəŋ^{L}				riəŋ^{L}														
囹	来	開	4	平	青	L	riəŋ^{L}				riəŋ^{L}														
櫺	来	開	4	平	青	L	riəŋ^{L}				riəŋ^{L}														
聆	来	開	4	平	青	L	riəŋ^{L}				riəŋ^{L}														
蛉	来	開	4	平	青	L	riəŋ^{L}				riəŋ^{L}														
鴒	来	開	4	平	青	L	riəŋ^{L}				riəŋ^{L}														
瓴	来	開	4	平	青	L	riəŋ^{L}				riəŋ^{L}														
翎	来	開	4	平	青	L	riəŋ^{L}				riəŋ^{L} [N] rəŋ^{L}														
靈	来	開	4	平	青	L	riəŋ^{L}	riəŋ^{L}	riəŋ^{L}	riəŋ^{L}	riəŋ^{L}	riəŋ^{L}	riəŋ^{L}	riəŋ^{L}		riəŋ^{L}					riəŋ^{L} (niəŋ^{L})	riəŋ^{L} (niəŋ^{L})	riəŋ^{L}		
青	清	開	4	平	青	L	cʰiəŋ^{L}	cʰiəŋ^{L}			cʰiəŋ^{L} [T] cʰi?əŋ^{L}	cʰiəŋ^{L}	cʰiəŋ^{L}						cʰiəŋ^{L}	cʰiəŋ^{L}		cʰiəŋ^{L}	cʰiəŋ		cʰiəŋ
鯖	清	開	4	平	青	L	cʰiəŋ^{L}				cʰiəŋ^{L}														
惺	心	開	4	平	青	?	siəŋ												siəŋ^{L}	siəŋ^{L}	siəŋ$^{L(H)}$		siəŋ		
星	心	開	4	平	青	L	siəŋ^{L}	siəŋ^{L}		siəŋ^{L}	siəŋ^{L}			siəŋ^{L}		siəŋ^{L}									siəŋ
腥	心	開	4	平	青	L	siəŋ^{L}			siəŋ^{L}						siəŋ^{L}									
鯹	心	開	4	平	青	L	siəŋ^{L}				siəŋ^{L}														
脛	匣	開	4	上	青	RH	hiəŋ^{R} / kiəŋ^{H}				hiəŋ^{R}					kiəŋ^{H}									

字	声	口	等	調	韻	ア	代表	六上中	六下	真三	訓蒙	翻小	小諺	大諺	中諺	論諺	孝諺	分門	誠初A	四法	蒙山	法華	誠初B	簡易	長寿
頂	端	開	4	上	青	R	tiəŋ^{R}	tiəŋ^{R}	tiəŋ^{R}	tiəŋ^{R}	tiəŋ^{R} [KR] tiəŋ^{L}											tiəŋ$^{R/H}$			tiəŋ
鼎	端	開	4	上	青	R	tiəŋ^{R}				tiəŋ^{R}	tiəŋ^{R}	tiəŋ^{R}												
艇	定	開	4	上	青	R	tiəŋ^{R}				tiəŋ^{R} [KR] ti?əŋ^{R}														
徑	見	開	4	去	青	RH	kiəŋ$^{R/H}$				kiəŋ^{R}					kiəŋ^{H}			kiəŋ^{L}				kiəŋ		
磬	溪	開	4	去	青	RH	kiəŋ$^{R/H}$			kiəŋ^{R}	kiəŋ^{R}					kiəŋ$^{R/H}$									
釘	端	開	4	去	青	?	tiəŋ													tiəŋ^{H}					
碇	端	開	4	去	青	R	tiəŋ^{R}				tiəŋ^{H} [TSNKR] tiəŋ^{R}														
釘	端	開	4	去	青	R	tiəŋ^{R}				tiəŋ^{R}														
頲	端	開	4	去	青	R	tiəŋ^{R}				tiəŋ^{R} [KR] tiəŋ^{L}														
聽	透	開	4	去	青	R	t^{h}iəŋ^{R} tiəŋ			t^{h}iəŋ^{R}		t^{h}iəŋ^{R}	t^{h}iəŋ^{R}	t^{h}iəŋ^{R}	t^{h}iəŋ^{R}	t^{h}iəŋ^{R}			t^{h}iəŋ$^{R/H}$ c^{h}iəŋ^{R}		c^{h}iəŋ^{H}	t^{h}iəŋ			t^{h}iəŋ (tiəŋ)
定	定	開	4	去	青	R	tiəŋ^{R}	tiəŋ$^{R(L)}$	tiəŋ^{R}	tiəŋ^{R}	tiəŋ^{R}	tiəŋ^{R}	tiəŋ$^{R(H/L)}$	tiəŋ^{R}	tiəŋ^{R}	tiəŋ^{R}			tiəŋ$^{R/H}$ ciəŋ^{L}	tiəŋ^{R} ciəŋ$^{R/H}$	tiəŋ$^{H(R/L)}$	tiəŋ$^{H(L)}$	tiəŋ		tiəŋ
薴	泥	開	4	去	青	H	niəŋ^{H}									niəŋ^{H}									
佞	泥	開	4	去	青	RH	niəŋ$^{R/H}$ riəŋ^{R}				niəŋ^{R} [KR] niəŋ^{H}	riəŋ^{R}	riəŋ^{R}			niəŋ$^{R/H}$									niəŋ
擊	見	開	4	入	青	H	kiək					kiək^{H}	kiək^{H}			kiək^{H}									
激	見	開	4	入	青	H	kiək			kiək^{H}		kiək^{H}	kiək^{H}												
墼	見	開	4	入	青	H	kiək				kiək^{H}														
喫	溪	開	4	入	青	H	kik				kik^{H} [S] kik?^{H}	kik^{H}	kik^{H}						kik^{H}		*k^{h}iək^{H}		kik		

字	声	口	等	調	韻	ア	代表	六上中	六下	真三	訓蒙	翻小	小諺	大諺	中諺	論諺	孝諺	分門	誠初A	四法	蒙山	法華	誠初B	簡易	長寿
鷁	疑	開	4	入	青	H	’ʌik ’il				’ʌik^H [K] ’ʌik?^{H} [R] ’il^H														
覡	匣	開	4	入	青	H	hiək kiək				hiək^H [KR] kiək^H	kiək^H	kiək^H												
嫡	端	開	4	入	青	H	tiək				tiək^H														
滴	端	開	4	入	青	H	tiək			tiək^H									tiək^L				tiək		
的	端	開	4	入	青	H	tiək								tiək^H										
適	端	開	4	入	青	H	tiək					tiək^H	tiək^H			tiək^H									tiək
鏑	端	開	4	入	青	H	tiək				tiək^H														
靮	端	開	4	入	青	H	tiək				tiək^H														
蹢	端	開	4	入	青	H	tiək tʰiək				tiək^H [KR] tʰiək^L														
芍	端	開	4	入	青	H	tiək				tiək^H [KR] tiək^L														
杓	端	開	4	入	青	H	tiək				tiək^H														
惕	透	開	4	入	青	H	tʰiək					tʰiək^H	tʰiək^H						cʰiək^L				tʰiək		
趯	透	開	4	入	青	H	tʰiək				tʰiək^H [T] tʰək^H														
荻	定	開	4	入	青	H	tiək				tiək^H														
敵	定	開	4	入	青	H	tiək				tiək^H [KR] tiək^L	tiək^H	tiək^H												
笛	定	開	4	入	青	H	tiək				tiək^H [TN] tək^H [S] tik^L														
狄	定	開	4	入	青	H	tiək				tiək^H					tiək^H	tiək^H								

字	声	口	等	調	韻	ア	代表	六上中	六下	真三	訓蒙	翻小	小諺	大諺	中諺	論諺	孝諺	分門	誠初A	四法	蒙山	法華	誠初B	簡易	長寿
糴	定	開	4	入	青	H	tiək				tiək^H														
覿	定	開	4	入	青	H	tiək				tiək^H [R] tiək^L					tiək^H									
翟	定	開	4	入	青	H	tiək					tiək^H	tiək^H												
滌	定	開	4	入	青	H	t^hiək			t^hiək^H		t^hiək^H	t^hiək^H												
溺	泥	開	4	入	青	H	nik rik				nik^H [T] nik^H? [K] nik^L [R] ni-	nik^H	nik^H			rik^H									
曆	来	開	4	入	青	H	riək				riək^H [KR] riək^L					riək^H									
瀝	来	開	4	入	青	H	riək				riək^H [KR] riək^L														
歷	来	開	4	入	青	H	riək					riək^H/R	riək^H								riək^H				
櫪	来	開	4	入	青	H	riək				riək^H														
靂	来	開	4	入	青	H	riək																		niək
櫟	来	開	4	入	青	H	rik				rik^H [NKR] ·rik^L														
礫	来	開	4	入	青	H	·rik				rik^H														
攊	来	開	4	入	青	H	riək				riək^H [N] riək^L [KR] rək^L														
勣	精	開	4	入	青	H	ciək				ciək^L [TSNKR] ciək^H	ciək^H	ciək^H												
績	精	開	4	入	青	H	ciək				ciək^H	ciək^H	ciək^H												

字	声	口	等	調	韻	ア	代表	六上中	六下	真三	訓蒙	翻小	小諺	大諺	中諺	論諺	孝諺	分門	誠初A	四法	蒙山	法華	誠初B	簡易	長寿
戚	清	開	4	入	青	H	cʰiək				cʰiək^H [SKR] cʰiək^L	cʰiək^H	cʰiək^H			cʰiək^H	cʰiək^H								
慼	清	開	4	入	青	H	cʰiək					cʰiək^H	cʰiək^H												
鏚	清	開	4	入	青	H	cʰiək				cʰiək^H [S] cʰiək?^{H}														
寂	從	開	4	入	青	H	ciək	ciək^H	ciək^H	ciək^H									ciək^H	ciək^H	ciək^H	ciək$^{H(L)}$	ciək		ciək
析	心	開	4	入	青	H	siək									siək^H									
晳	心	開	4	入	青	H	siək									siək^H									
錫	心	開	4	入	青	H	siək		sə?k^H	siək^H	siək^H											siək^H			
淅	心	開	4	入	青	H	siək				siək^H														
蜥	心	開	4	入	青	H	siək				siək^H														
褟	心	開	4	入	青	H	tʰiək				tʰiək^H														
瓶	並	中	4	平	青	L	piəŋ^L			piəŋ^L	piəŋ^L														
屏	並	中	4	平	青	L	piəŋ^L				piəŋ^L														
鮃	並	中	4	平	青	L	piəŋ^L				piəŋ^L														
萍	並	中	4	平	青	L	pʰiəŋ^L				pʰiəŋ^L														
冥	明	中	4	平	青	L	miəŋ^L			miəŋ^L															miəŋ
銘	明	中	4	平	青	L	miəŋ^L					miəŋ^L	miəŋ^L	miəŋ^L											
暝	明	中	4	平	青	L	miəŋ^L				miəŋ^L														
榠	明	中	4	平	青	L	miəŋ^L				miəŋ^L														
瞑	明	中	4	平	青	L	miəŋ^L				miəŋ^L														
竝	並	中	4	上	青	R	piəŋ^R					piəŋ^R	piəŋ^R	piəŋ^R	piəŋ^R	piəŋ^R					piəŋ^H		piəŋ		piəŋ^R piəŋ
茗	明	中	4	上	青	R	miəŋ^R				miəŋ^R														
壁	帮	中	4	入	青	H	piək	piək^H		piək^H	piək^H	piək^H	piək^H												
霹	滂	中	4	入	青	H	piək				piək^H														piək
甓	並	中	4	入	青	H	piək				piək^H	piək^H	piək^H												
覓	明	中	4	入	青	H	miək					miək^H	miək^H												
扃	見	合	4	平	青	L	kiəŋ^L				kiəŋ^L														
榮	匣	合	4	平	青	L	hiəŋ^L / ʼiəŋ^L					ʼiəŋ$^{L(H)}$	hiəŋ^L												

字	声	口	等	調	韻	ア	代表	六上中	六下	真三	訓蒙	翻小	小諺	大諺	中諺	論諺	孝諺	分門	誠初A	四法	蒙山	法華	誠初B	簡易	長寿
螢	匣	合	4	平	青	L	hiəŋ^L				hiəŋ^L [T] həŋ^L							hiəŋ^L						hiəŋ	
絅	渓	合	4	上	青	R	kiəŋ^R								kiəŋ^R										
炯	匣	合	4	上	青	R	hiəŋ^R					hiəŋ^R	hiəŋ$^{R(L)}$												

16. 通攝

16.1. 東韻 一等

字	声	口	等	調	韻	ア	代表	六上中	六祖下	真三	訓蒙	翻小	小諺	大諺	中諺	論諺	孝諺	分門	誠初A	四法	蒙山	法華	誠初B	簡易	長寿
功	見	中	1	平	東	L	koŋ^L	koŋ^L	koŋ^L	koŋ^L	koŋ^L	koŋ^L	koŋ^L		koŋ^L	koŋ^L			koŋ^L	koŋ^L		koŋ^L	koŋ		koŋ
公	見	中	1	平	東	L	koŋ^L	koŋ^L	koŋ^L		koŋ^L	koŋ^L	koŋ^L(R)		koŋ^L	koŋ^L	koŋ^L		koŋ^L	koŋ^L	koŋ^L		koŋ		
工	見	中	1	平	東	L	koŋ^L	koŋ^L	koŋ^L		koŋ^L	koŋ^L	koŋ^L		koŋ^L	koŋ^L				koŋ^L	koŋ^L	koŋ^L			
蚣	見	中	1	平	東	L	koŋ^L				koŋ^L												koŋ^L			
箜	渓	中	1	平	東	?	koŋ																koŋ^L			
空	渓	中	1	平	東	L	koŋ^L	koŋ^L	koŋ^L	koŋ^L						koŋ^L			koŋ^L	koŋ^L	koŋ^L	koŋ^L (*kʰoŋ^L)	koŋ (ko)	koŋ	koŋ
悾	渓	中	1	平	東	L	koŋ^L									koŋ^L									
蛵	渓	中	1	平	東	L	koŋ^L				koŋ^L														
翁	影	中	1	平	東	L	'oŋ^L				'oŋ^L	'oŋ^L	'oŋ^L												
蝛	影	中	1	平	東	L	'oŋ^L				'oŋ^L														
翰	影	中	1	平	東	L	'oŋ^L				'oŋ^L														
聬	暁	中	1	平	東	L	hoŋ^L				hoŋ^L														
紅	匣	中	1	平	東	L	hoŋ^L	hoŋ^L		hoŋ^L	hoŋ^L					hoŋ^L									
洪	匣	中	1	平	東	L	hoŋ^L	hoŋ^L	hoŋ^L		hoŋ^L												hoŋ		
虹	匣	中	1	平	東	L	hoŋ^L		hoŋ^L		hoŋ^L														
鴻	匣	中	1	平	東	L	hoŋ^L				hoŋ^L [N] hiŋ^L														
烘	匣	中	1	平	東	L	hoŋ^L				hoŋ^L														
篊	匣	中	1	平	東	L	hoŋ^L				hoŋ^L														
葒	匣	中	1	平	東	L	hoŋ^L				hoŋ^L														
東	端	中	1	平	東	L	toŋ^L	toŋ^L	toŋ^L	toŋ^L	toŋ^L	toŋ^L	toŋ^L			toŋ^L	toŋ^L	toŋ^L	toŋ^L			toŋ^L	toŋ	toŋ	toŋ
蠹	端	中	1	平	東	L	toŋ^L				toŋ^L [N] to?ŋ^L														
通	透	中	1	平	東	L	tʰoŋ^L	tʰoŋ^L	tʰoŋ^L	tʰoŋ^L		tʰoŋ^L	tʰoŋ^L	tʰoŋ^L(H)	tʰoŋ^L	tʰoŋ^L	tʰoŋ^L		tʰoŋ^L	tʰoŋ^L	tʰoŋ^L	tʰoŋ^L	tʰoŋ	tʰoŋ	tʰoŋ
侗	透	中	1	平	東	L	tʰoŋ^L									tʰoŋ^L									
桐	定	中	1	平	東	L	toŋ^L				toŋ^L	toŋ^L	toŋ^L												
筒	定	中	1	平	東	L	toŋ^L					toŋ^L	toŋ^L												
同	定	中	1	平	東	L	toŋ^L			toŋ^L		toŋ^L	toŋ^L	toŋ^L	toŋ^L	toŋ^L	toŋ^L		toŋ^L	toŋ^L	toŋ^L		toŋ		toŋ

字	声	口	等	調	韻	ア	代表	六上中	六祖下	真三	訓蒙	翻小	小諺	大諺	中諺	論諺	孝諺	分門	誠初A	四法	蒙山	法華	誠初B	簡易	長寿
瞳	定	中	1	平	東	L	$toŋ^L$				$toŋ^L$														
童	定	中	1	平	東	L	$toŋ^L$	$toŋ^L$	$toŋ^L$		$toŋ^L$	$toŋ^{L(H)}$	$toŋ^L$			$toŋ^L$									$toŋ$
銅	定	中	1	平	東	L	$toŋ^L$				$toŋ^L$											$toŋ^L$			$toŋ$
僮	定	中	1	平	東	L	$toŋ^L$				$toŋ^L$	$toŋ^L$	$toŋ^L$									$toŋ^L$			$toŋ$
聾	来	中	1	平	東	L	$roŋ^L$				$roŋ^L$														$roŋ$
槤	来	中	1	平	東	L	$roŋ^L$				$?roŋ^L$														
嚨	来	中	1	平	東	L	$roŋ^L$				$roŋ^L$														
蘢	来	中	1	平	東	L	$roŋ^L$				$roŋ^L$														
騣	精	中	1	平	東	L	$coŋ^L$				$coŋ^L$														
鯼	精	中	1	平	東	L	$coŋ^L$				$coŋ^L$														
葱	清	中	1	平	東	L	$c^hoŋ^L$				$c^hoŋ^L$														
囱	清	中	1	平	東	L	$c^hoŋ^L$				$c^hoŋ^L$														
聰	清	中	1	平	東	L	$c^hoŋ^L$		$c^hoŋ^L$	$c^hoŋ^L$	$c^hoŋ^L$	$c^hoŋ^L$	$c^hoŋ^L$		$c^hoŋ^L$	$c^hoŋ^L$					$c^hoŋ^L$				
叢	從	中	1	平	東	L	$c^hoŋ^L$	$c^hoŋ^L$		$c^hoŋ^L$	$c^hoŋ^L$														$c^hoŋ$
蓬	並	中	1	平	東	L	$poŋ^L$				$poŋ^L$														
篷	並	中	1	平	東	L	$poŋ^L$				$poŋ^L$														
蒙	明	中	1	平	東	L	$moŋ^L$	$moŋ^L$		$moŋ^L$		$moŋ^{L(H)}$	$moŋ^L$			$moŋ^L$			$moŋ^L$	$moŋ^L$				$moŋ$	$moŋ$
曚	明	中	1	平	東	L	$moŋ^L$				$moŋ^L$														
蠓	明	中	1	平	東	L	$moŋ^L$				$moŋ^L$														
孔	渓	中	1	上	東	H	$koŋ^H$	$koŋ^H$		$koŋ^H$	$koŋ^H$	$koŋ^{H(R)}$	$koŋ^H$		$koŋ^H$	$koŋ^H$	$koŋ^H$								
塕	影	中	1	上	東	R	$'oŋ^R$				$'oŋ^R$ [N] $'iŋ^R$														
汞	匣	中	1	上	東	R	$hoŋ^R$				$hoŋ^R$														
董	端	中	1	上	東	R	$toŋ^R$					$toŋ^{R(H)}$	$toŋ^{R(H/L)}$												
蝀	端	中	1	上	東	R	$toŋ^R$				$toŋ^R$														
桶	透	中	1	上	東	H	$t^hoŋ^H$				$t^hoŋ^H$											$t^hoŋ^R$			
動	定	中	1	上	東	R	$toŋ^R$	$toŋ^R$	$toŋ^R$	$toŋ^R$	$toŋ^R$ [N] $tiŋ^R$	$toŋ^R$	$toŋ^R$		$toŋ^R$	$toŋ^R$			$toŋ^{R/H}$			$toŋ^{H(R)}$	$toŋ^R$	$toŋ$	
籠	来	中	1	上	東	R	$roŋ^R$				$roŋ^R$								$roŋ^{\#}$					$roŋ$	
竉	来	中	1	上	東	R	$roŋ^R$				$roŋ^R$														
總	精	中	1	上	東	R	$c^hoŋ^R$					$c^hoŋ^R$	$c^hoŋ^R$			$c^hoŋ^R$									
懞	明	中	1	上	東	R	$moŋ^R$					$moŋ^R$	$moŋ^R$												
貢	見	中	1	去	東	R	$koŋ^R$	$koŋ^R$			$koŋ^R$					$koŋ^R$			$koŋ^H$					$koŋ$	$koŋ^R$

字	声	口	等	調	韻	ア	代表	六上中	六祖下	真三	訓蒙	翻小	小諺	大諺	中諺	論諺	孝諺	分門	誠初A	四法	蒙山	法華	誠初B	簡易	長寿
鞚	渓	中	1	去	東	R	koŋ^R				koŋ^R														
鼅	影	中	1	去	東	R	’oŋ^R				’oŋ^R [N] ’iŋ^R														
甕	影	中	1	去	東	R	’oŋ^R				’oŋ^R	’oŋ^R	’oŋ^R												
関	匣	中	1	去	東	R	hoŋ^R				hoŋ^R														
凍	端	中	1	去	東	R	toŋ^R				toŋ^R	toŋ^R	toŋ^R												
棟	端	中	1	去	東	R	toŋ^R				toŋ^R [S] noŋ^R													toŋ
湩	端	中	1	去	東	R	toŋ^R				toŋ^R														
痛	透	中	1	去	東	RL	tʰoŋ$^{R/L}$				tʰoŋ^R	tʰoŋ^R	tʰoŋ$^{R/L}$						tʰoŋ$^{R/H}$	tʰoŋ^H		tʰoŋ^H	tʰoŋ		tʰoŋ
峒	定	中	1	去	東	R	toŋ^R				toŋ^R														
衕	定	中	1	去	東	R	toŋ^R				toŋ^R														
洞	定	中	1	去	東	R	toŋ^R tʰoŋ	toŋ^R		toŋ^R										toŋ^R	toŋ$^{H(L)}$ (tʰoŋ^H)				
慟	定	中	1	去	東	R	tʰoŋ^R									tʰoŋ^R									tʰoŋ
齈	泥	中	1	去	東	L	noŋ^L				noŋ^L														
弄	来	中	1	去	東	R	roŋ^R	roŋ^R				roŋ^R	roŋ^R										ro?ŋ		
送	心	中	1	去	東	R	soŋ^R			soŋ^R		soŋ^R	soŋ^R		soŋ^R	soŋ^R	soŋ^R								
谷	見	中	1	入	東	H	kok				kok^H [NKR] kok^L	kok^H	kok^H						kok^H				kok		
穀	見	中	1	入	東	H	kok				kok^H					kok^H									kok
轂	見	中	1	入	東	H	kok				kok^H														
哭	渓	中	1	入	東	H	kok				kok^H	kok^H	kok^H			kok^H	kok^H							kok
屋	影	中	1	入	東	H	’ok			’ok^H	’ok^H	’ok^H	’ok^H	’ok^H	’ok^H									
槲	匣	中	1	入	東	H	kok				kok^H? [TSN] kok^H [KR] kok^L														
斛	匣	中	1	入	東	H	kok				kok^H														
秃	透	中	1	入	東	H	tok				tok^H														
鵚	透	中	1	入	東	H	tok				tok^H														

字	声	口	等	調	韻	ア	代表	六上中	六祖下	真三	訓蒙	翻小	小諺	大諺	中諺	論諺	孝諺	分門	誠初A	四法	蒙山	法華	誠初B	簡易	長寿
浣	定	中	1	入	東	H	tok									tok^{H}									
牘	定	中	1	入	東	H	tok				tok^{H}? [TSNKR] tok^{H}														
犢	定	中	1	入	東	H	tok				tok^{H}														
髑	定	中	1	入	東	H	tok				tok^{H}														
匵	定	中	1	入	東	H	tok									tok^{H}									
櫝	定	中	1	入	東	H	tok				tok^{H}					tok^{H}									
讟	定	中	1	入	東	H	tok				tok^{H} [S] $tok?^{H}$														
瀆	定	中	1	入	東	L?	tok				tok^{L} [N] tok^{L}?														
韣	定	中	1	入	東	L?	tok				tok^{L}														
獨	定	中	1	入	東	H	tok			tok^{H}	tok^{H}	tok^{H}	tok^{H}	tok^{H}	tok^{H}				tok^{H}			tok			
讀	定	中	1	入	東	H	tok			tok^{H}	tok^{H}	tok^{H}(L)	tok^{H}			tok^{H}				tok^{H}					tok (tʰok)
轆	来	中	1	入	東	H	rok				rok^{L} [TSNKR] rok^{H}														
鹿	来	中	1	入	東	H	rok	rok^{H}	rok^{H}	rok^{H}	rok^{H}	rok^{H}	rok^{H}									rok^{H}(L)			
麓	来	中	1	入	東	H	rok		rok^{H}		rok^{H}														
漉	来	中	1	入	東	H	rok				rok^{H}														
醁	来	中	1	入	東	H	rok				rok^{H}														
簏	来	中	1	入	東	L?	rok				rok^{L} [R] rok^{H}?														
盝	来	中	1	入	東	H	rok				rok^{H}														
祿	来	中	1	入	東	H	rok riuk				nok^{H}	rok^{H} (nok^{H})	rok^{H} ($nok^{H/L}$) ($riuk^{H}$)			rok^{H}	rok^{H}	rok^{H}							rok
鏃	精	中	1	入	東	H	cok				cok^{H}														
族	從	中	1	入	東	H	cok				cok^{H}	cok^{H}(L)	cok^{H}			cok^{H}						cok^{H}			
速	心	中	1	入	東	H	sok			sok^{H}			sok^{H}	sok^{H}		sok^{H}			sok^{H}		sok^{H}			sok	

字	声	口	等	調	韻	ア	代表	六上中	六祖下	真三	訓蒙	翻小	小諺	大諺	中諺	論諺	孝諺	分門	誠初A	四法	蒙山	法華	誠初B	簡易	長寿
樕	心	中	1	入	東	H	sok					sok^H	sok^H												
卜	幫	中	1	入	東	H	pok				pok^H						pok^H			pok^H	pok^H				
扑	滂	中	1	入	東	H	pok						pok^H												
醭	滂	中	1	入	東	H	pok				pok^H [SN] pok?^{H}														
僕	並	中	1	入	東	H	pok				pok^H	pok^H	pok^H			pok^H						pok^H		pok
木	明	中	1	入	東	H	mok	mok^H	mok^H		mok^R? [TSKR] mok^H [N] mik?^{H}	mok^L	mok^H		mok^H	mok^H			mok^H			mok^H	mok	mok^H? mok
沐	明	中	1	入	東	H	mok				mok^H	mok^H	mok^H			mok^H				mok^H		mok^H			
鶩	明	中	1	入	東	H	mok					mik^H	mok^H												

16.2. 冬韻

字	声	口	等	調	韻	ア	代表	六上中	六祖下	真三	訓蒙	翻小	小諺	大諺	中諺	論諺	孝諺	分門	誠初A	四法	蒙山	法華	誠初B	簡易	長寿
攻	見	中	1	平	冬	L	koŋ^L					koŋ^L	koŋ^L			koŋ^L									
冬	端	中	1	平	冬	L	toŋ^L				toŋ^L	toŋ^L	toŋ^L					toŋ^L						toŋ	
疼	定	中	1	平	冬	L	toŋ^L				[EKR] toŋ^L														
彤	定	中	1	平	冬	L	toŋ^L				toŋ^L														
膿	泥	中	1	平	冬	L	noŋ^L				noŋ^L														
農	泥	中	1	平	冬	L	noŋ^L roŋ^L				noŋ^L [S] n?o?ŋ^L	roŋ^L	roŋ^L			noŋ^L			roŋ^L				noŋ	
宗	精	中	1	平	冬	L	coŋ^L	coŋ^L	coŋ^L	coŋ^L	coŋ^L [KR] cʰoŋ^L	coŋ^L	coŋ$^{L(H)}$		coŋ^L	coŋ^L	coŋ^L		coŋ^L	coŋ^L	coŋ^L	coŋ^L	coŋ^L	coŋ
統	透	中	1	去	冬	R	tʰoŋ^R			tʰoŋ^R	tʰoŋ^R														
綜	精	中	1	去	冬	R	coŋ^R				coŋ^R														
宋	心	中	1	去	冬	R	soŋ^R	soŋ^R	soŋ^R			soŋ^R	soŋ$^{R(H/L)}$		soŋ^R	soŋ^R									
告	見	中	1	入	冬	H	kok									kok^H									

字	声	口	等	調	韻	ア	代表	六上中	六祖下	真三	訓蒙	翻小	小諺	大諺	中諺	論諺	孝諺	分門	誠初A	四法	蒙山	法華	誠初B	簡易	長寿
楛	見	中	1	入	冬	H	kok				kok^H														
沃	影	中	1	入	冬	H	'ok				'ok^H														
鋈	影	中	1	入	冬	H	'ok				'ok^H														
鵠	匣	中	1	入	冬	H	kok				kok^H	kok^H	kok^H		kok^H										
篤	端	中	1	入	冬	H	tok					tok^H	tok^H		tok^H	tok^H									
毒	定	中	1	入	冬	H	tok	tok^H	tok^H	tok^H									tok^H			tok^H^(L)	tok	tok	tok (tʰok)
纛	定	中	1	入	冬	H	tok				tok^H														
碡	定	中	1	入	冬	H	tok				tok^H														
耨	泥	中	1	入	冬	H	nok			nok^H												nok^H^(L)			nok

16.3. 東韻 三等

字	声	口	等	調	韻	ア	代表	六上中	六祖下	真三	訓蒙	翻小	小諺	大諺	中諺	論諺	孝諺	分門	誠初A	四法	蒙山	法華	誠初B	簡易	長寿
宮	見	中	C	平	東	L	kuŋ^L	kuŋ^L	kuŋ^L		kuŋ^L	kuŋ^L	kuŋ^L			kuŋ^L			kuŋ^L			kuŋ^L	kuŋ		kuŋ
弓	見	中	C	平	東	L	kuŋ^L				kuŋ^L					kuŋ^L									kuŋ
躬	見	中	C	平	東	L	kuŋ^L				kuŋ^L [KR] kiŋ^L	kuŋ^L	kuŋ^L			kuŋ^L			kuŋ^L				kuŋ		
芎	渓	中	C	平	東	?	kuŋ																	kuŋ	
穹	渓	中	C	平	東	L	kuŋ^L				kuŋ^L														
窮	群	中	C	平	東	L	kuŋ^L		kuŋ^L	kuŋ^L		kuŋ^L	kuŋ^L	kuŋ^L	kuŋ^L	kuŋ^L			kuŋ^L		kuŋ^L	kuŋ^L	kuŋ (ku)	kuŋ	
雄	云	中	C	平	東	L	'uŋ^L				'uŋ^L							'uŋ^L				'uŋ^L		'uŋ	
熊	云	中	C	平	東	L	'uŋ^L				'uŋ^L [KR] 'iŋ^L	'uŋ^L	'uŋ^L												
中	知	中	C	平	東	L	tiuŋ^L	tiuŋ^L	tiuŋ^L	tiuŋ^L	tiuŋ^L	tiuŋ^L	tiuŋ^L^(H)	tiuŋ^L	tiuŋ^L	tiuŋ^L	tiuŋ^L		tiuŋ^L (ciuŋ^L)	tiuŋ^L ciuŋ^L	tiuŋ^L	tiuŋ^L	tiuŋ	tiuŋ	tiuŋ ({tioŋ}) ({ciuŋ})
忠	知	中	C	平	東	L	tʰiuŋ^L	tʰiuŋ^L			tʰiuŋ^L	tʰiuŋ^L	tʰiuŋ^L	tʰiuŋ^L	tʰiuŋ^L	tʰiuŋ^L	tʰiuŋ^L								tʰiuŋ
衷	知	中	C	平	東	L	tʰiuŋ^L				tʰiuŋ^L														
沖	澄	中	C	平	東	L	tʰiuŋ^L				tʰiuŋ^L		tʰiuŋ^L												
蟲	澄	中	C	平	東	L	tʰiuŋ^L				tʰiuŋ^L	tʰiuŋ^L	tʰiuŋ^L												tʰiuŋ

字	声	口	等	調	韻	ア	代表	六上中	六祖下	真三	訓蒙	翻小	小諺	大諺	中諺	論諺	孝諺	分門	誠初A	四法	蒙山	法華	誠初B	簡易	長寿
狪	澄	中	C	平	東	L	tʰiuŋ^L				tʰiuŋ^L														
癃	来	中	C	平	東	?	riuŋ																		riuŋ
隆	来	中	C	平	東	L	riuŋ^L					riuŋ^L	riuŋ^L									riuŋ^L			
窿	来	中	C	平	東	L	riuŋ^L				riuŋ^L														
菘	心	中	C	平	東	L	sioŋ^L				sioŋ^L														
嵩	心	中	C	平	東	L	siuŋ^L	siuŋ^L																	
鬆	心	中	C	平	東	L	sioŋ^L				sioŋ^L														
崇	崇	中	C	平	東	L	siuŋ^L		siuŋ^L			siuŋ^L	siuŋ^L			siuŋ^L	siuŋ^L								siuŋ
終	章	中	C	平	東	L	cioŋ^L				cioŋ^R [TSNKR] cioŋ^L	cioŋ^L	cioŋ^L	cioŋ^L	cioŋ^L	cioŋ^L	cioŋ^L		cioŋ^L		cioŋ^L	*ciuŋ^L	cioŋ		cioŋ
螽	章	中	C	平	東	L	cioŋ^L				cioŋ^L														
充	昌	中	C	平	東	L	cʰiuŋ^L			cʰiuŋ^L		cʰiuŋ^L	cʰiuŋ^L								cʰiuŋ^L	cʰiuŋ^L			cʰiuŋ
茺	昌	中	C	平	東	L	cʰiuŋ^L				cʰiuŋ^L														
戎	日	中	C	平	東	L	ziuŋ^L				ziuŋ^L	ziuŋ^L	'iuŋ^L		ziuŋ^L	ziuŋ^L									
肜	羊	中	C	平	東	L	'ioŋ^L				'ioŋ^L	'ioŋ^L	'ioŋ^L												
融	羊	中	C	平	東	L	riuŋ^L			riuŋ^L								riuŋ^L?							riuŋ	
楓	非	中	C	平	東	L	pʰuŋ^L				pʰuŋ^L														
風	非	中	C	平	東	L	pʰuŋ^L	pʰuŋ^L		pʰuŋ^L	pʰuŋ^L	pʰuŋ^L	pʰuŋ^L		pʰuŋ^L	pʰuŋ^L	pʰuŋ^L		pʰuŋ^L	pʰuŋ^L	*poŋ^L (pʰu?ŋ^L)	pʰuŋ^L	pʰuŋ		pʰuŋ
鷗	非	中	C	平	東	L	pʰuŋ^L				pʰuŋ^L														
豐	敷	中	C	平	東	L	pʰuŋ^L	pʰuŋ^L			pʰuŋ^L	pʰuŋ^L	pʰuŋ^L									*pʰoŋ^L			
馮	奉	中	C	平	東	L	pʰuŋ^L	pʰuŋ^L			pʰuŋ^L	pʰuŋ^L	pʰuŋ^L												
中	知	中	C	去	東	R	tiuŋ^R	tiuŋ^R				tiuŋ^R	tiuŋ^R	tiuŋ^R	tiuŋ^R	tiuŋ^R									
仲	澄	中	C	去	東	R	tiuŋ^R					tiuŋ^R(L/H)	tiuŋ^R		tiuŋ^R	tiuŋ^R(H)	tiuŋ^R								
衶	澄	中	C	去	東	R	tiuŋ^R				tiuŋ^R														
衆	章	中	C	去	東	R	ciuŋ^R	ciuŋ^R	ciuŋ^R	ciuŋ^R		ciuŋ^R(H/L)	ciuŋ^R(H/L)	ciuŋ^R	ciuŋ^R(L)	ciuŋ^R		ciuŋ^R(H)	ciuŋ^R	ciuŋ^H tiuŋ^H	ciuŋ^H(R/L) (tiuŋ^H)	ciuŋ		ciuŋ
銃	昌	中	C	去	東	L	cʰiuŋ^L				cʰiuŋ^L														
夢	明	中	C	去	東	R	moŋ^R	moŋ^R		moŋ^R?	moŋ^R	moŋ^R	moŋ^R				moŋ^R				moŋ^H			
風	非	中	C	去	東	R	pʰuŋ^R					pʰuŋ^R													
諷	非	中	C	去	東	R	pʰuŋ^R				pʰuŋ^R [SNKR] pʰuŋ^H													
鳳	奉	中	C	去	東	R	poŋ^R	poŋ^R		poŋ^R	poŋ^R						poŋ^R							

字	声	口	等	調	韻	ア	代表	六上中	六祖下	真三	訓蒙	翻小	小諺	大諺	中諺	論諺	孝諺	分門	誠初A	四法	蒙山	法華	誠初B	簡易	長寿
鞠	見	中	C	入	東	H	kuk		kuk^H		kuk^H					kuk^H									
菊	見	中	C	入	東	H	kuk			kuk^H	kuk^H														
掬	見	中	C	入	東	L?	kuk				kuk^L														
鵴	見	中	C	入	東	H	kuk				kuk^H [R] kuk^H?														
麹	渓	中	C	入	東	H	kuk				kuk^H [KR] kik^H	kuk^H	kuk^H												
楠	影	中	C	入	東	H	'uk				'uk^L [TSNKR] 'uk^H														
郁	影	中	C	入	東	H	'uk									'uk^H									
澳	影	中	C	入	東	H	'uk							'uk^H											
燠	影	中	C	入	東	H	'uk				'uk^H														
畜	暁	中	C	入	東	H	hiuk						hiuk^H	hiuk^H		hiuk^H									
竹	知	中	C	入	東	H	tiuk				tiuk^H [N] tiuk^H?	tiuk^H	tiuk^H	tiuk^H											
竺	知	中	C	入	東	H	t^hiuk	t^hiuk^H														*tiuk^H/L			
築	知	中	C	入	東	H	t^hiuk				t^hiuk^R [T] t^hiuk^H										*tiuk^H(L)				
畜	徹	中	C	入	東	H	t^hiuk	t^hiuk^H		t^hiuk^H		t^hiuk^H							c^hiuk^H			t^hiuk^H/L	t^hiuk		t^hiuk
軸	澄	中	C	入	東	H	t^hiuk			t^hiuk^H	t^hiuk^H											t^hiuk^H			
逐	澄	中	C	入	東	H	t^hiuk			t^hiuk^H	t^hiuk^H	t^hiuk^H	t^hiuk^H								t^hiuk^H	*tiuk^H			
柚	澄	中	C	入	東	H	t^hiuk				t^hiuk^H														
舳	澄	中	C	入	東	H	t^hiuk				t^hiuk^H														
妯	澄	中	C	入	東	H	t^hiuk				t^hiuk^H [SR] t^hiuk^R [NK] riuk^R														
陸	来	中	C	入	東	H	riuk				riuk^H	riuk^H	riuk^H									riuk^H			
儵	来	中	C	入	東	H	riuk							riuk^H											

字	声	口	等	調	韻	ア	代表	六上中	六祖下	真三	訓蒙	翻小	小諺	大諺	中諺	論諺	孝諺	分門	誠初A	四法	蒙山	法華	誠初B	簡易	長寿
蓼	来	中	C	入	東	H	riuk					riuk^H	riuk^H												
戮	来	中	C	入	東	H	riuk									riuk^H									niuk
六	来	中	C	入	東	H	riuk	riuk^H	riuk^H	riuk^H	riuk^H	riuk$^{H(L)}$	riuk$^{H(L)}$	riuk^H	riuk^H	riuk^H	riuk^H	riuk^L	riuk^H niuk^H		riuk^H	riuk$^{H/L(R)}$	niuk (riuk)	riuk	niuk^H niuk (riuk)
踧	精	中	C	入	東	H	c^{h}iuk									c^{h}iuk^H									
宿	心	中	C	入	東	H	siuk	siuk^H		siuk^H		siuk^H	siuk^H			siuk^H									siuk
夙	心	中	C	入	東	H	siuk				siuk^H				siuk^H							siuk#			
蓿	心	中	C	入	東	H	siuk				siuk^H														
肅	心	中	C	入	東	H	siuk		siuk^H			siuk^H	siuk^H		siuk^H		siuk^H		siuk^H		siuk^H		siuk		
蹜	生	中	C	入	東	H	c^{h}iuk									c^{h}iuk^H									
縮	生	中	C	入	東	H	c^{h}iuk					c^{h}iuk^H	c^{h}iuk^H												
粥	章	中	C	入	東	H	ciuk				ciuk^H	ciuk$^{H(L)}$	ciuk^H						ciuk^H				ciuk	ciuk	
祝	章	中	C	入	東	H	c^{h}iuk			c^{h}iuk^H		c^{h}iuk^H	c^{h}iuk^H			c^{h}iuk^H		c^{h}iuk^L					c^{h}iuk	c^{h}iuk	
叔	書	中	C	入	東	H	siuk	siuk^H		siuk^H		siuk^H	siuk^H			siuk^H									
倏	書	中	C	入	東	?	siuk															siuk^H			
菽	書	中	C	入	東	H	siuk				siuk^H [N] siuk?^{H}														
熟	常	中	C	入	東	H	siuk			siuk^H	siuk^H	siuk^H	siuk^H			siuk^H			siuk^H			siuk^R	siuk		siuk
孰	常	中	C	入	東	H	siuk				siuk^H				siuk^H	siuk^H	siuk^H								
淑	常	中	C	入	東	H	siuk				siuk^H														
塾	常	中	C	入	東	H	siuk				siuk^H														
肉	日	中	C	入	東	H	ziuk	ziuk^H			ziuk^H [S] 'iuk^L [NKR] 'iuk^H	ziuk^H 'iuk$^{H(R)}$	'iuk^H		'iuk^H	ziuk^H 'iuk^H					'iuk^H		'iuk		'iuk
育	羊	中	C	入	東	H	'iuk				'iuk^H [S] 'i?uk?^{H} 'iuk^L [NKR] 'iuk$^{H/L}$	'iuk^H	'iuk^H		'iuk^H										

字	声	口	等	調	韻	ア	代表	六上中	六祖下	真三	訓蒙	翻小	小諺	大諺	中諺	論諺	孝諺	分門	誡初A	四法	蒙山	法華	誡初B	簡易	長寿
鬻	羊	中	C	入	東	H	'iuk riuk				'iuk^H	riuk^H	riuk^H												
目	明	中	C	入	東	H	mok	mok^H			mok^H	mok$^{H(L)}$	mok^H	mok^H		mok^H			mok^H	mok^H	mok^H	mok^H	mok		
穆	明	中	C	入	東	H	mok					mok^H	mok^H	mok^H	mok^H	mok^H									
睦	明	中	C	入	東	H	mok	mok^H				mok^H	mok^H				mok^H								
繆	明	中	C	入	東	H	mok					mok^H	mok^H												
苜	明	中	C	入	東	H	mok				mok^H														
牧	明	中	C	入	東	HH	mok^H mo^H	mok^H		mok^H mo^H	mok^H? [TSNKR] mok^H	mok^H	mok^H											
幅	非	中	C	入	東	H	pok				pok^H? [TSNKR] pok^H]													
福	非	中	C	入	東	H	pok	pok^H	pok^H	pok^H	pok^H	pok^H	pok^H		pok^H				pok^H			pok^H	pok		pok
腹	非	中	C	入	東	H	pok				pok^H	pok^H	pok^H						pok^H				pok		pok
蝠	非	中	C	入	東	H	pok				pok^H														
輻	非	中	C	入	東	H	pok				pok^H														
覆	敷	中	C	入	東	H	pok			pok^H		pok^H	pok^H		pok^H	pok^H								pok
蝮	敷	中	C	入	東	H	pok				pok^H [N] pok^R											*pʰok^H			
伏	奉	中	C	入	東	H	pok		pok^H				pok^H	pok^H		pok^H			pok^H	pok^H			pok		
復	奉	中	C	入	東	H	pok		pok^H				pok^H	pok^H	pok^H	pok^H							pok		pok
服	奉	中	C	入	東	H	pok		pok^H?	pok^H	pok^H	pok^H (kok^H)	pok$^{H(L)}$	pok^H	pok^H	pok^H			pok^H			pok^H	pok		pok
馥	奉	中	C	入	東	H	pok			pok^H														
鵬	奉	中	C	入	東	H	pok			pok^H														
茯	奉	中	C	入	東	H	pok											pok$^{H/L}$						

16.4. 鍾韻

字	声	口	等	調	韻	ア	代表	六上中	六祖下	真三	訓蒙	翻小	小諺	大諺	中諺	論諺	孝諺	分門	誠初A	四法	蒙山	法華	誠初B	簡易	長寿
恭	見	中	C	平	鍾	L	koŋ[L]	koŋ[L]		koŋ[L]	koŋ[L]	koŋ[L]	koŋ[L]		koŋ[L]	koŋ[L]	koŋ[L]		koŋ[L]			koŋ[L]	koŋ		koŋ
供	見	中	C	平	鍾	L	koŋ[L]	koŋ[L]	koŋ[L]	koŋ[L]		koŋ[L]	koŋ[L]									koŋ[L]			koŋ
笻	見	中	C	平	鍾	L	koŋ[L]				koŋ[L]														
蜙	群	中	C	平	鍾	L	koŋ[L]				koŋ[L]														
禺	疑	中	C	平	鍾	L	'oŋ[L]											'o?ŋ[L]						'oŋ	
癰	影	中	C	平	鍾	R	'oŋ[R]				'oŋ[R]											'oŋ[L]			
雍	影	中	C	平	鍾	L	'oŋ[L]					'oŋ[L]	'oŋ[L]			'oŋ[L]									
饔	影	中	C	平	鍾	L	'oŋ[L]				'oŋ[L]														
鷗	影	中	C	平	鍾	L	'oŋ[L]				'oŋ[L]														
兇	暁	中	C	平	鍾	?	hiuŋ															hiuŋ[L]			
凶	暁	中	C	平	鍾	L	hiuŋ[L]					hiuŋ[L](H)	hiuŋ[L]			hiuŋ[L]									
胸	暁	中	C	平	鍾	L	hiuŋ[L]			hiuŋ[L]						hiuŋ[L]									
重	澄	中	C	平	鍾	LR	tiuŋ[L/R]			tiuŋ[L]		tiuŋ[L/R]	tiuŋ[R]						tiuŋ[L]			tiuŋ[L]			tiuŋ
濃	娘	中	C	平	鍾	L	noŋ roŋ[L]			roŋ[L]									roŋ[L]			noŋ[L]		noŋ	
醲	娘	中	C	平	鍾	L	noŋ[L]			noŋ[L]															
躘	来	中	C	平	鍾	?	rioŋ roŋ												roŋ[L]				rioŋ		
龍	来	中	C	平	鍾	L	rioŋ[L]	rioŋ[L]	rioŋ[L]	rioŋ[L]	rioŋ[L]	rioŋ[L]	rioŋ[L]		rioŋ[L]				rioŋ[L]	rioŋ[L]		rioŋ[L]	rioŋ[L]	rioŋ? nioŋ	rioŋ ({nioŋ})
蹤	精	中	C	平	鍾	L	cioŋ[L]					cioŋ[L]	cioŋ[L]						cioŋ[L]			cioŋ[L]		cioŋ	
縱	精	中	C	平	鍾	L	cioŋ[L]		cioŋ[L]												cioŋ[L]				
從	従	中	C	平	鍾	L	cioŋ[L]	cioŋ[L]		cioŋ[L]			cioŋ[L]	cioŋ[L]	cioŋ[L]	cioŋ[L]	cioŋ[L]		cioŋ[L]			cioŋ[L]	cioŋ[L]	cioŋ	cioŋ
松	邪	中	C	平	鍾	L	sioŋ[L]			sioŋ[L]		sioŋ[L]	sioŋ[L]			sioŋ[L]			sioŋ[L]			sioŋ[L]		sioŋ	
鐘	章	中	C	平	鍾	L	cioŋ[L]			cioŋ[L]						cioŋ[L]									
鍾	章	中	C	平	鍾	LR	cioŋ[L/R]			cioŋ[L]	cioŋ[L/R]	cioŋ[L]				cioŋ[L]									
衝	昌	中	C	平	鍾	L	cʰiuŋ[L]			cʰiuŋ[L]											*cʰiu?[L]				
舂	書	中	C	平	鍾	L	sioŋ[L] 'ioŋ[L] zioŋ[L]	'ioŋ[L]			sioŋ[L] [R] zioŋ[L]	'ioŋ[L]	'ioŋ[L]												
鰫	書	中	C	平	鍾	L	coaŋ[L]				coaŋ[L]														
容	羊	中	C	平	鍾	L	'ioŋ[L]	'ioŋ[L]		'ioŋ[L]	'ioŋ[L]	'ioŋ[L]	'ioŋ[L]	'ioŋ[L]	'ioŋ[L]	'ioŋ[L]	'ioŋ[L]		'ioŋ[L]			'ioŋ[L]	'ioŋ		'ioŋ

字	声	口	等	調	韻	ア	代表	六上中	六祖下	真三	訓蒙	翻小	小諺	大諺	中諺	論諺	孝諺	分門	誠初A	四法	蒙山	法華	誠初B	簡易	長寿
庸	羊	中	C	平	鍾	L	'ioŋ^L					'ioŋ^L	'ioŋ^L		'ioŋ^L	'ioŋ^L			'ioŋ^L				'ioŋ		
傭	羊	中	C	平	鍾	L	'ioŋ^L				'ioŋ^L	'ioŋ^L	'ioŋ^L									'ioŋ^L			
鎔	羊	中	C	平	鍾	L	'ioŋ^L				'ioŋ^L														
墉	羊	中	C	平	鍾	L	'ioŋ^L				'ioŋ^L														
封	非	中	C	平	鍾	L	poŋ^L					poŋ^L	poŋ^L			poŋ^L									
蜂	敷	中	C	平	鍾	L	poŋ^L				poŋ^L														
鋒	敷	中	C	平	鍾	L	poŋ^L				poŋ^L										poŋ^L *pʰoŋ^L				
烽	敷	中	C	平	鍾	L	poŋ^L				poŋ^L														
丰	敷	中	C	平	鍾	L	poŋ^L				poŋ^L														
峯	敷	中	C	平	鍾	L	poŋ^L	poŋ^L			poŋ^L														
逢	奉	中	C	平	鍾	L	poŋ^L			poŋ^L		poŋ^L	poŋ^L							poŋ^L				poŋ		
縫	奉	中	C	平	鍾	L	poŋ^L				poŋ^L														
拱	見	中	C	上	鍾	R	koŋ^R				koŋ^R	koŋ^R	koŋ^R			koŋ$^{R/H}$									
恐	渓	中	C	上	鍾	R	koŋ^R					koŋ^R	koŋ^R	koŋ^R	koŋ^R	koŋ^R	koŋ^R			koŋ^R	koŋ$^{R/H}$			koŋ		koŋ
擁	影	中	C	上	鍾	?	'oŋ																		'oŋ
甕	影	中	C	上	鍾	R	'oŋ^R					'oŋ^R	'oŋ^R												
塚	知	中	C	上	鍾	R	tʰioŋ^R				tʰioŋ^H [TSNKR] tʰioŋ^R	tʰioŋ^R	tʰioŋ^R			tʰioŋ^R									
寵	徹	中	C	上	鍾	R	tʰioŋ^R				tʰioŋ^R	tʰioŋ^R	tʰioŋ^R												
重	澄	中	C	上	鍾	R	tiuŋ^R	tiuŋ^R				tiuŋ$^{R(L)}$	tiuŋ$^{R(H)}$			tiuŋ^R	tiuŋ^R	tiuŋ^R		tiuŋ^R		tiuŋ^H		tiuŋ		tiuŋ
壟	来	中	C	上	鍾	R	roŋ^R				roŋ^R [NKR] riŋ^R [S] roŋ^H	roŋ^R	roŋ^R												
聳	心	中	C	上	鍾	R	'ioŋ^R			'ioŋ^R										'ioŋ^L				'ioŋ		
竦	心	中	C	上	鍾	R	sioŋ^R soŋ^R					soŋ^R	sioŋ^R												
駷	心	中	C	上	鍾	R	soŋ^R				soŋ^R														
種	章	中	C	上	鍾	R	cioŋ^R	cioŋ^R	cioŋ^R	cioŋ^R	cioŋ$^{R?}$ [TSNKR] cioŋ^R									cioŋ$^{H?}$	cioŋ^R	cioŋ^H	cioŋ$^{R(H/L)}$	cioŋ		cioŋ
腫	章	中	C	上	鍾	R	cioŋ^R				cioŋ^R											cioŋ^H	cioŋ^R			cioŋ

字	声	口	等	調	韻	ア	代表	六上中	六祖下	真三	訓蒙	翻小	小諺	大諺	中諺	論諺	孝諺	分門	誠初A	四法	蒙山	法華	誠初B	簡易	長寿
踵	章	中	C	上	鍾	R	cioŋ^{R}				cioŋ^{R}? [TSNKR] cioŋ^{R}								cioŋ^{L}					{c?ioŋ}		
冗	日	中	C	上	鍾	R	zioŋ^{R}					zioŋ^{R}	'ioŋ^{R}												
勇	羊	中	C	上	鍾	R	'ioŋ^{R}				'ioŋ^{R} [N] 'oŋ^{R}				'ioŋ^{R}	'ioŋ^{R}						'ioŋ^{R}			
踊	羊	中	C	上	鍾	R	'ioŋ^{R}					'ioŋ^{R}	'ioŋ^{R}				'ioŋ^{R}					'ioŋ^{R}			'ioŋ
湧	羊	中	C	上	鍾	R	'ioŋ^{R}			'ioŋ^{R}															
涌	羊	中	C	上	鍾	R	'ioŋ^{R}				'ioŋ^{R}														
蛹	羊	中	C	上	鍾	R	'ioŋ^{R}				'ioŋ^{R}														
踴	羊	中	C	上	鍾	R	'ioŋ^{R}				'ioŋ^{R}														
埇	羊	中	C	上	鍾	R	'ioŋ^{R}				'ioŋ^{R}														
捧	敷	中	C	上	鍾	R	poŋ^{R}				poŋ^{R}	poŋ^{R}	poŋ^{R}												
奉	奉	中	C	上	鍾	R	poŋ^{R}	poŋ^{R}		poŋ^{R}		poŋ$^{R(L)}$	poŋ^{R}							poŋ^{R}				poŋ	poŋ	poŋ
供	見	中	C	去	鍾	?	koŋ												koŋ^{R}	koŋ^{L}		koŋ^{H}	koŋ		koŋ
共	群	中	C	去	鍾	R	koŋ^{R}			koŋ^{R}		koŋ$^{R(H)}$	koŋ^{R}			koŋ^{R}				koŋ^{R}			koŋ^{H}	koŋ		koŋ
雍	影	中	C	去	鍾	R	'oŋ^{R}					'oŋ^{R}	'oŋ^{R}												
壅	影	中	C	去	鍾	R	'oŋ^{R}				'oŋ^{R}														
重	澄	中	C	去	鍾	R	tiuŋ^{R}	tiuŋ^{R}				tiuŋ$^{R(L)}$	tiuŋ^{R}							ciuŋ^{R}			tiuŋ^{H}	tiuŋ		
縱	精	中	C	去	鍾	R	cioŋ^{R}					cioŋ$^{R(L)}$	cioŋ^{R}			cioŋ^{R}				cioŋ^{L}		cioŋ^{L}		cioŋ		cioŋ$^{R/H}$ cioŋ
從	從	中	C	去	鍾	R	cioŋ^{R}					cioŋ^{R}	cioŋ^{R}			cioŋ$^{R(H)}$							cioŋ^{H}			cioŋ
頌	邪	中	C	去	鍾	R	sioŋ^{R}	sioŋ^{R}		sioŋ^{R}	sioŋ^{R} [R] sioŋ^{H}?					sioŋ^{R}						sioŋ^{H}	sioŋ^{H}	sioŋ		sioŋ
誦	邪	中	C	去	鍾	R	sioŋ^{R}			sioŋ^{R}	si?oŋ^{R}? [TSNKR] sioŋ^{R}	sioŋ^{R}	sioŋ^{R}			sioŋ^{R}				si?o?ŋ^{R}				sioŋ		sioŋ
訟	邪	中	C	去	鍾	R	sioŋ^{R}				sioŋ^{H} [SN] soŋ^{H} [KR] sioŋ^{L}	sioŋ^{R}	sioŋ^{R}	sioŋ^{R}		sioŋ$^{R(L)}$										

字	声	口	等	調	韻	ア	代表	六上中	六祖下	真三	訓蒙	翻小	小諺	大諺	中諺	論諺	孝諺	分門	誠初A	四法	蒙山	法華	誠初B	簡易	長寿
種	章	中	C	去	鍾	RH	cioŋ$^{R/H}$				cioŋ^{H} [T] cioŋ^{R}								cioŋ^{R}				cioŋ		cioŋ
用	羊	中	C	去	鍾	R	'ioŋ^{R}	'ioŋ^{R}	'ioŋ^{R}	'ioŋ^{R}		'ioŋ^{R}	'ioŋ^{R}	'ioŋ^{R}	'ioŋ^{R}	'ioŋ^{R}	'ioŋ^{R}		'ioŋ^{R}	'ioŋ^{R} 'io^{H}	'ioŋ$^{H(R/L)}$ (*'io^{H})		'ioŋ		'ioŋ
俸	奉	中	C	去	鍾	R	poŋ^{R}					poŋ^{R}	poŋ^{R}												
曲	渓	中	C	入	鍾	H	kok	kok^{H}	kok^{H}		kok^{H}	kok^{H}	kok^{H}		kok^{H}	kok^{H}			kok^{H}		*k^{h}o^{L}	kok^{H}	kok		
蚰	渓	中	C	入	鍾	H	kok				kok^{H} [KR] kok^{L}													
局	群	中	C	入	鍾	H	kuk				kuk^{H} [R] kuk^{L}	kuk^{H}?	kuk^{H}											
獄	疑	中	C	入	鍾	H	'ok	'ok^{H}		'ok^{H}	'ok^{L} [TSNKR] 'ok^{H}	'ok^{H}	'ok^{H}		'ok^{H}			'o?k^{H}	'ok^{H}	'ok^{H}		'ok^{H} (*ŋok^{H})	'ok	'ok	'ok^{H} 'ok
玉	疑	中	C	入	鍾	H	'ok		'ok^{H}	'ok^{H}	'ok^{H}	'ok^{H}	'ok^{H}		'ok^{H}				'ok#				'ok		''ok
勗	暁	中	C	入	鍾	H	'uk					'uk^{H}	'uk^{H}											
旭	暁	中	C	入	鍾	H	'uk						'uk^{H}											
躅	澄	中	C	入	鍾	H	t^{h}iuk					t^{h}iuk^{H}	t^{h}iuk^{H}											
蠋	澄	中	C	入	鍾	H	t^{h}iok				t^{h}iok^{H}													
録	来	中	C	入	鍾	H	rok	rok^{H}	rok^{H}											rok^{H} nok^{H}					
菉	来	中	C	入	鍾	H	rok							rok^{H}										
緑	来	中	C	入	鍾	H	rok			rok^{H}														
足	精	中	C	入	鍾	H	ciok	ciok^{H}	ciok^{H}	ciok^{H}	ciok^{H}	ciok$^{H(L)}$	ciok^{H}	ciok^{H}	ciok^{H}	ciok$^{H(L)}$	ciok^{H}		ciok^{H}		ciok^{H}	ciok$^{H(L)}$	ciok		ciok
促	清	中	C	入	鍾	?	c^{h}ok												c^{h}ok#				c^{h}ok		
趣	清	中	C	入	鍾	H	c^{h}ok					c^{h}ok^{H}	c^{h}ok^{H}											
粟	心	中	C	入	鍾	H	sok				sok^{H} [N] sok?^{H}	sok^{H}	sok^{H}			sok^{H}								
俗	邪	中	C	入	鍾	H	siok	siok^{H}	siok^{H}				siok^{H}	sioŋ$^{H(R)}$					siok^{H}		siok^{H}		siok		siok
續	邪	中	C	入	鍾	H	siok			siok^{H}									siok^{H}			siok^{H}	siok^{H}		
燭	章	中	C	入	鍾	H	c^{h}iok		c^{h}iok^{H}	c^{h}iok^{H}	c^{h}iok^{H}	c^{h}iok^{H}											c^{h}iok^{H}		

字	声	口	等	調	韻	ア	代表	六上中	六祖下	真三	訓蒙	翻小	小諺	大諺	中諺	論諺	孝諺	分門	誠初A	四法	蒙山	法華	誠初B	簡易	長寿
嘱	章	中	C	入	鍾	H	ciok / c^{h}iok	c^{h}iok^H	c^{h}iok^H											ciok^H / c^{h}iok^H					
属	章	中	C	入	鍾	H	c^{h}iok					c^{h}iok^H	c^{h}iok^H												
觸	昌	中	C	入	鍾	H	c^{h}iok	c^{h}iok^H	c^{h}iok^H	c^{h}iok^H	c^{h}iok^H											c^{h}iok^H	c^{h}iok		c^{h}iok
贖	船	中	C	入	鍾	H	siok				siok^H								siok^H				siok		siok
束	書	中	C	入	鍾	H	sok					sok$^{H(L)}$	sok^H			sok^H									
蜀	常	中	C	入	鍾	H	siok / c^{h}iok	c^{h}iok^H					c^{h}iok^H											siok	
属	常	中	C	入	鍾	H	siok	siok^H		siok^H		siok^H	siok^H				siok^H		siok^R		siok^H	siok$^{H(L)}$	siok		
辱	日	中	C	入	鍾	H	ziok					'iok^H / (ziok^H) / ('ok^L)	'iok^H			ziok^H / 'iok^H	ziok^H				'iok^L	ziok^H / 'iok^H	'iok		
褥	日	中	C	入	鍾	H	ziok				ziok^H	ziok^H	'iok^H									ziok^H			
欲	羊	中	C	入	鍾	H	'iok	'iok^H	'iok^H	'iok^H		'iok$^{H(L)}$	'iok^H	'iok^H		'iok^H			'iok^H	'iok^H	'iok^H	'iok^H	'iok	'iok
浴	羊	中	C	入	鍾	H	'iok				'iok^H					'iok^H				'iok^H		'iok^H		
慾	羊	中	C	入	鍾	H	'iok					'iok^H	'iok^H			'iok^H			'iok^H				'iok	
谷	羊	中	C	入	鍾	H	'iok				'iok^H													
幞	奉	中	C	入	鍾	H	pok				pok^H													
襆	奉	中	C	入	鍾	H	pok					pok^H	pok^H											

한자음별 색인

가			**각**	**간**	**갈**	**감**
歌 11	笳 17	各 186	澗 144	碣 156		
柯 11	葭 17	胳 186	諫 144	竭 156		
哥 11	耞 17	脚 196	間 145, 146, 146	蠍 156		
珂 11	斝 18	却 196	艱 145			
呵 11	椵 18	角 201	慳 145	**감**		
訶 11	假 18	桷 201	癇 145	堪 116		
鈳 11	駕 19	殼 201	揀 146	戡 116		
可 12	嫁 19	刻 204	簡 146	龕 116		
坷 12	架 19		澗 146	感 117		
迦 16	稼 19	**간**	襉 146	坎 117		
伽 16	假 19	干 135	齦 166	撼 117		
瘸 16	暇 19	肝 135	懇 166	紺 117		
跏 17	價 19	竿 135		勘 117		
家 17	佳 53	奸 135	**갈**	墈 117		
嘉 17	街 53	看 135	獨 125	憾 117		
加 17	笱 136	秆 136	葛 138	疳 118		
袈 17	假 211	趕 136	渴 138	甘 118		
茄 17		侃 136, 136	毼 138	柑 118		
枷 17	**각**	幹 136	喝 138	泔 118		
痂 17	覺 97, 201	旰 136	圿 144	坩 118		
	閣 186	姦 143	羯 155	歛 118		

白 213

【번】

藩 156
飜 156
旛 156
轓 156
幡 156
繁 156
煩 156
樊 156
燔 156
蘩 156
攓 156
畚 156

【벌】

伐 157
罰 157
筏 157
瞂 157
酾 157

【범】

帆 127
凡 127

犯 127
範 127
范 127
梵 127

【법】

法 127

【벽】

辟 65
薜 154
塀 206
檗 215
薜 215
碧 217
甓 218
壁 218
襞 218
辟 218
闢 218
擗 218
壁 229
霹 229
甓 229

【변】

辨 154
辯 154
變 154
弁 154
卞 154
邊 164
邊 164

【별】

鼈 148
虌 148
別 154, 154

【병】

騈 164
迸 215
兵 216
丙 217
秉 217
柄 217
病 217
幷 218, 218
屛 218
餠 218
倂 218

瓶 229
屛 229
缾 229
竝 229

【보】

菩 27
補 29
普 29
溥 29
簿 29
步 31
輔 31
甫 41
簠 41
輔 42
堡 93
褓 93
保 93
寶 93
報 95
抪 208

【복】

復 115, 240
覆 115

鰒 202
蔔 205
卜 235
扑 235
醭 235
僕 235
福 240
腹 240
蝠 240
輻 240
覆 240
蝮 240
伏 240
復 240
服 240
馥 240
鵩 240
茯 240
幞 245
襆 245

【본】

本 166

【봉】

棒 200

暑 36
黍 36
蟇 36
墅 36
絮 36
恕 37
庶 37
署 37
曙 37
薯 37
噬 56
筮 56
逝 56
誓 56
西 60
栖 60
棲 60
犀 60
壻 63
瑞 69

석

裼 23
檡 212
惜 222
昔 222
潟 222

碣 222
腊 222
舃 222
夕 222
席 222
汐 222
穸 222
螫 223
釋 223
石 223
鉐 223
碩 223
析 229
晳 229
錫 229
淅 229
蜥 229

선

鮮 148, 149
仙 148
秈 148
蟬 149
禪 149
癬 149
燹 149
鱻 149

獮 149
蟺 149
善 149
鱔 149
線 150
羨 150
騸 150
扇 150
膳 150
宣 151
旋 151, 153
船 152
選 152
僎 152
先 161, 162
跣 161

설

說 57, 153
薛 151
絏 151
藝 151
泄 151
洩 151
媟 151
疶 151
舌 151

設 151
雪 153
燕 153
挈 163
齧 163
糏 164
楔 164

섬

蟾 123

섭

鑷 125
葉 125
韘 125
攝 125
涉 125

성

猩 210
省 211, 220
聲 220
成 220
誠 220
城 220
盛 220, 221

筬 220
姓 221
性 221
聖 221
醒 224
惺 225
星 225
腥 225
鯹 225

세

世 56
貰 56
勢 56
歲 57
說 57
稅 57
帨 57
洗 61
細 63

소

甦 27
蘇 27
酥 27
櫬 27

衷 236
沖 236
蟲 236
狆 237
充 237
茺 237
衝 241

■ 저자: 이토 지유키(伊藤智ゆき)

1997년 동경대학 문학부 언어문화학과 언어학 전수과정 졸업.
1999년 동경대학 대학원 인문사회계 연구과 언어학 전문분야 수사과정 수료.
2002년 동대학원 박사과정 수료. 문학박사.
현재 동경외국어대학 아시아·아프리카 언어문화연구소 준교수.
전공은 음운론·역사언어학.
저서로『朝鮮漢字音硏究』(2007)가 있으며 이 책으로 제36회 金田一京助 박사 기념상 수상.

■ 역자: 이진호(李珍昊)

1995년 서울대학교 인문대학 국어국문학과 졸업.
1997년 서울대학교 인문대학 국어국문학과 석사과정 졸업.
2002년 동대학원 박사과정 졸업. 문학박사.
현재 전남대학교 인문대학 국어국문학과 부교수.
전공은 국어 음운론.
저서로『국어 음운론 강의』,『통시적 음운 변화의 공시적 기술』,『국어 음운 교육 변천사』,
『한국어 방언 연구』(역),『한국 한자음의 연구』(역),『小倉進平과 국어 음운론』(공역),
『「언어」의 구축－小倉進平과 식민지 조선』(공역)이 있다.

한국 한자음 연구－자료편

초판 인쇄 2011년 4월 18일 | 초판 발행 2011년 4월 29일
저 자 이토 지유키(伊藤智ゆき)
역 자 이진호
펴낸이 이대현
편 집 박선주
디자인 이홍주
펴낸곳 도서출판 역락 | 등록 제303-2002-000014호(등록일 1999년 4월 19일)
주소 서울시 서초구 반포 4동 577-25 문창빌딩 2층
전화 02-3409-2058(영업부), 2060(편집부) | 팩시밀리 02-3409-2059
전자우편 youkrack@hanmail.net
ISBN 978-89-5556-910-0 94710
       978-89-5556-908-7 (전2권)
정가 22,000원
▪ 잘못된 책은 교환해 드립니다.